KB023702

월급쟁이 주린이도 따라하면
고수가 되는 족집게 주식 과외

같은 월급
다른 투자

월급쟁이 주린이도 따라하면 고수가 되는 족집게 주식 과외

같은 월급 다른 투자

국내 최고의 주식투자 교육 플랫폼 핀업 스탁의
월급쟁이 주린이를 주식 고수로 만드는 멘토링!

주식의 거래 원리부터 실전 주식 매매비법까지 이 한 권에 담았다!

팬덤북스

목차

Chapter 3. 게임보다 쉬운 주식 상식

Chapter 4. 실전에 앞서 주식 매뉴얼 정독하기

Chapter 5. 이제는 실전이다. 기본적·기술적 매매법

프롤로그

주식은 어렵고 위험하다?
아니, 하기 나름이다!

주식투자를 부정적으로 바라보는 사람들은 이렇게 말합니다.

"주식투자는 너무 어렵다."
"주식투자는 위험하다."
"주식투자로는 돈을 벌 수 없는 구조다."

또한 뛰어난 IQ나 좋은 학벌을 가진 사람들조차도 주식에서는 힘을 못 쓰는 것을 보며 왜 주식에서는 이렇게 성공했다는 사람이 적을까? 왜 많은 이들이 주식을 부정적으로 생각하게 되었을까? 이런 고민을 했고 이렇게 생각을 했습니다.

* 무엇을 숙지해야 하는지 정확히 모른다.
----
* 어떤 매매 방법이 있는지에 대한 정보가 부족하다.
----
* 수익 모델을 정립하기 위한 분석과 노력 없이 투자한다.

그 때문에 초보자들이 주식을 긍정적으로 보고 수익을 얻을 수 있게끔, 이론부터 기본적·기술적 매매까지 다양한 노하우를 담았습니다. 실제 매매를 하듯이 차트에서의 타점이나, 기업 분석에서의 포인트들을 다양한 예시를 바탕으로 제공했습니다. 또한 교과서처럼 딱딱한 내용만이 아닌, 쉽게 읽힐

수 있는 소설 같은 구성으로 핵심만을 배울 수 있도록 구성했습니다.

이제 두 주인공 송이 대리와 진영 팀장이 지금껏 보지 못한 주식 이야기로 여러분의 선입견을 깨고 올바른 투자 방향으로 이끌어 갈 겁니다. 혹시 주식에 대한 불안함이나 부정적인 생각을 갖고 있으시다면, 이 책을 펼치기 전에 먼저 말씀드리겠습니다.

"주식은 어렵고 위험해서 돈을 벌 수 없다고 말하지만, 그것도 하기 나름입니다."

독자가 다시 책을 보고자 할 때, 손에 쉽게 잡히는 책이 되기를 바랍니다. 나아가 주식시장에서 제2의 월급을 만들어 내는 과정에 작은 보탬이 되어 경제적 자유를 이뤄나가시길 바랍니다.

캐릭터 소개

송이 대리

* 일에 열정이 대단히 넘쳐나서 이제는 재테크까지 의욕적으로 시작한 진영 팀장의 부사수
* 20~30대를 대표하는 경제 활동 인력으로서 우리가 궁금한 주식 이야기를 낱낱이 물어보는 역할

진영 팀장

* 대한민국 대표 주식투자 플랫폼, 핀업스탁의 팀장이며 오랜 경험과 고민 끝에 본인만의 주식투자 노하우를 정립한 송이 대리의 주식 멘토
* 주식투자에 대한 경험과 노하우를 바탕으로 잘못된 주식 정보를 짚어주고 피드백을 주는 역할

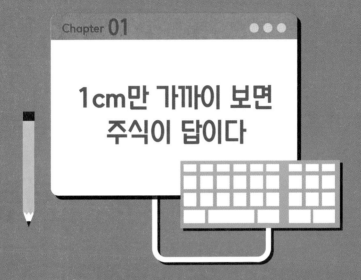

Chapter 01

1cm만 가까이 보면
주식이 답이다

어느덧 직장인이 된 지 6년, 열심히 적금을 넣은 돈으로 방바닥이 안 보일 만큼 작은 원룸에서 사람답게 살 만한 투룸으로 이사한 송이 대리.

환기와 채광, 보안과 인테리어를 갖춘 회사 근처 자취방은 제일 저렴한 방이 월세 70만 원이었다.

"월급 타서 월세 내고, 세금 내고, 카드값 갚고 생활비 쓰니 남는 돈이 이거밖에 없네. 내 적금 이율이 2%니까. 숨만 쉬고 저축해도 이번 생에 서울에 아파트 사기는 글렀구만. 경조사비는 또 왜 이렇게 많이 나가지? 많이도 안 바라니까 월급이 200만 원, 아니 100만 원만 더 많았어도 여한이 없겠다. 나 같은 흙수저는 스스로 벌어야 하는데. 밤에 배달 알바라도 해야 하나?"

툴툴거리며 출근해서 0.1%라도 이율이 큰 적금을 찾고 있던 송이 대리에게 팀장님의 밝은 얼굴이 눈에 들어왔다.

* 진행되는 주식 프로그램 화면에 대한 설명은 모두 키움증권 HTS로 진행됩니다.

분명 나랑 같은 회사를 다니고 계신데… 이 월급으로 저 나이에 아파트를 어떻게 사신 거지?

 팀장님, 혹시 적금 어디 거 들고 계세요? 팀장님이라면 분명 제가 모르는 뭔가 좋은 상품을 알고 계실 것 같아요. 이번에 아파트 사셨다면서요. 아니면 혹시 금수저이신가요?

금수저 아니야~ 부모님 도움 안 받고 내가 모아서 산 거야. 적금은 재테크로서 의미가 없다고 생각해서, 사회초년생부터 다른 재테크를 했어.

 적금 말고 뭐가 있는데요? 도대체 어떤 재테크를 하셨길래. 저도 같이 해요! 저도 팀장님처럼 차 사고 결혼도 하고 아파트도 사고 싶어요. 이건 못 참죠. 제발 알려 주세요!

내가 한 재테크가 필승 비법은 아닌 데다 알려준다고 바로 할 수 있는 것은 아닌데. 막상 거절하자니 송이 대리가 너무 간절해보이네. 그러면 이렇게 하자. 내가 이제부터 재테크를 조금씩 알려줄게. 돈관리를 적금으로만 하고 있는 레벨이라면 금융 공부를 좀 할 필요가 있어 보이네.

 월급이 항상 통장을 스쳐가서 남는 것이 없으니, 티끌만한 돈이라도 잃지 않으려면 적금만이 살 길이라고 생각했어요. 재테크를 가르쳐 주신다면 저 공부 열심히 할 자신 있습니다!

좋아. 먼저 경제 뉴스와 재테크에 관한 정보 수집, 금융 상식 정도를 배경지식으로 알아보도록 해! 조금이라도 알아보면, 월급만으로는 아파트를 살 수 없다는 걸 깨닫게 될 거야.
나는 남들이랑 월급은 비슷하게 받지만, 근로소득을 통장에 머물게 하지 않고 다시 일하게 하는 것에 집중을 했어. 그렇게 근로소득을 재테크로 불려가며 소득의 한계치를 돌파하는 것이 내가 스스로의 힘으로 차도 사고 집도 살 수 있었던 비밀이야.
송이 대리, 열심히 해보자. 내가 아파트까지는 장담 못해도 재테크로 제2의 월급이 생길 수 있도록 만들어 줄게.

 팀장님이 갑자기 구원자로 보여요. 저는 이 팀에 뼈를 묻겠습니다. 저 어디 보내시면 안 돼요! 당장 내일부터 질문 공세 들어갈 건데 괜찮으신가요?

각오 완료! 송이 대리도 어서 경제적으로 자유를 이뤄야지. 내가 도와 줄게. 다 같이 잘살면 좋잖아. 나중에 고수가 돼서 월급보다 재테크로 번 돈이 더 많아지는 그 날까지, 가즈아!

1.
소득 위에 잠자는 자,
노후를 얻지 못할 것이다
근로 소득의 한계

 팀장님, 우리나라가 OECD 국가 중 노인 빈곤율이 1위,

노인 자살률은 세계 1위라는데. 들으셨어요?

 응, 알고 있지. 우리나라의 복지 제도는 아직 선진국에

비하면 부족한 면이 많은 게 현실이지. 대부분의 노년

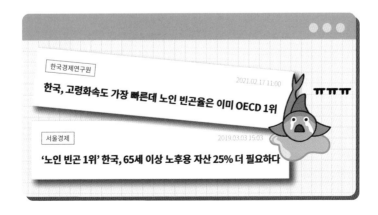

한국경제연구원   2021.02.17 11:00

한국, 고령화속도 가장 빠른데 노인 빈곤율은 이미 OECD 1위

서울경제   2019.03.03 15:03

'노인 빈곤 1위' 한국, 65세 이상 노후용 자산 25% 더 필요하다

층이 노후 대책이 안 되어 있는 건 물론이고, 현금화가 어려운 부동산으로 자산을 쥐고 있는 경우가 많아. 알다시피 부동산은 매도해서 현금화하지 않는 이상, 생활에 필요한 금액을 일부만 꺼내 쓰기가 쉽지 않지.

 직장인 은퇴가 평균 50대이고, 이제 100세 시대인데 남은 50년은 어떻게 살아야 하나. 이 고민은 은퇴를 앞둔 장년층뿐만 아니라 저 같은 2030세대에게도 필수적인 고민인 것 같아요. 저는 근로소득의 50%를 적금과 펀드에 넣는데, 너무 벅차고 힘들어요. 그리고 국민연금 외에 사적 연금 1개 들고 있는데 이걸로 될까요? 어떤 재테크가 좋을지도, 재테크 시작을 어떻게 해야 할지도 전혀 모르겠어요.

 신용평가사 S&P의 조사에 따르면, 우리나라의 금융문맹률은 67%로 아프리카의 우간다, 가봉, 토고보다 못한 수준이야.

우리나라는 학창시절 동안 경제 관련 교육이 선택 과목으로 운영되기 때문인지 경제 교육이 등한시 되는 경향이 있어. 이러니 적금만 들거나 다양한 재테크를 시작하는 방법도 모르는 게 이상한 일은 아니지.

돈을 모을 수 있는 기간은 20대부터 50대까지 30년, 모은 돈을 쓰는 시간은 거의 50년인 상황이니 근로소득 외에 금융소득은 이제 선택 사항이 아니라 필수야. 준비는 빠를수록 좋고, 미루면 후회할 테니 2030세대인 송이 대리도 어서 시작해보는 게 좋아

구분	포함 항목	2020년	연령대별 (평균)						성별	
			20대	30대	40대	50대	60대	70대	남자	여자
금융 지식	인플레이션과 구매력 이자 개념의 이해 단리 계산 복리 개념 위험과 수익간 계산 인플레이션 의미 분산 투자 개념	73.2	73	76.7	76.9	74.5	72	56.1	74.4	72
금융 행위	가계 예산 관리 노력 적극적인 저축 활동 신중한 구매 청구대금 적기 납부 평소 재무상황 점검 장기 재무목표 설정 정보에 입각한 금융상품 가계수지 적자 해소	65.5	61.4	69	69.8	68.6	63	54.4	64.9	66.2
금융 태도	저축보다 소비 선호 미래보다 현재 선호 돈을 쓰기 위한 존재	60.1	58.9	58.9	60	60	62	62.7	58.9	61.3
금융이해력		66.8	64.7	69.2	69.8	68.5	65.8	56.9	66.6	67

출처 : 한국은행, 단위: %

자, 이 표를 보면 2~30대부터 가장 경제 활동이 활발한 시기임에도 불구하고 경제 이해도가 월등하게 높은 건 아니라는 것이 보일 거야.

 보통 금융소득은 어렵고 위험해보인다는 인식이 있는 것 같아요. 월급을 모아서 연금에 붓는 것만으로는 부족할까요? 주위를 보면 보험을 통해서 노후를 준비하는 분들이 정말 많아요.

 음. 글쎄. 2018년 기준 한국의 공적·사적 연금 소득대체율은 43.4%야. 이게 무슨 말이냐 하면, 은퇴 전에 월급 300만 원 받았다면, 은퇴 후에는 연금으로 월급의 평균 43.3%

인 월 130만 원을 받는다는거지. 한 달에 받던 월급에 절반도 안 되는데 세금 공과금, 의식주 생활비, 자동차 유지, 경조사비 등 내면 남는 게 있겠어?

그 뿐일까? 화폐의 가치는 계속 변해. 인플레이션[1]과 금리인하 이슈가 있다면 화폐의 가치가 떨어지기 때문에, 이전과 같은 가격으로 재화를 살 수가 없어. 상대적으로 현물이 비싸지는거지. 2%짜리 적금을 들었는데 3년 간 물가가 3% 상승한다면, 물가상승률조차 못 따라간 거야. 오히려 그 돈으로 활용할 수 있는 기회비용도 잃게 되는거지.

이 상황을 막고 돈의 가치가 떨어지는 것을 방지하려면 물가상승률 이상의 수익을 낼 수 있는 투자처를 찾아 돈을 굴려야 한다는 건데, 그래서 재테크가 필요하다는 말씀!

 이제 조금 이해가 되는 것 같아요. 근로소득 외에 금융소득이 필수라는 것! 노후를 위해 지금 당장 시작해야 하는 거군요!

 그렇지. 다양한 재테크가 존재하지만, 그 중에서 가장 대표적인 것은 부동산, 주식, 가상자산 등이 있어.

나는 그 중에 주식을 하고 있는데, 사람은 생애주기라는 게 있어

---

1. **인플레이션** 통화량이 늘어나 화폐 가치가 떨어지면서 물가는 오르는 현상

서 돈을 벌 수 있는 나이대가 정해져 있는 반면, 기업은 생애주기와 은퇴가 없어서 계속적인 수익 창출이 가능해. 그래서 좋은 기업을 찾아서 투자할 수 있다면, 이보다 좋은 재테크는 없다고 생각을 해서 시작하게 되었어.

 오호~ 주식이 그런 장점이 있나 보네요. 저도 여러 재테크에 대해 공부해볼게요. 잘 알겠습니다! 돈이 저 대신 쉬지 않고 일하도록 만들기 위해서, 제게 잘 맞는 재테크를 찾아봐야겠어요. 팀장님 감사합니다!

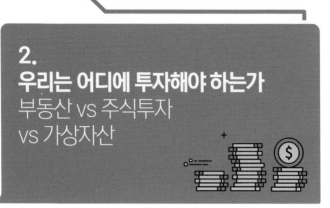

2.
우리는 어디에 투자해야 하는가
부동산 vs 주식투자
vs 가상자산

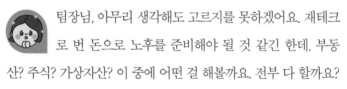

팀장님, 아무리 생각해도 고르지를 못하겠어요. 재테크로 번 돈으로 노후를 준비해야 될 것 같긴 한데. 부동산? 주식? 가상자산? 이 중에 어떤 걸 해볼까요. 전부 다 할까요?

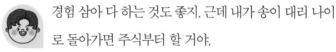

경험 삼아 다 하는 것도 좋지. 근데 내가 송이 대리 나이로 돌아가면 주식부터 할 거야.

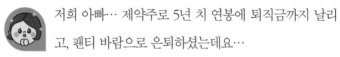

저희 아빠… 제약주로 5년 치 연봉에 퇴직금까지 날리고, 팬티 바람으로 은퇴하셨는데요…

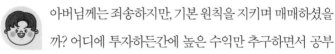

아버님께는 죄송하지만, 기본 원칙을 지키며 매매하셨을까? 어디에 투자하든간에 높은 수익만 추구하면서 공부 없이 달려들었다면 잃는 것은 당연한 수순이었을 거야. 감으로 투자해서 수익이 났다면 그건 초심자의 행운이거나 단순히 운이 좋았던 것일 테고. 일단 재테크별로 어떤 특징이 있는지 확인해봐야지.

부동산 불패신화! 그렇다면 전 부동산이 좋아요. 사놓고 묵혀두면 무조건 오른다는 믿음이 있던데요? 한국에서는 뭐니 뭐니 해도 가장 확실한 재테크가 부동산 아니겠어요?

서울 아파트 중위가격[2]이 10억 원인 건 알지? 2021년 7월 기준 송이 대리가 3억 원이 있고 7억 원을 대출한다 치자. 대출 이자가 1금융권이 3~5%인데, 4%라 치면 원금상환 빼고도 이자만 1년에 2,800만 원 나가는데. 그리고 3억 원이 있다고 해도 각종 대출 규제 때문에 대출 한도가 7억 원까지 나오지 않는다구!

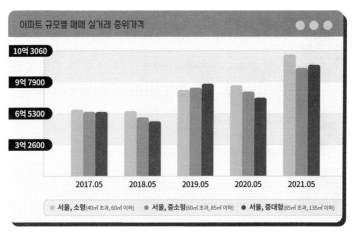

출처 : 통계청

2. **중위 가격** 모든 상품의 가격대를 순서대로 모두 나열하여 가장 중간에 위치하는 가격. 아파트 중위 가격은 모든 아파트 가격대 중에 중간이라는 뜻이다. 평균 가격과 다른 개념이다.

부동산을 할 거라면 이런 상황까지 고려했을 때 자본금이 충분하고 자금 유통이 가능한지 생각해봐야 하겠지?

그리고 부동산 가격은 항상 사회적으로 이슈였기 때문에 상승한 부분만 부각된 경향이 있어. 분명히 가격이 하락하던 시절도 있는데 말이지. 특히 부동산 정책과 그로 인한 움직임은 호흡이 길기 때문에, 등·하락 사이클이 10년 주기라고 주장하는 이들도 있어. 서울에서 정말 유명한 은마 아파트도 2006년 11억 원이던 가격이 2014년에 7억 원까지 떨어졌던 시기도 있었어. 집권하는 정당의 정책에 따라 영향이 있기도 하지만 부동산은 무조건 오른다는 믿음은 위험하다고 생각해. 특히 부동산은 매매 대금이 크기 때문에, 하락기에 진입한다면 매도하기가 다른 재테크에 비해 어렵단다. 매물을 싸게 내놓지 않는 이상 원하는 시기에 바로 팔기가 쉽지 않거든.

무조건 오른다고 맹목적으로 맹신하지 말라는 말씀이시군요. 이런 특성도 고려를 해야 한다는 거죠? 잘 알겠습니다. 그럼 가상자산은 어떠세요? 최근에는 새로운 재테크 수단으로 엄청나게 관심을 받고 있고 코인 거래대금이 코스피를 추

연합뉴스

2021.03.14 20:49

비트코인 '7천 100만 원대' 또 고가…코인 거래대금, 코스피 추월(종합)

월했다는 기사도 봤어요. 2021년 3월 14일 기준

 주식의 경우 하루에 최대 +-30% 한도로 오르내릴 수 있는 상하한가 브레이크라는 게 있어. 하지만 가상자산은 이런 브레이크가 없기 때문에 심하면 하루에 80~90%까지 가격이 떨어질 수 있어. 이처럼 가상자산은 급등락에 대한 규제가 없어 단기간에 가격이 변할 수 있기 때문에, 가치에 비해 버블이 극심하다는 경고가 이어졌어. 그래서 당시에는 투기의 수단이 되었다는 지적에 따라 정부의 규제가 시작되며 폭락

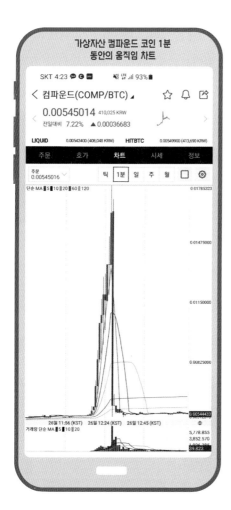

했던 거란다.

 미쳤다. 하루에 80~90%가 떨어지면 제 투자금이 모두 날아갈 수도 있다는 거네요.

 놀랍지. 그리고 가상자산은 바라보는 시선은 매우 극적인 의견들로 나뉘어.

긍정론

⊙ 금을 대체할 수 있는 만국 공통 화폐로 발돋움을 기대해볼 수 있습니다

⊙ 실물 화폐가 아니지만 지금보다 더 많은 범위에 사용 가능한 결제수단의 가능성이 있습니다

⊙ 브라질, 쿠바, 베네수엘라, 엘살바도르 등 남미를 중심으로 국가 법정 화폐로 등재되고 있습니다

부정론

⊙ 코인은 누구나 만들 수 있으며 코인 자체의 정보 공개에 강제성이 없어 신뢰성이 떨어질 수 있습니다

⊙ 등록에 관한 법적 규제나 절차가 아직 미비하여, 주식처럼 검증되어 올라온 기업을 거래하는 것이 아니므로 불확실성이 있습니다

⊙ 코인 마켓에 등재된 코인이라 해서 안전성과 실효성을 검증받았다는 의미는 아닙니다.

⊙ 주식처럼 감시 역할을 하는 금융 기관이 존재하지 않습니다

⊙ 거래소 자체가 폐쇄되거나, 코인이 상장폐지될 수 있는 가능성이 있습니다

주식시장은 오랜 시간에 걸쳐서 정책과 규제가 정립되어 있지만, 가상자산은 아직 그 단계는 아니라는 말씀이시죠? 그리고 보니 최근에는 문제가 되는 가상자산 거래소를 폐쇄한다는 기사를 봤던 것으로 기억해요. 그래서 회의적으로 보는 사람들도 많나 보네요. 그렇지만 주식도 리스크가 있고 장기적으로 항상 오르기만 하는 건 아니지 않아요?

 그거야 당연하지. 이 세상에 리스크 없는 투자가 어디 있어? 그런데 기업은 생애주기가 없다는 특성이 있어서, 지속적인 성장으로 생명을 이어가기도 하고, 새로운 산업의 등장으로 트렌드에 맞게 새로 탄생하기도 해. 그래서 이런 흐름을 잘 캐치하고 커나가는 기업에 투자한다면, 우리는 그 안에서 계속적으로 투자의 기회를 찾을 수 있지.

 재테크의 종류별 개념에 대해 익숙해지니 이제 이해가 조금 되네요. 결국 세상이 망하지 않는다면, 돈을 버는 기업들은 계속 나오고 우리는 그 중에서 주식투자할 기회를 잡을 수 있다는 거죠. 주식투자를 시작하기 전에 조금은 생각을 정리할 수 있는 내용이었어요.

음… 팀장님! 부동산은 큰 준비 자금이 필요하고, 코인은 급등락이 불안정하니 전 주식 쪽을 알아봐야겠어요. 저한테는 주식이 딱인 듯요!

가상자산 vs 부동산 vs 주식투자 비교 분석표

구분	가상화폐 (코인)	부동산	주식
정보 접근성	낮음 (투자에 필요한 코인의 정보가 충분히 공개되지 않음)	중간 (허위 매물 등재의 가능성이 있고, 투자에 필요한 정보 출처가 다양해 한 번에 얻기 불편)	높음 (HTS에서 공시와 기업 정보 한 번에 열람 가능)
안전성	낮음 (나라별 시세가 다름, 거래소 폐지와 코인 상장폐지의 가능성이 있음)	높음 (국내에서 가장 대표적인 재테크 수단으로 잔존 가치 방어 가능)	중간 (해소 가능한 악재라면 복구 가능, 급등락을 막아주는 기능이 있음)
진입 가능 자본	낮음	높음	낮음
매매 세금	낮음 (거래소 수수료 있음. 거래세는 부여 예정)	높음 (중개 수수료, 취등록세, 재산세)	낮음 (증권사 거래 수수료, 거래세)
거래 비용	낮음 (가격의 다양성)	높음	낮음 (가격의 다양성)
현금화	빠름 (매도 후 즉시 이체 가능)	느림 (금액 단위가 크기에 매도자를 금방 찾기 어렵고, 거래 단계가 많음)	빠름 (매도 후 3영업일 이후 이체 가능)
거래 시간	24시간	24시간	장중 시간대에만 운영
브레이크 제도	없음 (하루에 80~90% 이상으로 떨어질 수 있음)	없음	거래일 당 30% 상하한 제한

3.
티끌로도
정말 태산을 만들 수 있다
주식의 특장점, 복리

 팀장님, 삼성전자의 주식을 20년 동안 사 모으면서 주식 투자를 했다는 택시기사 사연 보셨나요?

 봤지. 증권 커뮤니티 내에서도 많이 언급되더라고 삼성전자가 2,000원일 때부터 매수[3]하셨다고 하더라. 그

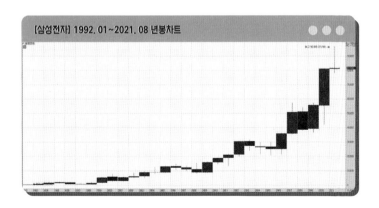

[삼성전자] 1992. 01~2021. 08 년봉차트

럼 삼성전자가 매년 주가가 얼마나 달라졌는지, 년봉 차트를 통해 살펴보자고. 참고로 차트는 주가의 흐름과 변화를 쉽게 확인할 수 있는 도구야. 여기서 빨간색, 푸른색 막대기는 지금 몰라도 되지만, 모양만 보면 우상향⁴ 추세가 확실하게 보일 거야. 1993년 1월 387원이던 것이 2021년 1월 9만 원 후반대까지 올라간 거지.

와. 우상향 차트의 정석입니다. 엄청나네요. 진짜 대단하지 않아요? 결혼생활 시작을 보증금 50만 원에 월세 6만 원인 반지하에서 시작하셨는데 20년 동안 차곡차곡 주식투자로 부를 쌓았고 지금은 좋은 저택에서 여유 있게 생활하시더라고요.

그 당시에 이 어려운 생활고를 이겨내기 위해서는 주식밖에 없다고 생각했대. 본인 인생이 잘될 확률보다는 삼성전자가 잘될 확률이 훨씬 높다고 판단하셨겠지. 그리고 20년 만에 그렇게 인생이 바뀔 수 있었던 이유는 주식의 복리 효과를 누리셨기 때문이야.

복리 효과는 주식투자의 가장 큰 장점이지. 매도⁵ 후에 원금 + 수익금으로 늘게 되고, 늘어난 원금으로 다시 구매하는 과정을 거치면서 투자 금액 자체가 늘어나는 구조니까.

물론 이 아저씨의 경우는 주식을 매도한 수익으로 부동산으로

---

3. **매수** 주식에서의 매수는 주식을 사는 것을 지칭
4. **우상향** 우측으로 갈수록 (=시간이 지날수록) 상승하는 모양
5. **매도** 주식에서의 매도는 주식을 파는 것을 지칭

재투자를 하셔서 자산 증식을 두 가지 트랙으로 극대화하셨어.

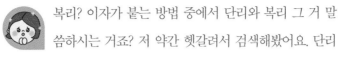 복리? 이자가 붙는 방법 중에서 단리와 복리 그 거 말씀하시는 거죠? 저 약간 헷갈려서 검색해봤어요. 단리는 원금에 이자가 붙고, 복리는 원금 + 이자에 이자가 붙는 거죠?

맞아, 그게 단리와 복리의 차이점이야. 보통 은행 예금이나 적금은 단리를 적용받거든. 은행에 연이자 10% 단리로 1억 원을 넣어뒀다고 해보자. 1년에 1천만 원씩 수익이 붙겠지? 이게 단리야.

그렇죠. 복리는 이자가 붙은 상태인 원금에서 이자율을 곱한 금액을 붙여주는 거죠? 그럼 연이자 10% 복리로 1억 원을 넣으면 1년 뒤 1억 1,000만 원, 2년 뒤 1억 2,100만 원이네요. 와 차이가 매우 크겠어요.

엄청나지. 보통 주식은 계속 매수해 나가기 때문에 복리로 수익률이 훨씬 더 많이 증대되지만, 이건 비교를 위한 예시니까 추가 납입이 없이, 처음에 넣은 1억 원을 그대로 둔다는 가정으로 생각해보자고 옆의 그림 참조.

세상에, 이렇게까지 차이가 크다고요? 50년 뒤 단리는 6억 원이 되었는데, 복리는 117억 원이 넘네요?

그래. 그러니 주식투자를 통해서 계속 매수/매도한다면 얼마나 더 수익이 증대될 수 있겠어? 자, 그럼 조금 더 현실적인 금액으로 설명해줄게. 송이 대리가 100만 원을 넣고 하루에 딱 1%만 수익을 낸다고 생각해보자. 추가 납입도 안 하고, 돈

단리 vs 복리		
연이율 10%	**단리** (단위:원)	**복리** (단위:원)
0년 후	100,000,000	100,000,000
1년 후	110,000,000	110,000,000
2년 후	120,000,000	121,000,000
3년 후	130,000,000	133,100,000
4년 후	140,000,000	146,410,000
5년 후	150,000,000	161,051,000
⋮	⋮	⋮
50년 후	600,000,000	11,739,085,288

을 인출하지도 않고 그대로 하루에 1%만 수익을 내면, 1년 뒤에는 1천만 원의 돈이 될 거야. 주말과 공휴일 빼고 주식거래인 240일 정도로 가정하면 1년 수익률로는 989.21%가 나오거든. 3년 뒤에 그 계좌는 거의 1억 원에 가까운 돈을 만들 수 있다는 계산이 나와.

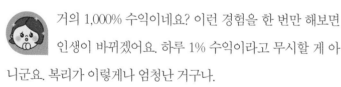 거의 1,000% 수익이네요? 이런 경험을 한 번만 해보면 인생이 바뀌겠어요. 하루 1% 수익이라고 무시할 게 아니군요. 복리가 이렇게나 엄청난 거구나.

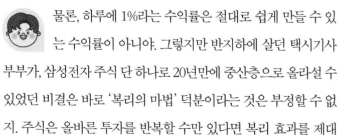 물론, 하루에 1%라는 수익률은 절대로 쉽게 만들 수 있는 수익률이 아니야. 그렇지만 반지하에 살던 택시기사 부부가, 삼성전자 주식 단 하나로 20년만에 중산층으로 올라설 수 있었던 비결은 바로 '복리의 마법' 덕분이라는 것은 부정할 수 없지. 주식은 올바른 투자를 반복할 수만 있다면 복리 효과를 제대

로 누릴 수 있다는 점. 기업의 성장에 투자할 수 있다는 점에서 인생역전의 수단이 될 수 있지.

 그 분은 특별한 안목을 가지셔서 좋은 기업들을 알아보고 투자할 수 있었던 건 아닐까요? 저는 그런 종목[6]들을 못 찾을 거 같다는 생각이 들어서인지 주식이 어렵게만 느껴지네요.

 아니야. 쉽게 생각하자고. 주식은 실생활과 밀접한 관계를 가졌다고도 볼 수 있지. 주변에 많이 입는 브랜드가 보이면, 그 브랜드를 수입하는 업체의 실적이 늘겠구나. 주변에서 다들 밖에 안 나가고 다 집으로 배송시킨다고 하면 쿠팡, 마켓컬리 관련주라든지 택배 박스 관련주[7]도 좋겠고. BTS가 빌보드 핫100차트에서 7주 연속 1위를 했다면 소속사인 하이브의 주식을 산다든지. 이런 식으로 쉽게 쉽게 체득하고 적용할 수 있으니 누구나 도전할 수 있는 재테크라 할 수 있지. 그런데 복리 효과까지 누릴 수 있다니, 정말 좋은 재테크 수단인 거지. 송이 대리도 주식을 잘 활용해서, 자산을 복리로 증식하는 사람이 되도록 해!

 흠. 팀장님 좋은 건 알겠는데 아직은 주식이 조금 무섭게 느껴져요. 그래서 혹시 주식을 하기 전에 튜토리얼

6. **종목** 주식에서 매매 거래의 대상이 되는 회사를 지칭
7. **관련주** 특정 사업이나 이슈와 관련된 주식

느낌으로 예행연습을 할 수 있는 방법은 없을까요?

 다행히 주식은 예행연습이 있지. 이걸 모의투자라고 하는데 키움증권, 삼성증권 등 대부분의 증권사에서 제공하는 가상투자야. 실제 돈이 아닌 사이버 머니를 통해 현실과 동일한 가격의 주식을 사고 팔 수 있지. 화면 구상이나 주가의 움직임 등 모두 실제 주식과 동일하게 구현되어 있어서 테스트 개념으로 해보기에는 정말 좋아. 또 모의투자는 실제 돈이 아니니 여러 시도를 통해 자신만의 매매 습관을 만들기에도 괜찮지.

 넵! 다른 재테크 수단들과는 달리 주식은 모의투자가 있어서 시스템에 적응하기 더 쉽겠네요. 감사합니다.

주식은 복리라는 큰 강점이 있고 모의투자로 미리 접근할 수도 있으니 송이 대리의 첫 재테크로는 이것만한 게 없을 거야.

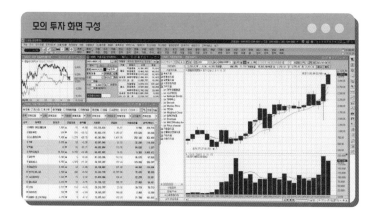

부동산 같은 경우는 소액으로 연습하며 시작하기가 어렵고, 가상자산의 경우 연습이라도 24시간 내내 관찰하기는 쉽지 않으니 주식 모의투자가 좋긴 하네요.

 부동산과 가상자산도 장점이 있지만, 주식은 소액으로도 할 수 있고, 모의로 연습도 가능하니 처음 하는 재테크로서는 장점이 많지. 하지만 원금을 잃을 수 있으니 바짝 연습하고 오라고~

4.
너희가 주식을 아느냐 Intro
주식의 거래 원리

 흠, 팀장님의 말씀을 들으니 주식에 좀 더 흥미가 생기네요. 그러면 주식은 어떻게 하면 되는 건가요?

 본격적인 주식 거래는 프로그램을 통해 할 수 있어. 먼저 주식 투자는 크게 PC로 하는 HTSHome Trading System와 스마트폰으로 하는 MTSMobile Trading System로 할 수 있어. 먼저 HTS는 증권사 홈페이지에서 받을 수 있고, MTS는 스마트폰 애플리케이션 스토어에서 쉽게 다운 받을 수 있지. 특히 송이 대리가 출장 등으로 HTS를 쓰기 어렵다면 MTS를 이용할 수도 있어. 스마트폰 앱이라도 웬만한 기능은 다 있기 때문에 어려움이 없을 거야.

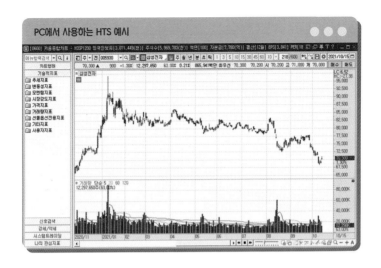

PC에서 사용하는 HTS 예시

그리고 혹시 어떤 증권사 것을 써야 되는지 고민된다고? 프로그램이 잘 접속되는지, 수수료는 어떤지 등을 따져 봐야겠지만 앞으로의 교육은 키움증권의 HTS를 예시로 설명할 거야. 그 이유는 키움증권 사용법에 관한 매뉴얼이나 영상들을 온라인에서 쉽게 찾을 수 있어서 송이 대리도 쉽게 적응 할 수 있기 때문이야.

자, 그러면, 주식을 할 수 있는 프로그램을 봤으니 이제 주식 거래

스마트폰에서 사용하는 MTS 예시

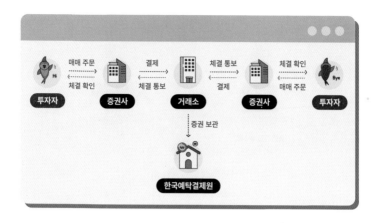

원리에 대해서도 한번 설명할게. 주식은 증권사 프로그램을 통해 매수, 매도 주문을 넣는 것으로 시작돼. 이렇게 신청한 주문은 증권사를 통해 거래소에서 체결되고, 거래된 증서는 한국예탁결재원이란 곳에 보관되지.

 으악. 너무 복잡해보이는데 이걸 다 외울 필요는 없겠죠? 이거 다 외우려면 머리가 터지겠어요.

 당연하지. 우리는 돈을 버는 거지 시험을 치는 게 아니니까. 전체 흐름이 이런 것뿐이지. 우리가 알아야 할 건 증권사가 제공하는 프로그램을 통해 매수/매도 버튼만 누르면 된다는 거야. 다음으로 주식도 일종의 경제 활동이다 보니 매매할 때는 수수료와 세금이란 비용이 나와. 다시 도표를 볼까?

비용은 크게 세 가지야. 증권사 및 유관기관의 수수료, 그리고 세금증권거래세이야. 주식을 살 때는 증권사 수수료와 유관기관 수수료만 내고, 팔 때는 앞의 2개에 증권거래세가 붙지.

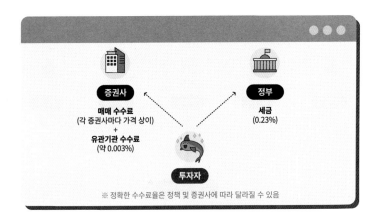

※ 정확한 수수료율은 정책 및 증권사에 따라 달라질 수 있음

먼저 증권사 수수료는 증권사를 이용했으니 내는 비용이고, 유관기관 수수료는 거래소나 한국예탁결제

	증권사 수수료	유관기관 수수료	세금
매수	O	O	X
매도	O	O	O

원 같은 유관기관에 내는 비용, 증권거래세는 너무도 익숙한 세금의 개념이야. 어렵게 생각하지 말고 수수료를 제외한 다른 2개는 정부에 내는 것이라 보면 돼.

 헉… 그럼 막 30%씩 가져가는 거 아니에요? 월급도 세금 너무 많이 떼서 화나는데…

 다행히 그 정도까지는 아니야. 먼저 증권사 수수료는 온라인으로 매매 시 0.015% 수준이고 주식 거래가 체결되도록 돕는 유관기관 수수료는 0.003% 정도야. 마지막으로 증권거래세는 2021년 기준 0.23%인데, 증권사 수수료뿐 아니라 세금은 매해 달라질 수 있으므로 정확한 금액을 외우기보다는 이 정도의 비용이 나오겠다고 생각하면 돼. 송이 대리가 100만 원짜리 주식을 샀다고 해보자. 이 때의 비용은 아래와 같아. 주식을 샀을 때는 180 원, 팔 때는 2,480원 수수료가 나와. 즉, 총부담액은 2,660원인 거지. 이렇게 보면 비용이 굉장히 적어보이지만, 계속 쌓이다 보면 생

	구분	적용	수수료
매수 시	증권사 수수료	100만원 * 0.015%	150원
	유관기관 수수료	100만원 * 0.003%	30원
	매수 시 총 비용		180원

	구분	적용	수수료
매도 시	증권사 수수료	100만원 * 0.015%	150원
	유관기관 수수료	100만원 * 0.003%	30원
	증권 거래세 (세금)	100만원 * 0.23%	2,300원
	매도 시 총 비용		2,480원

각보다 큰 금액으로 느껴질 수 있어. 때문에 무계획적으로 거래를 계속 하다보면 손실에다 추가 비용까지 발생할 수 있으니, 초보자일때는 특히 더 매매를 신중히 하는 게 좋아.

 네. 알겠습니다. 아쉽긴 하지만 세금이나 수수료는 보통 빠질 수가 없죠. 그럼 주식만의 또 다른 특징이 있을까요?

굉장히 많지. 그래도 송이 대리를 위한 예를 들자면 배당금[8]을 말해줄게. 이건 기업의 주식을 보유하고 있는 것만으로도 얻을 수 있는 수익이야.

 아니 이런 좋은 제도가! 그럼 어떻게 해야 제가 배당금을 받을 수 있을까요?

 돈 얘기가 나오니 눈이 반짝거리네! 방법은 매우 간단해! 배당금이 나오는 주식을 단 1주라도 보유하고 있으면 되거든. 단, 아무 때나 배당금을 받을 수는 없고 특정 일자에 그 주식을 갖고 있는 주주들만 받을 수 있어.

 검색해보니 배당을 받을 수 있는 날을 '배당기준일'이라고 하네요. 에를 들어, 배당기준일이 12월 30일 금이라고 하면, 30일 하루만 주식을 갖고 있으면 된다는 거 맞죠?

 맞아! 그런데 조금 더 정확히 설명하면, 배당을 받고 싶으면 30일 당일에 주식을 사면 이미 늦고, 배당기준일보다 최소 2영업일[9] 전인 28일 수까지는 주식을 사서 갖고 있어야해. 배당이란 건 주식 결제가 끝난 주주에게 지급되는 것인데, 우리나라 주식 매매 시스템은 바로 결제가 되는 것이 아닌, 3일째 되는 날에 결제가 되기 때문이지.

---

8. **배당금** 기업의 이익 일부를 주주들에게 분배하는 것
9. **영업일** 주말, 공휴일 등을 제외한 증권사 등이 실제 영업을 하는 기간

결제 방식에 대해선 추후에 한 번 더 말해줄 테니 너무 복잡하게 생각하진 않아도 돼. 대신 12월 28일ͭ까지는 주식을 꼭 사두고 30일ͭ까지는 기다려야 배당금을 받을 수 있다는 것만 기억해줘!

 오호, 넵 알겠습니다. 그럼 주식을 갖고 있으면 배당금을 받을 수 있으니 배당금을 많이 주는 종목들만 사도 괜찮을 것 같아요.

 흠… 그건 좀 위험할 수 있어.

첫째, 우리나라 기업들의 배당금 수준은 아직 선진국에 비하면 활성화되지 않아 1주당 배당금 비율이 적은 경우가 많고 매년 제공하지 않는 경우도 있지.

둘째, 배당수익률이 높은 종목이라도 잘 모르는 종목에 덥석 투자하면 주가 하락으로 오히려 손실을 입을 수 있어. 배당금보다 손실이 많이 나올 수 있기 때문에 투자를 안 하는 것만 못하는 거지.

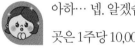 아하… 넵. 알겠습니다. 검색해보니 배당금이 많이 주는 곳은 1주당 10,000원대인 경우도 있고, 적게 주는 경우는 100원대도 있네요. 주식을 많이 살수록 배당금을 받기에 유리할 수 있으나, 팀장님이 알려주신 주의사항은 기억할게요.

 좋아. 지금까지 주식의 원리를 되짚어보면 송이 대리 생각보다 복잡하거나 어렵다고 느껴지진 않을 거야. 이 내용들은 '이런 게 있다' 정도로만 생각하면 되니 외우려고 하지 말자고.

5.
너희가 주식을 아느냐 Part 1
주식은 무조건
돈 까먹고 위험하다?

 팀장님 말씀을 들어보니 주식이 확실히 쉽고 간단하네요. 그리고 주식은 기업에 투자하는 것이니 경제에 대해서도 잘 알게 될 수 있을 것 같아요.

 맞아. 주식의 또 다른 장점 중 하나는 공부하는 과정에서 경제 전반을 보는 눈이 생길 수 있다는 거야. 그래서

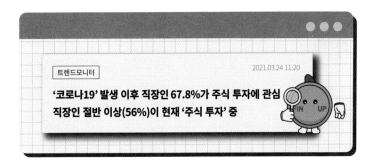

트렌드모니터   2021.03.24 11:20

'코로나19' 발생 이후 직장인 67.8%가 주식 투자에 관심
직장인 절반 이상(56%)이 현재 '주식 투자' 중

최근에는 직장인의 대표적인 재테크 수단으로 더 주목받고 있어. 최근 설문조사에 따르면, 직장인의 절반 이상이 주식투자를 진행 중이라고 하더군. 그래서인지 관심도도 굉장히 높은 편이고. 인터넷 서점에서는 투자 관련 책이 작년 대비 70% 이상 더 팔리는 추세라더라.

그러고 보니 제 주위에도 주식 공부하는 직장인 친구들이 많아졌어요. 다들 모이기만 하면 주식 토론도 열심히 하고요. 그런데 저는 아직 불안하기는 해요. 주식 실패하고 피눈물 흘리는 사람이 한두 명이 아니잖아요. 아직까지는 주식은 돈을 잃을 수 있는 확률이 높다는 인식을 털어내기가 쉽지 않는 거 같네요.

그런 케이스는 대부분 **자신만의 투자 방향성을 설정하지 않고 헛된 욕망을 꿈꾼 결과**지. 즉 대박을 내겠다고 무리한 빚을 내거나, 이름도 모르는 기업에 투자했다가 큰 금액을 날리는 경우가 많지. 송이 대리는 적절한 주식투자의 기본 원리부터 투자원칙까지 만들어서 이런 리스크를 줄이는 법부터 배워야 할 거야.

으악! 처음부터 알아야 할 과정이 많아 보여요. 저는 그런 거 대신 일단 해보면서 경험하는 스타일인데…

절대 쉽게 생각하면 안 돼! 공부 없이 하는 투자는 총 사용법도 모르고 전쟁터에 나가는 것과 같아. 수익은커녕 돈을 잃을 수밖에 없어.

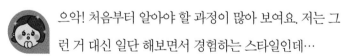

네! 명심하겠습니다. 그러면 팀장님은 주식 공부를 시작할 때 어떤 부분들을 특히 조심하시면서 시작하셨을까요?

 나는 아래처럼 크게 세 가지를 정해두고 지키려 노력했지.

첫째, 본인의 투자 성향을 먼저 파악하자.

주식투자로 수익을 낼 수 있는 방법은 정말 다양해. 튼튼한 기업을 사서 오래 가져 갈 수도, 이슈에 움직이는 종목을 매수해 단기간에 팔 수도 있지. 하지만 아무리 좋은 매매 방식도 자신의 성향과 맞지 않으면 제자리 걸음만 할 수도 있어. 때문에 이론 공부와 실전 연습을 통해 내가 추구하는 투자와 성향이 무엇인가를 먼저 정리하는 게 좋아.

 아하. 단순히 좋은 기업, 나쁜 기업으로만 구분해서 주식을 사고 파는 게 아닌, 성향에 맞게 사고파는 게 중요한 거군요. 만약 제가 빨리 수익을 내길 원한다면 비교적 단기투자에 적합할 수도 있고, 계속 주식시장을 바라보는 게 싫고 느긋한 투자를 원한다면 조금 장기적으로 투자해도 괜찮은 것처럼요.

 그렇지. 송이 대리에 맞지 않지만 남들이 좋다고 하는 투자법만 따라가면 십중팔구는 손실이 생길 수 있다고.

그럼 다음 방법을 알아보자.

둘째, 소액으로 목표치 달성 전에는 절대로 투자 금액을 높이지 않는다.

좀 더 구체적으로 말하면, 보유 금액의 일부만 투자금으로 사용해서 내가 원하는 목표 수익이나 손실의 기준을 지켜보는 거야. 성공적인 투자는 올바른 습관에서 시작이 되거든. 소액으로 5% 수익 등 송이 대리만의 수익 목표를 잡고 달성하기 전까지 연습에 연습을 거듭해서 나를 가다듬는 시간이 필요해. 처음에는 나도 모르게 반복적인 실수를 하거나 욕심이 생겨서 큰 손실이 생기곤 했거든. 그래서 내가 나를 믿을 수 있는 수준에 이르기 전까지는 절대로 투자 금액을 높이지 않았어.

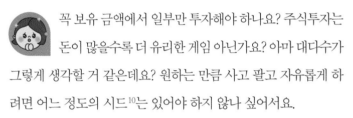 꼭 보유 금액에서 일부만 투자해야 하나요? 주식투자는 돈이 많을수록 더 유리한 게임 아닌가요? 아마 대다수가 그렇게 생각할 거 같은데요? 원하는 만큼 사고 팔고 자유롭게 하려면 어느 정도의 시드[10]는 있어야 하지 않나 싶어서요.

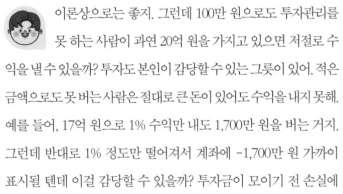 이론상으로는 좋지. 그런데 100만 원으로도 투자관리를 못 하는 사람이 과연 20억 원을 가지고 있으면 저절로 수익을 낼 수 있을까? 투자도 본인이 감당할 수 있는 그릇이 있어. 적은 금액으로도 못 버는 사람은 절대로 큰돈이 있어도 수익을 내지 못해. 예를 들어, 17억 원으로 1% 수익만 내도 1,700만 원을 버는 거지. 그런데 반대로 1% 정도만 떨어져서 계좌에 −1,700만 원 가까이 표시될 텐데 이걸 감당할 수 있을까? 투자금이 모이기 전 손실에

10. **시드** 시드 머니라고도 하며 주식 투자를 할 때 사용되는 투자금을 지칭함.

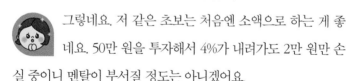

대한 대응 능력과 시나리오, 멘탈까지 과연 얼마만큼 준비되어 있는지도 생각해봐야지.

 와 -1,700만 원이라니. 저는 막 심장이 벌벌 떨리고 식은땀 날 거 같아요.

 99%의 사람들은 그럴 수밖에 없어. 그래서 감당할 수 있는 범위에서 투자를 해야 돼. 전 재산이 3천만 원인 사람이 50~100만 원 정도로 시작하면 설령 돈을 잃어도 큰 부담이 없지. 그리고 이런 과정에서 투자에서 일어나는 본인의 부족함도 파악할 수 있고 투자원칙도 정립할 수 있지.

 그렇네요. 저 같은 초보는 처음엔 소액으로 하는 게 좋네요. 50만 원을 투자해서 4%가 내려가도 2만 원만 손실 중이니 멘탈이 부서질 정도는 아니겠어요.

 맞아, 소액으로 조금씩 연습하다 보면 투자 금액도 키워서 수익을 늘릴 수 있고 올바른 투자 습관도 형성할 수 있어. 그래서 공부가 필요한 거지. 그럼 마지막으로…

세 번째, 헛된 욕망을 갖지 말자.

초보자들은 주식만 하면 인생역전을 할 수 있다는 희망찬 내일을 꿈을 꾸지. 그런데 투자는 욕심을 버리고 컨트롤할 수 있어야만 진정한 투자 성공의 맛을 볼 수 있거든.

예를 들어, 어떤 초보 투자자는 매년 50% 이상의 수익금을 얻길 원해서 1,000만 원을 투자했다면 500만 원 수익을 얻는 거지. 그런데 이건 굉장히 비현실적이야.

주식투자의 대가인 워렛 버핏도 1965년부터 2014년까지 연평균 21.6%의 수익을 달성했어. 대가가 이 정도인데 초보 투자자들이 너무 과도한 목표를 잡게 되면 필시 무리를 할 수 밖에 없고 이는 큰 손실로 돌아올 수밖에 없지.

 에고. 저도 수익 크게 내서 주식투자로 일어서려 했는데, 그러면 안 되겠네요. 시작은 버는 것보다 잃지 않는 것으로 잡는 게 좋겠어요.

 맞아. TV에서 주식에 실패했다는 연예인이나 일반인 들의 사례를 많이 봤지? 주식에 대해 충분히 공부하지 않고 '이 주식이 엄청 뜬다더라, 이게 괜찮더라' 하는 유혹에 넘어가면 패가망신을 면치 못하지.

그들은 투자를 이성적으로 하지 않고 욕망으로 한 거야. 그 욕심을 자제하지 못해서 망한 사람은 많아도 너무 많아. 그래서 나는 당장 돈을 버는 것보다 잃지 않는 것에 집중을 했고, 항상 욕심을 줄이자는 말을 수없이 반복했지. 이렇게 주식투자를 꼼꼼하게 시작하면 추후에는 송이 대리만의 흔들리지 않는 투자원칙을 세울 수 있어. 그럼 주식을 할 때 생겨나는 여러 문제들에 대해 심리적으로 흔들리지 않고 진행을 할 수 있을 거야.

 넵. 알겠습니다 팀장님. 말씀 주신 내용들 잘 유의하면서 투자를 시작하도록 하겠습니다.

핵심 키워드!

성공 투자를 위해서라면 꼼꼼한 준비가 필요하다

1. 투자 성향 파악

– 나의 성향과 맞지 않는 투자 방법을 따라 하면 실패할 확률이 높아진다.

– 단기, 장기, 기업 중심, 이슈 중심 등 자신만의 투자 스타일을 파악 필수

2. 투자 금액은 목표치 달성 전까지 높이지 않기

– 초보 투자자일수록 실력, 멘탈 측면에서 큰 손실을 감내할 수 없다

– 천천히 목표치를 달성하면서 투자 금액을 높여가는 것이 필요

3. 헛된 욕망 갖지 않기

– 아무런 공부 없이 실전에 들어가는 것은 총 없이 전쟁에 나가는 것과 같다.

– 엄청난 수익보다는 잃지 않는 매매를 진행하는 것이 중요

6.
너희가 주식을 아느냐 Part 2
주식은
제로섬 게임이 아니다

팀장님~ 주식시장은 제로섬 게임[12]이라는 말 들어 보셨어요? 즉 제가 손해를 봐야지 다른 사람들이 수익을 얻을 수 있는 게임이래요. 주식도 정말 이런 건가요?

이것 또한 주식의 잘못된 고정관념이지. 그전에 먼저! 송이 대리는 우리나라 주식시장을 어떻게 평가하고 싶어?

음. 전체적으로 선진국의 모습을 갖춰가고 있지만 북핵 개발 등 외국인들이 우려할 만한 부분도 있잖아요. 또 수출에 의존한 산업이 많기 때문에 긍정적이기보다는 부정적 시

- o

11. **찌라시** 팩트가 확인되지 않은 정보나 소문
12. **제로섬 게임** 한 쪽의 이득과 다른 쪽의 손실을 더하면 제로0가 되는 게임을 일컫는 말

선이 더 많지 않을까요?

 과연 그럴까? 경제 척도라 할 수 있는 코스피 주가지수[13]는 1980년대에 비해, 2021년 현재 약 60배 증가했어. 이 말은 우리나라 경제가 그만큼 비약적인 발전을 이뤄왔다는 뜻이기도 해. 물론 송이 대리 말대로 아직 북핵 등의 문제는 존재하지만, 부정적인 시선보다는 긍정적 시선이 많기에 주가가 이렇게 상승했을 거야. 만약 부정적 요소들에 발목잡혔으면 진작에 주가가 하락했겠지.

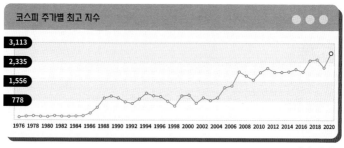

출처 : 통계청

 와… 생각보다 정말 많이 올랐네요. 그런데 제로섬과 이 주가상승이 어떤 관련이 있는지 체감이 잘 안 됩니다.

----

13. **지수** 주식에서의 지수는 상장 기업들의 주식 가격이 평균적으로 올랐는지 떨어졌는지를 알 수 있는 지표를 지칭함.

앞서 제로섬 게임은 결국 한정된 금액을 승자와 패자가 나눠 갖는 것을 의미하지. 그런데 주식시장은 장기적으로 보면 지속적인 상승을 해왔어. 즉, 1990년에 투자한 사람, 2000년에 투자한 사람 그리고 2020년에 투자한 사람도 지금까지 보유했다면 모두가 수익이 날 수 있는 확률이 비교적 높았다는거지. 다시 말하면, 주식시장은 모두가 Win-Win 할 수 있는 재테크이기 때문에 주식이 제로섬 게임이라는 것은 어폐가 있을 수 있다고 생각해.

아하. 주식시장은 오르락내리락 하지만 장기적으로는 상승 중이군요. 주식이 위험하고 탐욕스러운 이미지인 제로섬 게임인 줄 알았는데, 제로섬 게임은 아니었네요. 이제 주식에 대한 오해가 풀렸어요! 매력적인 재테크라는 게 느껴져요.

저, 결심했어요. 모두가 알 만한 좋은 대기업을 찾아, 기업의 성장과 가치에 투자한다! 제 돈을 안정적으로 늘려줄 수 있는 투자처는 역시 주식이 답인 듯해요. 한 3년 묵히면 결혼자금 나오겠네요!

음… 모두가 아는 대기업에 투자한다라는 말은 주식투자의 정답이라고 말을 할 수 없어. 물론 성장성이 눈부신 기업에 투자하는 것이 장기적으로 안정적인 수익률을 가져오는 것은 맞는데, 기업의 주가가 항상 기업의 가치를 그대로 투영하는 것은 아니거든.

그럼 기업 가치와 주가가 다를 수도 있다는 말씀이세요? 이해가 안 되는데요.

저번에 우리 삼성전자에 평생 돈을 넣어온 택시기사가 큰부자가 되어 여유 있게 살고 계시는 거 얘기했었지?

 네 진짜 부러웠어요. 그래서 저도 대기업에 투자하려고 해요. 삼성전자 차트를 보니까 꾸준한 우상향이 이런 거구나! 했지 뭐예요.

 그런데 이름만 대면 모두가 아는 대기업 차트가 전부 그렇진 않거든. 한번 봐 볼래?

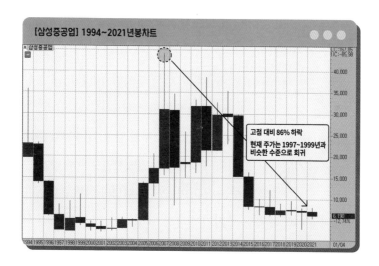

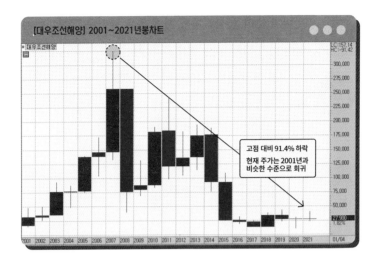

[대우조선해양] 2001~2021년봉차트

고점 대비 91.4% 하락
현재 주가는 2001년과
비슷한 수준으로 회귀

이게 뭐예요? 세상에… 잘못 물리면 10년 20년 동안
돈도 못 찾고 전전긍긍하다 병날 것 같은 차트인데요?

대우조선해양, 삼성중공업. 모두가 알고 있는 건실한 대
기업이지. 그런데 주식투자에 있어서만큼은 이름 있는
기업이 수익을 보장해주는 것은 아니야. 트렌드와 산업구조 등을
면밀히 분석해서, 추후 주가가 상승할 수 있는 모멘텀[14]을 가진 회
사를 찾아내는 것이 더 중요해.

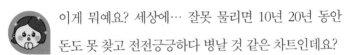

14. **모멘텀** 추진력, 운동량을 의미하는 물리학 단어로 주식에서는 큰 수익 또는 기업의 터닝포
인트를 가져오는 이벤트를 의미한다

아이고. 그걸 저 같은 초보가 어떻게 해요? 감도 안 오는 걸요. 실적을 찾아본다 해도, 그 실적이 주가에 좋은 건지 나쁜 건지 잘 모르겠는데요.

 주가가 상승할 만큼 실적이 뒷받침되는 모멘텀이 뭔지 모르겠다는 거구나. 전혀 어렵지 않으니 쉽게 생각하자고. 요새 애플, 현대차, 기아차, 도요타 등등 글로벌 회사들이 동시에 전기차 산업을 선점하기 위해 경쟁 중에 있지? 기존의 가솔린, 디젤, LPG로 굴러가던 내연기관 자동차에서 점점 전기차, 수소차, 자율주행차 등의 미래형 자동차가 각광받기 시작했잖아?

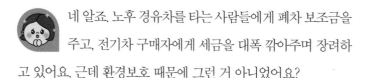 네 알죠. 노후 경유차를 타는 사람들에게 폐차 보조금을 주고, 전기차 구매자에게 세금을 대폭 깎아주며 장려하고 있어요. 근데 환경보호 때문에 그런 거 아니었어요?

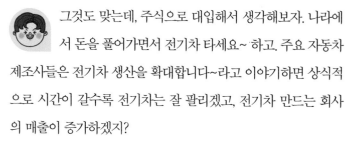 그것도 맞는데, 주식으로 대입해서 생각해보자. 나라에서 돈을 풀어가면서 전기차 타세요~ 하고. 주요 자동차 제조사들은 전기차 생산을 확대합니다~라고 이야기하면 상식적으로 시간이 갈수록 전기차는 잘 팔리겠고, 전기차 만드는 회사의 매출이 증가하겠지?

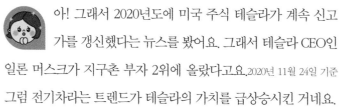 아! 그래서 2020년도에 미국 주식 테슬라가 계속 신고가를 갱신했다는 뉴스를 봤어요. 그래서 테슬라 CEO인 일론 머스크가 지구촌 부자 2위에 올랐다고요. 2020년 11월 24일 기준 그럼 전기차라는 트렌드가 테슬라의 가치를 급상승시킨 거네요.

조선비즈   2020.11.24 10:03

'세계 부호 2위' 된 테슬라 CEO 일론 머스크… 빌 게이츠도 제쳤다

그렇지. 반면에 15년 전 미국 시가총액 1위인 기업 GE 를 보자. 세계 최고의 가전제품 회사였는데 지금은 이 렇게 되었어.

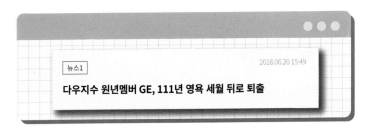

뉴스1   2018.06.20 15:49

다우지수 원년멤버 GE, 111년 영욕 세월 뒤로 퇴출

세상에. 무섭다 무서워. 그 당시에 GE를 사서 지금까 지 들고 있던 사람은 투자금을 거하게 손실 봤겠네요.

그렇지~ 모두가 아는 대기업이라는 브랜드만 보고 투 자하는 것은 사람의 겉모습만 보고 좋다, 나쁘다를 평 가하는 것과 별반 다르지 않아. 만약, 본인만의 적정 주가를 구하 는 기준이 있다면 기업 가치를 계산하고 투자 여부를 판단했을 거야. 즉, 대기업이냐 소기업이냐가 아니라 오래 투자할 기업인 지 파악했을 거란 말이야.

만약 이런 방식이 아니더라도 기술적 분석을 활용해서 현재의 주가가 오를 가능성이 있느냐 없느냐를 단기간에 파악할 수도 있어. 둘 중 어떤 방식이든지간에 본인의 기준이 있었다면 유명한 기업이라는 이유만으로는 투자를 하지 않았겠지?

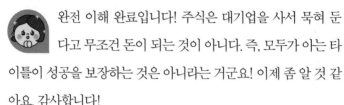

완전 이해 완료입니다! 주식은 대기업을 사서 묵혀 둔다고 무조건 돈이 되는 것이 아니다. 즉, 모두가 아는 타이틀이 성공을 보장하는 것은 아니라는 거군요! 이제 좀 알 것 같아요. 감사합니다!

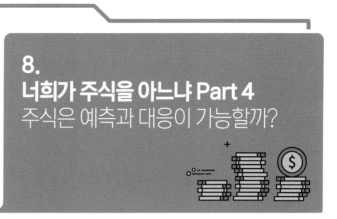

 송이 대리는 주가의 움직임을 어느 정도 예측할 수 있다는 말을 동의해?

 그걸 알면 신 아닐까요? 오를 거 확실하면 전 재산 베팅하겠죠. 그냥 기업이 잘될 것 같으면 투자하고, 실적이 악화될 것 같으면 팔거나 아예 사지 않는다 아니에요?

 주식시장은 눈 가리고 베팅하는 투기판이 아니야. 주가 흐름을 예측할 수 있는 자료 등을 통해서 어느 정도 방향성 예측이 가능해. 그리고 방향성 예측을 토대로 진입할 때 투자 성향에 따라서 비중이 달라질 수 있고.

 비중이라고 하면, 내가 10만 원이 있으면 30% 비중으로 3종목을 사고, 나머지는 현금으로 들고 있겠다. 그러면 3종목에 각각 3만 원씩 주식을 산 거고, 현금은 1만 원 들고 있는 거 말씀이시죠?

 잘 이해했네. 그런 거를 비중 조절이라고 해.
예측가능한 범위에는 기업의 실적, 산업의 업황[15] 등이
대표적이라고 할 수 있어. 최근에 전 세계 물류 대란으로, 해양
선박 운임이 엄청나게 폭증했다는 기사를 보았지? 그렇다면 컨
테이너 해상 운송을 주업으로 하는 회사는 당연히 매출이 증가
했을 거고 그 부분이 주가에 반영되겠지? 이걸 예측가능한 범위
로 볼 수 있지.
정확하게 말하면 주가를 예측한다기보다는, 시장에서 이 주식의
가치가 상승한다고 예측할 수 있다는 거야.

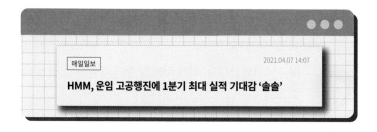

매일일보   2021.04.07 14:07

HMM, 운임 고공행진에 1분기 최대 실적 기대감 '솔솔'

 진짜로 엄청 올랐네요. 기업의 가치의 변화로 주가의
변화가 된 거군요. 그렇다면 예측불가능한 범위에는 뭐

15. **업황** 사업이나 업계의 현장 상황

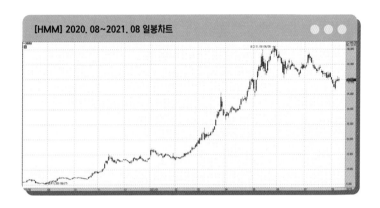

[HMM] 2020. 08~2021. 08 일봉차트

가 있어요?

 제약주의 임상 실패라든지, 대주주 리스크[16], 임원의 횡령, 분식회계[17] 등이 예측 불가능한 악재로 대표적이야. 예측불가능한 호재는 몇 백억 또는 몇 조 단위 사업의 최종 수주 같은 것을 들 수 있겠네.

 아… 이해했습니다. 저희 아빠가 투자해서 전 재산 날리신 제약주도 임상 실패였거든요!

 떠올리게 할 의도는 아니었는데, 미안… 물론 예측이 항상 맞는 것은 아니야. 아무리 기업 정보와 뉴스를 분석하였다고 하더라도 우리가 예측하기 어려운 부분이 항상 존재해.

----

16. **대주주 리스크** 대주주가 회사의 성장성을 크게 저해하는 행위를 할 가능성
17. **분식회계** 기업의 실적 보고서인 회계를 실제보다 과장되게 부풀려 계산함으로써 실적을 조작하는 행위

그래서 예측 범위를 벗어나는 경우를 대비해서 비중 조절을 통한 리스크 관리가 필요한 거지. 예를 들어, 갑자기 예상치 못한 악재 공시가 나왔어! 이렇게 예측하지 못한 순간이 올 때는 어떻게 하느냐? 방식은 크게 세 가지 정도가 가능할 거야.

- ⊙ **스피드가 생명이다. 기사를 보자마자 전량 매도**
- ⊙ **보유한 물량의 일부를 매도하고 나머지는 보유**
- ⊙ **주가의 하락이 멈출 때쯤에 추가 매수를 통한 손익분기점 낮추기**

이처럼 같은 상황이 나오더라도 투자자마다 대응할 수 있는 방법은 나누어질 거야. 이런 대응을 위해서는 비중 조절을 통한 리스크 관리가 필요하고 대응 방식에 힘을 실어주는 것은 악재에 대한 명확한 해석을 통한 분석이 선행되어야 한다는 거지.

 준비가 되어야 대응도 수월하다는 거네요? 결국은 투자기업에 대한 정보를 발 빠르게 수집하고 분석해야지만, 향후 기업가치를 예측하고 그에 맞는 대응이 가능하다는 거네요? 그래서 일반인도 주식 흐름을 예측하고 대응할 수 있다는 말씀이시군요!

주식력을 키우는 O X 챌린지!

1. S&P의 조사에 따르면 우리나라의 금융문맹력은 낮은 편으로 우간다, 가
   봉, 토고 보다 조금 높은 수준에 속한다   O | X
2. 대표적인 재테크 수단으로 가상자산, 부동산, 주식 등이 있으며 진입 가
   능 자본이 부동산 > 가상자산 > 주식 순이다.   O | X
3. 가상자산 시장은 주식시장을 벤치마킹하여 브레이크 제도를 실시하
   고 있다.   O | X
4. 주식투자로서 누릴 수 있는 가장 큰 장점은 적은 매매 수수료 비용과
   단리 효과이다.   O | X
5. 가장 안정적인 주식투자는 모두가 아는 대형 브랜드를 보유한 대기업
   에 투자하는 것이다.   O | X
6. 주식투자 시, 발생할 수 있는 모든 호재, 악재 요인은 예측 불가능한 범
   위라고 할 수 있다.   O | X
7. 주식투자 시, 종목을 사고 파는 것 외에는 별도 비용이 발생하지 않는다.
       O | X
8. 부동산, 가상자산, 주식 등의 재테크는 연습을 통해 미리 경험을 쌓을
   수가 없다.   O | X
9. 주식은 매도 시보다 매수 시에 더 많은 수수료가 부과된다.   O | X
10. 주식은 예측은 가능하지만 대응이 안 된다는 단점이 있다.   O | X
11. 주식에서의 모멘텀은 기업 자체의 경제 체력을 말한다.   O | X

정답 확인하기

1. [×] 신용평가사 S&P의 조사에 따르면, 우리나라의 금융문맹률은 67%로, 아프리카의 우간다, 가봉, 토고보다 못한 수준이다.
2. [×] 진입 가능 자본은 부동산 > 가상자산 = 주식이라고 할 수 있다.
3. [×] 가상자산은 브레이크 제도가 없고 주식은 30% 상하한 제한이 있다.
4. [×] 주식투자로 누릴 수 있는 가장 큰 장점은 적은 매매 수수료와 복리 효과이다.
5. [×] 유명 브랜드를 가진 대기업이냐가 중요한 것이 아닌 오래 투자할 기업을 찾아내는 것이 중요하다.
6. [×] 예측 불가능한 호재, 악재도 있지만 실적, 산업의 업황 등은 예측 가능한 범위에서 관련 내용을 찾아볼 수 있다.
7. [×] 거래 시에는 일정량의 수수료나 세금이 발생한다
8. [×] 주식투자는 모의투자를 통해서 미리 경험과 테스트를 할 수 있다.
9. [×] 매도 시에 세금이 부과되므로, 매도 시 수수료가 더 비싸다
10. [×] 쉽진 않지만 주식은 예측과 대응이 가능하다. 예를 들어, 꼼꼼한 분석을 통해 여러 산업 중 반도체 산업이 커질 것이라 생각하고대응, 해당 종목이 하락하더라도 비중을 늘리는 것대응으로 진행할 수 있다
11. [×] 모멘텀은 큰 수익 또는 기업의 터닝포인트를 가져오는 것을 의미한다.

Chapter 02

초보자가 반드시
알아야 하는 필수 상식

1.
시간대가 다르면
거래방식도 다르다
주식 거래 시간

 팀장님 주식은 오후 3시쯤 종료된다고 하는데 그게 사
실인가요? 그럼 저 같은 주식 승부사들은 하루 종일 할
수가 없는 거잖아요. 엄청 기대했는데.

회사일도 해야지~ 주식만 하는 건 좋지 않다고! 아무튼
우리가 보통 알고 있는 주식시장은 오후 3시 30분에 종

증시 거래 시간			⬤ ⬤ ⬤
	정규 시간	09:00 ~ 15:30	
동시호가	장 시작 동시호가	08:30 ~ 09:00	
	장 마감 동시호가	15:20 ~ 15:30	
시간외 종가	장전 시간외 종가	08:30 ~ 08:40 (전일 종가로 거래)	
	장후 시간외 종가	15:40 ~ 16:00 (당일 종가로 거래)	
시간외 단일가		16:00 ~ 18:00 (10분 단위로 체결, 당일 종가 대비 ±10% 가격으로 거래)	

출처 : 네이버 '증시 일정 및 거래 시간'

료돼. 긴말없이 표로 알려줄게.

 오호. 거래 시간이나 방법이 다른 부분이 좀 있네요. 그러고 보니 회사 사람들이 오전 8시 50분 정도 되면 단체로 화장실 가서 안 나오더라고요! 다들 MTS로 주식을 하는 거 아니에요?

 흠흠. 우리 이사님도 맨날 그 시간에 가시잖아. 아무튼 언뜻 복잡해보이지만, 각 시간대별 역할이 정해져 있어서 종합적으로 보면 쉽게 이해가 될 거야. 먼저 주식시장은 주말과 공휴일을 제외한 주중에 열려. 즉, 보통 직장인들이 출근할 때 주식시장도 열리는 날이고, 직장인들이 쉴 때는 주식시장도 쉬고. 그렇게 생각하면 돼.

 365일 내내 주식시장이 열리는 게 아니군요. 그럼 다음 설명 이어가주시죠~

 먼저 오전 9시부터 오후 3시 30분까지 이뤄지는 정규 시간을 알아보자. 시간대도 가장 길어서 대부분의 투자자들이 이 시간대에 참여를 할 거야. 일단 오전 9시 이후부터 종목들의 가격이 바뀌기 시작해. 그리고 3시 30분 장이 끝나면 그 가격이 고정이 되지. 이 시간대에서는 [4989] 주문창 등을 통해서 주식을 매매할 수 있어.

 직장인들이 참여하기에도 딱 좋은 시간대네요. 시간도 길고 아주 좋습니다.

다음으로는 **정규 시간 앞뒤로 배치된 장전/장마감 동시 호가**[1] 가 있어. 이건 장전/장마감 후 접수된 거래건 등을 모아서 한 번에 적절한 가격으로 체결시키는 것을 말해. 예를 들어, 투자자들이 10만, 15만, 20만에 너도나도 사고 팔고 싶다고 하면 그것을 묶어 15만에만 사고 파는 것으로 합의하는 거야. 장 시작 전과 장 마감에 너무 많은 매매가 진행되면 가격이 급변하는 경우가 많아. 이럴 경우 투자자들에게 혼란을 줄 수 있기 때문에, 장 시작 가격과 장 마감 가격을 원활하게 정리하고자 진행하는 거지.

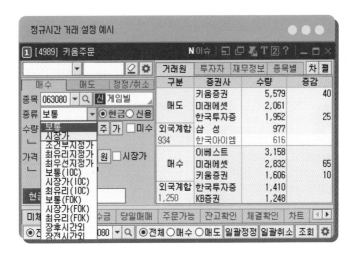

가격이 얼마에 형성될지 예상이 안 된다면 정말 무서울 것 같아요. 예를 들어, 장전에 동시호가 주문이 없으면 얼마에 가격이 시작될지 전혀 알 수 없잖아요.

맞아! 이렇게 투자자가 대응할 수 없는 시간에 시장가격이 급격하게 왜곡될 수 있으니 **주식시장 안정화를 위**

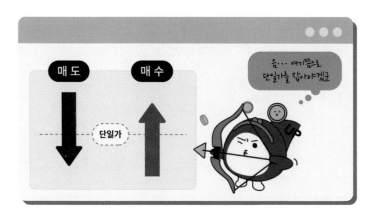

해서 동시호가를 도입하게 된 거야.

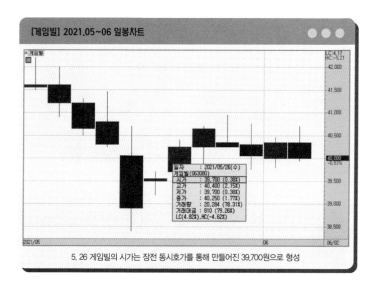

5. 26 게임빌의 시가는 장전 동시호가를 통해 만들어진 39,700원으로 형성

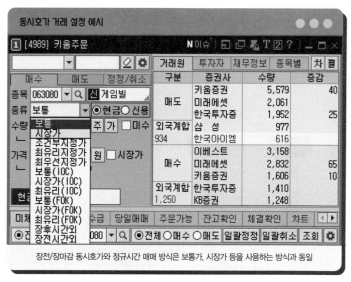

장전/장마감 동시호가와 정규시간 매매 방식은 보통가, 시장가 등을 사용하는 방식과 동일

그럼 **장전 동시호가**를 알아보자. 오전 8시 30분~오전 9시까지 진행되는데 이 30분 동안은 실제 거래가 체결되는 건 아니고 매수/매도에 대한 주문 접수만 받게 돼. 그리고 누적된 매수/매도 주문을 분석해서 9시에 가장 적절한 하나의 가격=단일가로 체결되지. 여기서 체결되는 것이 바로 그날의 시가, 즉 장이 시작할 때의 가격을 만드는 거야.

주문 방식은 정규 시간에 종목을 구매하는 것과 같아. 똑같이 [4989] 화면을 통해서 매매를 할 수 있지. 그럼 다음으로 **장마감 동시호가**에 대해 알려줄게. 이건 장마감과 동일해. 오후 3시 20분 ~ 오후 3시 30분까지 주문을 모아서 3시 30분에 한 번에 체결시키지. 이렇게 나온 가격이 그날의 종가가 되는 거야,

 정리하면 동시호가라는 것은 결국 시가와 종가를 만들어내는 거군요. 사람들의 주목이 폭주할 수 있는 구간에서 거래하는 방식이기도 하고요.

 맞아, 때문에 동시호가는 정규시간 거래와 아주 밀접한 관계가 있지. 그러면 이제 시간외 부분에 대해 알아보자고. 먼저 시간외 매매는 말 그대로 정규 거래 시간을 놓친 투자자들이 매매를 할 수 있도록 제공하기는 거래 시간이야. 에피타이저와 디저트 같은 역할이랄까?

시간외 매매의 종류는 장전/장후 시간외 종가와 시간외 단일가가 있어. 아래 표를 보면 조금 더 구체적으로 알 수 있을 거야

먼저 장전 시간외 종가는 08:30 ~ 08:40까지 진행돼. 단, 우

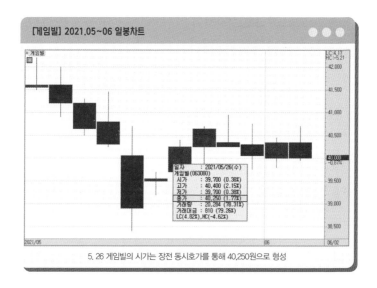

5. 26 게임빌의 시가는 장전 동시호가를 통해 40,250원으로 형성

리가 알았던 기존 거래방법과는 다르게 전일 종가로 주문 가격
이 고정되어 있지. 전날에 주식을 매매하지 못했던 사람들을 위
해 이 10분 동안만 전일 가격으로 거래가 진행되는 거야. 전일
종가가 1만 원이었다면 오늘의 장전 시간외 종가는 1만 원으로
만 거래할 수 있지.

어제의 종가를 기준으로 오늘 매매를 하기 때문에 치열한 눈치싸

시간외 종가	장전 시간외 종가	08:30 ~ 08:40 (전일 종가로 거래)
	장후 시간외 종가	15:40 ~ 16:00 (당일 종가로 거래)
시간외 단일가		16:00 ~ 18:00 (10분 단위로 체결, 당일 종가 대비 ±10% 가격으로 거래)

움이 일어날 수 있어. 예를 들어, 어제 장마감 후 역대 최고의 실적을 발표한 기업이 있거나_{호재}, 최악의 실적으로 안정성이 불투명하다는 것이 알려진 기업이 있다면?_{악재}.

전날 호재로 오늘 9시에 주식이 시작하면 주가가 폭등할 확률이 높다고 판단한 거지. 장전 시간 외 거래로 주식을 산다면 큰 수익률을 얻을 수도 있지만, 보유자들도 주식을 팔려 하지 않기 때문에 실매매가 체결되기는 어렵기도 해.

반대로, 악재가 있는 기업의 장전 시간외 거래를 통해서 팔고자 하는 사람들이 많을 거야. 오늘 장이 시작되자마자 주가가 떨어질 확률이 높은데, 어제 종가로 팔아야 손실이 조금이라도 덜할 수 있으니까.

물론 호재나 악재가 있어도 주가가 다르게 움직일 수 있어서 막상 정규 시간대가 되면 주가가 다르게 변하는 경우도 있어. 그리고 악재나 호재에 대응하기 위해서는 10분이란 시간 안에 원하는 대로 매매하는 것은 쉽지 않아. 그래도 관심 주식을 꾸준히 지켜보는 것만으로도 장전 시간외 종가에서 수익을 얻거나 손실을 줄일 수도 있으니 공부를 계속 해나가는 게 유리하지.

 단 10분 동안인데 정말 치열한 매매가 될 수 있겠네요. 앗 그런데 시간대가 08:30 ~ 08:40이면 장 시작 동시호가인 8:30 ~ 9:00와 겹치지 않나요?

 맞아. 여기서 초보자들이 실수하는 경우가 많은데 HTS나 MTS를 통해 꼭 종류 부분을 수정해줘야 해. 아래처

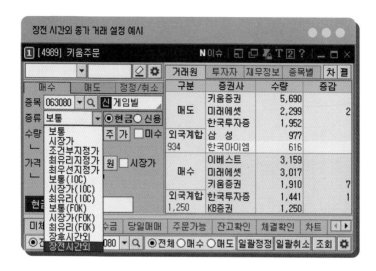

럼 장전 시간 외로 바꿔줘야 장전 시간 외 종가 거래를 할 수 있다고. 만약 그냥 보통으로 하면 장전 동시호가로 거래되니 이건 꼭 주의해줘.

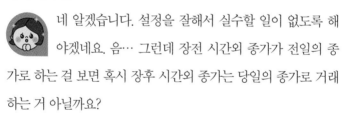 네 알겠습니다. 설정을 잘해서 실수할 일이 없도록 해야겠네요. 음… 그런데 장전 시간외 종가가 전일의 종가로 하는 걸 보면 혹시 장후 시간외 종가는 당일의 종가로 거래하는 거 아닐까요?

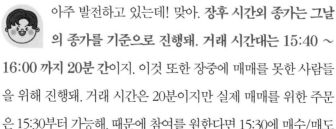 아주 발전하고 있는데! 맞아. **장후 시간외 종가는 그날의 종가를 기준으로 진행돼. 거래 시간대는 15:40 ~ 16:00 까지 20분 간**이지. 이것 또한 장중에 매매를 못한 사람들을 위해 진행돼. 거래 시간은 20분이지만 실제 매매를 위한 주문은 15:30부터 가능해. 때문에 참여를 원한다면 15:30에 매수/매도

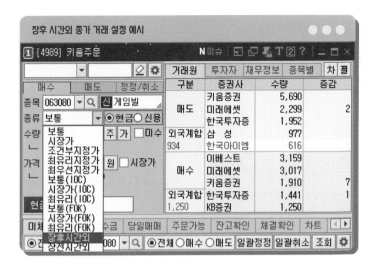

장후 시간외 종가 거래 설정 예시

구분	증권사	수량	증감
매도	키움증권	5,690	
	미래에셋	2,299	2
	한국투자증	1,952	
외국계합	삼 성	977	
934	한국마이엠	616	
매수	이베스트	3,159	
	미래에셋	3,017	
	키움증권	1,910	7
외국계합	한국투자증	1,441	1
1,250	KB증권	1,250	

주문을 넣고 기다리는 게 좋지.

이렇게 장전/장후 시간외 종가를 마무리하고, 마지막인 장후 시간외 단일가가 남았어. 앞선 거래들이 하나는 10분, 하나는 20분씩 진행됐다면 이건 16:00 ~ 18:00까지 2시간 동안 진행돼. 그리고 주문 방식도 약간 달라.

먼저 가격은 그날의 종가 기준으로 ±10% 선에서 주문이 가능해. 예를 들면 그날의 종가가 10,000원이면 9,000원 ~ 11,000원대에서 거래가 진행돼. 때문에 가장 높은 +10%에 도달하면 시간외 상한가[2] 라고 말하고 −10%에 도달하면 시간외 하한가[3] 라고 말하지. 그리고 또 다른 특징은 실시간으로 체결되는 방식이 아닌 4시부터 10분마다 주문들을 모아서 단일가로 한 번에 체결된다는 거야. 즉, 아래처럼 10분 단위로 진행되는 거지

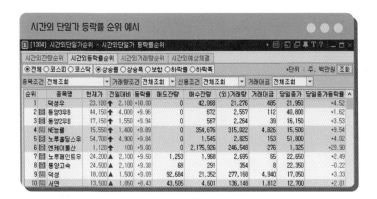

시간외 단일가 등락률 순위 예시

순위	종목명	현재가	전일대비	등락률	매도잔량	매수잔량	(외)거래량	거래대금	단일종가	단일종가등락률
1	덕성우	23,100 ↑	2,100	+10.00	0	42,068	21,276	485	21,950	+4.52
2	동양3우B	44,150 ↑	4,000	+9.96	0	672	2,557	112	40,800	+1.62
3	동양2우B	17,150 ↑	1,550	+9.94	0	567	2,264	39	16,150	+3.53
4	NE능률	15,550 ↑	1,400	+9.89	0	354,676	315,022	4,826	15,500	+9.54
5	노루홀딩스우	54,700 ↑	4,900	+9.84	0	1,545	2,825	153	51,800	+4.02
6	엔케이물산	1,120 ↑	100	+9.80	0	2,175,926	246,548	276	1,325	+29.90
7	노루페인트우	24,200 ▲	2,100	+9.50	1,253	1,968	2,695	65	22,650	+2.49
8	동양고속	24,500 ▲	2,100	+9.38	68	291	354	8	22,350	-0.22
9	덕성	18,000 ▲	1,500	+9.09	92,684	21,352	277,168	4,940	17,050	+3.33
10	서연	13,500 ▲	1,050	+8.43	43,505	4,601	136,148	1,812	12,700	+2.01

- 16:00:00 ~ 16:09:59 주문 수집 ▶ 단일가로 16:10:00에 체결
- 16:10:00 ~ 16:19:59 주문 수집 ▶ 단일가로 16:20:000에 체결
- 17:50:00 ~ 17:59:59 주문 수집 ▶ 단일가로 18:00:000에 체결

그럼 여기서 퀴즈를 내보도록 할게. 만약 A주식의 시간외 단일가
가 오후 6시에 11,000원으로 결정됐어. 그럼 이 가격이 그날의 종
가가 되는 걸까?

 어…음… 넵 맞아요 이날의 마지막 가격이니까 당연히
종가입니다!

 아쉽게도 땡이야. 이 부분도 헷갈릴 수 있는데, 오늘의
시가와 종가를 만드는 건 그날의 동시호가 부분이야.

🔍
2. **상한가** 개별 종목의 주가가 일별로 상승할 수 있는 최고 가격
3. **하한가** 개별 종목의 주가가 일별로 하락할 수 있는 최저 가격

시간외는 매매를 못한 투자자에게 매매 기회를 주는 일종의 보너스 개념이라 시가와 종가를 만드는 건 아니야, 표를 통해 천천히 복습하면 돼.

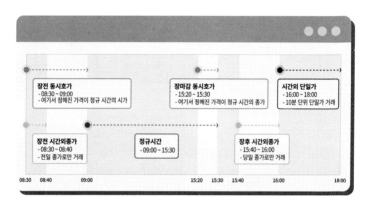

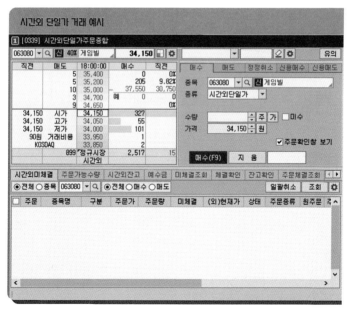

다만 시간외 단일가가 어떻게 끝났는지가 다음날 주가에 영향을 미치기도 해. 예를 들어, 시간외 단일가가 상한가를 기록+10% 했다고 하면 투자자들 사이에서 상승 기대감이 생겨서 실제로 다음날 주가가 올라갈 수도 있지.

하지만 시간외 상한가를 기록했다고 다음날 무조건 올라가는 건 아니야. 추후 배우겠지만 상한가를 만든 이슈재료가 괜찮은 것인지, 매수 거래량은 충분한지 등에 따라 다음날 주가가 오히려 내려갈 수도 있어.

그래서 단기 매매를 중점으로 투자를 하다가 시간외 상한가를 겪게 된다면, 명확한 주가 상승의 이유를 파악해야 해. 만약 원인 파

악이 어려우면 일정 부분만 다음날 매도하고, 나머지는 변화하는 주식을 보며 대응하는 것도 좋지. 그럼 주가 변화에 따른 리스크를 조금 줄일 수 있거든.

다만, 정규시간 외 거래는 시간이 짧은 편이라 주식 초보인 송이 대리는 쉽지 않을 거야. 우선은 9시부터 15시 30분까지 정규 시간대에 집중적으로 투자를 해보자고. 여기서 경험치를 쌓은 후에 다른 시간대를 거래해야 더 쉽고 편할 거야.

 넵. 그럼 오늘 방대한 양이 나왔으니 까먹지 않도록 열심히 복습하겠습니다.

2.
내 돈 내 맘대로 못 뺀다고?
D+2의 비밀

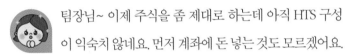

팀장님~ 이제 주식을 좀 제대로 하는데 아직 HTS 구성
이 익숙치 않네요. 먼저 계좌에 돈 넣는 것도 모르겠어요.

주식을 하려면 증권사 계좌로 돈을 넣는 게 꼭 필요하지.
초보 투자자들이 이걸 어려워하는데 전혀 그럴 것 없어.
은행 이체하듯이 편하게 돈을 넣을 수가 있다고.

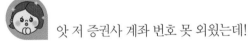

앗 저 증권사 계좌 번호 못 외웠는데!

걱정하지마. 이것도 쉽게 볼 수 있으니까. 키움 HTS를
기준으로 하면 [0801] 화면에 나와 있는 증권계좌를 통
해 넣은 돈을 확인할 수 있고, 이 화면에서 예수금을 송이 대리의
원래 은행계좌로 뺄 수도 있어.

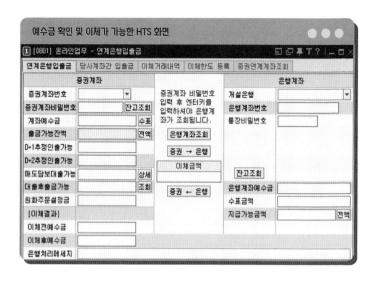

예수금 확인 및 이체가 가능한 HTS 화면

오잉 예수금? 그게 어떤 건가요.

앗 그럼 이번엔 투자금과 관련된 용어들을 알려줄게. 먼저 **예수금은 주식을 사고 팔기 위해 계좌에 넣어둔 돈이야.** 은행으로 치면 예금과 같은 말이지. 즉, 예수금 100만 원이 있다고 하면, 주식거래가 가능한 돈도 100만 원이라 보면 돼. 그런데 예수금 옆에 D+1, D+2 이런 게 보이지. 이건 뭘까?

이자를 준다는 거 아닐까요? 예수금만 넣어두면 하루 뒤에 얼마, 이틀 뒤에 얼마를 주겠다 이런 느낌?

아쉽지만 이자를 주는 건 아니야. 먼저 내가 주식을 매매한 오늘은 D-day라고 한다면, 그 다음날은 D+1 또 그 다음날은 D+2가 되겠지. 영업일로 치면 D-day가 1영업일, D+1

이 2영업일, D+2가 3영업일이 되는 거야. 그럼 굳이 왜 이렇게 표기할까? 그건 우리나라의 유가증권대체결제제도^{이른바 3일 결제 제} ^도 때문이야.

지난 번 거래 원리를 공부할 때, 매수 매도 버튼만 누른다고 끝나는 게 아니라 했잖아. 주문한날로부터 증권사와 몇몇 기관들을 거쳐 완벽하게 처리하는 데 총 3영업일이 걸리는 거지.

아하. 그래서 HTS 화면 D+1, D+2 이런 게 있는 거군요. 그럼 다시 예수금으로 돌아와서, 제가 만약 200만 원을 넣고 50만 원 어치의 주식을 샀다면 아래 내용이 맞을까요?

⊙ 당일 예수금과 D+1의 예수금은 200만 원이겠죠. 실제 결제가 되진 않았으니까요.
⊙ D+2에서는 주식 50만 원이 결제되기 때문에 그때 예수금은 150만 원으로 나오겠네요.

그렇지! 반대로 송이 대리가 200만 원 어치의 주식을 매도해서, 그 돈을 그대로 인출하기 위해서는 D+2일

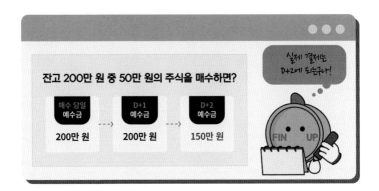

째 인출할 수 있는거지. 요즘은 HTS 기능이 발전해서 인출 가능한 일자 등도 잘 표시되는 경우가 많으니 내역을 잘 보면서 거래하면 돼.

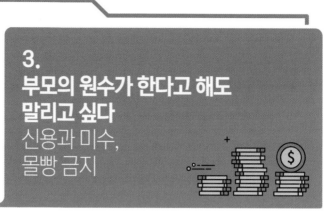

3.
부모의 원수가 한다고 해도
말리고 싶다
신용과 미수,
몰빵 금지

 주식에서 이것만 안 해도 패가망신할 일은 없다! '신용 미수 몰빵 금지!' 들어봤지?

 음. 아니요… 저 진짜 주식이 완전히 처음이라 신용, 미수가 무슨 뜻인지도 모르겠어요.

 아 그랬구나. 보통 주식계좌에 입금한 내 돈만 가지고 거래를 하는 것을 현금 매매라고 해. 체크카드처럼 통장에 들어 있는 돈 안에서만 매수와 매도를 할 수 있는거지.

 앗 그럼 신용은 혹시 신용카드처럼 은행돈을 빌려 쓴다는 걸까요?

 맞아. 증권사에게서 대출을 받는 거나 마찬가지지. **신용과 미수 모두 증권사에게서 돈을 빌려서 빌린 돈으로 주식거래를 하는 것을 말한다.** 주가가 오를 것으로 확신해서 10%

의 수익을 기대하는 상황이라고 하자. 내 돈 100만 원으로 매수하면 10만 원의 수익을 거둘 수 있지만, 증권사에서 돈을 빌려서 1억 원을 매수하면 1,000만 원의 수익이 나잖아! 빌린 기간에 따라 이자만 지불하고 나머지의 큰 수익을 당겨올 수 있지. 이걸 바로 레버리지[4]라고 해.

 은행에서 대출할 때는 필요한 서류도 많고 복잡한데, 증권사에서 빌리는 건 기간이 짧고 간단한가요? 대출 승인 기다리다가 주식 이미 올라버리면 어떡해요!

 은행보다는 훨씬 간단히 빌릴 수 있어. 신용과 미수 모두 HTS, MTS 상으로 바로 차입이 가능해. 그래서 투자자들 중에는 고민 없이 신용과 미수를 많이 사용하는 경우도 많아. 쉽고 빠르게 나오니까, 주식이 오를 것 같을 때 욕심에 눈이 멀어서 망설임 없이 질러버리는거지. 담보도 따로 잡을 필요가 없어, 내가 산 주식을 담보로 잡기 때문이야.

 아…그래서 '신용 미수 몰빵 금지'가 주식 격언이 된 거구나. 사람들이 돈을 빌려서 리스크를 감내하고 종목 한두 개에 전액을 베팅해버리는 거네요? 마치 도박처럼요. 나는 이 판에 올인! 이런 거죠?

4. **레버리지** 본인 자본에 타인의 자본을 빌린 금액을 더하여, 자본 자체를 키워 수익금액을 늘리는 투자방식. 지렛대를 사용하면 무거운 것을 쉽게 들어올리는 효과와 비슷하여 레버리지라고 한다.

적절하게 써서 안정적으로 큰 수익을 내는 사람도 있지만, 그 정도의 레벨을 지닌 투자자는 소수야. 신용과 미수를 쓰는 사람의 심리가 보통 "이 종목은 확실히 오를 거야! 한 끗에 다 태워서 일확천금을 벌겠어!" 라는 경우가 많을 거야. 그리고 투자금액이 커지면, 1%만 올라도 수익금이 엄청나게 커지기 때문에 수익금을 보고 이성을 잃고 습관적으로 미수와 신용을 써서 매매하는 경우도 있고.

적절하게 써서 안정적으로 수익을 내는 용도로 쓰는 거면 너무 매력적인데요. 구더기 무섭다고 장 못 담그나? 아니 왜 웬만하면 하지 말라는 거예요?

기본적으로 신용과 미수는 레버리지야. 즉, 하이 리스크 하이 리턴에 속하기 때문이지. 조금만 올라도 훨씬 큰 수익을 가져다 주지만, 주가가 조금만 빠져도 큰 손실도 가져오잖니. 크게 두 가지 이유를 들 수 있겠지?

첫째, 손실 금액을 감당할 마인드 준비가 되어 있지 않지.
하이 리스크 임을 감안하고 시도했다 하더라도, 사람들은 본인이 감당할 수 있는 손실 단위에 대해 정확히 알지 못해. 알고는 있었는데 실제로 마주하니 멘탈이 나가는 상황이 올 수 있지. 투입 자본이 커지면 수익 금액도 커지지만, 손실 금액 또한 커지니까 이런 부분에 준비되어 있지 않다면 스트레스가 큰 매매를 하게 되는 거야.
둘째, 예상할 수 없는 악재를 맞아 급락하는 상황에서는 하이 리스크를 그대로 얻어 맞게 돼.

레버리지를 적재적소에 적합하게 활용하는 고수들도 피하지 못하는 급락 상황이 있어. 갑자기 대표가 횡령[5]으로 구속된다든지, 분식회계를 걸렸다든지, 바이오 임상 결과가 실패로 떴다든지! 이런 경우에는 하한가가 나오는 주식들이 생길 수 있지. 그런 경우 반대매매가 강제로 집행될 가능성이 커지니, 준비되지 않은 투자자에게 신용과 미수는 감당할 수 없는 부메랑이 되어서 돌아올 수 있지.

 이런, 그 생각을 하지 못했구나. 그렇죠 그런 경우에는 빌린 돈을 갚기 어려워지겠네요. 그런데 말씀하신 반대매매가 뭐에요?

 반대매매 정말 중요하지. 바로 설명 들어갈게. 그전에 신용 미수를 막는 설정부터 바로 하자. 이 걸 먼저 진행한 뒤에 반대매매와 신용 미수를 자세히 알려줄게.

현금 100%로 클릭하고 증거금변경을 누르면, 해당 계좌는 현금으로만 거래가 가능하도록 변환될 거야. 초보자 분들은 반드시 변환해서 실수로 신용이나 미수를 쓰게 되는 경우를 방지해야 해!

----
5. **횡령** 회사의 자금 또는 재산을 불법으로 차지하여 가지는 것으로, 임원이 횡령 시 상장폐지를 당할 수 있다

[1] [0398] 계좌증거금률 변경 등록 ⟨icons⟩ T ? | _ □ ×

계좌번호 [　　　] ▼ [　　　　　] 비밀번호 [　　　] [조회] [증거금 변경]

현재계좌증거금률	
추정자산	
휴대폰번호	- - [고객정보 변경]

※ 변경하고자 하는 증거금을 선택하시고 '증거금 변경' 버튼을 클릭하시기 바랍니다.

선택	현 금	대 용	합 계
○	스펙트럼 플러스(+) 증거금 (우수고객형)		
○	스펙트럼 증거금 (기본형)		
○	0 %	40 %	40 %
◉	100 %	0 %	100 %

매도대금 담보대출 약정등록

계좌증거금률 관련 유의사항

- 스펙트럼 증거금률을 선택하시는 경우 계좌의 보유현금을 초과한 레버리지(미수) 거래가 가능합니
  예시) 주문가능금액 30만원(대용금포함) 보유 시
      증거금률 30% 종목 → 최대 100만원 매수 주문 가능
      증거금률 40% 종목 → 최대 75만원 매수 주문 가능
- 스펙트럼 플러스 증거금제는 당사가 선정한 우수 고객만이 신청 가능한 증거금제로 종목
  증거금률을 인하 적용함으로써 보다 폭넓은 레버리지(미수) 거래가 가능합니다.
- 스펙트럼 플러스 증거금제 상세 안내바로가기
- 스펙트럼 플러스 증거금 탈락 시 SMS통보 되므로 휴대폰 번호를 확인하시기 바랍니(
- 증거금률 변경은 1일 1회만 가능합니다.
- 증거금률 변경 가능시간 : 07:00 ~ 23:30 (토,일,공휴일 포함)
- 증거금률 변경 관련 유의사항 추가 안내 반드시 확인하자세히 보기
- 증거금률 변경 등록 시 계좌에 이미 적용된 재사용금액에는 실시간 반영되지 않습니다.
- 증거금률 100%로 설정된 경우에도 수수료 등 적은 비용에 대하여 미수금이 발생될 수 있으니.
  주식 결제일에 미수금 발생여부를 꼭 확인해주시기 바랍니다.
- 고객정보 미수안내 SMS 신청 시 미수동결 및 미수금 안내 SMS가 발송됩니 [고객정보 변경]
- 10만원 초과 미수금 발생 시 당일 내로 변제하지 않을 경우 30일간 미수거래가 제한됩니다.
- 캐치(KATCH) 계좌는 40% 대용 또는 100% 현금 증거금률만 선택 가능합니다.
  (스펙트럼 증거금 (기본형), 스펙트럼 플러스(+) 증거금 (우수고객형)은 선택불가)

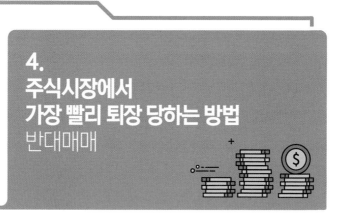

4.
주식시장에서
가장 빨리 퇴장 당하는 방법
반대매매

팀장님, 빨리빨리~ 반대매매 알려주세요! 찾아봤는데 "신용과 미수 잘못 쓰면 반대매매 당해서 골로 간다."는 말까지 있더라고요. 이런 위험한 것이 주식에 있다니, 반대매매가 너무 궁금해서 참을 수가 없어요. 저는 오늘 집중력 최고치로 올라갔습니다. 그리고 신용과 미수는 결국 둘 다 주식 매수할 때 쓰려고 빌리는 돈 아니에요? 이름이 왜 다르지?

아주 궁금한가 보구나. 반대매매가 뭔지부터 알려줄게. 신용이나 미수를 써서 증권사에 대출을 하게 되면, 증권사는 내가 산 주식들을 담보로 잡고 돈을 빌려준다고 했잖아? 만약에 주식의 가격이 떨어져서 증권사에서 정한 기준 아래로 내려가면, 증권사가 내가 가진 주식을 낮은 가격에 강제로 전부 팔아 치워 버려. 그리고 그 금액으로 빌려준 돈을 돌려받아 가는 제도가 반대매매야.

 제 의사와 상관이 없이 제 주식을 강제로 처분한다고요? 제가 목표한 가격까지 올라갈 것이 확실하다고 보이면 증권사에 연장 요청할 수 있는 방법 같은 게 없을까요? 더 기다리면 올라갈 수도 있는데… 주식은 대부분 오르락 내리락 하면서 목표주가를 향해 가니까 일시적인 하락기에 반대매매가 나가면 너무 억울할 것 같은데요.

 얄짤없어. 대출상환에 그런 사정을 봐주는 것이 어디 있니. 신용과 미수를 실행했는데, 기준 아래로 내려가면 증권사에서 주식을 팔아서 빚 청산하기 전에, 현금을 납입하라고 연락을 준단다. 만약에 그 돈을 넣지 않으면 그땐 진짜로 빌려서 매수한 주식을 강제 매도하고.

 그렇군요. 반대매매를 당하지 않으려면, 증권사가 제시하는 기준점을 잘 숙지한 다음에 신용과 미수를 사용해야 하겠군요.

 그리고 신용과 미수는 비슷하지만 차이점이 있지.
신용은 기본 90일 동안 빌리는, 미수보다 기간이 좀 더 긴 차입이야. 조건을 충족하면 90일보다 더 연장할 수 있고 최장 5개월 정도 빌릴 수 있어. 장기간 현금을 빌릴 수 있고 이자율은 3개월 이내 상환하더라도 5% 이상의 고이자를 내야 해.
미수는 매수일을 제외한 2거래일 안에 상환해야 하는 짧은 차입이야. 단기간에 미리 돈을 빌려 쓰고 바로 갚는다는 점에서 신용카드와 비슷하게 이해하면 돼. 근데 이자가 거의 없다는 특징이 있어.

	대여 기간	이자율	반대매매 시기	반대매매 금액 산정
신용	길다 (기본 90일~최장 5개월)	높음 (5% 이상)	장 시작 오전 9시 동시호가	15% 하락가로 산정
미수	짧다 (3거래일 이내)	낮음 (0.07% 정도)	장 시작 오전 9시 동시호가	30% 하한가 기준으로 산정

빌리는 기간에 따라서 달라지는 거구나. 그런데 미수는 왜 이자가 거의 없어요? 말도 안 돼. 제가 증권사라면 편안하게 이자수익을 올리고 싶을 텐데…

미수를 쓸 때, 매수일을 제외한 2거래일 안에 상환하지 못하면 반대매매를 당하기 때문이야. 상환하지 못하면, 증권사에서는 그 어떤 상황이라도 봐주지 않고, 나의 의사와는 상관이 없이 내 계좌에 갖고 있던 주식을 강제로 팔아 치워서 미수 금액을 환수해 가거든. 이게 반대매매야. 이렇게 위험하기에 이자를 거의 안받는 수준으로 서비스 한단다.

헉. 미수 거래는 너무 무섭다. 저는 미수는 안 할래요… 신용 거래는 어떻게 반대매매를 하나요?

예를 들어서, 내가 계좌에 4천만 원을 갖고 있었는데 5천만원을 신용으로 빌렸다고 해보자. 신용거래는 '최소 담보 유지 비율 140% 이하'로 떨어지는 순간 반대매매가 적

용된단다. 또 약속한 기간 안에 갚지 못한 경우에도 반대매매
가 이뤄져.

 네네. 그럼 원래 내 돈 4천, 신용 5천해서 총 9천만 원이
계좌에 있겠군요. 그리고 빌린 금액인 5천 원의 140%
는 7천만 원입니다!

 그렇지. 그 다음에 주식을 9천만 원어치 샀는데 일주일
이 지나니까 주식이 점점 떨어져서, 주식의 현재 평가금
액이 6천 8백만 원이 돼버린 거야. 그러면 최소 담보 유지액인 7
천만 원 밑으로 내가 가진 자산의 가치가 내려갔기 때문에, 이 경
우 얄짤없이 반대매매가 나가게 된단다.

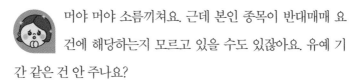 머야 머야 소름끼쳐요. 근데 본인 종목이 반대매매 요
건에 해당하는지 모르고 있을 수도 있잖아요. 유예 기
간 같은 건 안 주나요?

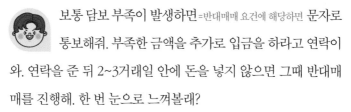 보통 담보 부족이 발생하면 =반대매매 요건에 해당하면 문자로
통보해줘. 부족한 금액을 추가로 입금을 하라고 연락이
와. 연락을 준 뒤 2~3거래일 안에 돈을 넣지 않으면 그때 반대매
매를 진행해. 한 번 눈으로 느껴볼래?

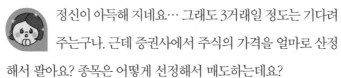 정신이 아득해 지네요… 그래도 3거래일 정도는 기다려
주는구나. 근데 증권사에서 주식의 가격을 얼마로 산정
해서 팔아요? 종목은 어떻게 선정해서 매도하는데요?

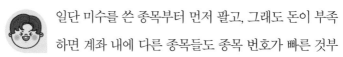 일단 미수를 쓴 종목부터 먼저 팔고, 그래도 돈이 부족
하면 계좌 내에 다른 종목들도 종목 번호가 빠른 것부

터 일괄 매도해 버려. 유예기간이 지나고 난 다음날 아침에 장이 열리면, 전일 종가 기준 하한가의 가격으로 매도할 주식의 수량을 정해놓지. 그 수량만큼 장이 열린 날 아침의 동시호가로 매도되는 거야.

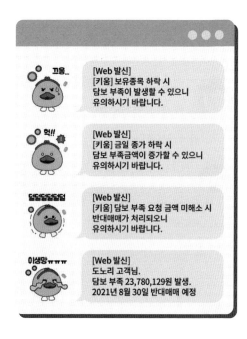

꼬융...
[Web 발신]
[키움] 보유종목 하락 시 담보 부족이 발생할 수 있으니 유의하시기 바랍니다.

헉!!
[Web 발신]
[키움] 금일 종가 하락 시 담보 부족금액이 증가할 수 있으니 유의하시기 바랍니다.

덜덜덜덜덜덜
[Web 발신]
[키움] 담보 부족 요청 금액 미해소 시 반대매매가 처리되오니 유의하시기 바랍니다.

이생망ㅠㅠㅠ
[Web 발신]
도노리 고객님.
담보 부족 23,780,129원 발생.
2021년 8월 30일 반대매매 예정

 단어가 너무 어려운데. 어쨌든 무조건 팔릴 수밖에 없는 불리한 가격으로 강제로 매도된다는 거네요. 종목들이 전반적으로 하락하는 하락장에서는 정말 조심해야 하겠네요.

장난 아니지? 반대매매 금액 추이를 좀 볼까?

파이낸셜뉴스   2021.01.18 17:30
늘어난 빚투, 반대매매 12년 만에 최대

미쳤다. 2월 14일 단 하루에만 반대매매 규모가 387억 원이요? 심지어 글로벌 금융위기 여파로 코스피가 1,000선 아래에 머물렀던 2008년 이후 12년 2개월 만에 최대치라네요.

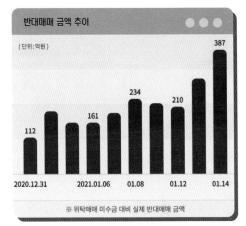

반대매매 금액 추이

(단위:억원)

387
234
210
161
112

2020.12.31   2021.01.06   01.08   01.12   01.14

※ 위탁매매 미수금 대비 실제 반대매매 금액

출처 : 금융투자협회

 맞아. 그만큼 많은 투자자들이 너도 나도 이성을 잃고 신용과 미수를 어마어마하게 끌어 썼다가 저렇게 한 번에 다 날렸다는거지. **웬만하면, 절대! 쓰지 말자!**

 네 저렇게 순식간에 청산 당하는 일은 절대 없어야겠네요! 주식시장에서 가장 빠른 퇴장 법, 반대매매! 절대 당하지 않겠습니다!

 진영 팀장의 TIP !

모든 주식이 신용과 미수를 쓸 수 있는 것은 아닙니다. 주식 마다 각각 최대로 사용할 수 있는 신용과 미수의 비율이 다릅니다.
주식 종목명을 클릭하면, 종목에 대한 정보가 뜹니다.

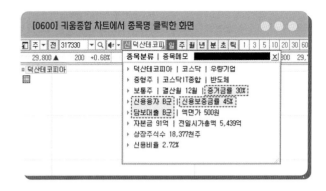

[0600] 키움종합 차트에서 종목명 클릭한 화면

증거금률 30%. 증거금을 현금이라고 보시면 됩니다. 이 종목은 만약 10만 원어치 주식을 매수할 때 현금을 30%인 3만 원만 가지고 있으면 되고, 7만 원을 미수로 빌려서 매수할 수 있다는 뜻입니다.

신용보증금률 45%. 역시 보증금을 현금이라고 보시면 됩니다. 10만 원어치 주식을 매수할 때 현금을 45%인 4만 5천 원만 가지고 있으면, 신용으로 5만 5천 원을 빌려서 매수할 수 있다는 뜻입니다.

신용융자와 담보대출이 B군에 속해 있네요. 등급은 A~E까지 있는데, A가 증권사가 평가하는 가장 우량한 회사입니다. E등급인 경우는 증권사가 가장 위험하다고 평가한 회사겠죠? 그렇기 때문에, A에서 E로 갈수록 대여해주는 비율도 적어지고, 대여기간 또한 짧아집니다.

예를 들어, 증거금률 100%인 회사는 증권사에서 신용과 미수를 전혀 빌려주지 않는 회사기에 내가 가진 현금으로만 매매할 수 있다는 뜻입니다.

초보자들은 신용과 미수를 쓸 때 증권사에서 회사를 어떻게 평가하는지도 확인해 보고, 종목 별로 다른 대여 비율과 기한을 잘 확인하고 실행하는지도 체크해서 안전하게 거래합시다.

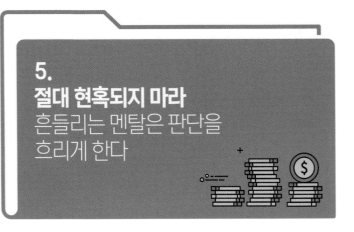

5.
절대 현혹되지 마라
흔들리는 멘탈은 판단을
흐리게 한다

지난 번 보여주신 자료들을 보니 생각이 많아지더라고 요. 만약 제가 산 종목이 2개월 동안 오르지 못하고 하락하거나 그러면 정말 맨정신을 유지하기 어려울 것 같아요. 혹시라도 주식 시작하고 제가 업무시간에 욕을 하거나 그래도 좀 봐주셔야 해요.

…송이 대리 원래 욕 마니아잖아? 이제 익숙하다고. 아무튼 앞서 말한 것처럼 주식시장에서 '맨정신' 유지는 정말 중요한 부분이야.

아 그래요? 저는 공부를 하면서 느낀 건데, 멘탈도 멘탈이지만 빨리 수익 내는 방법부터 알고 싶어요. 예를 들면, 좋은 기업을 한방에 분석하는 방법이나 언제 사서 언제 팔아야 할지 등등 많은 게 궁금해요.

물론 그런 부분도 중요하지만, 그것보다 더 중요한 건 멘탈이야. **많은 주식 고수들이 경험을 쌓으면 쌓을수록 결국 주식투자에 대한 특급 노하우보다는 '멘탈'이 중요하다고 강조를 해.** 어느 정도의 경험치만 있다면 그 후에는 멘탈을 갈고 닦는 게 주식하는 데 더 도움이 된다는거지.

주식은 본능에 역행하는 투자야. 빨리 수익을 내고 싶은 것도 참아야 하고, 떨어지는 주가를 못 본 척하는 것도 필요하지. 말로는 쉽지만 이걸 극복하는 걸 정말 어려워. 그래서 멘탈 훈련이 필수인 거야.

 오호 그럼 어떤 것부터 훈련을 하면 될까요?

 먼저 우리의 멘탈을 흔드는 3가지 요소를 먼저 알아보자고.

첫 번째는 조바심이야.

조바심은 주식을 하는 거의 모든 순간 동안 우릴 괴롭히지. 예를 들어, 송이 대리가 가지고 있는 종목이 오르내림을 거듭하다 20일 뒤에 5만 원의 수익을 냈다고 가정해보자. 중간에 맘고생을 했겠지만 어쨌든 수익을 냈으니 기쁘겠지.

그런데 옆 사람이 같은 기간 내 100만 원의 수익을 냈다면? 둘 다 수익을 냈으니 기뻐야 하는데 송이 대리는 95만 원의 손해를 본 거 같다는 조바심이 나는거지. 나도 저 정도 벌 수 있었는데…라는 생각이 들고 왠지 돈 벌 기회를 놓쳤다는 생각까지 하게 되는 거야. 그래서 5만 원의 수익을 낸 좋은 원칙을 어기고, 무리수를

두다가 오히려 수익금 이상을 잃을 수 있는 경우가 생길 수 있어 이번엔 주가가 변하지 않고 거의 그대로인 걸 가정해보자. 손실을 잃은 것도 아니고 가만히 있으면 배당금도 나올 수 있으니까 불리한 조건은 아니야. 그런데 초보 투자자들은 빨리 수익을 못 내고 있다는 나쁜 생각을 하게 돼. 그래서 그 지루함을 참지 못하고, 계획에 없던 투자를 해서 오히려 물리거나 손실을 입는 경우가 많지. 우리가 적금을 넣을 때 n년 뒤에 받는 걸 설정하고 기다리는거지, 당장 매월 돈을 달라고 하진 않잖아? 그런데 주식은 내가 갖지 않은 종목들이 하루에도 10%, 20%씩 올라가는 걸 보면 수익을 내려는 강박관념이 생겨서 일을 그르치기 쉬워.

손실인 경우도 마찬가지야. 눈물을 머금고 보유 종목을 손실로 처리했다고 하면, 빨리 수익으로 복구해야겠다는 조바심에 무리해서 그 종목에 다시 들어가거나 다른 종목에 투자하게 돼. 그리고 똑같이 손실을 보는 거지.

좋은 종목을 분석해서 원하는 시점, 감당할 수 있는 금액으로 투자하는 게 맞지. 그런데 조바심은 우리 눈을 멀게 해서 나쁜 기업 + 안 좋은 시점 + 감당할 수 없는 금액에 대한 판단을 흐리게 해서 큰 손실을 입히지.

 팀장님 저란 사람을 정확히 꿰뚫어 보셨군요. 저는 분명히 그랬을 거에요 흑…

 송이 대리뿐 아니라 대다수가 그러니 너무 걱정하지 말라고. 그리고 우리 멘탈을 흔드는…

두 번째는 손실 회피 편향이야.

이건 얻은 것의 가치보다 잃어버린 것의 가치를 크게 평가하는 것을 말해. 예를 들어, 5만 원 손실에 대한 상실감은 5만 원 수익으로 얻은 기쁨보다 더 크거든. 그래서 사람들은 본능적으로 손실을 회피하려는 경우가 있어.

주식도 똑같아. 만약 보유 종목이 계속 하락해서 손실 중인 상태

라면, 대부분의 사람들은 위 사례와 같이 그걸 손실로 확정하기 싫어 해. 그래서 손실을 회피하고 본전 이상까지 올라가도록 강제 존버[6] 하는 경우가 많지.

만약 보유 종목이 건실하고, 본인의 투자원칙과도 맞았다면, 떨어져도 더 기다리거나 적당한 손절[7] 로 손실을 최소화할 수 있겠지. 그런데 종목도 부실하고 원칙에 맞지 않는 투자였다면? 즉, 분석 없이 오직 수익만을 위해 들어간 경우라면 손실 회피 편향으로 인해 -30% 이상의 손실을 기록하거나 심지어 상장폐지를 당해 투자금을 모두 날릴 수도 있어.

 그러네요. 저도 작년 월급날에 월급 받은 기쁨보다는 10만 원 상품권을 잃어버린 게 아직도 기억이 나요. 그때 하루 종일 우울하고 그랬거든요.

 **마지막으로 확증 편향이 있어.**

이 말은 선입관을 뒷받침하는 근거만 수용하고, 자신에게 유리한 정보만 선택적으로 수집하는 거야. 예를 들어, 송이 대리가 정치 신념에 맞게 A라는 정당을 열렬히 지지한다고 하자. A 정당과 B 정당이 다툼이 있을 경우, 99%는 일단은 지지하는 A 정당이 맞는다고 생각할 거야. 설령 A 정당에서 불법적인 일을 저질

---

6. **존버** X나게 버틴다는 주식 은어로 매매를 하지 않고 손익분기점이 올 때까지 기다리는 상태
7. **손절** 손해를 감수하고 주식을 파는 것

러도, 정치적 대의를 위한 것이라고 생각하고 다른 반론들은 무시하는 거야.

이걸 주식에 대입해보자. 송이 대리가 A 종목을 매매해서 큰 수익을 벌었어. 그리고 다음 달에 또 매매를 했는데 역시 주식이 쭉쭉 올라서 수익을 얻게 된 거야. 그러면 송이 대리도 모르게 확증 편향이 생기게 돼. 'A 주식은 진짜 좋다', 'A 주식의 미래는 장미 빛이고 나는 여기서 계속 수익을 얻을 수 있다' 와 같은 것들이지.

뉴스를 통해 'A 주식의 실적이 좋지 않다', '시장 전체가 불안하다'라는 객관적인 정보가 들어와도 송이 대리는 거기에 귀를 기울이지 않게 되는 거야. 왜냐하면 송이 대리는 그런 악재 속에서도 A 종목은 살아남을 것이다 본인의 판단만 믿고 잘못된 근거들

을 맹신하기 때문이니까.

자신이 좋아하는 것에 대해선, 더 좋아하게 되는 이유를 마구 붙이는 것은 인간의 본성과 같아. 하지만 우리는 신념은 물론 우리의 자산까지 지켜야 하기 때문에 이런 확증 편향에서 빨리 벗어나야 한다고.

 말씀 주신 내용들을 보니 아무리 좋은 주식을 갖고 있어도 멘탈이 흔들리면 수익을 낼 수가 없겠네요.

 맞아 투자자들은 기계가 아니기 때문에 이런 요소들에 흔들리면 당연히 손실이 날 수밖에 없어. 반대로 말하면, 이런 요소들에 흔들리지만 않는다면 대부분의 상황에 잘 대응할 수 있지. 아, 송이 대리를 위해 추가적인 멘탈 관리법을 한 가지 더 알려줄게. 이번에는 전설적 투자자인 제시 리버모어란 분의 원칙 중에서 가져온 거야.

 전설의 가르침은 참을 수 없죠. 그게 뭔가요?

그건 가격 변화 뒤에 있는 모든 원인을 알지 않아도 된다는 거야. 사실 이건 주식을 조금 더 공부하면 더 체감이 되는 얘기이니 가볍게 들어줘. 주식 초보자들의 경우, 주식을 수학처럼 정답이 있다고 생각해. 그래서 가격이 오르거나 내리면 반드시 거기에 어떤 원인이 있을 거라 생각을 하지.

그런데 주식을 배울수록 모든 변화에 맞는 합당한 이유가 없음을 알게 될 거야. 엄청난 영업이익을 내도 이유 없이 주가가 떨어질 수도 있고, 대통령 후보자와 동문인 사람이 대표라는 이유만으로 주식이 확 오를 수도 있어. 이런 것에 하나하나 신경 쓰고 정답을 찾기 위해 공식화를 시도하면 이것을 벗어나는 케이스들에 굉장한 스트레스를 받을 수 있어.

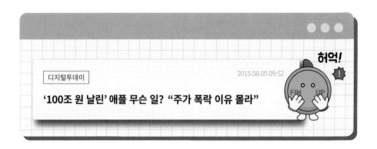

디지털투데이   2015.08.05 09:52

'100조 원 날린' 애플 무슨 일? "주가 폭락 이유 몰라"

전설이나 전문가들도 주가를 쉽게 이해하기가 어렵군요.

만유인력의 법칙을 발견한 시대의 천재, 뉴턴 조차도 주식에서는 맥을 못 췄어. "천체의 움직임은 계산할 수 있지만 사람들의 광기는 계산할 수 없다."는 말로 주식시장을 평가했지. 실제로 섣부른 투자로 큰 손실을 입었다고 해.

헐… 뉴턴 같은 천재도 그런 일을 겪었다니 믿을 수 없어요.

주식시장은 살아 움직이는 생명체와 같아서 변덕이 심해. 열 길 물속은 알아도 한 길 사람속은 모른다고 하잖아? 우린 시장을 100% 통제하는 것이 아닌, 시장에서 수익을 내

는 것이 목적이야. 때문에 너무 흔들리지 말고 송이 대리만의 투
자를 하면 된다는 말씀!

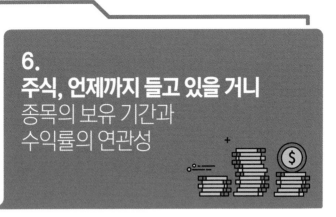

6.
주식, 언제까지 들고 있을 거니
종목의 보유 기간과
수익률의 연관성

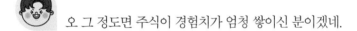

와 팀장님 여기 제 카톡 좀 보실래요? 제 친구 중에 주식 좀 하는 애가 있는데 이 친구는 일주일에 열 종목이 넘는 종목을 막 사고팔았다 하네요.

오 그 정도면 주식이 경험치가 엄청 쌓이신 분이겠네.

맞아요~ 학생 때부터 주식을 해왔다고 하는데… 근데 부러운 건 이 친구는 많게는 하루에 20만 원씩도 수익이 나요. 이 친구를 볼 때면 저도 마냥 기다리는 게 아니라 이렇게 빨리 빨리 돈 벌고 싶다는 생각이 드네요.

그러면 오늘은 보유 기간과 투자 성향에 대해 조금 알아보자고. 그리고 먼저 결론을 말하면, 아직 송이 대리에게는 친구분처럼 매일 여러 개의 주식을 매매하는 것을 추천하지는 않아. 그 정도의 성과를 보았을 때 친구분은 이미 자신만의 단기투자에 맞는 수익 모델이 만들었을 거야.

그런데 송이 대리는 아직 본인만의 주식투자 모델이 없잖아. 그렇기에 아직은 좋은 주식을 싸게 사서 기다리는 연습부터 해보기를 권장해.

 으악 왜요! 제 친구는 이렇게 돈 벌어서 옷도 사고 차도 사고 나중에는 집도 살 텐데, 왜 저만 흙수저를 못 벗어나게 하려는 거죠?

친구분처럼 단기 매매, 즉 주식을 빠른 시일 내에 사고 파는 투자 방법은 경험이 없는 초보 투자자들은 수익보다는 오히려 손실이 나기 쉬워. 보통 초보자들의 단기 매매는 확실한 본인만의 원칙이 부재이거나 뉴스나 정보를 듣고 하는 경우가 많을 거야.

맞아요. 어떤 제약회사가 코로나 백신 실험을 한다는 뉴스를 본적이 있는데, 코로나 백신이라고 하니까, 솔직히 저도 전 재산을 넣고 싶어진 적이 있어요.

그렇지. 실제로 그런 호재 뉴스가 뜨면 주가도 순식간에 쫙~ 올라가거든. 그런데 초보자들은 경험이 없으니 비쌀 때 사고 급락할 때 팔게 돼서 손실을 보는 거야. 실제 최근 기사를 보니까 송이 대리뿐만 아니라 코로나 이후 개인 투자자들도 점점 단기투자 쪽으로 성향이 바뀌고 가고 있다고 하더라고.

그러네요.
코스피의
경우 약 1년만에 평
균 보유기간이 1/4이
되었고, 코스닥 주식
들의 경우도 1개월정
도밖에 보유하지 않았
군요.

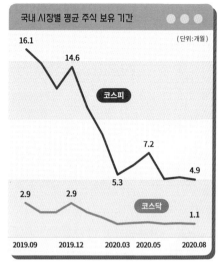

출처 : 연합뉴스

 2020년 3월
이후로 우
리 증시는 코로나19

충격을 딛고 급상승을 하게 됐어. 즉 주가가 오르면서 수익을 본
케이스가 많아졌는데, 이는 장기적으로 안정적인 투자보다는 눈

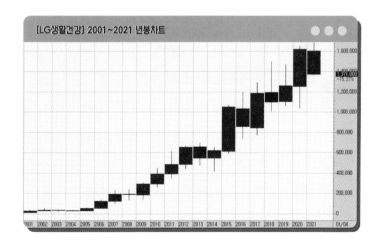

앞의 이익에 조금 더 집중했다고 해석할 수 있어.

실제 차트를 보면서 확인해보자. 이건 LG생활건강의 기업 차트야. 샴푸, 치약, 바디워시 등 일상생활에 밀접해 있으면서 경쟁력 있는 사업을 통해 2005년쯤부터 주가가 올라가기 시작했지.

 오호. 앗 그런데 드문 드문 주가가 하락한 구간이 있네요.

 맞아. 표시된 것처럼 2013~2014년 정도에는 주가가 떨어지기도 했지. 그런데 만약 송이 대리가 이때 주식 샀다가 얼마 뒤에 바로 팔았다면?

 이 때는 주가가 내려간 해여서, 오히려 손실일 수도 있었겠어요.

 그렇지. 물론 이 경우도 100% 맞는다는 건 아니야. 우리가 계속 말했듯 주식은 리스크가 있기 때문에, 주가가 큰 이유 없이 하락할 수도 있지. 또 주가가 떨어진 시기의 경험자들은 다양한 분석과 투자기법으로 단기 수익을 얻기도 했을 거야. **이렇듯 장기투자가 반드시 답은 아니란 거지.**

그런데 초보 투자자들은 이런 경우들에 모두 대응하기 어렵기 때문에 좋은 기업을 구별하는 방법부터 공부하는 것이 좋지. 좋은 안목을 키운다면 장기적으로 수익날 수 있는 종목들을 보다 쉽게 찾을 수 있거든.

 좋은 기업을 찾는 공부부터 하고 좋은 기업을 찾았다면 그걸 믿고 투자를 해보자 이런 느낌이 나네요? 이런 건 바로 메모해야겠어요.

 아주 좋아. 그리고 이번에 조금 더 디테일하게 가볼까? 2020년 주식 초보자들의 성적을 확인해보자고.

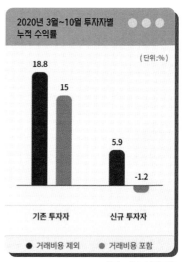

출처 : 자본시장연구원
'코로나19 국면의 개인 투자자, 투자형태와 투자성과'

 와 주식이 쭉쭉 오르던 20년 3월~10월에 신규 투자자들은 오히려 손실을 봤네요.

 맞아. 자본시장연구원에서 분석한 자료에 따르면, 신규 진입자 10명 중 6명은 좋은 시장 상황에서도 -1.2% 정도 손실을 봤다고 하네. 이들은 보통 주식을 8 거래일[8] 동안만 갖고 있었다고 하는데 우리가 봤던 코스닥 평균 1개월 보유보다 더 훨씬 더 적었던 거지. 반면에 기존 투자자의 경우는 예상했던 대로 15% 정도의 수익을 봤어. 보유기간도 2배에 달하는 15.4 거래일 정도야.

정리하면, **초보 투자자의 보유일수가 적고 손실을 입었다는 것은,**

8. **거래일** 주식투자에서의 거래일은 주식 거래가 이루어지는 날을 지칭
  예 : 금요일부터 4거래일 동안 주식을 샀다고 하면 [금–토–일–월 이렇게 4일]이 아닌 주말을 제외하고 실제 주식 거래가 가능한 [금–월–화–수] 가 됨

원칙에 따른 투자보다는 주가가 상승, 하락을 반복하니 그걸 견디지 못하고 바로바로 매매를 했다고 해석 할 수 있어. 그러면 수익은 작고 손실은 커질 수밖에 없지.

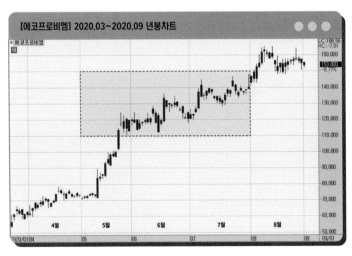

앞 차트처럼 장기적으로 봤을 때는 쭉 오르는 주가도, 일별로 보니 오르내림이 심한 경우가 많아. 좋은 기업임을 확신한다면 이런 상황에서도 차분하고 냉정하게 매매하는 것이 좋은 방법이 될 거야.

 두 예시를 보니 확실히 준비되지 않은 초보 투자자들이 자주 주식을 매매하는 건 오히려 독이 될 수도 있다는 걸 느꼈어요. 저도 주가가 조금만 내려가도 겁이 나서 팔아버릴 것 같거든요. 말씀 주신 것처럼 차분하게 매매하도록 하겠습니다.

7.
주가가 무너져도 솟아날
구멍을 만들어라
손절과 홀딩

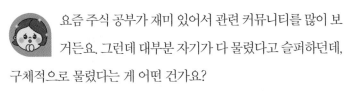

요즘 주식 공부가 재미 있어서 관련 커뮤니티를 많이 보거든요. 그런데 대부분 자기가 다 물렸다고 슬퍼하던데, 구체적으로 물렸다는 게 어떤 건가요?

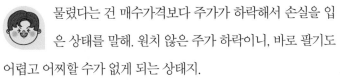

물렸다는 건 매수가격보다 주가가 하락해서 손실을 입은 상태를 말해. 원치 않은 주가 하락이니, 바로 팔기도 어렵고 어찌할 수가 없게 되는 상태지.

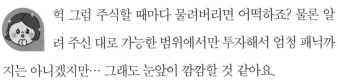

헉 그럼 주식할 때마다 물려버리면 어떡하죠? 물론 알려 주신 대로 가능한 범위에서만 투자해서 엄청 패닉까지는 아니겠지만… 그래도 눈앞이 깜깜할 것 같아요.

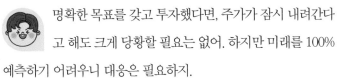

명확한 목표를 갖고 투자했다면, 주가가 잠시 내려간다고 해도 크게 당황할 필요는 없어. 하지만 미래를 100% 예측하기 어려우니 대응은 필요하지.

구체적으로 어떤 방법이 있을까요?

 먼저 멘탈 관리법을 알려줄게. **'주식은 팔기 전까지는 사이버 머니고 팔고 나서야 내 돈이다'**라는 마음을 갖는 게 좋아. 초보 투자자들은 계좌에서 -10만 원만 보여도 힘들 거야. 그런데 주식을 모두 팔기 전까진 눈앞의 -10만 원은 계속해서 변화하는 주가의 일부분일 뿐이야. 오늘의 -10만 원이 내일은 -5만 원, 이틀 뒤엔 +5만 원이 될 수도 있지.

 크흑 제 친구들도 그래서 하루 종일 주식만 보는 경우가 많더라고요. 조금만 떨어져도 나라 잃은 것처럼 힘도 쭉 빠지고 그래요.

 맞아. 그래서 일희일비하지 말고 지금 보이는 손실은 내 최종 투자 결과가 아닌, 그저 사이버 머니일 뿐이라고 생각하면서 들뜬 마음을 가라앉히는 게 좋아.

 답은 주식의 사이버 머니화였군요. 제가 완전히 매도를 하기 전에는 수익이나, 손실이 확정된 상태가 아닐 테니, 그 동안은 무던한 마음을 갖고 주식을 바라봐야겠어요.

 그렇지. 다만 한 가지 조심해야 될 게 있어. 떨어지는 주가를 무조건 사이버 머니처럼 보기만 하면 계속된 하락에 둔감해질 수 있어. 막연히 오르겠지라는 생각만으로 급락하는 주식을 대응 없이 보기만 하면 감당할 수 없는 손실이 생길 수 있다는 거야.

무조건 기다리는 것은 답이 될 수 없으니 구체적인 대응 방법도 필요해. 대표적으로 3가지가 있는데…

첫 번째는 손절이야.

즉, 투자 계획에 어긋나고 있거나, 반등의 가능성이 약하다면 빨리 손절하는 것이 오히려 피해를 최소화할 수 있지. 지난 번 손실회피 성향 때 보았지만, 마냥 손실을 외면했다가는 더 큰 피해를 입을 수 있어. 만약 송이 대리가 아래 차트처럼 18만 원에 KT 주식을 산 후 버티기만 했으면 약 80%의 손실을 입을 수도 있어. 기업 내외부의 이슈를 체크하고, 불가피할 땐 빠른 손절이 더 좋은 결과를 만들어 내기도 하지.

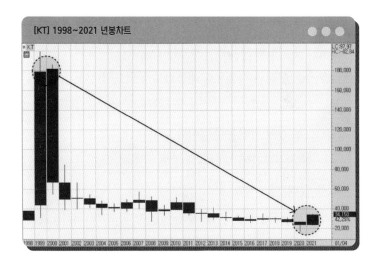

투자할 땐 손절이 없는 걸 목표로 삼았는데 현실적으로는 불가능에 가까운 거였군요. 제가 산 것 또한 언제 물릴지 모르니까요. 아 그러면 보통 투자자들은 손절 어느 선에서 할까요?

 이건 각 시장 상황 및 투자자 성향에 따라 다른 거라 정확한 답을 얘기해주긴 어렵네. 다만, 하루에도 매수 매도를 수십 번씩 해서 수익을 내는 단기투자 방식이라면 손절폭이 2~3%가 넘지 않는 경우가 많아. 왜냐하면 이런 경우는 장기적으로 가는 투자가 아닌 단기적으로 수익을 내야 되기 때문에, 손절폭을 짧게 해서 손실을 최소화하고 그 돈으로 다른 종목에서 투자의 기회를 찾기 때문이지.

 결과적으로 정해진 정답은 없고, 투자 방법과 유형에 따라 경험을 쌓으면서 저만의 손절선을 잡아 낼 수 있도록 해야겠군요. 그러면 다음으로 대응법도 부탁드립니다.

 맞아. 그럼.
두 번째 방법은 홀딩이야.
홀딩은 원하는 구간에 도달하기 전까지 팔지 않고 보유하고 있는 것을 말해. 바람직한 홀딩은 종목에 대한 구체적인 분석이 된 상태에서 진행되는 거야. 지금 주가가 위아래로 변하더라도 송이 대리가 분석한 기업에 대해 확신이 있다면 목표치에 도달한 가능성을 믿고 기다릴 수 있는거지.
하지만 일반 초보자들은 원치 않는 홀딩을 많이 하는 게 문제야.

주식 경험치가 부족해서 어떻게 대응할지 모르니 떨어지는 주식을 계속 갖고만 있는거지. 홀딩은 이유 있는 홀딩이어야만 의미가 있어. 떨어지는 주식을 이유도 없이 억지로 잡고 있는 것은 홀딩이 아니라 안 좋게 물리는 경우라고밖에 보이지 않아.

 넵! 흠 그런데 제가 장기투자를 할지, 단기투자를 할지 아직 모르겠어요. 이 두 투자법에 따라 홀딩을 하는 것도 좀 달라질 수 있을까요?

 좋은 질문이야. 일단 송이 대리가 건실한 종목에 투자한 상태라고 가정해보고 할게.

- 먼저, 송이 대리가 장기투자를 지향해서 수익 목표치를 높게 잡는다면 6개월이나 1년 같은 긴 시간도 인내할 수 있을 거야. 그래서 지금 당장은 물렸더라도, 주기적으로 종목의 뉴스 등을 체크하면서 종목에 대한 흐름이 긍정적으로 가는지를 확인하면 돼. 좋은 실적이 나오거나, 그 종목에 긍정적인 뉴스가 계속 나온다면 결국 반등할 수 있으니 목표치 편안하게 홀딩할 수 있을 거야.
- 반대로 단기투자 쪽을 지향한다면 1년 동안 홀딩하는 건 결국 투자금이 그 종목에 묶여 있기 때문에 기회비용 면에서 좋지 않지. 그 투자금을 빼서 다른 종목에 투자하면 더 큰 수익이 날 수 있으니 홀딩보다는 손절 후 다른 종목을 사는 게 유리할 거야.

 으아 진짜 방법이 다양하네. 확실히 홀딩도 정해진 답이 없는 것 같아요. 결국 투자 방법에 따라서 대응도 달라질 수밖에 없으니, 투자유형에 맞게 경험을 쌓아서 케이스 별로 적합한 대응을 고민해야겠군요.

잘 성장하고 있네! 주가가 급락해도 정신만 차리면 살 수 있으니 오늘 말한 내용들 잘 체득하도록 하자고!

8.
생존 확률 높이는 필수 스킬
분할매매, 물타기와 불타기

 흠. 삼성전자 주가가 반도체 수급 부족 문제로 주가가 조금 내려갔네. 그래도 생각보다 하락폭이 크지 않아서 다행이야.

 앗 주가가 내려갔는데 괜찮다고 하시다니! 저는 1%만 내려가도 경기를 일으킬 것 같은데.

 아니야 나도 주가가 내려가면 당연히 힘들지~ 그래도 분할매수를 해서 조금이나마 다행이라는 거야.

 분할매수? 뭔가 팀장님만의 필살기 같은데 어서 전수 부탁드립니다.

 좋아. 이번에는 투자자들이 꼭 가져야 할 분할 시리즈 – 분할매수와 분할매도에 대해 알려주지. 이 두 개만 잘 지켜주면, 주식을 할 때 평점심을 유지하기 쉽다고!

팀장님 말씀이 너~무 길어서 슬쩍 인터넷을 찾아보니, **분할매수는 한 주식을 나눠서 사고 분할매도는 한 주식을 나눠서 판다는 뜻이네요.**

 흠흠… 송이 대리 이럴 땐 정말 빠르구만. 맞아, 모든 것을 쏟아붓는 소위 '몰빵'이란 건 수익도 클 수 있지만 실패 시 리스크가 매우 크기 때문에 분할매수와 분할매도를 통해 안정적인 수익과 적은 손실을 만들어야 해.

 나눠서 사고파는 게 더 유리하다고요? 딱 봐도 한방에 매매하는 게 더 유리할 꺼 같은데… 아직 말씀해주신 것들이 확 와닿지가 않아요.

 예시를 보면, 이해가 훨씬 빠를 거야. 먼저 분할매수를 보자고.

분할매수는 아래와 같이 크게 두 가지로 나눠어.

1. 주식이 내려갈 때의 분할매수
: 일명 '물타기'라고 부르며 평단가를 낮추는 리스크 관리의 목적
2. 주가가 올라갈 때의 분할매수
: 일명 '불타기'라고 부르며 투자금을 높여서 수익금액을 높이는 목적

어렵게 생각할 거 없이 주가는 보통 오르내리는 것을 100% 정확하게 맞출 수 없기 때문에 그럴 때마다 나눠서 사는 거야. 주식을 매수하려는 시점에 주가는 즉각적으로 상승을 할지, 하락을 하고 올라갈지 아무도 100% 장담하지 못해. 그렇기 때문에 분할매수를 통한 적절한 대응이 필수야. 먼저 주식이 떨어질 때 조금씩 나

뉘서 사는 분할매수는 평단가를 낮추는 데 굉장히 유리해.

• 주가가 내려갈 때의 분할매수는 평단가를 낮추는 효과가 있다

* 평단가 : 매수한 종목의 평균 매수가격을 뜻함 평균 매수 단가

100만 원 1주를 샀다고 했을 때 = 100만 x 1 = **평단가 100만 원**
90만 원 일 때 1주를 더 삼 = (100만 x 1 + 90만 x 1) /2 = **평단가 95만 원**
80만 원 일 때 1주를 더 삼 = (100만 x 1 + 90만 x 1 + 80만 x 1) /3 = **평단가 90만 원**

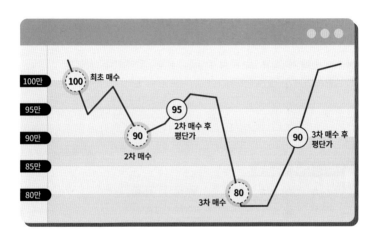

위에 그림처럼 주가가 내려갈 때마다 추가매수를 하면 평단가도 따라 내려가는 걸 확인할 수 있어. 평단가가 낮아진다는 것은 손익분기점이 낮아지는 것과 같아. 이때문에 적절한 분할매수는 조금만 상승해도 손익분기점에 빨리 도달하고 증가된 비중에 따라 수익금도 더 커질 수 있다는 거지.
그래서 만약 주가가 95만 원으로 내려가갔다고 가정하면,

- 분할매수를 안 했을 땐, 평단가가 100만 원이라 **5만 원 손실**이지만,
  (95만 – 100만= –5만)
- 분할매수를 했을 땐, 평단가가 90만 원으로 낮아져 **5만 원 수익**인 거지.
  (95만 – 90만=5만)

이 때문에 주식을 할 때는 평단가가 낮은 게 굉장히 유리해. 주가가 내려갈 때의 분할매수는 바로 이걸 가능하게 하는 거고. 그럼 이걸 기반으로 분할매수가 실제 도움이 된다는 걸 조금 더 자세히 알아보자고.

▶ **10만 원에 거래되고 있는 주식 10주를 분할매수 없이 샀다고 해보자.**
   그런데 주가가 –20% 하락한다면

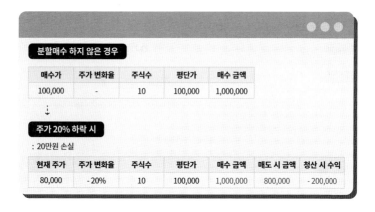

분할매수 하지 않은 경우

매수가	주가 변화율	주식수	평단가	매수 금액
100,000	-	10	100,000	1,000,000

⋮

주가 20% 하락 시

: 20만원 손실

현재 주가	주가 변화율	주식수	평단가	매수 금액	매도 시 금액	청산 시 수익
80,000	-20%	10	100,000	1,000,000	800,000	- 200,000

표와 같이 분할매수를 하지 않았을 때는 **20만 원 손실**을 입게 돼. 한 바구니에 많은 계란을 담았으니 깨질 때도 다같이 와장창 깨지는 거와 같아. 그럼 분할매수를 했을 때는 어떨까?

분할매수 한 경우

: 주가가 5% 하락할 때마다 2주씩 총 5회의 매수를 한다면 평단가는 9만원, 매수 금액은 90만원이 됨.
즉, 분할매수 전보다 평단가는 1만원, 매수 금액은 10만원씩 낮아짐.

	매수가	주가 변화율	누적 주식수	평단가	매수 금액
최초 매수	100,000	-	2	100,000	200,000
2차 매수	95,000	-5%	4	97,500	390,000
3차 매수	90,000	-10%	6	95,000	570,000
4차 매수	85,000	-15%	8	92,500	740,000
5차 매수	80,000	-20%	10	90,000	900,000

⋮

주가 20% 하락 시

: 10만원 손실.
낮아진 평단가와 매수 금액으로 분할매수 전보다 손실이 10만원 더 적음.

현재 주가	주가 변화율	누적 주식수	평단가	매수 금액	매도 시 금액	청산 시 수익
80,000	-20%	10	90,000	900,000	800,000	-100,000

 앗 분할매수를 안 했을 때는 청산 시 수익이 -20만 원이었는데, 분할매수를 하니 -10만 원으로 줄어들었는데요. 기존보다 손실액이 무려 50%나 낮아졌어요.

 맞아 이처럼 나눠서 사기만 해도 손실액 자체를 많이 줄일 수가 있다고. 다음으로 평단가 부분도 확인해봐.

 한 번에 매수했을 경우에는 10만 원이지만, 분할매수 했을 때는 9만 원이 됐네요. 말씀 주신 것처럼 평단가가 낮아질수록 유리하다는 게 어떤 건지 바로 알 수 있어요.

 아주 좋아. 그렇다면 또 다른 장점인 주가 상승시의 수익률 상승을 알려줄게.

▶ **-20%까지 내려갔던 주식이 다시 20%까지 올라갔을 때의 이점을 표로 확인하자**

분할매수 하지 않은 경우

매수가	주가 변화율	주식수	평단가	매수 금액
100,000	-	10	100,000	1,000,000

⋮

주가가 하락 후 상승 시

: 주가가 20%까지 상승 시, 20만원 수익

현재 주가	주가 변화율	주식수	평단가	매수 금액	매도 시 금액	청산 시 수익
80,000	-20%	10	100,000	1,000,000	800,000	-200,000
90,000	-10%	10	100,000	1,000,000	900,000	-100,000
100,000	-	10	100,000	1,000,000	1,000,000	0
110,000	10%	10	100,000	1,000,000	1,100,000	100,000
120,000	20%	10	100,000	1,000,000	1,200,000	200,000

분할매수 한 경우

: 주가가 5% 하락할 때마다 2주씩 총 5회의 매수를 한다면 평단가는 9만원, 매수 금액은 90만원이 됨.
즉, 분할매수 전보다 평단가는 1만원, 매수 금액은 10만원씩 낮아짐.

	매수가	주가 변화율	누적 주식수	평단가	매수 금액
최초 매수	100,000	-	2	100,000	200,000
2차 매수	95,000	-5%	4	97,500	390,000
3차 매수	90,000	-10%	6	95,000	570,000
4차 매수	85,000	-15%	8	92,500	740,000
5차 매수	80,000	-20%	10	90,000	900,000

⋮

주가가 하락 후 상승 시

: 주가가 20%까지 상승 시, 30만원 수익.
낮아진 평단가와 매수 금액으로 분할 매수 전보다 수익이 10만원 더 증가함.

현재 주가	주가 변화율	누적 주식수	평단가	매수 금액	매도 시 금액	청산 시 수익
80,000	-20%	10	90,000	900,000	800,000	-100,000
90,000	-10%	10	90,000	900,000	900,000	0
100,000	0%	10	90,000	900,000	1,000,000	100,000
110,000	10%	10	90,000	900,000	1,100,000	200,000
120,000	20%	10	90,000	900,000	1,200,000	300,000

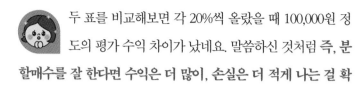 두 표를 비교해보면 각 20%씩 올랐을 때 100,000원 정도의 평가 수익 차이가 났네요. 말씀하신 것처럼 즉, **분할매수를 잘 한다면 수익은 더 많이, 손실은 더 적게 나는 걸 확인했습니다.**

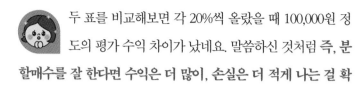 좋아. 다음으로 분할매수는 평단가를 낮춰서 손익분기점으로 다시 돌아가는 기간도 빠르다는 걸 알려줄게. 즉 주가가 같이 오르더라도, 분할매수 하지 않은 것보다 더 빨리 원금 회복이 될 수 있다는 거야.

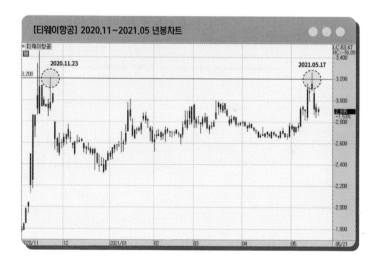

차트를 통해 확인해보자. 송이 대리가 분할매수 하지 않고 20/11/23에 3,200원으로 위 차트의 주식 10주를 샀다면, 원금 회복선에 재도달하는 5/17까지는 118 거래일이 걸려.

분할매수를 하면 평단가가 줄어드니 원금 회복도 더 빨라질 수밖에 없겠지? 송이 대리가 3,200원에 주식을 산 후 총 4번에 걸쳐 추가매수를 했다고 가정하면…

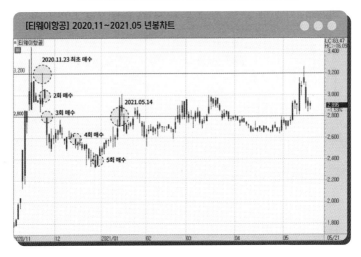

분할매수 한 경우

: 총 5회의 매수 시 평단가는 2,800원으로 최초 3,200원보다 400원 낮아짐

	매수가	누적 주식 수	평단가
최초 매수	3,200	2	3,200
2차 매수	3,000	4	3,100
3차 매수	2,800	6	3,000
4차 매수	2,600	8	2,900
5차 매수	2,400	10	2,800

[티웨이항공] 2020.11~2021.05 년봉차트

평단가가 최초 3,200원에서 2,800원으로 줄어드니 35영업일이 지난 5/14일에 원금 회복선에 도달하게 돼. **분할매수를 하지 않았을 때보다 83일이나 줄어든 거지.**

 단순히 주식을 나눠서 샀을 뿐인데도 원금 회복이 굉장히 단축되네요. 이러면 주가가 떨어져도 조금 더 안심이 될 거 같아요.

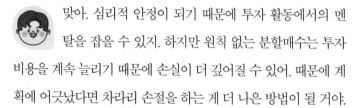 맞아. 심리적 안정이 되기 때문에 투자 활동에서의 멘탈을 잡을 수 있지. 하지만 원칙 없는 분할매수는 투자 비용을 계속 늘리기 때문에 손실이 더 깊어질 수 있어. 때문에 계획에 어긋났다면 차라리 손절을 하는 게 더 나은 방법이 될 거야.

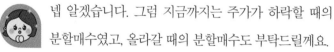 넵 알겠습니다. 그럼 지금까지는 주가가 하락할 때의 분할매수였고, 올라갈 때의 분할매수도 부탁드릴께요.

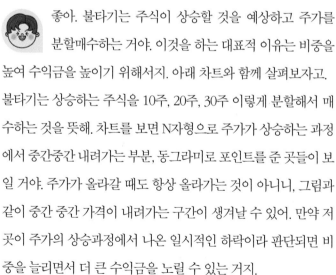 좋아. 불타기는 주식이 상승할 것을 예상하고 주가를 분할매수하는 거야. 이것을 하는 대표적 이유는 비중을 높여 수익금을 높이기 위해서지. 아래 차트와 함께 살펴보자고. 불타기는 상승하는 주식을 10주, 20주, 30주 이렇게 분할해서 매수하는 것을 뜻해. 차트를 보면 N자형으로 주가가 상승하는 과정에서 중간중간 내려가는 부분, 동그라미로 포인트를 준 곳들이 보일 거야. 주가가 올라갈 때도 항상 올라가는 것이 아니니, 그림과 같이 중간 중간 가격이 내려가는 구간이 생겨날 수 있어. 만약 저 곳이 주가의 상승과정에서 나온 일시적인 하락이라 판단되면 비중을 늘리면서 더 큰 수익금을 노릴 수 있는 거지.

단, 불타기는 물타기와는 반대로 평단가는 계속 높아지는 특징이 있어. 그래서 똑같은 10주씩만을 산다면 당연히 불타기를 안 하고 저점에서 사는 게 유리하지만, 실전에서는 모두가 저점을 예상하고 투자하기는 어려울 거야. 그럼 표를 통해 더 알아보자.

▶ 주가가 더 이상 오를 것이라 생각하지 않고 10만 원짜리 주식을 10주만 샀을 때와 불타기를 하지 않은 경우 차후 주가가 조금씩 상승하면서 특정 구간마다 비중을 높여가는 경우 불타기를 한 경우를 비교해보자.

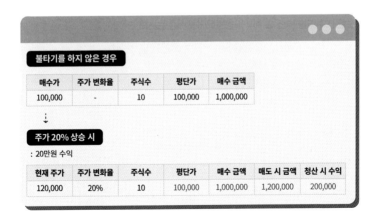

불타기를 하지 않은 경우

매수가	주가 변화율	주식수	평단가	매수 금액
100,000	-	10	100,000	1,000,000

↓

주가 20% 상승 시

: 20만원 수익

현재 주가	주가 변화율	주식수	평단가	매수 금액	매도 시 금액	청산 시 수익
120,000	20%	10	100,000	1,000,000	1,200,000	200,000

주가가 20% 상승할 때까지 불타기로 비중을 늘린 경우

: 최초 10주 매수 후, 주가가 5% 오를 때마다 10주씩 추가 매수한 경우
최종적으로 평단가는 11만원, 매수 금액은 550만원이 됨.

	매수가	주가 변화율	누적 주식수	평단가	매수 금액
최초 매수	100,000	-	10	100,000	1,000,000
2차 매수	105,000	5%	20	102,500	2,050,000
3차 매수	110,000	10%	30	105,000	3,150,000
4차 매수	115,000	15%	40	107,500	4,300,000
5차 매수	120,000	20%	50	110,000	5,500,000

⋮

주가 20% 상승 시

: 50만원 수익.
높아진 비중으로 불타기 전보다 수익이 30만원 더 증가함.

현재 주가	주가 변화율	누적 주식수	평단가	매수 금액	매도 시 금액	청산 시 수익
120,000	20%	50	110,000	5,500,000	6,000,000	500,000

 아하, 그럼 상승하는 주식을 계속 매수해서 비중을 늘리게 되니, 결국 한 번만 매수하는 것보다 더 큰 수익을 얻을 수도 있겠군요.

 그렇지. 절대적인 비중이 커가니 수익에 유리할 수 밖에 없지. 실제 투자 고수들은 이런 상승 추세에 불타기를 하는 경우가 많아. 다만 성급한 불타기는 하락 시 오히려 수익이 줄어들 수 있어. 때문에 송이 대리는 완벽하게 마스터하기 전까지는 조심해서 접근하는 게 좋아.

여기까지 분할매수를 정리하면 크게 물타기와 불타기가 있지. 물타기의 경우는 주가가 하락할 때 손실을 만회하고, 다시 반등할 때 이익을 극대화하기 위한 전략이야. 그리고 불타기는 주가가

상승할 때 수익을 극대화하고자 비중을 늘리는 방식이지. 여기까지 정리가 잘 됐어?

 물론이죠 팀장님! 그럼 이번에는 분할매도에 대해서도 알고 싶습니다!

 분할매도도 매수와 기본 골격은 같아. 팔 때도 나누어서 팔아라 라는거지. 차트를 볼까.

분할매도의 장점 첫 번째는 더 높은 가격에 주식을 팔 수 있다는 거야. 차트 중 A구간에서 송이 대리가 주식을 모두 다 팔았다면 B 구간에서 수익을 얻을 수 있었을까?

 제가 가진 주식이 없으니, 수익을 얻을 수 없겠죠. 엄청 아쉬워했을 것 같아요.

 그렇지. 이처럼 주가는 누구도 정확히 예측할 수 없기 때문에 분할매도가 필요해. A 구간에서 주식이 올랐으

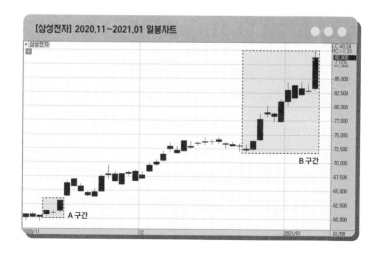

니 50%을 팔고, B 구간에서 다시 50%를 팔았다면, A 구간에서 모두 팔았던 것보다 나은 수익을 얻었을 거야.

다음으로 **분할매도의 두 번째 장점은 주가가 하락해도 비교적 여유롭게 대처할 수 있다는 거지.** 이번에는 표를 통해 살펴보자고.

▶ 1만 원 주식을 10주를 갖고 있다가, 주가가 20% 하락했다고 가정해보자

현재 주가	주가 변화율	주식수	매수 금액
10,000	-	10	100,000

분할매도 하지 않은 경우

: 2만원 손실

현재 주가	주가 변화율	매도 주식수	매수 금액	매도 시 금액	청산 시 수익
8,000	- 20%	10	100,000	80,000	- 20,000

분할 매도 한 경우

① 보유 중인 10주 중 5주를 주가가 1만원일 때 매도 (1차 매도)
: 0원 수익

현재 주가	주가 변화율	매도 주식수	매수 금액	매도 시 금액	최종 청산 시 수익
10,000	-	5	50,000	50,000	0

② 남은 5주를 주가가 20% 하락한 8천원에 매도 (2차 매도)
: 1만원 손실

현재 주가	주가 변화율	매도 주식수	매수 금액	매도 시 금액	최종 청산 시 수익
8,000	- 20%	5	50,000	40,000	- 10,000

= 분할매도한 ① + ② 결과를 합쳤을 때, 분할매도 전보다 손실이 1만원 더 적음

이렇게 보니, 분할매도를 미리 해두면 수익도 날뿐 아니라, 손실 금액도 적어지네요.

 그렇지. 이처럼 **분할매도를 하면 주가가 상승 시에는 더 많은 수익, 하락 시에는 어느 정도 손실을 방어 할 수 있어.** 송이 대리는 너무 큰 욕심에 한 번에 매수/매도 하기보다는 분할매수, 매도를 생활하도록 해.

 말씀 듣기 전에는 추상적으로 느껴졌는데 확실히 분석 해보니 왜 분할 매매를 해야 되는지 알겠습니다. 명심 하겠습니다.

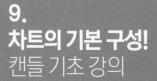

9.
차트의 기본 구성!
캔들 기초 강의

 팀장님, HTS와 MTS는 알겠는데, 키고 나서 이 그림들을 어떻게 해석해야 하는지 모르겠어요. 검색해보니 이 그림들을 봉 또는 캔들이라고 하는데 어떻게 보아야 하나요?

 송이 대리, 일단 먼저 **상승, 하락, 보합**은 알지? **상승은 주가가 올랐다는 뜻, 하락은 주가가 내려갔다는 뜻이고 주가를 유지 중인 건 보합이라고 해. 봉 또는 캔들이 의미하는 것은 바로 주가가 상승했는지 하락했는지, 보합 중인지를 직관적으로 이해할 수 있게 그림으로 표현한 거야. 그리고 봉이랑 캔들은 같은 말이야!**

 직관적으로 이해가 안되는 것이, 마치 이집트 상형문자를 보는 것 같습니다요. 빨갛거나 파란 봉을 보고 있으면 눈이 아파오는 것 같아요. 그런데 공통점이 있네요! 봉은 위아래로만 선이 삐죽삐죽 나와 있어요. 가로로 뻗어나온 모양은 하나도 없군요.

이야 잘 캐치했어! 봉은 위아래로만 움직인단다. 주가는 계속 변하니까, 위아래로 어디까지 올랐고 어디까지 내렸는지를 하나의 봉에 담으려면 당연히 위아래로 표현하겠지? 하나의 봉을 어떤 기준으로 보는 지도 궁금하지? 차트는 일봉, 분봉, 주봉, 월봉, 년봉 기준으로 볼 수 있어. 그래서 일봉 차트에서 하나의 봉은 일日 단위 별로 하나씩 생겨. 하루에 봉이 하나씩 생기는거지. 하루의 움직임이 봉 하나에 다 담기는 거야.

오호라. 그렇다면 분봉은 분分 단위별로 하나씩 생기겠네요? 3분봉을 설정하면 하나의 봉마다 3분 동안의 주가 흐름을 담았다는 뜻이고, 5분봉은 5분 동안 주가가 위아래로 어떻게 움직였는지를 담아주는 거고요?

대단한데! **주봉은 매 주週의 주가 흐름을 하나의 봉에 담은 거고, 월月봉은 한 달 동안 주가가 위아래로 얼마나 움직였는지를 담은 거야! 년年봉 또한 1년의 주가 흐름을 담았단다.**

자 그럼 이제 봉이 어떻게 생겼는지, 위아래로 움직인 걸 어떻게 해석하는지 알려줄게!

자, 양봉은 시가⁹ 보다 종가¹⁰가 위에 있지? 주식 가격이 아침에 시작했을 때보다 올라서 마감한 거야. 주식에서는 오르는 것은 빨간색으로 표현해. 음봉은 파란색으로 표현하고, 주가가 시작 가격보다 아래로 내려가서 마감했다는거지. 여기까진 이해되지?

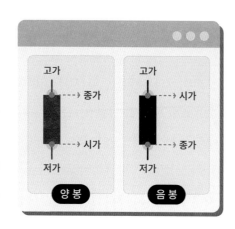

 아…완벽하게 이해했어요. 그러면 일봉 기준이라고 할 때, 저가는 주식 가격이 움직인 범위 중에서 하루 중 가장 낮은 가격을 말하고, 고가는 하루 중에 가장 높았던 주가를 보여주는 건가요?

 송이 대리 오늘 컨디션 좋은데? 이 걸 바로 이해하다니. 맞았어. 그리고 이 봉들이 무수히 많이 모여서 나타내는 주가의 흐름을 바로 차트라고 하는 거야. 그렇다면 이제 주가의 흐름을 하나의 봉에 위아래로 담는 과정에서 나올 수 있는 대표적인 봉의 모양들을 설명해줄게. 아, 봉이라는 단어는 이제 입에 붙었지? 같은 말이니까 익숙해지도록 이제 캔들이라고 해보자.

 캔들은 무엇을 의미하나요?

----
9. **시가** 주식 장이 시작한 시점의 종목 가격
10. **종가** 주식 장이 종료되는 시점의 종목 가격

매분, 매일, 매주, 매월, 매년의 가격 흐름이 담겼으며, 상승과 하락의 힘의 총합으로 이루어지는 캔들은 그 특성상 차트 패턴을 만들지. 주식투자자라면 캔들 차트를 보는 것이 필수라고 할 수 있을 만큼 차트는 중요해. 매수세와 매도세의 힘의 균형을 보여주기에, 시장 참여자들의 심리가 반영되어 있다고 볼 수 있는 그래프이기 때문이지. 특히 차트를 주된 판단 기준으로 삼는 투자자 입장에서는 더 치열하게 공부하는데, 차트 패턴들을 많이 연구해서 본인에게 맞는 패턴을 연구하고 숙지하려고 노력해.

 캔들의 대표적인 모양에는 어떤 것이 있나요?

기본적인 캔들의 종류

장대 양봉	윗꼬리 양봉	아랫꼬리 양봉	잠자리형	별형
장대 음봉	윗꼬리 음봉	아랫꼬리 음봉	비석형	도지

 주식 차트에서 볼 수 있는 대표적인 캔들 10가지를 소개할게. 이 캔들 모양이 어떻게 생성되었는지 주가의 흐름

표시와 함께 이해를 하시면, 외우지 않아도 자연스레 공부가 될 거야. 캔들이 시가로 시작하여 저가와 고가를 만든 뒤 종가로 향해가는 흐름을 따라가며 읽어주기 바라.

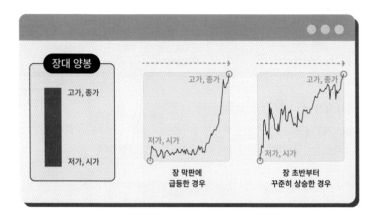

장대 양봉

⊙ 시가부터 매수세[11] 가 매우 강해서 종가까지 매수세가 유지되어, 고가가 곧 종가가 되는 캔들. 매수하려는 힘이 압도적으로 강했다고 봅니다.

---

11. **매수세** 주식을 매수하려는 기세

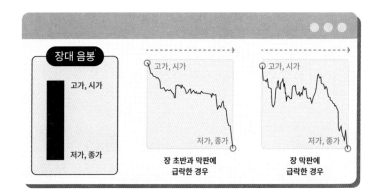

장대 음봉

⊙ 시가부터 매도세[12] 가 매우 강해서 종가까지 매도세가 유지되어, 저가가 곧 종가
가 되는 캔들. 매도하려는 힘이 압도적으로 강했다고 봅니다.

윗꼬리 양봉

⊙ 시가에서 강한 매수세로 시작하여 고가까지 찍었으나, 그 이후 매도세가 나와서
고가보다 내린 가격이 종가가 되는 캔들. 위에 뾰족하게 꼬리가 튀어나온 것 같다

🔍 ---o

12. **매도세** 주식을 매도하려는 기세

하여 윗꼬리 양봉이며 매수, 매도의 힘의 비슷했다고 봅니다.

윗꼬리 음봉

⊙ 시가에 강한 매수세로 시작하여 고가를 찍었으나, 그 이후 강력한 매도세가 나와서 저가까지 내린 상태로 종가가 만들어진 캔들.

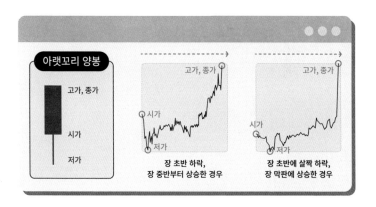

아랫꼬리 양봉

⊙ 시가에 매도세로 인해서 하락세를 보였지만 저가를 터치한 뒤 강한 매수세가 유입 되어, 양봉으로 상승 반전을 이루고 종가까지 매수세가 유지되어 고가로 종가를 마무리 한 캔들.

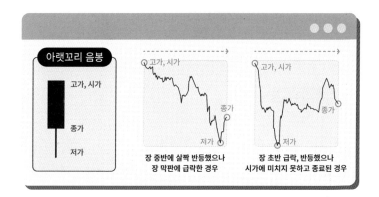

아랫꼬리 음봉

⊙ 시가에 매우 강하게 고가까지 올렸으나 지속적인 매도세로 시가 이하까지 내려가 하락세를 보이고, 저가를 찍은 뒤에 반발 매수세로 반등을 보이고 마감한 캔들. 시가보다는 낮게 마감한 것입니다.

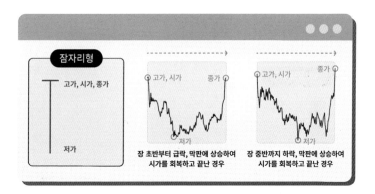

잠자리형

⊙ 시가는 양봉으로 시작했지만 매도세로 인해서 시가보다 아래로 하락했다가, 다시 유입된 강한 매수세를 타고 시가와 비슷한 수준으로 종가를 마감한 캔들을 의미입니다.
⊙ 고가권, 저가권에서 나오면 추세의 반전 신호로 해석이 됩니다.

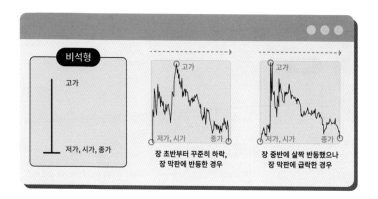

비석형

⊙ 보합에서 시가가 형성되었고 매수세가 나왔지만, 매도세로 인해서 다시 내려서 보합에서 종가를 마감한 캔들. 주가가 고점일 때 나오는 경우에는 주로 하락 신호로 해석을 합니다.

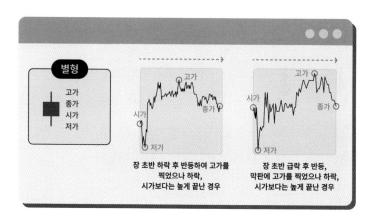

별형

⊙ 위 아래로의 움직임이 많지 않았지만 시가보다 올라서 끝난 캔들. 주로 시세의 변곡점에서 나오면 반전 신호로 해석되곤 합니다.

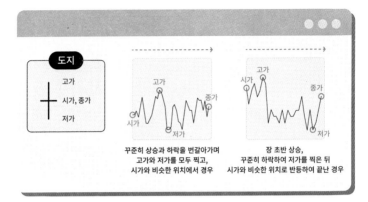

꾸준히 상승과 하락을 번갈아가며
고가와 저가를 모두 찍고,
시가와 비슷한 위치에서 경우

장 초반 상승,
꾸준히 하락하여 저가를 찍은 뒤
시가와 비슷한 위치로 반등하여 끝난 경우

도지

⊙ 시초가부터 위, 아래로의 움직임이 매우 적은 캔들을 의미하며 주가의 방향성이
나오기 전에 쉬어가는 변곡점[13]이 되는 위치에서 자주 나옵니다.

⊙ 시가와 종가가 거의 동일한 금액 대로 끝나면 보합세로 끝났다고 표현합니다. 저
가와 고가는 만들었으니 움직임은 나왔지만 나 결국 종가가 시가가 비슷하여 보
합세인 것을 도지 캔들이라 합니다.

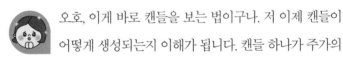 오호, 이게 바로 캔들을 보는 법이구나. 저 이제 캔들이
어떻게 생성되는지 이해가 됩니다. 캔들 하나가 주가의

흐름을 담고 있었다는 걸 이제 알겠어요. 그런데 팀장님, 캔들이

모인 차트는 HTS, MTS 에서 다 볼 수 있는 거죠?

13. **변곡점** 주가가 위나 아래로 방향을 정하기 직전의 숨고르기하는 위치를 뜻한다

그럼. 차트는 종목과 지수, 업종 지수 등을 다양하게 볼 수 있는데 일단 송이 대리는 종목의 차트를 보는 방법부터 배워보자.

주식종목 하나의 차트를 보여주는 키움종합 차트를 한번 볼까! 종목의 차트는 이 창에서 볼 수 있어. 좌측에 기술적 지표 종류가 있어서 보고싶은 지표를 클릭하여 이 창에 불러올 수가 있는데, 일단 나중에 기술적 지표를 배우고 난 뒤에 얘기하도록 하자. 지금은 차트 창만 집중해봐.

1 이 주식 종목명을 입력하는 공간이야. 저기서 기업의 이름을 치면 검색어가 조회되고 엔터키를 입력하여 해당 종목의 차트를 불러오는거지. 숫자는 기업마다 붙은 고유한 종목번호를 보여준단다.

2 은 봉을 어떻게 볼지 설정하는 탭이야. 일, 주, 월, 년 단위의

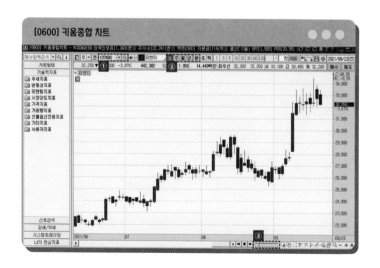

봉이 표현되도록 선택할 수 있어. 오늘은 일봉을 선택한 상태야. 만약에 분, 초, 틱 봉을 선택한다면 옆에 1, 3, 5, 10··· 숫자 버튼도 같이 활성화가 될 거야. 분봉을 선택하면 몇 분 봉을 표시할 것인지 숫자를 눌러 입력하는 시스템이야. 차트는 일, 주, 월, 년, 분 단위 봉 모두 보는 것이 좋아.

아 그리고, 초는 초 기준으로, 틱은 체결된 거래 기준으로 만들어지는 차트인데, 스캘핑이나 단타를 좋아하는 사람들이 자주 보는 지표라서 아직 초보인 송이대리는 이런 것이 있구나 정도만 알고 가자. ③ 버튼은 좌우로 드래그하면 짧은 기간의 차트, 긴 기간의 차트를 조절해가면서 볼 수 있어.

 아하. '차트를 본다' 라는 말이 이런 뜻이었군요. 감사합니다. 처음이라 좀 생소해서 아직 어려운데요. 곧 익숙해질 것 같아요. 나도 이제 차트를 볼 줄 안다! 어깨에 힘이 들어가네요. 팀장님 감사합니다!

10.
모두의 언어!
자주 쓰는 주식 용어를
araboja

 송이 대리. 주식 용어들 좀 아나? 알면 네이버 종토방이 훨씬 재밌어지는데 말이야.

 흠흠. 네이버 주식 종목별로 있는 종목 토론방 말씀이시죠? 그건 자주 보지요. 너무 재밌어서 외우고 있는 댓글도 있다고요!

'송대관이 부릅니다. 화환가 화환가 신나는 노래~ 우리 한번 불러보자~' 라는 댓글이었어요.

 아마 하한가 맞고 침울한 종토방에, 화환을 가져다 놓고 조문한다는 조롱의 의미로 송대관의 유행가를개사한 노래일거야. 나도 옛날에 종토방에서 조롱 당한 기억이 있는데 갑자기 눈물이 나네.

오 세상에, 나쁜 사람들! 팀장님 그만 잊으셔야 합니다. 자자, 이것 좀 봐주세요!

닉네임 집에서 호랑이를 키워도 이것보단 덜 물리겠다

타점[14]은 그럭저럭 나쁘지 않은데, 오늘 OO제강 움직임이 느리네요.
관망[15] 하려다가, 가격이 내려가길래 추매[16] 좀 했고요. 그 뒤로 횡보[17] 하길래
오 드디어 쏘려나 보다 미리 매집[18] 해야지 싶어서 더 샀습니다.
아니나 다를까, 장마감 전에 호가창이 들썩이기 시작하더니 순식간에 Vi[19] 찍
더라고요? 역시 내 눈은 틀리지 않지. 첫 Vi에 50% 매도하고, 나머지 반은 2
번째 Vi 터질 때 청산하고 나왔습니다.
상한가도 찍고 내려오던데, 상한가를 다 못 먹은 건 아쉽지만 그래도 계좌가
푸근하네요, 가족이랑 소고기 먹으러 갑니다!!

 오늘 종토방에 이런 글이 올라왔는데 주식 용어들은 대
강 이해가 되는데요. 상한가는 주식거래시간 설명해주
실 때 시간외상한가를 말씀하셨던 것 외에는 추가로 해주신 게

---

14. **타점** 주식을 매수하거나 매도하기에 차트상 적절한 자리, 또는 적절한 가격대. 흔히 주식을
    잘하는 사람들은 좋은 타점을 잡아 매매한다고 표현한다.
15. **관망** 매매를 하지 않고, 주가 상황을 지켜볼 때 관망하며 기다린다고 함
16. **추매** 주식을 여러 차례 추가적으로 매수하는 것의 줄임말
17. **횡보** 주가가 특별한 상승이나 하락 등의 변동이 없이 비슷하게 유지되고 있는 상태
18. **매집** 주가가 오르기 전에 미리 구매해 놓고 상승을 기다리는 것
19. **Vi** 종목의 가격이 급격하게 변동하여 안전한 범위를 벗어날 경우, 변동성을 완화하기 위해
    2분 또는 10분 동안 단일가 매매를 시행하는 제도

없는데 일반적인 상한가도 있는 건가요?

 그렇지. 저번에는 시간외, 즉 정규 거래시간 이외에 있
는 상하한가에 대해 얘기해줬어. 정규 거래시간이내에
서도 당연히 상한가와 하한가가 있단다. 주식의 가격은 매 거래
일 정규시간마다 각각 위아래로 넘을 수 없는 선이 있어. 개별 종
목의 주가가 일별로 상승할 수 있는 최고가격을 상한가, 하락할
수 있는 최저가격을 하한가라고 해. 주가의 급변으로 인한 혼란
을 막기 위해서 가격이 등락할 수 있는 제한폭을 정한 거야. 가격
제한폭의 최상단이 상한가, 최하단이 하한가. 오케이?
신풍제약의 차트로 한번 보자. 첫 번째, 두 번째 화살표의 캔들은
종가까지 상한가로 종료되었기에 양봉으로 마감한 것이 보이지?
그런데 세 번째 화살표는 상한가를 갔었다가 주가가 시가보다 내
려가서 음봉으로 마감한 캔들이구나. 그리고 그 다음 날에는 하

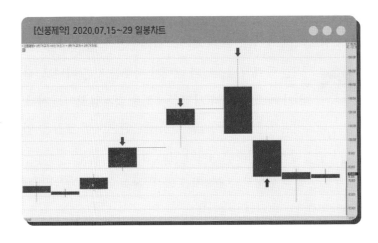

[신풍제약] 2020.07.15~29 일봉차트

한가로 종료되었음을 확인할 수 있어.

상한가는 '빨간 화살표'로, 하한가는 '파란 화살표'로 뜨도록 차트를 설정해보았어.

 화살표로 표시해주시니, 상한가와 하한가를 기록날 한이 한눈에 잘 보이네요! 팀장님~ 검색해보니 국내 주식은 전일 종가 기준 위아래로 30%의 제한폭이 있다고 나오는데요, 그럼 주가가 당일에 100원으로 시작하면 그 날엔 최대 130원까지만 오를 수 있고, 70원까지만 내려갈 수 있네요.

 그렇지! **정규시간 내의 상한가는 30%, 시간외상하한가는 제한폭이 10%로 더 작다는 차이가 있다고 저번에 알려줬었어.**

 네 기억나요! 그리고 Vi는 생각보다 자주 보이는 것 같더라고요. 주가가 너무 빠르게 급등하거나 급락하는 종목들 보면 쭉쭉 올라가거나 하락하다가 갑자기 주가의 움직임 및 매매가 확 멈춰서 신기했어요. 너무 과열되는 것을 방지하기 위한 기능인 것 같던데, Vi를 좀 더 자세히 알려주실 수 있나요?

 Vi는 주가의 움직임과 매매가 멈추는 것은 아니고, 단일가 매매로 전환되기 때문에 멈춘 것처럼 보이는 거야. 송이 대리처럼 처음 보는 사람은 일시 중단된 것처럼 보일 수 있겠다. 과열된 주가 변화를 식히기 위한 냉각장치거든.

Vi가 발동되는 순간 차트에 표시를 해줘. '동적 Vi발동' 또는 '정적 Vi발동'이라고 표시가 될 거란다.

동적 Vi는 직전에 체결된 가격보다 2~3% 이상 주가가 변동했을 때, 2분 동안 단일가로만 매매를 할 수있는 장치야. 2분 동안 호가를 수집하고 2분 뒤에 Vi가 풀림과 동시에 단일가로 체결된 가격에서 시작하는거지.

정적 Vi는 전일 종가를 기준으로 하는데, 10% 이상 변동되는 경우에 발동하고, 10분 동안 단일가 매매가 유지된단다.

 아하. 설명을 들으니까 종토방에서 읽었던 글들이 담고 있는 내용에 대해 정확히 알 것 같아요. 너무 재밌는데 또 자주 쓰는 주식용어 아시는 거 없나요?

 제일 먼저 생각나는 것은, '주식을 상투[20] 잡으면 결국 한강 가게 된다!'라는 말이야. 만약에 송이 대리가 1억 원을 한 종목에 넣었다가 물렸어[21]. 근데 상투를 잡은 탓에, 손익분기점까지 주가가 올라오는 데 1년이 걸려서 1년 뒤에야 팔고 나왔단 말이야? 그럼 손실은 안 입었겠지만, 그 1년 동안 다른 주식을 매매해서 수익을 낼 수 있던 기회비용을 날린 거나 마찬가지가 되는거지. 이런 매매방식이 지속되면 돈이 순환되지 않으니 자꾸 새로운 자금을 끌어다 쓰게 되고, 계획적인 매도를 하는 것이 아니라 홧김에 물렸던 주식을 확 팔아버리는 일도 생길 테고. 여러모로 악순환이

- -
20. **상투를 잡다** 상투를 튼 머리채 꼭대기를 쥐다. 가장 비싼 가격에 매수함을 의미
21. **물리다** 손실을 인정하고 주식을 판매하는 손절을 시행하지 못한 채로 주가가 하락한 종목을 보유하고 있는 상태

시작되니 결국 주식투자를 실패하게 된다는 거야. 상투라는 단어 하나에도 이런 배경지식을 같이 알아가면 주식이 더 재미있어질 거야.

 그렇네요. 팀장님 말씀 듣고 나서 종토방을 다시 둘러보고 있는데요. 배경지식을 생각하며 읽어보니 정말 재밌어졌어요! 잡주라고 욕하는 글도 많고, 실적에 대한 댓글이 특히 많네요.

 소위 말하는 잡주[23]에 물려서 주가 반등이 올지 확실히 알 수 없다면, 가지고 있는 자금이 묶여버리니까 추이를 지켜보다 적절히 손절을 하는 것이 맞겠고. 실적이 너무 좋아서 다음 분기 어닝 서프라이즈[24]가 기대되어 몇 달 내로 주가 상승이 나올 것으로 예상한 회사이나 현재 주가는 일시적인 하락세라면 적절하게 물 타면서 반등을 기다린 뒤 익절[25]하여 나오는 것이 좋을 수 있겠고.

반대로 상승할 줄 알고 샀던 회사인데 이번 분기에 어닝 쇼크가 예상되면 재빨리 손절을 하는 등 손실을 최소화하는 방향으로 미리 움직이는 게 좋을 거 같고요.

단순히 재미로 주식 용어를 찾아보려고 킨 건데, 사람들이 주식에 대해 생각하는 것을 직관적으로 느낄 수 있게 되니까 배경지식 쌓는 데 굉장히 도움이 되네요! 오늘도 감사합니다. 팀장님 칼퇴길만 걸으세요!

---

22. **잠정 실적** 보통 회계보고서 제출은 1분기→반기→3분기→연간 순서대로 제출하는데, 제출 전에 내용이 정확한지 외부감사를 받는다. 감사를 받는 동안에 시장에 회사 단독 실적 집계를 미리 알리는데 이 때의 수치를 잠정 실적이라고 한다
23. **잡주** 우량하거나 건실하지 않고 잡스러운 주식
24. **어닝 서프라이즈** 기업의 영업 실적이 시장의 예상치를 초과하는 좋은 실적을 내는 경우를 뜻함.
25. **익절** 수익을 내고 매도함. 오른 주식을 잘라내어 수익을 챙기는 것

11.
모두의 기능!
알아두면 편리한 기능을
araboja

송이 대리, 요즘 계속 주식창만 보는 거 같은데 송이 대리를 위한 꿀팁 기능 알려줄게. HTS와 MTS에서 모두 사용 할 수 있는 '자동 감시 주문'이라는 것이 있는데 이걸 이용하면 하루 종일 주식을 보지 않아도 돼. 일정 조건만 걸어두면 자동으로 주식을 사고 팔게 하기 때문이지.

이런 걸 혼자 숨기고 계셨다니. 어서 알려주세요!

HTS에서 [0624] 메뉴를 호출해 아래와 같이 주식 자동 감시 주문창을 켜보자. 지금은 복잡해보일 수 있지만 실제 매매를 할 때 다시 보면 쉽게 알 수 있으니 처음부터 너무 걱정하지 마!

1. 주식을 사고 싶어!

송이 대리가 삼성전자 주식을 75,000원 이하일 때 300주를 사고 싶다고 하면 그 가격이 올 때까지 눈이 빠져라 보는 게 아니야, 아래처럼 조건을 걸어두면 자동으로 조건에 맞게 주식을 살 수 있지.

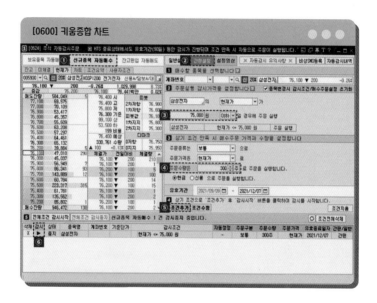

1. 0624 주식 자동감시주문에서 신규종목 자동매수 버튼 클릭
2. 우측 간편설정 버튼 클릭
3. 삼성전자의 현재가[26]를 75,000원 이하로 설정

🔍

26. **현재가** 현재의 주식 가격

4. 매수 주문수량은 300주로 설정

5. 조건 추가 버튼 클릭

6. 감시 ▶ 버튼 클릭

2. 주식을 자동으로 팔고 싶어!

내가 산 주식이 어느 정도 오르거나 떨어지면 그 가격에 맞춰 자
동으로 팔 수도 있어.

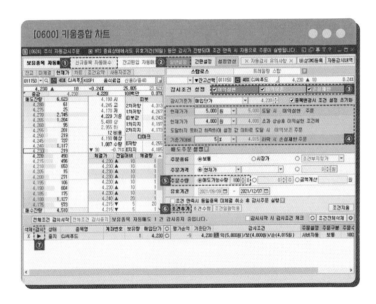

이익실현

– 목표로 하는 가격대가 되면 자동으로 매도하는 거야. 예를 들어, 5,000원을 목표
로 설정하면 주가가 5,000원이 됐을 때 자동으로 매도가 되지.

이익보존

– 그런데 주가라는 게 꼭 오르기만 하는 건 아니겠지? 목표가[27]까지 오르는 듯하다
가 떨어지는 경우도 많아. 그럴 경우에는 일정 수준의 수익을 확보하기 위한 방
어선을 치는 거야.

예를 들어, 주가가 목표금액을 5,000원, 이익 보존을 4,800원이라고 설정한다면,
주가가 목표금액 근처까지 갔다가 다시 하락할 시 4,800원에서 매도하게 되는 기
능이야. 아쉽게 목표가인 5,000원에 도달을 못하고 떨어졌지만 그래도 일정 수익
은 얻을 수 있지.

그런데 모든 주식이 오르기만 할까? 내가 산 주가보
다 현저하게 밑으로 떨어질 수도 있어. 하필 그때 회
의라 대응을 못 한다면? 그때를 대비한 안전장치가 바로 손실
제한이야.

손실제한 =스탑로스

– 보유 주식이 일정 금액이나 일정 %만큼 떨어지면, 더 이상 버틸 수가 없으니 자
동으로 팔게 할 수도 있지. 예를 들어, 주가가 –5% 떨어질 때 보유종목을 자동으
로 매도하게 한다면, –50% 떨어질 때보다 45% 만큼의 손실을 줄일 수 있는 거지.

1. 0624 주식 자동 감시 주문 보유종목 자동매도 버튼 클릭
2. 우측 일반설정 버튼 클릭
3. 이익실현, 이익보존, 손실제한 체크
4. 이익실현은 5,000원, 이익보존은 4,800원, 손실제한은 5%로 설정

27. **목표가** 투자가 목표로 원하는 가격

5. 매도 주문수량은 100% 이내에서 설정, 예를 들어, 100%면 설정한 종목의 주식을 다 파는 것, 50%면 절반만 파는 거지
6. 조건 추가 버튼 클릭
7. 감시 ▶ 버튼 클릭

 저는 특히 손실제한 부분이 맘에 드네요. 업무나 회의를 하다보면 주식을 못보는 경우가 많을 텐데 더 큰 손실이 일어나기 전에 자동으로 매도가 되니 안심이 될 거 같아요.

 그렇지. 그래서 손실제한은 **심리적 안정감을 제공하기도 해**. 다만 스탑로스는 때로는 독이 될 수 있는 상황도 있어. 주식이 마냥 내려가기만 하는 게 아니라 다시 오를 수도 있는데 손실제한을 -2%처럼 굉장히 짧게 걸어 모두 매도한다고 한다면?

 그럼 주식이 조금만 내려가도 자동으로 팔게 돼서 오히려 손실이 누적되겠네요.

 맞아. 주식은 하루에도 수없이 오르고 내리기 때문에 너무 손실폭을 짧게만 잡는다면 오히려 손해가 커질 수도 있지. 때문에 본인의 투자 성향과 원칙에 맞게 손실제한의 구간을 잘 정하는 게 중요하겠지.

 넵. 명심하겠습니다!

오케이. 자동 감시 주문 시스템을 통해 자동으로 주식을 매수/매도할 수 있기 때문에 업무가 많거나 다른 스케줄이 있더라도 어려움 없이 주식을 할 수 있을 거야. 잘 체크해두도록!

주식력을 키우는 ○× 챌린지!

1. 시간외 단일가는 16:00 ~ 18:00 이며 30분 단위로 체결이 된다.

   ○　×

2. 시간외 단일가 매매의 체결량은 주가의 당일 종가에 영향을 미친다.

   ○　×

3. 우리나라는 유가증권대체결제제도(3일 결제 제도)를 기본으로 운영하고 있다. 다만, 이는 보통주의 경우에만 해당하고 나머지 스팩주, 우선주 등에는 해당되지 않는다.

   ○　×

4. 신용과 미수는 초보 투자자가 실수로 사용할 수 있기 때문에 계좌증거 금률 설정을 현금 50%, 대용 50% 설정해서 안정적으로 운영해야 한다.

   ○　×

5. 신용과 미수는 모두 이자율이 존재하며 대여 기간은 미수가 신용에 비해서 길다.

   ○　×

6. 신용과 미수로 인한 반대매매는 투자자에게 안내는 주지만 동의없이 진행이 된다.

   ○　×

7. 주식이 내리거나 오르는 경우 나눠서 분할매수하는 것을 물타기라고 통용한다.

   ○　×

8. 손절은 손실을 감수하며 파는 것, 익절은 수익을 내고 파는 것을 뜻한다.

   ○　×

9. 양봉은 시가 대비 주가 상승을 나타내며, 음봉은 시가 대비 주가가 하락한 것을 나타낸다.

   ○　×

10. 일봉은 하루의 주가 움직임, 월봉은 한 주의 주가 움직임을 나타낸다.

    ○　×

11. 시가는 주가가 시작되는 가격, 종가는 그 시점의 가장 높은 가격을 뜻한다.

    ○　×

12. 아랫꼬리 양봉이 나왔다는 것은 장이 끝나가면서 매도세가 강해져 저가로 종가를 마무리했다는 것을 뜻한다. ☐ O ☐ X

13. 캔들의 가장 낮은 가격은 저가, 가장 높은 가격을 고가라고 한다. ☐ O ☐ X

14. 평단가는 평균 매수 단가의 준말로 평단가가 낮을수록 주가 상승 시 원금 회복에 불리하다. ☐ O ☐ X

15. 10만 원 주식 1주와 6만 원 주식 1주를 산다면 평단가는 9만 원이 된다. ☐ O ☐ X

정답 확인하기

1. [×] 시간외 단일가는 16:00~18:00 이며 10분 단위로 체결이 된다.
2. [×] 시간외 단일가는 당일 종가에 영향을 미치지 않는다.
3. [×] 유가증권대체결제제도3일 결제 제도는 모든 종목에 해당되는 조건 이다.
4. [×] 실수를 방지하기 위해서는 현금을 100%로 설정해서 미수나 신용을 쓰지 않게 설정하는 것이 중요하다.
5. [×] 이자율은 신용이 더 크고 대여 기간도 신용이 미수보다 더 길다.
6. [○] 반대매매가 진행되기 전에 안내는 나가지만 동의를 구하고 진행 하지는 않는다.
7. [×] 주식이 내려갈 때의 분할매수는 '물타기', 주식이 올라갈 때의 분할 매수는 '불타기' 부른다.
8. [○] 손절은 손실을 감수하며 파는 것, 익절은 수익이 내고 파는 것을 뜻한다.
9. [○] 양봉은 시가 대비 주가 상승을 나타내며, 음봉은 시가 대비 주가가 하락한 것을 나타낸다.
10. [×] 한 주의 주가 움직임을 나타내는 것은 주봉. 월봉은 한 달의 주가 움직임을 나타낸다.
11. [×] 종가는 장이 종료될 때의 가격을 뜻하며 그 시점의 가장 높은 가격 을 뜻하는 것은 고가를 의미한다.
12. [×] 아랫꼬리 양봉은 하락세를 보였지만, 그후 강한 매수세로 고가로 종가를 마무리하는 것을 뜻한다.
13. [○] 저가는 가장 낮은 가격, 고가는 가장 높은 가격을 뜻한다.
14. [×] 평단가는 평균 매수 단가의 준말이 맞지만, 평단가가 낮을수록 원 금 회복에 불리한 것이 아닌 유리한 특징이 있다.

15. [×] 평단가는 8만 원이다. {(10만 원 × 1) + (6만 원 × 1)}을 2로 나누면 평단가는 8만 원.

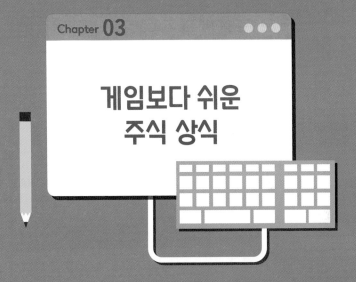

Chapter 03

게임보다 쉬운
주식 상식

1.
이 종목은 뉘 집 자제입니까?
코스피와 코스닥의 차이

우리나라 **대표 주식 시장들**

"뉴스에서 한 번쯤은 들어봤지?"

"작은 고추가 매운 법!"

VS

코스피

코스닥

 팀장님 인터넷을 보니 코스피와 코스닥이 많이 올랐다고 하네요. 코스피는 많이 들어봤는데, 코스닥은 외국 주식인가요?

엥, 아니야 둘 다 우리나라를 대표하는 대표 주식시장이라고! 아마 코스닥을 미국의 나스닥과 헷갈린 거 같은데? 실제로 코스닥은 나스닥을 벤치마킹한 시장이라 이름이 비슷해서 혼동한 것 같네.

아 그렇군요. 그런데 코스피와 코스닥은 어떤 차이가 있는 거에요? 저는 지금까지 우리나라 주식시장이 하나 인줄 알았어요.

먼저 **코스피는 명실상부한 우리나라 대표 증권시장이야.** 1956년 개장한 후, 지금은 삼성전자, 네이버, 카카오, SK하이닉스 같이 이름만 들어도 알 만한 기업들이 상장되어 있지. 또한 상장된 기업들의 시가총액을 합치면 2,000조 원이 넘고 2021.04 기준 대체적으로 전기전자, 화학, 금융업, 서비스업에 많

순서	산업별	시가총액 (단위 : 백만원)	차지 비율 (단위 : %)
1	전기전자	770,151,388	35.06
2	화학	254,112,092	11.57
3	금융업	253,423,405	11.54
4	서비스업	230,935,909	10.51
5	운수장비	153,425,001	6.98
6	의약품	139,714,693	6.36
7	유통업	77,158,792	3.51
8	철강금속	63,375,792	2.89
9	운수창고업	48,613,686	2.21
10	통신업	37,984,666	1.73

코스피 산업별 시가총액 리스트 BEST 10 2021년 4월 기준

출처 : 국가통계포털

이 집중된 특징이 있어.

이처럼 코스피가 어느 정도 이름값 있는 기업들이 상장된 곳이니, 아무나 들어올 순 없겠지? 코스피 상장 조건을 보면 자기자본 300억 원 이상, 상장 주식 수 100만 주 이상, 그리고 최근 매출 1,000억 원 이상 등 까다로운 조건들이 있어. 때문에 코스피에 상장됐다는 것 자체로 어느 정도 내실이 있는 회사라고 말할 수 있지.

다음으로 코스닥은 IT 붐이 일어났던 1996년에 개설됐어. 당시에는 IT 업체를 필두로 하는 신규 기업들이 급성장을 하고 있는 시대였지만 진입이 까다로운 코스피 시장에는 이런 기업들이 상장하기에는 매우 어려웠었어. 그런데 코스닥 시장이 개설이 되면서 IT, BT Bio technology, CT Culture technology 같이 기술력이 있고 성장 잠재력이 있는 업체들이 상장 및 자금조달을 할 수 있게 됐지. 다음

순서	산업별	시가총액 (단위 : 백만원)	차지 비율 (단위 : %)
1	제조업	167,674,070	29.24
2	IT H/W	87,219,680	15.21
3	제약	52,300,361	9.12
4	IT S/W & SVC	43,268,980	7.55
5	기타 서비스	41,220,315	7.19
6	유통	30,900,871	5.39
7	화학	21,974,724	3.83
8	기계·장비	21,360,889	3.73
9	일반 전기전자	15,656,432	2.73
10	의료·정밀기기	15,346,601	2.68

코스닥 산업별 시가총액 리스트 BEST 10 2021년 4월 기준

출처 : 국가통계포털

표를 보듯이 코스피와는 달리 IT나 제약군 등이 많다는 것을 확인할 수 있어.

이처럼 **코스닥 시장은 셀트리온헬스케어, 에코프로비엠, 컴투스 등 벤처, 중견, 중소기업들이 주로 등록된 주식시장을 뜻해.** 그렇다고 매매할 때 불편함이 있는 건 아니고, HTS나 MTS를 통해 코스닥, 코스피 상관없이 선택할 수 있어. 종목들만 검색하면 바로 매매할 수 있다고.

코스닥 시장의 상장조건을 보면 코스피보다 여유로운 편이야. 자기자본 30억 원이 상장 조건 중 하나이거든. 또한 코스닥으로 상장하면 영원히 코스닥 시장에만 있는 게 아니라, 내실을 키운 후 코스피로 재상장할 수도 있는 특징도 있어. 물론 이 때는 코스피의 상장 심사를 통과해야 하지.

오호. 뉴스로만 듣던 코스피, 코스닥을 이렇게 보니까 이해가 편하네요. 그런데 코스피가 코스닥보다 시가 총액도 더 큰 편이고 상장 조건이 까다로운 편이니, 코스피 종목들만 거래하는 게 더 안전할 수도 있을 것 같아요.

음. 그게 맞을 수도 있고, 틀릴 수도 있어. 일단 코스피 종목들이 코스닥 종목들보다 갑자기 상장폐지를 당할 확률은 적겠지. 하지만 코스닥 종목도 내실이 좋아지면 코스피로 이전하는 회사도 있다고 했잖아? 즉, 좋은 기업과 나쁜 기업은 시장의 구분 없이 나올 수 있기 때문에 **단순히 소속되어 있는 시장으로만 구분해서 투자하는 건 현명하지 않아.**

이해했습니다 팀장님! 아 그리고 HTS에서 각 시장의 종목 주가를 봐도 코스피는 1주에 10만 원이 넘는 경우도 많지만 코스닥의 경우 1주에 1만 원이 안 되는 경우도 많네요.

맞아. 그래서 일반적인 개미 투자자들이 거래하는 종목들은 코스피보다 코스닥 시장인 경우가 많아. 코스닥의 주가가 코스피보다 낮아 적은 투자자금으로 더욱 많은 주식을 살 수 있으니까.

또한 코스닥 종목의 특징 때문에 코스피 종목보다 선호하는 투자자들도 있어. 예를 들어, 주가가 움직일 때는 코스피의 대형주보다는 코스닥의 중소형주가 호재 소식에 더 화끈하고 가볍게 올라주는 특징도 가지고 있거든.

이외에도 코스닥 종목에서는 일반 투자자들이 잘 알지 못하는 알짜 기업들이 숨어 있거든. 예를 들어, '코메론'이란 기업은 송이 대리가 들어본 적이 없을 거야. 그런데 국내 줄자 시장 점유율 1위, 그리고 해외 점유율 최상위권 기업이라고 하면 관심이 생길 거야. 경쟁력 있는 회사면 당연히 투자하고 싶으니까.

그렇죠! 아하 그러면 이런 알짜 기업들을 미리 체크해 두는 것도 좋을 것 같아요. 향후 시장에서 부각을 받을 때 수익을 얻을 수도 있으니까요. 향후 상승 시에 큰 수익을 얻을 수도 있고요. 이제 투자 전략 면에서 두 시장의 차이도 약간은 이해가 되네요.

그럼 한 가지 더 질문이 있습니다. 뉴스에서 '종합주가지수가 2,000

을 넘었다' 라는 말을 봤는데 이게 예전에 말씀하셨던 코스피 지수와는 다른 건가요?

 아니~ 둘 다 같은 말이야. 먼저 코스피는 우리나라 대표 증권시장이기 때문에 종합주가지수는 곧 코스피 지수를 뜻해.

또 코스피와 코스닥은 주식시장을 구별하는 말이기도 하지만, 일반적으로는 각 시장의 지수를 뜻하는 말이기도 해. 그래서 코스피 종목들의 주가가 평균적으로 상승하면 코스피 지수가 올라갈 것이고, 반대로 종목들의 주가가 내려가면 코스피 지수도 떨어지겠지.

 그럼 코스닥 지수도 똑같겠네요. 코스닥 종목들의 주가 변화에 따라 코스닥 지수도 바뀌는 형태일 것 같아요.

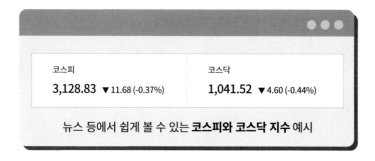

코스피	코스닥
3,128.83 ▼11.68 (-0.37%)	1,041.52 ▼4.60 (-0.44%)

뉴스 등에서 쉽게 볼 수 있는 **코스피와 코스닥 지수** 예시

 정확해. 코스피와 코스닥 모두 이름과 상장된 종목이 다를 뿐, 주식시장에서의 역할은 거의 같다고 생각하면 돼. 그리고 투자자들은 코스피나 코스닥 지수가 높을수록 '장이 좋다' 떨어지면 '장이 안 좋다'라고도 표현해. 그러니 그날의 장

세를 파악하기 위해선 지수를 체크할 필요가 있어. HTS 0600 화면을 통해서 코스피, 코스닥의 차트를 확인할 수 있으니 여기서 보면 편할 거야.

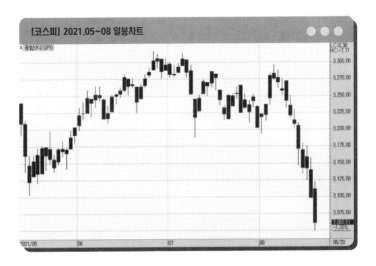

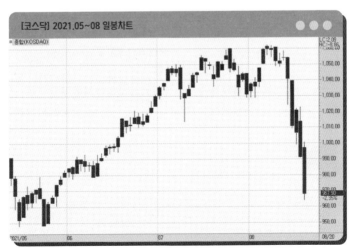

2.
누구도 바람의 방향을
바꿀 수는 없다
지수가 산이면,
종목은 나무다

 송이 대리~ 오늘자 지수 차트는 확인해봤니? 0641창을 열면 오늘 하루의 지수 흐름이 보이는데 말이야. 저번에 알려준 종합 차트에서는 전체 차트를 볼 수 있고, 이 차트는 등락률을 표시해준다는 점에서 다른 차트와 조금 다르지.

지수는 꼭 봐야 하는 건가요? 지수가 나빠도 내 종목만 잘 오르면 상관없는 거라고 생각했거든요. 코로나 사태로 지수가 크게 하락했을 때도

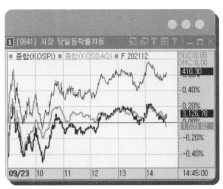

출처 : 국가통계포털

진단 키트, 백신 관련주 들은 지수와 상관없이 오르곤 했잖아요?

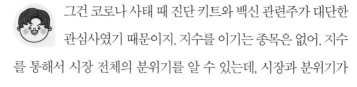 그건 코로나 사태 때 진단 키트와 백신 관련주가 대단한 관심사였기 때문이지. 지수를 이기는 종목은 없어. 지수를 통해서 시장 전체의 분위기를 알 수 있는데, 시장과 분위기가 반대로 간다? 현명한 투자자라면 지수에 순응을 할 줄 알아야 해.

지수를 이기는 종목이 없다라. 뭔가 엄청 통찰력이 느껴지는 말인데, 이해가 잘 안 돼요.

지수 차트는, 코스닥과 코스피에 각각 **상장된 모든 종목의 주가가 다 반영되어 표시되는 차트**야. 물론 전자, 유통, 물류 등등의 업종별 종목이 합쳐진 업종별 지수도 볼 수 있고, 코스피/코스닥 지수가 산이고, 종목이 나무라고 생각해보자. 종목들의 합이 지수이니까 정확한 비유라고 볼 수 있지.

오호라 그렇군요… 종목들의 합이 다 합쳐진 게 지수라는 것 이해했습니다.

지수가 하락한다는 건 산에 불이 나서 다 피해를 보고 있는 상황인 거나 마찬가지야. 산 전체에 불이 난다면 나무가 아무리 튼튼해도 무사할 수 있을까? 종목은 나무이기 때문에 아무리 좋은 종목이라도 지수가 하락하고 있으면 어느 정도 같이 피해를 보게 되어 있어. 하락하고 있으면 매매 심리가 얼어붙고 매수/매도의 활발함이 위축되기 때문에 다들 매매를 조심하려 하지. 오를 것도 덜 오르고 내릴 것은 확실히 내릴 수 있는 무서운 장이야.

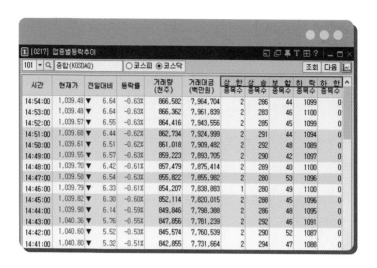

시간	현재가	전일대비	등락률	거래량 (천주)	거래대금 (백만원)	상 한 종목수	상 승 종목수	보 합 종목수	하 락 종목수	하 한 종목수
14:54:00	1,039.48 ▼	6.64	-0.63%	866,582	7,964,704	2	286	44	1099	0
14:53:00	1,039.48 ▼	6.64	-0.63%	866,362	7,961,839	2	283	46	1100	0
14:52:00	1,039.57 ▼	6.55	-0.63%	864,416	7,943,556	2	285	45	1099	0
14:51:00	1,039.68 ▼	6.44	-0.62%	862,734	7,924,999	2	291	44	1094	0
14:50:00	1,039.61 ▼	6.51	-0.62%	861,018	7,909,482	2	292	48	1089	0
14:49:00	1,039.55 ▼	6.57	-0.63%	859,223	7,893,705	2	290	42	1097	0
14:48:00	1,039.70 ▼	6.42	-0.61%	857,479	7,875,414	2	289	40	1100	0
14:47:00	1,039.58 ▼	6.54	-0.63%	855,822	7,855,982	2	280	53	1096	0
14:46:00	1,039.79 ▼	6.33	-0.61%	854,207	7,838,883	1	280	49	1100	0
14:45:00	1,039.82 ▼	6.30	-0.60%	852,114	7,820,015	2	288	45	1096	0
14:44:00	1,039.98 ▼	6.14	-0.59%	849,846	7,798,388	2	286	48	1095	0
14:43:00	1,040.36 ▼	5.76	-0.55%	847,856	7,781,239	2	292	46	1091	0
14:42:00	1,040.60 ▼	5.52	-0.53%	845,574	7,760,539	2	290	52	1087	0
14:41:00	1,040.80 ▼	5.32	-0.51%	842,855	7,731,664	2	294	47	1088	0

이 차트를 보면 실시간으로 몇 개의 종목이 상승, 하락, 보합 중인지 확인이 가능해. 지금처럼 상승 종목은 280개 정도, 하락종목은 1,100개 정도라면 하락이 우위인 시장이겠지? 그러면 지수가 좋지 않으니, 섣불리 매수하지 말고 더 신중하게 결정해야 함을 알 수 있지.

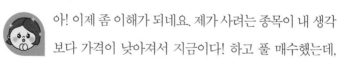

아! 이제 좀 이해가 되네요. 제가 사려는 종목이 내 생각보다 가격이 낮아져서 지금이다! 하고 풀 매수했는데, 지수가 아직 내려가고 있던 중이었다면, 지수에 영향을 받는 종목들도 추가적으로 더 내려갈 가능성이 있고, 어디까지 떨어질지도 예측할 수 없다는 말씀이시죠? 최적의 대응을 하고 싶으면 먼저 지수와 시장 분위기를 살피라는 거군요.

물론 시장 전체를 휩쓸 만한 엄청난 호재가 터지는 종목은 지수와 상관없이 상한가를 찍고, 갈 놈은 지수와 상관없이 간다고는 하지만, 그런 일부 사례를 제외하고는 결국 모든 종목은 지수에게 영향을 크게 받는단다. 태풍으로 파도가 쳐서 다들 바닷가에서 텐트 치우고 나가는데, 내가 여름휴가라고 해서 비바람이 특별히 나만 피해가주지는 않잖아. 지수에 순응하라. 큰틀을 잘 봐야 한다! 알겠지?

 지수는 산이고, 종목은 나무니까 산이 불타고 있으면 나무도 불이 붙는다. 결국 지수의 상태가, 대부분의 종목에 영향을 끼친다. 네 이해했습니다!

그런데 팀장님, 혹시 단타도 지수의 흐름에 영향을 받나요? 지수를 이기는 종목이 없는 건 이해했지만, 단타는 진짜 짧게 몇 분 또는 몇 시간 들고 있다가 청산하는 식으로 하는 거라 지수에게 받는 영향이 없을 줄 알았어요. 그런데 막상 해보니 시장의 영향을 받는 것 같다는 느낌이 들었어요.

 요즘 들어 지수가 좀 안 좋긴 했지. 아무튼 종목을 보유한 시간이 짧았는 데도 그 영향이 있는 것 같다는 느낌이 왔다는 거지?

 네 맞아요. 사실 팀장님 몰래 10만 원으로 연습해봤거든요. 분명 종목 선정 기준과 매매 방법은 똑같았는데, 지수가 좋은 날에는 점심값을 벌고 지수가 나쁜 날에는 내려가는 상황이 생기니까 의아했어요. 그래서 혹시라도 지수가 영향을 미친 건 아닐까라는 생각이 들었습니다!

 좋은 눈치야! 역시 주식은 실제로 한번 겪어보는 게 최고지. 테마주의 상승폭이 강해도 지수가 엄청나게 내리꽂는 상황이라면, 시장 참여자들이 공포심을 느껴서 평상시와 다르게 눈치를 보면서 참여를 신중하게 하기 마련이야.

그래서 종목에 추격 매수세가 덜 들어오거나 시장 전체에 돈이 적게 돌 수 있어. 이런 걸 가지고 수급이 안 돈다고들 표현하는데, 그럴 때는 강한 테마주라 하더라도 평소보다 힘을 쓰지 못하고 빌빌거릴 수 있어. 상한가에 도달할 만큼 강하게 오른 종목도 지수가 크게 하락하면 갑자기 매도 물량이 쏟아지면서 하락하기도 하는데, 이 또한 지수의 영향이 투자심리에 영향을 미친 거지.

맞아요! 엄청나게 주가가 흔들리더라고요. 분명 이 놈은 내일도 상한가를 갈 놈인데! 주가가 지수의 변동에 따라 막 내렸다 올랐다 흔들어 대는 통에 진짜 속이 타들어갔습니다. 불안함을 못참고 결국 손절해서, 벌어 놓은 점심값 한 방에 다 털렸어요.

지수는 매매 주체가 어떻게 사고파는지에 따라서 변동하고 영향을 받기 때문에 이를 기억하고 큰틀에서 시장을 바라보려고 노력하면 좋겠어. 송이 대리가 하는 매매가 혹시나 큰 흐름을 역행하는 투자는 아닐지 항상 염두했으면 하고.

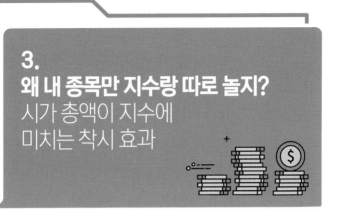

3.
왜 내 종목만 지수랑 따로 놀지?
시가 총액이 지수에
미치는 착시 효과

 팀장님~ 저 궁금한 것이 있어요. 오늘 지수가 내렸는데요, 아주 소폭 하락일 뿐이고 지수 자체는 엄청 많이 빠진 것도 아니었거든요. 그런데 이상하게도, 여러 섹터에서 많은 종목들의 등락률이 파란색으로 도배되면서 과하게 하락하고 있었어요.

저는 저 많은 종목들이 다 빠지길래 와~ 지수가 엄청나게 내려가겠다! 생각하고 지수 차트를 켰는데 막상 보니 지수 자체는 많이 안 내려간 것 같아요. 왜 이런 차이가 생기는 건가요? 분명히 종목들의 주가는 다 빠졌는데 지수는 왜 조금만 내려갔을까요?

 흠흠… 이걸 안 알려줬네. 송이 대리 시장의 움직임을 드디어 느끼고 있나 보구나. 아주 대견해! 그게 바로 지수의 착시효과, 지수로 인한 허상이라고 할 수 있지!

갑자기 왜 칭찬이시죠 괜히 무섭게. 착시효과라니 주식에도 그런 것이 있나요?

 지수가 모든 종목의 합이라고 앞서 간단히 얘기해줬었잖아. 사실 모든 종목의 합이긴 한데, 모든 종목이 다 1대 1대 1대 1대 1로 반영되는 게 아니거든.

 엥… 모르겠당. 혹시 종목별로 다르게 반영돼서 산출된다는 건가요?

 응. 지수는 시가총액이 반영되거든. 우리의 국민 주식 삼성전자로 예를 들어 설명해줄게.

보자~ 만약에 코스피라는 주가 지수 바구니에 종목이 삼성전자 딱 하나만 상장되어 있다고 생각해보자. 시가총액의 총합에서 삼성전자가 100% 차지하고 있다고 생각해보자고. 코스피 지수가 100이었는데 오늘 삼성전자의 주가가 20% 올랐어. 그럼 코스피 지수는 120으로 오르겠지?

 거기까진 이해 가능해요!

 자 그럼, 코스피라는 주가 지수 바구니에 상장한 모든 기업이 다 들어 있다고 하고, 그중 삼성전자가 시가총액의 20%, 나머지 모든 코스피 상장기업이 합쳐서 80% 있다고 생각해보자. 오늘 삼성전자의 주가가 20% 올랐고, 나머지 모든 코스피 상장기업은 하나도 오르지 않고 그대로라면?

아무 생각 없이 대답해 드리자면, 모든 종목들이 하나도 안 올랐고 종목 1개만 딸랑 올랐으면 그 큰 지수에 변동이 생긴다는 게 말이 안 되겠죠?

땡. 코스피 종합지수는 상승한다. **한 종목만 올랐음에도 불구하고 지수는 오르는 거야. 왜냐하면 시가총액 기준이니까! 전체 종목이 시장에 내놓은 모든 주식의 총합 중에서 삼성전자 주식의 총합이 20%를 차지하고 있으니 당연히 그럴 수밖에.**

전체의 80%를 차지하는 종목들이 하나도 전~혀 오르지 않았는데, 지수가 움직인다고요? 머야 머야 이상해요.

코스피 종합지수가 100일 때, 전체 시장의 모든 종목이 하나도 오르지 않고 그대로다 하더라도, 삼성전자만 20% 올랐으면 코스피 종합지수는 4% 오르는 거야. 104가 되는 거라고! 이해가 되었니? 참고로 실제 현재 모든 회사의 시가총액의 합 중에서 삼성전자는 대략 30% 가량을 차지하고 있단다2021년 기준.

그러면 이번 주에 제가 느낀 게 설명이 되네요. 그 말인즉슨 시가총액에서 아주 미미한 영향을 미치는 종목들이 와르르 무너져도, 삼성전자가 올랐거나 견고히 버티고 있었다면 코스피 종합지수는 생각보다 크게 하락하지 않는다는 거네요?

정확해. 바꿔 말하면 삼성전자의 등락률이 지수의 등락에 영향을 크게 미치기 때문에, 실제 시장의 등락과 다를 수 있다는 거지.

대형주만 올라도 지수가 오르기 때문에, 이런 시장에서는 투자자들이 지수 대비 체감상 안 좋은 장이라고 느낀단다. 이게 바로 지수에 있어서 시가총액이 미치는 착시효과란다.

 와우. 진짜 놀랍네요. 다른 종목들이 엄청나게 내렸어도, 삼성전자같이 몸집이 큰 회사의 주가가 안 내렸으면 지수가 별로 안 내린 것처럼 보일 수 있는 거군요. 사람들이 지수가 조금만 내린 날인데도 계좌가 박살났다고 하던데 저는 그게 엄살인 줄 알았거든요. 오해해서 미안하네요.

몸집이 큰 회사들이 지수에 영향을 더 크게 미친다. 이해 완료입니다. 오늘도 감사합니다!

4.
주식시장의 3대장
외국인, 개인, 기관

 주식시장 참여자. 크게 세 종류. 외국인, 개인, 기관. 이 건 상식인데 알고 있지?

 흠흠… 지금부터라도 알게 되었으니 오늘부터는 상식 적인 사람이 되었군요. 다행이네요.

 끄응. 매수 주체별로 오늘은 매도가 많은지 매수가 많은 지 알면 지수의 방향을 알 수 있어. 자세하게는 어떤 종 목을 주로 사고팔고 있는지도 확인이 가능하지. 단순히 코스피/코 스닥 지수 차트를 보면서 어 내려가네. 어 올라가네 하는 것보다 는, 누가 시장을 움직이고 있는지 생생하게 느끼는 게 도움이 되 겠지. 지수가 하락하고 있으면 지금 누가 팔아 치우기 때문에 이 렇게 급락하는 거지? 찾아보는 능동적인 태도! 기본이라고 기본~

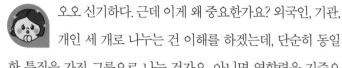
오오 신기하다. 근데 이게 왜 중요한가요? 외국인, 기관, 개인 세 개로 나누는 건 이해를 하겠는데, 단순히 동일한 특징을 가진 그룹으로 나눈 건가요, 아니면 영향력을 기준으로 나눈 건가요? 뭘 기준으로 나누는 거며, 각자의 특성은 어떠한지 궁금합니다.

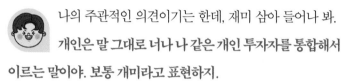
나의 주관적인 의견이기는 한데, 재미 삼아 들어나 봐. **개인은 말 그대로 너나 나 같은 개인 투자자를 통합해서 이르는 말이야. 보통 개미라고 표현하지.**
개미만 죽어난다, 개미털기한다 이런 말 들어봤지? 반응이 느리고 잘 속고, 욕심에 눈이 멀어 고점에서 매수하고 저점에서 손절하는 이미지가 있어… 그래서 개미 투자자들이 당하는 행태를 개미털기라고 부르지.

외국인들이나 주가를 올린 뒤 팔아 치울 의도를 가진 큰손, 다시 말해 세력들은 보통 개미들 지갑을 털어가는 주체라서 그들을 개미핥기라고 부르고.

근데 이건 진짜 옛날 말이고. 요새 개미들은 진짜 엄청나게 똑똑하고 대담해! 시장을 운영하는 주체로서의 영향력이 바뀐 지도 오래야! 내가 앞에서 설명한 개미는 어디서 불확실한 정보를 주워듣고 사실 확인이나 기업정보 공부도 없이 고점에 몰빵 매수하고 기도하는 일부 투자자의 이미지였어. 뉴스 보면 자주 나오잖아. 은퇴자금을 남의 말만 믿고 주식에 넣었던 사람들의 최후. 그 사람들은 처음엔 일확천금 꿈에 부풀어 들고 있다가 세력들이 주가를 흔들면 손절도 못하고 버티다 결국 모두 잃고 말지. 어쨌든 우매한 개미는 오늘도 계속 신규 유입된단다.

 뜨끔 저는 우매한 주식 개미는 아니에요! 작고 귀여운 월급을 받으면서도 하루하루 버텨내는 걸 보면 일개미에 가까운 듯 합니다. 찌라시 듣고 주식 산 적도 아직은 없고요. 솔직히 저도 전재산 털어서 한 번 베팅해볼까 생각은 해봤어요. 주변에 친구들 보면 믿을 만한 지인에게 들은 정보라고, 정말 우리끼리만 알아야 하는 정보니까 남한테 알려주지 말라면서 그 주식에 돈을 넣고 크게 수익 본 친구들이 있던데요.

 주식에 관심 없는 일반 직장인한테까지 흘러 들어오는 주가 급등 정보는, 대부분 이미 세력들의 작전이 막바지 피날레를 향해가고 있는 종목이다~라는 말을 하고 싶었어. 일반 개미한테 오는 정보는 이미 모두가 아는 정보라는 의미기도 해. 그 친구들은 운이 좋았던 거야. 절대 찌라시에 현혹되지 말 것!

네~ 저는 어차피 샀어도 언제 팔아야 할 지 몰라서 아마 손실보고 나왔을 거에요. 본론으로 돌아가서, 외국인과 기관은 어떤 특징이 있나요?

 우리나라 시장은 개인이나 기관보다 외국인, 즉 외인의 영향이 크다고 생각해도 돼. 한국 주식장인데도 외인이 강하다는 게 의아할 수 있겠지만 워낙 외인의 자금이 크니 당연한 거지. 강하다는 의미는 시장을 뒤흔드는 세력이라는 뜻도 있어. 외인은 매도와 매수에 있어 포지션을 자주 바꾸거든. 그래서 기관에 비해서 매도와 매수를 빠르게 왔다 갔다 하는 외인의 매매 방식이 시장에 좀 더 불안정성을 가져온다라는 거지.

게다가 환율에 따라서 환차익, 환차손도 고려해서 매매를 하기에, 환율에 따라 외국인의 자본 진입과 출입은 유의미한 예측도 불가능해.

기관은 개인보다는 운용 자금 단위가 크기에 맘먹고 매수하면 주가를 들어올릴 수 있는 힘이 있어. 그래서 지수가 특정 포인트 이상 내릴 때 연기금이 매수해서 큰폭의 지수하락을 방어해주기도 해. 물론 꼭 그런 것만은 아니지만 말이야. 지수가 조정을 받으며 아래로 눌릴 때마다 항상 민첩하게 매수해주는 건 아니거든. 오히려 장기간 하락을 가져오는 경우도 가끔 있더라고. 2021년도 3월 기사를 한 번 볼까?

 아하 지수를 방어할 때도, 연속으로 팔아 치우는 경우도 둘 다 있구나. 어쩐지 연기금이 너무 연속적으로 팔아 치

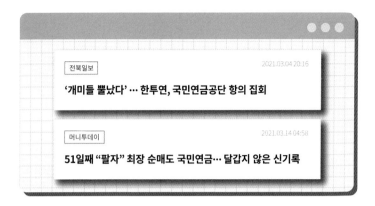

우면 온라인에서 개관, 개관 하면서 놀리던데. 그런 이유였구나.

 **기관 투자자의 종류엔 연기금, 투신, 은행, 보험, 사모
펀드가 있어.**

대규모 자금을 굴려 투자를 전문적으로 하는 집단이지. 외국인
과 동시에 매수한다? 그럼 쌍끌이로 매수하기 때문에 주가를 견
인할 수 있는 힘이 강해지는 거라 단기적으로 주가가 상승할 가
능성이 높아.

HTS에서 투자자 기간별 매매동향 살펴보면 어떤 종목과 산업에
투자하는지 보일 거야. 투자 스타일은 외국인과 비슷해. 실적 위
주의 종목을 주로 담지.

단, 국내 기관 투자자들은 일정 기간 이내에 수익을 거둘 종목으
로 선정하는 경향이 있단다. 특정 기간 안에 수익을 내는 퍼포먼
스를 보여야 하기 때문이야. 확실하게 픽Pick한 종목을 집중적으
로 장기매집하는 경향이 크고. 따라서 매도와 매수의 포지션 스

위칭이 잦지 않은 편이지. 1년 이내에 성과를 만들 목적으로 종목을 선정하는 곳도 제법 있어.

 와우, 1년 이내에 수익을 거둔다라… 종목을 보는 인사이트가 엄청 대단한 집단인가 봐요?

 연기금의 경우 비중을 줄이는 투자자산 리밸런싱을 진행할 때는 46거래일 연속 매도 _{약 35조 원 정도}의 물량을 매도하는 경우도 있어. 금액대가 어마어마하지! 다루는 금액이 크기에 시장에 미치는 파급력이 크단다.

기관들이 매도한 종목과 신규 매수한 종목들을 살펴보면 투자 인사이트를 키워보는 것도 좋은 방법이지. 일반적으로 기관은 단타보다는 중기 스윙 위주로 진행하고, 매매금액 단위도 크기 때문에 연일 큰금액 매수가 들어오는 종목이라면 '앗 혹시 기관 픽Pick인가?'라고 생각이 들 수 있어. 주가 부양을 기대해볼 수 있는 부분이지~ 특히 CD 매수[1] 가 보인다면 기관이 들어온 것 같다는 추측이 가능해.

 앗! 그렇군요. 그러면 개인이랑 외국인은 그럼 어떤 특징이 있나요?

---

1. **CD매수** 프로그램 주문. 동일한 금액으로 계속적 다회차 매수하는 것을 뜻한다

개인은 통칭 개미라고 불리는 개인 투자자를 의미하고 일반 투자자, 전업 투자자, 직장인 투자자 모두를 아우르는 개인 투자자를 의미하지.

반면, **외국인은 외국 자본에 의한 집단을 의미하고 자본력이 워낙 뛰어나고 주식시장에 미치는 영향력이 매우 강해.** 과거에는 외국인의 매수/매도만 따라 다녀도 된다고 할 정도로 영향력은 매우 크다고 보면 돼. 자! 아래 2020년 투자자별 매매대금 비율을 한번 볼까!

비율을 보면 개미가 압도적으로 대금이 크지만, 본진이 약해! 그래서 외국인들이 매도의 주체로 나서면 국내 증시가 크게 휘청거리기도 하지. 외국인이 전체 시장에 미치는 영향력은 보이는 것

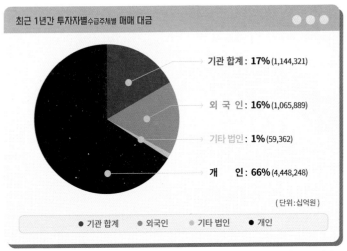

최근 1년간 투자자별수급주체별 매매 대금

기관 합계 : **17%** (1,144,321)

외 국 인 : **16%** (1,065,889)

기타 법인 : **1%** (59,362)

개   인 : **66%** (4,448,248)

(단위 : 십억원)

● 기관 합계   ● 외국인   ● 기타 법인   ● 개인

출처 : 한국거래소

그 이상이라고 해야 할 거야. 대외적으로 국내 증시는 코리안 디
스카운트[2]가 있다고 평가하지.

 저런…대한의 건아로서 심히 안타깝습니다. 그런데 외
국인이 매매하는 종목을 따라다니던 시절도 있었군요?
친구가 '외인들 수급 들어오는 척 물량 떠넘기기 오진다~'고 하
던데. 외인들이 연속 매수할 것처럼 매수를 계속한 뒤에, 따라붙은
개미들에게 물량을 모두 팔아버리고 튀는 걸 말하는 거네요. 그런
시절도 있었기에 이런 말이 나왔던 거네요.

 과거에는 외인이 시장을 흔들고, 개미들은 따라붙는다
는 인식이 있었지만 최근에는 분위기가 아주 많이 달
라졌어!
2020년부터 개인들이 돈을 싸 들고 증권시장에 들어오고 있거든.
외인들의 엄청난 매도 물량을 다 받아내면서 지수를 방어하거나,
별 특이사항이 없으면 매수 행렬로 연일 고가를 갱신하게 만드는
미친 듯한 화력을 보여주고 있는 중이야.
진심으로 돈이 어디서 이렇게 나오는지 과연 그 자금력의 끝은
어디인지, 돈이 너무 많아서 믿을 수 없을 지경이더라고. 금융투
자협회에서 고시해주는 통계자료를 보자구.

----
2. **코리아 디스카운트** 우리나라 기업의 주가가 비슷한 수준의 외국기업의 주가에 비해 낮게 형
성된 현상을 말함. 분단국가 즉 정전국가라는 지정학적 리스크에서 유래.

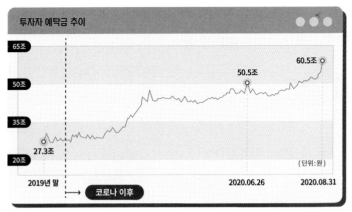

투자자 예탁금 추이

65조
60.5조
50조
50.5조
35조
27.3조
20조
(단위:원)

2019년 말 → 코로나 이후   2020.06.26   2020.08.31

출처 : 금융투자협회

특히 2020년 한 해에만 얼마나 늘었는지를 보자. 2019년 말~2020
년 3월까지가 코로나 시대의 암흑기였지. 아래 2020년 투자자예
탁금 연간 추이표를 볼까?

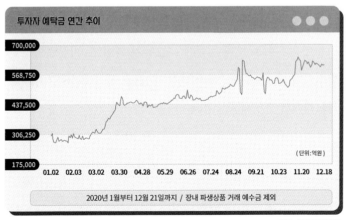

투자자 예탁금 연간 추이

700,000
568,750
437,500
306,250
175,000
(단위:억원)

01.02 02.03 03.30 04.28 05.29 06.26 07.24 08.24 09.21 10.23 11.20 12.18

2020년 1월부터 12월 21일까지 / 장내 파생상품 거래 예수금 제외

출처 : 금융투자협회

통계로 보니 단번에 보이는군요. 개인이 멋있는 거였네요. 그런데 이거 혹시 동학개미 운동 말씀이신 거 아니에요? 저 어제 뉴스 봤는데 2007년에 비해 활동하는 증권계좌수가 3,000만 개 이상 증가했대요. 엄청난 화력이죠? 진격의 동학개미군단!

 동학개미군을 포함해서, 진짜 스마트하게 투자하는 개미들이 많아. 그런데 그거 알아? 2020년 1년 동안 개인이 벌어들인 수익이 13조. 그런데 지불한 거래비용이 13.7조래. 거래세

동학개미 운동 ● ● ●

외세의 침략을 받아 국가가 위험해지자, 자발적으로 모여 침략을 방어한 동학 농민 운동과 비슷한 상황임을 풍자한 주식시장의 신조어입니다. 코로나 사태 이후 2020년 초 외국인이 매도 폭탄을 던진 여파로 2,000선에서 1,430선까지 내려앉은 코스피 지수를 살리기 위해, 국내 개미 투자자들이 19조 이상 순매수 행렬을 이어가며 진기록을 세웠습니다. 이 순매수 행렬을 동학 개미 운동, 개미 투자자들을 '동학 개미'라고 부릅니다.

2020년 봉기한 '동학개미군' 유형별 특징 ● ● ●

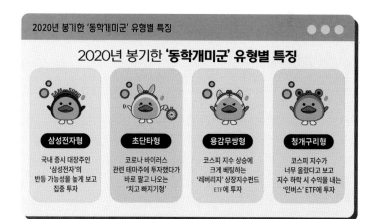

출처 : 조선일보

9.8조, 증권사 수수료 3.9조 여전히 실패하는 개인이 더 많은 게 실정이지.

 히익… 말도 안 돼요. 분명 개미들이 수익을 쓸어 담는 것 같았는데 통계로는 오히려 손실을 봤다는 거에요? 주변에 보면 다들 돈 벌었다고 하던데요.

 그거야 다들 번 것만 얘기하니까… 우리네 개미들은 준비가 되어 있지 않으면 외국인과 기관에 비해 자금, 경험, 정보력이 부족하기 때문에 실패 위험이 상대적으로 커!
많은 개인 투자자들이 기본적·기술적 분석을 모르며 재무제표의 흐름도 모르고 뛰어들지. '손절은 크고 익절은 적다'의 형태로 흘러가는 경향이 있기 때문에 2020년 평균치가 그렇게 나온 거고. 물론 투자자들은 누구나 실수해. 우리는 실수를 최소한으로, 수익을 최대한으로 하는 방향성을 설정하고 그에 맞게 주식투자를 진행하려고 노력해야 해. 똑똑한 개인 투자자들은 외국인, 기관과 함께해야 살아 남는단다.
오늘은 이렇게 주식시장에는 세 종류 매수 주체가 있고, 각각이 어떻게 시장에 영향을 미치는지를 알려줬어. 이 매수 주체들이 매수하고 있는지 매도하고 있는지 흐름을 파악하고, 나아가서는 어떤 종목에 관심을 갖고 매매하고 있는지를 살펴본다면 투자의 한 지표가 될 수 있을 거야.

 오~ 그렇네요. 나보다 다들 똑똑할 테니까, 외인, 기관, 개인 친구들은 뭘 사는가 지켜보고, 잃지 않는 방향으로 우상향하기 위해 커뮤니티와 전문 사이트에서 공부를 병행해야 한다는 거죠. 알겠습니다!

	외국인	기관	개인
의미	한국인이 아닌 다른 국적의 계좌(해외 계좌)를 가진 외국의 개인과 법인	국내 개인 투자자를 제외한 모든 법인 회사 (연기금, 증권사, 사모펀드, 은행 등)	증권 계좌를 개설하여 직접 종목을 매매하는 자
특징	거래대금이 충분한 대형주 위주 매매 포지션 스위칭이 잦으므로 시장에 불안정성을 가져옴	정보력, 자금력이 우수하여 실적 우량주 선호 연속성을 가지고 시장에 참여하는 성향이 있음	다수 기업을 매매하기에 자금력에 비해 시장에 영향이 크지 않음

기관을 대표하는 말인 연기금은 무엇인가요?

기관은 연금pension과 기금fund을 합친 말입니다. 연금을 지급하는 원천이 되는 기금, 곧 연금제도에 의해서 모여진 자금을 뜻하죠. 연금이란 노후의 소득 보장을 위해 근로 기간에 기여금을 내고 일정한 연령에 도달하면 급여를 받는 제도이고, 기금이란 특정 공공사업 자금을 마련하기 위해 정부가 조성하는 자금을 말합니다.

연기금은 이러한 연금과 기금을 합한 것으로, 가입이 강제적이고 급여 조건과 수준이 법률로 정해져 있다는 점에서 사회보험의 형태를 띱니다. 또 자금의 성격상 장기투자가 필요할 뿐 아니라 거액의 자금을 운용해야 하므로 증권시장에서 대표적인 기관투자가의 하나로서 시장의 지지 세력 역할을 합니다.

한국의 경우, 연기금의 30~50%를 주식에 투자하며 보통 국민연금 기금 · 공무원연금 기금 · 우체국보험 기금 · 사학연금 기금을 4대 연기금으로 부릅니다. 기관을 대표하는 것은 연기금, 투신, 보험 등이 있습니다.

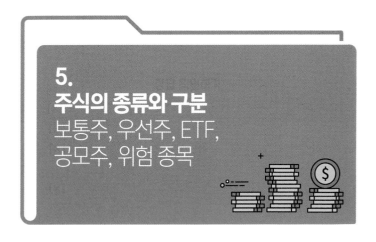

5.
주식의 종류와 구분
보통주, 우선주, ETF, 공모주, 위험 종목

 이게 뭐야! 팀장님 저 사기 당했어요! 제가 삼성전자를 몇 주 샀는데 나중에 보니 뭔가 이상한 거에요. 알고 보니까 삼성전자가 아니라 '삼성전자우'라고 써져 있더라고요. 이렇게 비슷하게 기업명을 만들어 투자를 유치하다니… 이거 반칙 아니에요? 저 너무 우울해요…

 에고. 일단 송이 대리는 삼성전자 주식을 산 게 맞아. 다만 보통주가 아닌 우선주를 산 거지.

 앗! 이것도 삼성전자 맞나요? 그럼 너무 다행이죠! 그런데 보통주는 뭐고 우선주는 뭐에요? 왠지 우선주가 더 좋아 보이는데.

 보통주와 우선주 중에 무엇이 더 좋다고 말하기는 어려워. 투자 스타일에 따라 다르기 때문이지. 그럼 초보 투자자가 알아둬야 하는 기본적인 주식 종류에 대해 알아보자. 크게 보통주, 우선주, 공모주, ETF로 나눌 수 있는데, 덧붙여서 매수하기 전 생각해봐야 할 위험 종목들에 대해서도 알려줄게.

 먼저 보통주는 가장 기본이 되는 것 같아요. 이름부터 보통이니까요.

 맞았어. 보통주는 가장 일반적인 주식 형태로 종목명도 삼성전자, LG전자, NAVER 등 우리가 잘 아는 기업명으로 구성되어 있어. 그래서 보통 투자자들이 주식을 매매한다고 하면 대부분 이 보통주를 뜻하는 경우가 많고, 주식 거래량 또한 큰편이지.

보통주의 또 다른 특징으로는 의결권을 말할 수 있지. 의결권은 주주가 기업의 주주총회에서 의사 결정에 참여할 수 있는 권리를 말해. 그래서 보통주를 매수한 뒤, 의결권을 행사해 해당 회사의 경영에 부분적으로 개입할 수도 있지. 그렇다고 의결권이 무제한 제공되는 건 아니고 1주당 1개의 의결권만 주어져.

다음으로 **우선주는 '배당의 우선권'을 갖고 있는 것을 주식을 뜻해.** 그래서 배당이 이뤄질 때 보통주보다 추가적인 배당을 받을 수 있고 회사 청산 시 잔여재산의 분배에서도 우대조치를 받을 수 있어. 다만 우선주는 보통주와 달리 의결권이 존재하지 않아 주주총회에 참석하거나 투표가 불가능해.

이렇게만 보면, 초보 투자자는 '의결권이 없어도 되니 배당이 마냥 좋은 우선주가 좋은 게 아닐까' 란 생각이 들 텐데 약간의 단점에 대해서도 알려줄게. 먼저 해외에 비하면, 국내 우선주의 배당률이 높지 않기 때문에 우선주 자체가 인기가 많지 않아.

또한 보통주의 비해 주식 유통량이 적기 때문에 보통주보다 매매하기가 어려울 수 있어. 즉 내가 원하는 상황에 사지도, 팔지도 못할 수도 있는 거지. 또한 유통량이 적으면 작은 이슈에도 급등/급락을 할 수 있기 때문에 보통주보다 주가 변화가 커질 수 있다는 특징도 있지.

우선주는 보통주와 구분되게 종목 이름으로는 뒤에 '우'가 붙어. 삼성전자우. 현대차우 이렇게 되어 있으니 앞으로는 구별해서 매매하도록.

 넵! 알겠습니다. 그리고 ETF라는 건 뭘까요? 이것만 영어로 되어 있어서 뭔가 세련돼 보이는데…

 ETF는 Exchange Traded Fund의 약자로 상장 지수펀드라는 뜻이야. 즉 ETF는 주식처럼 거래가 가능하며 특정 주가지수의 움직임에 따라 수익률이 결정되는 펀드라고 할 수 있지.

우리가 주식을 매매할 때는 삼성전자, LG전자 등 명확하게 한 회사에 투자한 거지만, ETF는 주식계의 '종합 선물 세트'라 할 정도로 한 상품에 다양한 종목들이 구성이 되어 있어. 예를 들어, KODEX 200이란 ETF를 구매하면 거기에 속해 있는 삼성전자, SK하이닉스, NAVER 등 종목들에 투자한 것과 같은 거지.

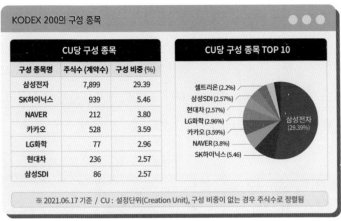

KODEX 200의 구성 종목		

CU당 구성 종목		
구성 종목명	주식수 (계약수)	구성 비중 (%)
삼성전자	7,899	29.39
SK하이닉스	939	5.46
NAVER	212	3.80
카카오	528	3.59
LG화학	77	2.96
현대차	236	2.57
삼성SDI	86	2.57

CU당 구성 종목 TOP 10

셀트리온 (2.2%)
삼성SDI (2.57%)
현대차 (2.57%)
LG화학 (2.96%)
카카오 (3.59%)
NAVER (3.8%)
SK하이닉스 (5.46)
삼성전자 (29.39%)

※ 2021.06.17 기준 / CU : 설정단위(Creation Unit), 구성 비중이 없는 경우 주식수로 정렬됨

출처 : 네이버 금융

 헉! 그러면 저는 삼성전자, SK하이닉스, NAVER 같은 종목들이 다 오르고 내리는 걸 일일이 확인해야 하나요?

 아니~ 그렇지 않아. 앞서 말했듯 ETF는 특정 주가지수의 움직임을 따라간다고 했지? KODEX 200 상품을 예로 들면, 이건 코스피 지수를 따라가는 상품이라 가격이 변하는 이유는 아래와 같아.

- 코스피 지수가 올라가면 KODEX 200 가격도 ▲
- 코스피 지수가 내려가면 KODEX 200 가격도 ▼

즉 KODEX 200 상품을 구매하면 코스피 지수만 보면 되기 때문에 개별 종목을 하나하나 볼 수고가 줄어드는 거지. 그 뿐만이 아니야. 일반적인 직접 투자에서는 지수가 상승해도 보유한 종목은 하락하는 소외되는 현상을 경험할 수 있는데 ETF는 그런 측면에서는 걱정이 없지. 특정 업종이나 시장 전체의 성과가 수익률로 직접적으로 연결되기 때문이야.

마지막으로 개별 종목들을 여러 개 사지 않아 수수료 절약은 물론, 매도 시 거래세가 면제된 혜택도 있지. 그래서 경험이 적은 초보 투자자들은 ETF에 대해 투자하는 것도 좋은 방법 중 하나야.

ETF 상품군 예시

전체	국내 시장지수	국내 업종/테마		국내 파생	해외 주식	원자재	채권	기타
종목명	현재가	전일대비	등락률	NAV	3개월 수익률	거래량	거래대금(백만)	시가총액(억)
KODEX 삼성그룹	10,295	▼ 125	- 1.20%	10,304	+3.37%	60,796	628	16,884
TIGER TOP10	13,940	▼ 260	- 1.83%	13,933	- 1.25%	150,698	2,105	12,762
KODEX 2차전지산업	21,685	▲ 105	+ 0.49%	21,662	+ 18.72%	1,136,120	24,733	10,644
TIGER 2차전지테마	21,020	▲ 210	+ 1.01%	21,062	+ 20.95%	3,832,166	80,961	9,772
TIGER 200 IT	36,410	▼ 515	- 1.39%	36,495	- 1.08%	33,893	1,239	9,088
KODEX 자동차	22,700	▼ 250	- 1.09%	22,746	- 8.24%	49,387	1,127	6,958
TIGER KRX2차전지 K-뉴딩	17,175	▼ 35	- 0.20%	17,232	+8.58%	658,222	11,385	6,544
KODEX TOP5 PlusTR	18,630	▼ 230	- 1.22%	18,634	- 5.37%	,1939	36	4,825
TIGER KRX BBIG K-뉴딜	12,835	▼ 245	- 1.87%	12,848	+4.89%	211,646	2,726	3,908
KBSTAR ESG사회책임투자	13,210	▼ 140	- 1.05%	13,220	- 5.62%	4,096	54	3,336

출처 : 네이버 금융

다만 ETF는 상품 구성을 투자자 본인이 정할 수 없는 단점이 있어. 즉 투자자가 분석했을 때 좋지 않다고 생각되는 기업이 포함되어 있어도 그것을 제거할 수는 없는 거지. 또한 특정 지수를 따라가는 형식이기 때문에 개별 종목들보다 주가 변동성이 적은 편이야. 그래서 숙련된 투자자들은 오히려 직접 투자에서 더 많은 수익을 내기도 해.

 어떤 투자나 다 일장일단이 있군요. 알겠습니다. 아~ 그런데 제가 HTS를 만지다 알게 됐는데 관리 종목 이런 걸

봤어요. 이게 말씀하신 위험 종목이란 건가요?

 그렇지. 관리 종목은 위험 종목의 대표적인 예지. 맨 처음에 말했듯 **위험 종목은 보통주나 우선주와 같이 주식의 종류는 아니고 해당 주식의 상태가 좋지 않은 걸 뜻해.**

구체적으로 관리 종목은 상장사가 갖추어야 할 유동성을 갖추지 못했거나, 실적 악화 등으로 상장폐지 기준에 해당할 우려가 있는 거야. 그래서 관리 종목으로 지정된 기업은 특정 기간 동안 상장폐지 요건을 해소해야 돼. 만일 관리 종목 지정 사유가 반복되면 정말 상장폐지를 당하는 거지.

앞으로도 관리 종목으로 지정된 종목들을 자주 볼게 될 텐데, 초보자일수록 이걸 절대 매매하면 안 돼. 잘못하면 상장폐지로 인해 엄청난 손실로 이어질 수 있거든.

관리 종목 지정과 사유 예시

관리종목 전체	코스피	코스닥				2021.09.09 11:39 기준 (장중)
종목명	현재가	전일대비	등락률	거래량	지정일	지정사유
지코	306	0	0.00%	0	2021.08.20	자본잠식(자본금의 50/100이상 잠식)
하이골드12호	2,640	▲ 5	+ 0.19%	5,994	2021.08.18	반기검토의견 부적정
세우글로벌	2,470	0	0.00%	0	2021.08.18	반기검토의견 의견거절
쎌마테라퓨틱스	6,410	0	0.00%	0	2021.08.18	반기검토의견 의견거절
하이트론	4,240	▼ 45	- 1.05%	97,227	2021.08.18	반기검토의견 의견거절

출처 : 네이버 금융

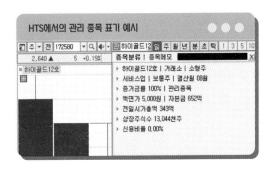

HTS에서의 관리 종목 표기 예시

하이골드12호 | 거래소 | 소형주
서비스업 | 보통주 | 결산월 08월
증거금률 100% | 관리종목
액면가 5,000원 | 자본금 652억
전일시가총액 343억
상장주식수 13,044천주
신용비율 0.00%

코스피 관리 종목 지정 예시

구분	관리 종목 지정 (유가증권시장 상장규정 제47조)
정기보고서 미제출	– 법정제출기한(사업연도 경과 후 90일) 내 사업보고서 미제출 – 법정제출기한(분·반기 경과 후 45일 이내) 내 반기·분기보고서 미제출
감사인 의견 미달	– 감사보고서상 감사의견이 감사범위제한 한정인 경우(연결감사보고서 포함) – 반기 검토보고서상 검토의견이 부적정 또는 의견 거절일 경우
자본잠식	최근 사업연도 사업보고서상 자본금 50% 이상 잠식 * 자본잠식률 = (자본금 – 자본총계) / 자본금 * 종속회사가 있는 경우 연결재무제표상 자본금, 자본총계(외부주주지분 제외)를 기준으로 함

출처 : 네이버 금융

코스닥 관리 종목 지정 예시

구분	관리 종목 지정 (유가증권시장 상장규정 제47조)
매출액	– 최근년 30억 원 미만(지주회사는 연결 기준) * 기술성장기업, 이익미실현기업은 각각 상장 후 5년 동안 미적용
법인세비용 차감 전 계속사업손실	– 자기자본 50% 이상(&10억 원 이상)의 법인세비용 차감 전 계속사업손실이 최근 3년 동안 2회 이상(&최근연도 계속사업손실) * 기술성장기업 상장 후 3년 동안 미적용, 이익미실현기업 상장 후 5년 미적용
장기영업손실	최근 4사업연도 영업손실(지주회사는 연결 기준) * 기술성장기업(기술성장기업부)은 미적용

출처 : 네이버 금융

와 이건 보기만 해도 정말 무섭네요. 말씀하신대로 관리
종목으로 지정된 건 꼭 피하겠습니다.

좋아. 그래서 주식에서 공부가 계속 필요한 거야. 공부 없이 종목만 사고 존버 하다 보면 어느새 내 주식이 관리 종목에 지정되고 나중에는 상장폐지까지 당할 수 있으니까. 국내 증시에서 상장폐지되는 종목들은 매년 10~30개 정도 나오는데 송이 대리의 종목이 여기에 포함될 수 있다는 거지.

그럼 투자을 하면서 언제를 가장 주의해서 봐야 할까? 나는 3월이 특별한 시즌이라고 생각해. 이유는 3월이 대부분의 기업들이 재무상태 등을 체크하는 '결산'이란 걸 하게 되는데 이때 무더기로 관리 종목에 지정되거나 상장폐지가 되는 기업이 많아서야. 관리 종목에 들어가는 순간 주가가 급락하는 경우가 많으니 특히 더 주의가 필요한 거지.

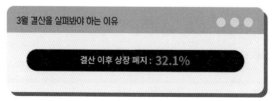

자료 : 한국거래소 | 출처 : 더스쿠프

그러니 송이 대리는 절대 감으로만 체크하는 것이 아니라, 기업의 내부적인 요소들도 꼼꼼히 체크해야 돼. 투자자를 힘들게 하는 또 다른 요소는 거래정지가 있어.

 이건 초보인 저도 바로 알 수 있을 것 같아요. 왠지 위험한 느낌이 듭니다!

 말한대로 거래정지를 당하면 투자자들이 매수/매도를 하지 못함으로써 주가 또한 변하지 않아. 말 그대로 얼어버린 상태지. 이런 경우는 보통 특정 이슈가 있을 때 발생해. 예를 들어, 투자자에게 필요한 기업 정보를 늦게 공시하거나, 혼란을 주는 경우를 '불성실 공시'라고 하는데, 이렇게 불성실 공시 법인으로 지정되면 거래정지를 당할 수 있어. 또한 갑자기 주식이 오르내리는 경우, 증권거래소에서는 해당 회사에 조회를 요구

코스피에서의 거래정지 사유 예시

매매 거래정지 대상 및 기간

불성실 공시로 인한 매매 거래정지
: 불성실 공시법인 지정일 당일 1일 동안 매매 거래정지 조치

조회 공시 요구에 대하여 그 신고시까지 응하지 아니한 경우
: 신고시한 이후부터 조회 공시 답변 시까지 매매 거래정지 조치

중요내용 공시로 인한 매매 거래정지
: 당해 공시 시점부터 30분 동안 매매 거래정지 조치

풍문 또는 보도 등과 관련하여 가격 또는 거래량이 급변하거나 급변이 예상되는 경우
: 조회 공시 요구 시점부터 조회 결과를 공시한 경우 공시 시점부터 30분 경과한 때까지 매매 거래정지 조치

출처 : 네이버 금융

하는 '조회공시'를 하게 되는데, 이것을 기한 내 답하지 않는 경우에도 거래정지를 당할 수 있지. 이런 경우들은 건전한 투자가 아니니 거래정지를 통해 투자자를 보호하는 거야.

주주들이 멀쩡히 살아 있는데, 이런 짓을 벌이는 건 정말 참을 수 없죠. 거래정지도 필히 체크하겠습니다. 아! 이왕 관련 내용들을 공부하다 보니 알게 된 건데요, 최근에 공모주라는 것도 듣게 됐어요. 어떤 기업이 상장한다는 기사에서 항상 나왔었던 것 같네요.

공모주는 뉴스로도 많이 나왔으니 일반인들도 많이 들어봤을 거야. 공모주는 기업이 커지면서 자금 조달을 위해 상장을 하게 되는데, 이때 일반인들을 대상으로 발행하는 주식을 말해. 그리고 일반 투자자들이 이 주식을 사는 것을 공모주 청약이라고 말하지.

넵! 알겠습니다. 그럼 오늘은 다양한 주식 내용이 나왔네요. 보통주, 우선주, ETF, 공모주 그리고 위험 종목까지!

복잡할 수 있지만 하나하나 천천히 찾아보면 굉장히 쉬워. 그러니 부담 갖지 말고 하나씩 공부해보자고~

1. **HTS에서 확인되는 대부분의 주식은 보통주**
   - 삼성전자, LG전자 등 회사 이름으로 되어 있음

2. **우선주는 보통주와 달리 의결권이 없지만 배당이 좀 더 높음**

3. **ETF는 특정 주가를 추종하는 펀드형 주식.**
   - 예) 코스피 지수를 따라가는 KODEX ETF 상품은 지수가 오를 땐 KODEX ETF 주가도 오르고, 지수가 내릴 때 KODEX ETF 주가가 같이 내려감

4. **관리 종목은 영업실적 악화 등의 이유로 상장폐지 기준에 해당할 우려가 있는 종목.**
   - 관리 종목 지정이 반복되면 상장폐지를 당할 수 있음

5. **거래 정지는 불성실 공시 등 투자자에게 위험을 제공할거나 액면분할, 액면병합 등의 특수 기업 활동을 진행 시 일어날 수 있음**
   - 거래정지 사유가 해소되기 전까지는 해당 종목 매매불가

투자에 리스크를 줄 수 있는 종목 정리

종목 분류	특징과 예시
환 투자주의환기 종목	관리 종목 내지 상장폐지로 악화될 우려가 있거나 위험을 갖고 있는 기업을 투자자에게 사전에 알리기 위해 지정 ex) 자본잠식 등의 재무변수와 최대주주 변경 횟수 등의 질적변수를 고려해 지정
열 단기과열 종목	비이성적 투기 거래 억제 및 단기 과열 현상 완화를 위해 지정 ex) 당일 종가가 직전 40거래일 종가의 평균 대비 30% 이상 상승 시 지정 〉지정 시 3거래일 간 30분 단위 단일가 매매 방식으로 변경됨
주 투기주의 종목	투기적이거나 불공정거래의 개연성이 있다고 판단돼 경각심을 고취시키기 위해 지정 ex) 소수계좌 거래집중 종목, 풍문관여 과다 시 지정
경 투자경고 종목	주가가 비정상으로 급등해 불공정거래를 사전에 방지하기 위해 지정 ex) 당일 종가가 5일 전날의 종가보다 60% 이상 상승한 경우 등 〉지정 시 신용 융자로 해당종목 매수 불가 등 패널티 존재
위 투자위험 종목	투자경고 종목 지정에도 불구하고 투기적 가수요 및 뇌동매매가 진정되지 않고 주가가 지속적 상승할 경우 지정 ex) 초단기 급등이 예고된 후 10일째 되는 날 당일의 종가가 3일 전날의 종가보다 45% 이상 상승한 경우 〉지정 시 지정과 동시에 매매거래 1일 정지 등 패널티 존재

참고) 종목 분류 기호표 예시

기호	정	투	공	급
의미	거래정지	투자유의	공매도과열종목	이상급등종목

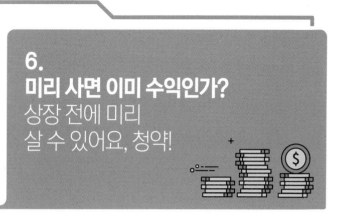

6.
미리 사면 이미 수익인가?
상장 전에 미리
살 수 있어요, 청약!

 팀장님, 친구들이 청약 안 하면 바보라고 빨리 증권사마다 계좌를 다 만들어서 전부 청약신청을 해 놓으래요. 미리 사면 이미 수익이라고~ 맞는 말인가요?

 상장 전에 미리 사면 이미 수익이라는 말이 있지. 주식시장에 상장한다는 건, 공개된 시장에서 많은 투자자에게 자본을 끌어올 수 있는 기회가 되는 거잖아. 주식시장의 참여자들이 주식을 사주어서 회사에 돈이 들어오면 성장에 더 박차를 가할 수 있겠지? 특히 시장에서 주목받고 있는 기업들이 상장하는 경우, 많은 사람들이 매수할 기회를 노리고 있기 때문에 주가가 크게 오를 수 있지.

 그러면 좋은 기업이 상장을 앞두고 있어서 이슈화 되는 거 같으면 공모주 청약은 무조건 하는 게 맞는 거네요!

보통 공모주의 가격은 상장하는 회사가 단독으로 정하는 건 아니야. 증권사가 회사와 협의하여 기업가치를 판단해서 결정하지만 이 가격이 시장에서 생각하는 금액보다는 낮은 경우도 많아. 즉, 비교적 저렴하게 나온다는 얘기지. 그 이유는 공모주가 시장에서 생각한 금액보다 높다면 투자자들이 외면을 하게 되니, 결과적으로 회사가 원하는 금액만큼 자금을 조달 받을 수 없기 때문이야.

기업별로 청약 가격이 다 다른 이유

증권사는 기업의 사업보고서를 검토하는 것으로 기업가치 평가를 알아냅니다.
이어서 수요 예측 과정을 통해 투자자들이 희망하는 주식의 가격과 수량을 정합니다.

기관투자가들이 희망하는 가격과 수량을 왜곡해 제출하지 않도록 관리를 하고 있습니다.
즉 증권회사는 기관투자가가 주식의 가격을 낮게 제출할 때는 주식 배정을 하지 않거나 적게 하고,
주식 가격을 높게 제출하면 공모가를 높게 책정하게 됩니다.

주식 발행기업과 공모가를 최종적으로 결정하는 과정에서 투자자들로부터 접수한 수요 규모에 비해
낮거나 혹은 높은 가격으로 공모가를 결정하기도 하기에 항상 적정한 가격이 아닐 수 있습니다.

 우와. 이건 못 참지! 저는 공모주 주식은 무조건 사야겠어요. 저렴하니까 사뒀다가 나중에 팔면 수익도 야무지게 먹을 거 같아요. 공모주 가격은 그럼 거의 싸게 나온다는 거죠?

 실제로 청약에 성공한 경우, 상장을 통해 수익을 얻는 경우가 많아. 다음 표를 통해 확인할 수 있듯이 2021년 4월

기준으로 공모가 대비
시초가 수익률은 70%
가 넘지. 즉 상장을 하
자마자 바로 판다면 좋
은 수익을 얻을 수 있었
다는 거야.

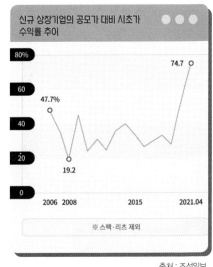

신규 상장기업의 공모가 대비 시초가 수익률 추이

80%

74.7

60

47.7%

40

20

19.2

0

2006 2008   2015   2021.04

※ 스팩·리츠 제외

출처 : 조선일보

 대박 사건.
공모주 청약
이 정말 답이었군요!
넣으면 부자가 된다
니! 아니면 청약에 실
패하더라도 상장하자마자 사면 그것만으로도 조금 수익이 날 거
같은데요.

 아직까지 '주식은 한방이다' 라는 마인드를 갖고 있다
니… 그럼 정말 위험해~ 공모주 청약이 좋은 투자 방법
일 수는 있지만 이것 역시 100% 완벽하진 않아.

2020년 ~ 2021년에 공모주 투자가 대박을 이룬 이유 중 하나는
코로나로 인해 갈 곳을 잃었던 자금이 공모 시장으로 많이 흘러
갔던 영향도 있어. 그로 인해 다른 때보다 더 큰 관심을 받게 된
거지. 실제로 SK바이오팜의 경우, 상장 당시 공모가 대비 100%가
넘는 주가를 기록하기도 했어.

하지만 모든 공모주가 성공으로 이어지는 건 아니야. 실제로 2020

년 9월 21일에 상장한 비비씨라는 종목은 공모가가 30,700원이었음에도, 시초가가 27,650원으로 결정되었어. 슬프게도 27,650원은 그날의 가장 높은 주가=고가였고, 시간이 지날수록 계속 하락해서 22,300원으로 장이 마감됐지. 즉 송이 대리가…

⊙ **공모주 청약을 통해 매수했거나**
⊙ **청약을 하지 않고 상장을 한 뒤 주식을 매수했을 때에도**

아래 표처럼 상장이 된 이후로 곧바로 손실을 입을 수 있어.

	매수가	고가 대비 손실율 (27,650원에 매도 시)	종가 대비 손실율 (22,300원에 매도 시)
청약 매수	30,700	-9%	-27%
청약 없이 매수	27,650	0% (수수료로 인해 사실상 마이너스)	-19%

 공모주 청약을 하거나, 상장 후 바로 매수를 하거나. 두 케이스 모두 손실이 날 수도 있군요.

이렇게 보니 첫 등장하는 기업의 주식을 매매하면 무조건 수익을 얻겠다는 환상은 깨야겠네요. 아, 그리고 보니 저는 공모주에 투자를 해야만 한다고 생각했지, 그게 어떤 회사인지 전혀 분석할 생각은 하지 못했어요. 이렇게 불나방처럼 달려들면 분명 결과가 안 좋을 수밖에 없겠네요.

그런데 2021년은 주식 청약 열풍이 불 정도로 많은 기업들이 기업공개 후 연속으로 상한가를 갔는데. 상장 당일에는 그렇다 치더라도 이름 있는 기업이라면 상장 후 좀 더 오래 주가가 상승하지 않을까요?

 물론 청약의 열기가 큰 종목일수록 시장의 관심과 수급[3]을 빨아들이기 때문에 따상[4], 따상상[5] 등 N거래일 연속 상한가를 찍을 확률이 크긴 해. 그러나 항상 그런 것은 아니야. 2021년 최대의 대어였던 카카오게임즈, SK바이오팜, 하이브를 보자.

카카오게임즈 48,000원에 상장하여 3일 동안 상승, 최고가 89,100원. 상장가 기준 최고 85% 상승.

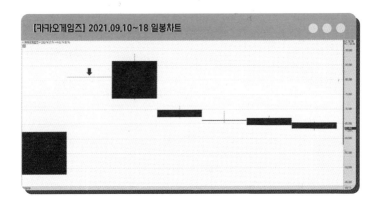

[카카오게임즈] 2021.09.10~18 일봉차트

3. **수급** 특정 종목에 시장의 돈이 쏠리는 현상을 수급이 몰린다, 수급이 들어온다라고 표현함
4. **따상** 상장 당일 상한가
5. **따상상** 2거래일 연속 상한가
6. **시초가** 시가

SK바이오팜 무려 4일 동안 상승, 상장가격 98,000원에서 최고가 269,500원. 상장가 기준 최고 175% 상승.

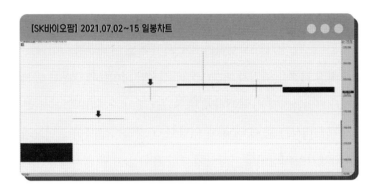

하이브=前 빅히트 상장 후 5거래일 하락 마감, 13거래일 뒤 상장 가격 267,300원에서 최저가 139,590원이 되며 상장가 기준 47% 하락.

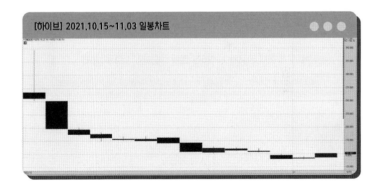

하이브? 온 국민 청약 열풍이 불었던 바로 그 빅히트 맞죠? 이름을 하이브로 바꿨더라고요. 탈지구급으로 성공한 월드스타 방탄소년단이 버티고 있는데 주가는 저렇게 떨어질 수가… 심지어 개장과 동시에 상한가 갔다가, 시초가[6] 보다 -4%

하락 마감이네요. 상한가 찍고나서 30%가 떨어진 거잖아요! 기업 가치가 훼손된 것도 아닌데 어떻게 이럴 수가 있어요. 말도 안 돼!

증권회사는 공개될 기업의 가치를 시장가치에 근접하게 평가하여 투자자에게 제시해. 송이 대리가 말한 것처럼 적정 가격을 매기기 위해 노력하겠지만 하이브의 경우는 공모가가 기업가치에 비해 과하게 비싸다는 평이 지배적이었어. 물론 지수가 내리는 등 장이 좋지 않았고, 따상하는 종목이 줄어들기 시작했기에 따상이나 따상상에 대한 욕심 없이 단순 차익을 노리는 물량이 쏟아진 탓도 있고.

한겨레   2020.09.28 22:19

'BTS' 빅히트 공모가 13만5천 원에 "비싸다" "적당" 논란

유명하고 좋은 기업이 상장한다고 해도, 적정 공모가인지 기사를 찾아보고 신중히 시도하는 것이 좋겠군요. 이해했어요.

맞아, 공모주를 활용한 투자청약 + 상장 후 투자가 100% 수익을 보장한다는 건 아니야. 때문에 면밀한 분석 없이 묻지마 공모주 투자를 한다면 위처럼 실패할 수 있으니 항상 조심하도록 해.

증권사 앱 또는 HTS를 설치하고, 회원가입 및 계좌 개설

↓

네이버에 '공모주'를 검색한 뒤 일정과 주관사를 보고 참여 결정

↓

N 공모주

증권정보

국내증시 ▾   IPO종목 ▾

종목명	공모가	상장단계	주관사	청약종료일
와이엠텍	28,000	공모청약	KB증권	2021.09.01.
유진스팩7호	2,000	공모청약	유진투자증권	2021.09.03.
SK리츠	5,000	공모청약	삼성증권	2021.09.01.
대신밸런스제10호 스팩	2,000	공모청약	대신증권	2021.09.07.
현대중공업	60,000	공모청약	한국투자증권	2021.09.08.
바이오플러스	28,500~31,500	수요예측	키움증권	2021.09.14.
신한제8호스팩	2,000	수요예측	신한금융투자	2021.09.14.
실리콘투	23,800~27,200	수요예측	미래에셋증권	2021.09.15.
에스앤디	30,000~32,000	수요예측	유진투자증권	2021.09.15.
프롬바이오	21,500~24,500	수요예측	NH투자증권	2021.09.15.

IPO종목 더보기 ›

↓

공모주 청약일에 맞추어 증권사 앱 또는 HTS에서 '공모주' 또는 '공모' 검색

↓

원하는 금액만큼 공모주 구매, 추후 발표 시에 공모주가 배정됨

↓

배정받은 공모주를 자유롭게 매매

출처 : 네이버 '공모주' 검색

청약 개념 용어 몰아보기

IPO (기업 공개, Initial Public Offering)	코스피나 코스닥에 기업을 상장하기 위해서, 외부의 투자자들에게 회사의 주식을 처음으로 판매하는 것을 말합니다. 이 IPO를 통해 주식을 시장에 실질적으로 등록하는 것이고, 이것을 공모주라고 합니다.
공모가 결정	청약 시작 전에 기관들을 대상으로 사전 수요 예측을 하며, 당시의 경쟁률을 바탕으로 공모가가 결정됩니다. 희망 공모가액 밴드 내에서 확정 공모가가 결정되는 것입니다.
공모주 청약	투자자가 주식을 구매하겠다고 신청하는 것으로 청약은 다양한 주관 증권사를 통해서 진행이 가능합니다.
공모주 배정	회사가 공모주를 배정 비율에 따라 청약할 수 있도록 물량을 나누는 것
공모주 배정 비율	배정 비율은 보통 우리사주조합(회사 직원들) 20%, 일반 투자자(개인들) 20% 이상, 고수익 펀드 또는 기관 투자자는 잔여분을 배정

7.
감자가 맛있나 증자가 맛있나?
감자, 증자

 기업이 주식시장에서 돈을 조달하는 데는 세 가지 방법이 있어.

첫째, 주식 발행으로 자금 조달하기! 둘째, 채권 발행하기! 셋째, 주식연계채권 발행하기! 그 중에 오늘은 주식 발행에 관한 부분을 알아볼 거야.

 주식 발행? 상장할 때 등록된 주식 수로만 영원히 사고 팔고 하는 건 줄 알았는데, 추가적으로 주식을 발행할 수도 있는 거군요? 그럼 주식을 줄일 수도 있겠네요?

 그럼~주식의 가격은 물론이고, 거래되는 유통 주식수 또한 변할 수가 있지. 송이 대리는 감자와 증자에 대해 들어본 적이 있니?

감자는 휴게소에서 많이 영접했죠. 증자는… 뭘 증가시 킨다는 건가? 혹시 주식을 감소시키면 감자, 증가시키 면 증자인가요?

 캬! 눈치가 일취월장했어! 맞아. 기업들은 감자와 증자 를 통해서 기업의 재무상태를 조절하고는 해. 아직 재 무상태표를 배우지 않았으니, 이 공식만 기억하자. 회사의 현황 을 보여주는 지표는 회계로 표현하는데, 회계에서 가장 기본적인 공식은 '자산 = 자본 + 부채'야. 위치만 바꾸면 '자산 – 자본 = 부 채'이고, '자본 = 자산 – 부채'가 성립하지. 자산은 회사가 가진 재 산, 부채는 회사가 빌린 돈! 이 건 알지? 그렇다면 자본은 회사가 가진 재산에서 부채를 제외하고 남은, 순수한 진짜 내 재산 정도 로 간단히 이해하면 좋아.

 증자와 감자에 자본이 관련되어 있나 보네요? 바로 설명 안 들어가시고 간단히 언급을 먼저 짚어주시는 걸 보니, 이걸 알아야 증자와 감자를 이해할 수가 있는 건가요?

 간단히 알면 더욱 이해가 빠르고 쉬울 거야. 자본과 자 본금은 다른 단어라는 것도 알아두렴.

자본금은 회사 설립에 기초가 된 자금으로 회사의 재무상황에 기 본이 되는 대들보라서, 이 회사가 경영을 잘하고 있는지 아닌지 상황을 볼 때 자본금 액수를 기준으로 보기도 한다.

자본금은 회사를 처음 시작할 때의 종잣돈을 뜻해. 자본이라는 큰 바구니 안에 자본금이 포함되어 있다고 생각하면 돼. **보통 자**

본금과 벌어놓은 여윳돈을 합한 금액을 자본이라고 크게 묶어서
부르곤 해.

'주식의 액면가액7 × 발행한 주식의 수 = 자본금' 이야.

예를 들어서, 우리가 300억 원짜리 회사를 만들려고 결심했다 해
보자. 내가 100억 원, 송이 대리가 50억 원, 키다리 아저씨가 150
억 원씩 출자해서 총 300억 원이 모였어. 이때 주식 1주 액면가를
1만 원으로 치고, 10,000주를 발행했다고 해보자. 키다리 아저씨가
50% 5,000주, 내가 3,000주, 송이 대리가 1,500주를 받게 되는 거야.

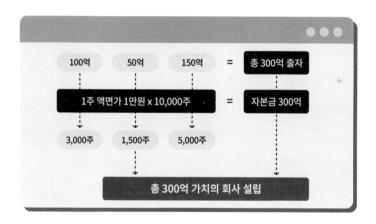

자본이라는 큰 바구니 안에 자본금이 있고, 자본금 300 억 원으로 회사를 세웠다. 이해했어요. 그런데 회사 운영을 해서 수익이 잘 나면 다행이지만 만약에 계속 적자가 나면 자본을 조달할 방법이 필요한데, 그때 활용 가능한 방법 중에 주식을 활용하는 것이 있다는 말씀이신가요?

 그렇지. 회사 경영이 어려워지면 회사를 구성하는 대들보인 자본에서 필요한 자금을 충당하게 되는데, 자본금 300억 원보다 자본의 총계가 내려가게 되는 경우에 재무상황이 심각하다고 볼 수 있어.

자본 총계가 자본금의 50% 이하로 내려가게 되면 자본잠식이라고 해. 자본에서 여윳돈을 다 꺼내 쓰고도 모자라서 마이너스로 잡아 놓다보니, 자본금이 300억 원인데 자본 총계가 150억 원 밑으로 내려가는 순간이 온 거지.

 자본잠식까지 가는 거면 정말 막장인 거네요. 지옥불을 현생에서 맞고 있는 기업인 거구나. 그러면 이런 기업에는 아무도 투자를 하거나 돈을 빌려주지 않겠네요? 그러면 기업을 다시 살릴 수가 없을텐데. 정말 무섭군요.

 그렇지. 그래서 자본잠식 기업으로 등재되지 않기 위해 주식을 줄여서 자본금 금액 자체를 줄여버리는 방법이 있어. 마이너스로 잡혀 있는 금액을 탕감하기 위해서 자본금에 손을 대는 거지. 자본금은 발행 '주식 수 × 액면가액'이랬으니까, 둘 중에 하나를 조절하면 되겠지?

자, 이때 발행 주식수를 줄여서 자본금을 줄이는 것을 감자라고 해.

 아하, 그러면 증자는 발행 주식수를 늘려서 자본금 액수를 키우는 것이겠군요!!

증자는 기업 운영 상황이 좋으니까 자신이 있어서 자본금 액수를 늘리는 걸까요? 그러면 감자는 악재이고 증자는 호재인가?

 놉! 그건 아니지. 감자건 증자건 기업의 상황에 따라서 호재가 될 수도 있고 악재가 될 수도 있어. 단순히 이분법으로 나누는 것은 절대 금물!

지금부터 감자와 증가가 기업과 주주에게 미치는 영향을 알려줄게. 어떤 경우에 호재로 해석하고, 악재로 해석되는지 이것만 알도록 하자!

 진영 팀장의 감자와 증가 강의

1) 무상감자 주주에게 돈을 주지 않고 주식을 회수하여 소각

2) 유상감자 주주에게 돈을 주고 주식을 회수하여 소각

3) 무상증자 주식을 추가 발행하여 주주에게 돈을 받지 않고 부여

4) 유상증자 주식을 추가 발행하여 주주에게 돈을 받고 판매

1) 무상감자

대부분 악재로 인식됩니다. 주주들은 보상을 못 받고, 결정된 감자 비율에 따라 주식 수량을 잃게 되는 것이기 때문입니다. 송이 대리가 A사의 주식 100주를 가지고 있다고 예를 들고 설명하겠습니다.

1:2 비율로 무상감자

A사의 주식 100주가 50주로 바뀝니다. 대신 가격은 2배가 오릅니다. 언뜻 보면 주식 가격을 2배 올려주었으니 기존과 변한 것이 없을 듯 하지만, 무상감자 자체는 주주의 투자금을 기업의 자본 중 여윳돈으로 바꿔버린 뒤, 생긴 여윳돈으로 마이너스로 잡혀 있던 금액을 탕감하는 것입니다.

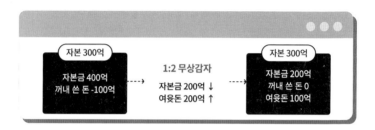

자, 회사의 회계상 재무구조가 크게 개선되었죠? 자본잠식을 걱정하던 기업에서 여윳돈까지 있는 기업처럼 보이게 되는 겁니다.

감자 사유를 보시면 결손금 보전 및 재무구조 개선이라고 되어 있는데요. 결손금이 꺼내 쓴 돈, 즉 마이너스로 잡힌 돈이라는 뜻입니다. 경영이 어려워져서 감자하게 되었다고 해석하면 됩니다.

사실 돈을 끌어오고 싶으면 유상증자를 해도 되는데요. 유상증자는 주식의 액면가 액보다 시가가 높아야만 가능합니다. 따라서 무상감자를 한 경우에는 주식의 시가 또한 매우 낮아진 상태라는 거죠. 결론적으로, 무상감자를 시행한다는 것은 굉장히 경영난이 극심한 기업이다라는 것을 시장에 공시한 것이나 마찬가지이니, 대부분 악재로 해석합니다.

[아시아나항공] 2020.11.03 무상감자 결정 보고서

감자 결정

1. 감자주식의 종류와 수	보통주식 (주)		148,823,530
	기타주식 (주)		-
2. 1주당 액면가액 (원)			5,000
3. 감자 전후 자본금		감자 전 (원)	감자 후 (원)
		1,116,176,470,000	372,058,823,333
	구 분	감자 전 (주)	감자 후 (주)
4. 감자 전후 발행 주식 수	보통주식 (주)	223,235,294	74,411,764
	기타주식 (주)	-	-
5. 감자 비율	보통주식 (%)		66.67
	기타주식 (%)		-
6. 감자 기준일			2020년 12월 28일
7. 감자 방법			액면가액 5,000원의 기명식 보통주식 3주를 동일 액면금액의 보통주식 1주의 비율로 무상 병합함 (무상균등감자)
8. 감자 사유			결손금 보전 및 재무구조 개선

2) 유상감자

주주에게 제시한 가격이 주식의 시가보다 높으면 호재 / 낮으면 악재로 인식됩니다.
송이 대리가 A사의 주식 100주를 가지고 있다고 예를 들고 설명하겠습니다. 현재 주
식의 가격이 1,000원이라고 합시다.

50% 비율로 유상감자

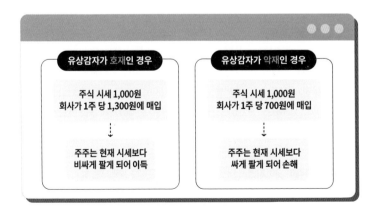

송이 대리가 가진 A사의 주식 100주가 50주로 바뀝니다. 다만, 회사가 송이 대리에게 주식 50주를 돈을 주고 사간 뒤 없애는 것이 유상감자입니다. 이때 가격은 회사가 정하는 것입니다.

감자로 인해 유통주식 수량이 줄어들면 주당 가치가 상승하기에, 시세보다 비싼 가격으로 유상감자하는 경우에는 이 회사가 지불능력이 있을 만큼 재무가 탄탄하며 주주가치를 제고할 능력이 있는 것으로 봅니다. 따라서 호재로 해석하죠. 다만, 시세보다 싼 가격으로 매입하여 소각하는 경우는 무상감자할 정도로 힘들지는 않지만, 여력이 없다고 해석하여 악재로 봅니다.

3) 무상증자

대부분 호재로 인식됩니다. 기업이 여윳돈으로 가지고 있던 돈으로 주식을 더 발행한 뒤 주주들에게 무료로 나누어 주는 것입니다. 주식의 수가 늘어나면 주당 가치는 떨어지지만, 주주의 입장에서는 주식수를 '무료로' 더 받는 데다 거래량까지 늘어나게 되니 편안할 수밖에 없죠. 시장에 기업의 자금이 충분하다는 시그널도 줄 수 있습니다.

한국경제TV   2021.07.23 09:32
'무상증자·M&A' 주가 2배 급등… "코로나가 뭐예요?"

100% 비율로 무상증자

송이 대리가 가진 A사의 주식 100주가 200주로 바뀝니다. 대신 가격은 절반이 되겠죠. 언뜻 보면 기존과 변한 것이 없을 듯 하고, 기업 입장에서도 여윳돈 대신 주식을 늘린 것이라 회계상으로도 크게 변동은 없지만, 시장에서의 해석은 전혀 다릅니다.

기존 보유자 입장에서는 호재이나 신규 매수 예정자 입장에서는 주당 가치가 낮아졌다는 해석이 가능합니다. 또한 기업에 따라서는 시장에 주식이 더 풀리고 유통주식 물량이 늘어나면서 이전보다 주가 움직임이 무거워지는 경우도 있습니다. 물론 통상적으로는 주식 가격이 낮아지면서 더 많은 투자자들의 유입을 불러오는 효과가 생깁니다.

일단 무상증자 자체가 기업의 자본 중 여윳돈으로 주주들에게 이익금을 환원한 것이니 재무가 아주 탄탄하다는 신호를 주는 동시에 주주가치도 신경 쓰는 것이므로 장기적으로는 좋다고 볼 수 있습니다. 그래서 보통 호재로 해석되는 것이죠.

4) 유상증자

보통 회사에 여력이 없다고 해석됩니다. **재무 상태 악화를 해결하기 위함이면 악재로 인식되죠.**

그러나 **향후 더 큰 수익을 위한 투자를 위함이면 호재**로 인식됩니다.

보통 유상증자를 악재로 보는 경우는 이렇습니다. 지분이란 기업의 의사결정에 행사할 수 있는 영향력이기 때문에, 주주들은 지분 가치가 희석되는 것을 반기지 않습니다. 주식 숫자가 늘어나면 지분이 줄어드는데, 유상증자는 심지어 주식수를 늘리면서 돈까지 받아가는 겁니다.

기업이 자금이 필요해져서 주식을 더 발행한 뒤 돈을 받고 판매하여 자금을 충당하는 것이므로 단기적으로는 주당 가치가 떨어지고 유통주식 물량이 늘어나면서 주가가 하락할 수 있는 빌미가 되기도 합니다.

물론 회사의 현황이 긍정적이고, 성장에 필요한 공장 증축 또는 미래 먹거리 선점을 위한 공격적인 투자 등 자금 조달의 목적이 더 큰 수익을 안겨줄 것으로 기대되는 경우에는 호재로 봅니다.

3가지 방식이 있는데, 누구에게 주식을 판매했냐에 따라 이름이 각기 다릅니다.

일반 공모 방식

발행한 주식을 개인들에게 판매하는 것으로, 주식시장 참여자라면 공모 청약을 통해 살 수 있습니다.

주주배정 방식

마켓인사이트   2021.07.21 05:00

'K배터리 신성' 엘앤에프, 4,966억 원 유상증자 성공

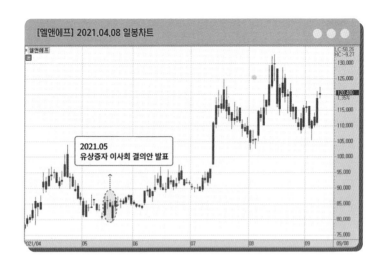

[엘앤에프] 2021.04.08 일봉차트

2021.05
유상증자 이사회 결의안 발표

이미 회사의 주식을 가지고 있는 기존 투자자들에게 판매하는 것입니다.

2021년 5월 중순에 주주배정 유상증자 이사회 결의안이 발표된 뒤, 7월에 목표한 4,966억 대의 유상증자가 성공하게 되며 주가가 폭발적으로 상승한 것이 보일 겁니다. 주주들이 기업에 대해 긍정적인 평가를 하기에 유상증자에 참여하였고, 기업이 대규모 투자를 유치한 만큼 향후 경영 실적에 대한 기대감이 시장에 퍼지며 주가가 들썩인 것이죠.

제3자 배정

주주들이 아닌, 제 3자인 다른 기업 등에 판매하는 것을 말합니다.

보통 기업이 향후 좋은 실적을 낼 것이라는 신뢰를 얻고 있기에 제3자 회사가 주식을 샀다고 해석되기 때문에, **제3자 기업이 안전하고 큰 기업일수록 호재**라고 봅니다. 아래 예시처럼 유상증자 결정인데도 불구하고 기업의 주가가 상승하는 경우가 바로 이런 경우입니다.

국제뉴스   2021.07.19 10:27

[특징주] 에이엔피 25% 상승 '제3배정 유상증자 결정'

8.
흩어져야 산다!
액면분할

 헉. 팀장님. 이것 좀 봐주세요. 제가 매수한 종목이 거래 정지를 당했어요… 다 끝났어요 이제…

 거래정지? 대체 무슨 일이 있었던 거야. 일단 뉴스와 공 시를 살펴보자고. 아! 뭐야 난 진짜 큰일난 줄 알았는 데, 아니었네.

 거래정지면 이 기업에 무슨 문제가 있는 게 아닌가요? 여기에 비중도 많이 높였는데 정지라니! 내 종목이 거 래정지라니!

 아직 뉴스와 공시를 꼼꼼히 읽는 습관은 없네~ 해당 자 료들을 보면, 이 기업은 문제가 있는 게 아니라 액면분 할을 위한 작업에 들어간 거야. 그래서 일정 거래일 동안 정지가 된 거지. 거래정지가 끝나면 곧 액면분할을 시작할 거고 다시 매매를 할 수 있을 거야.

 액면분할? 제 주식을 쪼개 버리는 건가요 팀장님?

 어, 음, 그렇지. 정확히 말하면 **액면분할은 자본금의 증 감 없이 기존에 발행된 주식들을 일정 비율로 나눠서 총 주식수를 늘리는 걸 말해.** 예를 들어, 액면가 1만 원인 주식 1주를 액면가 1천 원 주식 10주로 만드는 거지 10,000 X 1 = 1,000 X 10. 이 경 우 1만 원 주식은 1천 원이 된 거야.

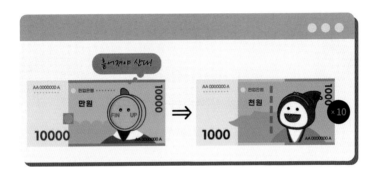

 아하, 그럼 예전 삼성전자도 같은 케이스였네요. 몇 년 전에 주가가 100만 원이 넘었던 게 얼마 전에 보니 5만 원이 되어서 엄청 놀랐었는데 그게 액면분할 이었다니… 그런데 액면분할로 주가가 확 낮아지니 바로 사게 되더라구요. 꼭 사고 싶었지만 비싸서 못 샀던 주식이 갑자기 가격이 낮아지니 놓칠 수 없다는 생각이 들었어요.

맞아, 삼성전자도 액면분할을 통해 5만 원이 됐었지. 주
주가 되고 싶다는 송이 대리의 꿈이 이뤄진 거야. 그런
데 방금 송이 대리가 말한 것에 핵심 내용이 담겨 있었어. 그게 바
로 액면분할을 하는 이유지.

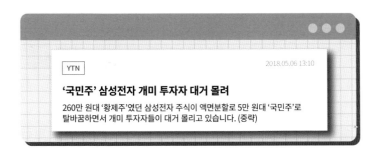

YTN   2018.05.06 13:10

'국민주' 삼성전자 개미 투자자 대거 몰려

260만 원대 '황제주'였던 삼성전자 주식이 액면분할로 5만 원대 '국민주'로
탈바꿈하면서 개미 투자자들이 대거 몰리고 있습니다. (중략)

음… 100만 원 일 때는 꿈도 못 꾸던 주식이었는데 5만
원이 되니 저와 같은 개미 투자자들도 주식을 쉽게 살
수 있어요. 사람들이 주식을 더 많이 살 수 있으니 유동성이 더 좋
아지는 게 아닐까요?

그렇지. 액면분할을 하면 주가가 가벼워지니 거래가 더
욱 활발해질 거야. 이처럼 액면분할은 주가가 높게 형
성돼서 거래가 부진하는 기업들이 많이 선택하는 방식이야. 아무
리 기업이 튼튼하고 비전이 있어도 결국 높은 가격으로 인해 투
자자들의 외면을 받으면 안 좋기 때문이지.

그런데 자세히 보면 재미있는 게 있어. 액면분할은 말 그대로 단순
히 주식수만 늘린 거잖아? 근데 투자자들이 볼 때는 이전보다 주

가가 엄청 싸게 느껴진다는 거지. 카카오의 액면분할 뉴스들을 살펴보면 아래와 같은 형태의 제목들이 많았어. 이런 거 보면 어때?

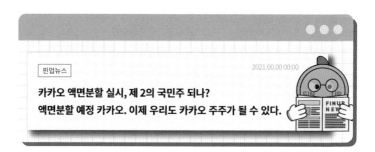

핀업뉴스   2021.00.00 00:00
카카오 액면분할 실시, 제 2의 국민주 되나?
액면분할 예정 카카오. 이제 우리도 카카오 주주가 될 수 있다.

 안 되겠네요. 팀장님. 카카오 주식을 사야겠어요. 이건 정말 참을 수가 없네요.

 주식을 꼭 사고 싶다는 맘이 들지. 이처럼 액면분할은 수익 급상승과 같은 호재가 아님에도 시장의 관심을 한 몸에 받을 수 있는 효과가 있어. 이를 통해 주가 상승에 대한 기대감도 갖을 수 있는 거지. 실례로 아까 카카오의 경우를 살펴보자.

◉ **액면분할 직전보다 주가가 올랐을까?**
　– 먼저 카카오는 액면분할 당일21.04.15에 이전 거래일 종가보다 7.5% 이상 상승한 채로 출발했어.

즉 전 거래일 종가에 구매한 투자자는 액면분할한 날 시초가에 팔기만 해도 수익을 얻었다는 거지.

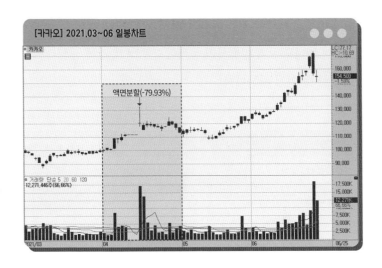

[카카오] 2021.03~06 일봉차트

액면분할(-79.93%)

◉ **액면분할 당일에는 주가가 올랐을까?**
　－ 액면분할 당일, 시가에 비해 최고가는 9.9%까지 올라갔어. 장이 열리자마자 주
　　식을 사서 팔았다면 최대 9.9% 안에서 수익을 올릴 수 있었던 거지.

◉ **액면분할 후 주가가 올랐을까?**
　－ 시간이 지나서 약 2개월 뒤인 21.06.24의 종가는 액면분할 당일의 종가보다 30%
　　이상 상승했지.

 　단순히 주식수를 늘린 것임에도 여러 이슈들이 있네요.
　　　　　　　특히 차트를 보면 액면분할한 당일에는 주가 변동폭이
더 컸던 것 같아요.

 　그래서 액면분할 당시에는 단타, 스캘핑을 사용하는 투
　　　　　　　자자들의 활동이 활발하기도 해. 단타와 스캘핑은 단기
간에 주식을 매수/매도해야 되기 때문에 거래대금과 유동성이 풍

부한 종목을 선택해야만 해. 만약 거래대금과 유동성이 부족하면 시간이 지나도 주가가 쉽사리 움직이지 못하고, 강제 중장기투자로 변할 수 있기 때문이지.

[카카오] 2021.02.25 액면분할 공시 중 일부

주식분할 결정

구분			분할 전	분할 후
1. 주식분할 내용	1주당 가액(원)		500	100
	발행주식총수	보통주식(주)	88,704,620	443,523,100
		종류주식(주)	-	-
2. 주식분할 일정	주주총회예정일		2021-03-29	
	구주권제출기간	시작일	-	
		종료일	-	
	신주의 효력발생일		2021-04-14	
	매매거래정지기간	시작일	2021-04-12	
		종료일	2021-04-14	
	명의개서정지기간	시작일	-	
		종료일	-	
	신주권상장예정일		2021-04-15	
3. 주식분할목적			유통주식수 확대	
4. 이사회결의일(결정일)			2021-02-25	
- 사외이사 참석여부	참석(명)		4	
	불참(명)		-	
- 감사(사외이사가 아닌 감사위원) 참석여부			-	

오호. 그럼, 액면분할이 일종의 수익 치트키가 될 수 있겠네요. 시장의 관심을 끌기 좋고, 유동성 확보에도 좋고 게다가 주가 부양 기대감까지 늘어날 수 있으니까요. 액면분할 당일은 물론, 그 후로도 주가가 상승하는 부분도 있고요.

아쉽게도 꼭 그런 것만은 아니야.

먼저 오른쪽 표를 보면 액면분할 한 달 후 주가가 오른 기업보다는 보합⁸이거나 오히려 하락하는 종목들이 2배 가까이 더 많다는 것을 알 수 있어.

우리가 잘 아는 삼성전자의 경우도 위 케이스와 비슷할 꺼야. 2018 년 액면분할을 통해 5만 원이 됐지만, 본격적으로 5만 원대를 벗어 난 건 2020년으로 2년의 시간이 걸렸지. 그 이유는 액면분할의 효 과보다는 단기적 코로나19로 인한 영향들이 컸을 꺼야. 언택트 제 품들에 대한 판매 증가가 반도체 수요 증가로 연결이 되면서 삼성 전자와 대만의 TSMC 같은 글로벌 반도체 업체들이 수혜를 봤거든. 또한 액면분할 당일에는 풍부한 유동성 때문에 오히려 주가가 시

한 달 뒤 주가 변화	상장사 개수 (곳)	평균 상승률 (%)
주가 상승	24	22.6
주가 보합	1	0
주가 하락	46	-9

액면분할 한 달 후 주가 오른 기업은

※ 2018년 이후 3년 동안 코스피·코스닥 시장서 액면분할한 기업 71곳 대상

자료 : 한국거래소 | 출처 : 중앙일보

8. **보합** 주가 변화가 거의 없는 상태

블로거

2018.05.06 13:10

반도체 없어 차 못 파는 GM, 북미 8개 공장 가동 차질

코로나19로 생겨난 언택트 트렌드도 IT 부품 전반에 수요가 늘어났고,
글로벌 반도체 파운드리 시장에서 차량용 반도체는 (중략)

초가 보다 떨어지는 경우도 꽤는 편이야. 만약 이럴 때 초보 투자자
가 추격 매수를 한다면 큰 낭패를 볼 수 있다는 거지. 즉 **액면분할
이 무조건적인 주가 상승을 보장하진 않으니 너무 맹신하면 안 돼.**
액면분할은 결국 유동성 공급을 위해 진행하는 것이라 봐도 무
방해. 하지만 액면분할을 통해 1주당 가격=가치은 변할 수 있지
만, 기업 자체의 가치는 변화가 없어. 당장 삼성전자나 카카오 같
은 기업이 액면분할을 했다 하더라도 기업 가격이 1/n로 줄어드
는 건 아니니까.

 네 알겠습니다! 그 액면분할만 되면 다 잘될 줄 알았는
데, 꼭 그런 것만은 아니란 걸 알겠네요. 하지만… 뭔가
빠진 느낌이 나는데요?

9.
뭉쳐야 산다!
액면병합

 분할이 있다면 병합도 있는 게 아니겠습니까? 다음 진
도도 팍팍 나가시죠 팀장님.

 공부할 준비가 되어 있군. 그럼 바로 액면병합으로 가보
자. 액면병합은 액면분할과 딱 반대야. **액면가가 낮은 주
식들을 병합해서 액면가를 높이는 거지.** 예를 들어, 1,000원짜리

주식 10주를 합쳐서 10,000원짜리 주식 1주로 만드는 거지. 이런 경우는 주가가 기존보다 10배가 높은 가격에 책정이 될 수 있겠지?

 액면분할은 주가를 낮춰서 유동성을 높이는 것과 시장의 주목을 받는 효과가 있었어요. 그런데 액면병합은 주가를 의도적으로 높게 만들려 하는데… 이유가 뭘까요? 이해가 잘 안 되네요.

액면병합을 하는 가장 큰 이유는 이미지 쇄신이라고 생각해. 우리가 흔히 동전주라고 하는, 즉 1,000원 미만의 가벼운 주식들은 투자자들이 매매하기를 꺼려 하는 경향이 있어. 동전주의 대부분은 시가총액이 작아서, 세력들이 호가를 막 올려

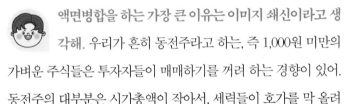

[퓨쳐스트림네트웍스] 2021.08.19 액면병합 공시 중 일부

주식병합 결정

구분			병합전	병합후
1. 주식병합 내용	1주당 가액 (원)		100	500
	발행주식 총수	보통주식(주)	130,568,553	26,113,710
		종류주식(주)	-	-
2. 주식병합 일정	주주총회예정일		2021-09-28	
	구주권제출기간	시작일	-	
		종료일	-	
	신주의 효력발생일		2021-10-14	
	매매거래정지 예정기간	시작일	2021-10-12	
		종료일	2021-11-05	
	명의개서정지기간		-	
	신주권교부예정일		-	
	신주권상장예정일		2021-11-08	
3. 주식병합목적			적정 유통주식수 유지 및 주가안정화	
4. 이사회결의일			2021-08-19	
-사외이사 참석여부	참석(명)		1	
	불참(명)		1	
-감사(사외이사가 아닌 감사위원) 참석여부			참석	

개미들을 유도한 뒤 쏙 빠져서 손실을 만들 수 있는 가능성이 있기 때문이야. 이 외에도 동전주들의 재무제표를 확인해보면 실적이 부진해 상폐 위험이 높은 경우도 많아.

이렇다 보니 투자자 입장에서는 기업의 건실한 가치를 확인하고 투자하는 게 아닌 급등으로 한번 대박을 보려는 '투기'를 하기 쉽고, 기업의 실적 개선에 노력을 하고 있는 기업이라도 리스크가 큰 종목 즉 '잡주'라는 부정적인 이미지가 씌일 수 있지.

그래서 액면병합으로 동전주를 탈피, 이미지를 개선하려는 목적이 커. 2021년에 액면병합을 실시한 덴티스는 1,000원대에서 10,000원대로, 자안코스메틱은 800원대에서 8,000원대로 주가가 변했어. 주가들이 이렇게 한순간에 높아져 보이니 투자자 입장에서는

코스피·코스닥 거래량 상위 10종목 중 4개가 동전주

코스피 거래량 상위 10종목			코스닥 거래량 상위 10종목		
1. 이아이디	주가 499원	40억5893만건	1. 코디엠	주가 267원	15억6412만건
2. 쌍방울	678원	33억6022만건	2. 이트론	817원	14억2498만건
3. 대한전선	2,035원	33억2234만건	3. 우리기술	1,475원	12억9775만건
4. 서울식품	357원	28억317만건	4. 자연과학	1,700원	8억6439만건
5. 대원전선	1,650원	14억5603만건	5. 판타지오	131원	7억5961만건
6. 동양	1,410원	9억3291만건	6. 클라우드에어	1,680원	7억1510만건
7. 대유플러스	1,095원	8억2710만건	7. 리더스기술투자	924원	7억1374만건
8. 우리종금	920원	7억9024만건	8. 보성파워텍	3,315원	7억1212만건
9. 두산중공업	19,900원	6억2949만건	9. 피에이치씨	1,505원	6억1545만건
10. 신성통상	2,000원	5억1249만건	10. 이루온	3,005원	5억8577만건

※ 거래 기간은 2021.06.01 ~ 07.09, 주가는 2021.06.01 기준 / 거래량은 매수와 매도 건수를 합한 것

자료 : 한국거래소 | 출처 : 조선일보

이전보다 괜찮은 기업, 성장성 있는 기업이라는 착시 현상을 느낄 수도 있을 거야. 또한 동전주일 때보다는 변동성을 어느 정도 안정시키는 효과도 있지.

 흠, 그런데 액면병합도 액면분할과 비슷하게 주식을 합쳐서 주당 가격=가치이 바뀔 뿐 그 외에 변화점은 없네요. 병합을 통해 기업의 가치가 근본적으로 바뀌는 것도 아니고요.

 맞아. 정리하면, 액면분할이나 액면병합은 시장에서 체질을 개선하는 카드가 될 수 있지. 하지만 부실한 기업의 분할이나 병합은 투자자를 현혹시키는 요소가 될 수도 있어. 액면분할과 액면병합 모두 결국 기업의 펀더멘탈[9]과는 큰 관련이 없이 유통되는 주식수를 조절해 액면가만 바꾸는 이슈기 때문이지. 그 때문에 액면분할이나 액면병합을 통해 발생하는 일시적 주가 변화에만 집중하기보다는, 기업 자체에 대해 공부하는 것이 송이 대리에게 더 현명한 투자방법이 된다는 걸 기억해줘.

9. **펀더멘탈** 재정 및 사업 전망 등이 포함된 기초 경제 상태를 지칭

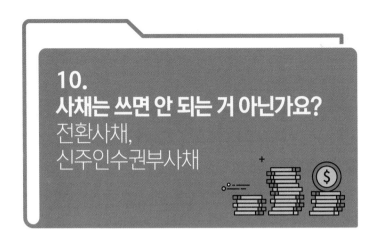

10.
사채는 쓰면 안 되는 거 아닌가요?
전환사채,
신주인수권부사채

 송이 대리, 전환사채CB발행 공시나 뉴스 엄청 많이 보지?

전환사채에 대해 알고 있니? 이런 거 말이야.

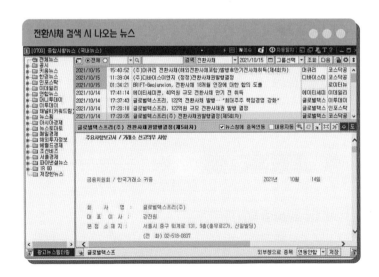

아하, 저 본 기억이 꽤 있어요! 안 하는 기업을 못 본 수준으로 엄청 많이 본 것 같아요. 그런데 전환사채는 회사채랑 같은 건가?

회사채는 회사가 발행하는 채권! 채권을 매입하는 채권자는 매입함으로써 회사에 돈을 빌려주고=투자하고 **회사는 그 자금으로 성과를 낸 뒤, 채권자에게 회사채에 적힌 이자와 원금을 준다! 맞죠?** 제가 요새 안전자산에 관심이 가서 달러나 금을 사모을까. 하다가 그래도 애플이나 삼성 같은 안전하고 탄탄한 기업의 회사채를 사는 게 더 수익이 좋을 것 같다고 생각해서 알아봤죠. 채권을 떼먹힐 일은 절대 없을 거 같아서요!

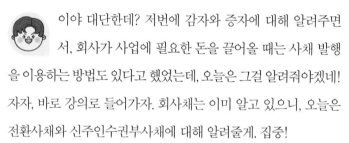 이야 대단한데? 저번에 감자와 증자에 대해 알려주면서, 회사가 사업에 필요한 돈을 끌어올 때는 사채 발행을 이용하는 방법도 있다고 했었는데, 오늘은 그걸 알려줘야겠네! 자자, 바로 강의로 들어가자. 회사채는 이미 알고 있으니, 오늘은 전환사채와 신주인수권부사채에 대해 알려줄게. 집중!

 진영 팀장의 전환사채 강의!

전환사채는 회사채랑 뭐가 다르죠?

전환사채는 권리 옵션이라고 보시면 됩니다. 회사가 발행하는 채권인 회사채인데, 전환할 수 있는 옵션이 부여된 채권이라서 채권자가 원하면 주식으로도 전환이 가능한 사채입니다. 일반 회사채처럼 만기가 끝나면 이자와 원금을 지급받을 수 있습니다. 이해가 쉽게 예시를 봅시다.

보유한 전환 사채	2년 만기 전환가액 10만원, 만기 수익률 10%
주가가 10만원 이하	만기 보유 10% 수익이 이득 + 원금
주가가 30만원으로 상승	만기까지 기다리지 않고 주식으로 전환권 행사하여 1주당 20만원 시세 차익

이처럼 발행된 전환가격보다 현재 주가가 훨씬 높게 오르면 만기 전에 주식으로 전환해서 이득을 볼 수 있는 옵션이 달려 있기 때문에 일반 회사채보다는 낮은 금리로 발행됩니다. 따라서 회사채 발행이 어려운 자금 상태일 때 낮은 금리로 돈을 조달하기 위해 주로 발행합니다. 언뜻 보면 악재인 것 같죠? 그렇지만 항상 악재로 인식되는 것은 아닙니다.

재무 상태 악화를 해결하기 위하여 발행한 경우에는 악재로 인식되죠. 그러나 **향후 더 큰 수익을 위한 투자를 하기 위한 발행이면 호재**로 인식됩니다. 투자를 통해 향후 좋은 실적을 내서 기업 가치가 상승할 것으로 기대하기 때문이죠.

또한 전환사채는 주가가 전환가격보다 높을 경우 매도될 가능성이 높기에 장기적으로는 주가상승을 가로막기도 합니다. 그리고 전환사채를 행사할 시점에, 전환가격보다 주가가 떨어지면 회사채 조기상환 요구가 들어오는데 회사가 이를 상환할 여력이 있는 지 확인해보고 사야 한다는 점을 유의하면 좋습니다.

전환사채를 주식으로 바꾸려면?

키움증권 기준 전환신청 화면을 같이 보겠습니다.

조회를 눌러 보유 중인 전환사채를 확인한 후, 해당 종목을 클릭하여 신청 수량을 입력한 뒤 전송을 누르면 신청이 완료됩니다.

실제 주식으로 입고되기까지는 약 1주일 정도 시간이 소요됩니다.

증권사에 따라 HTS 나 MTS에 수직으로 전환신청하는 탭이 없을 수 있습니다. 그 경우는 전환사채를 신청했던 증권사에 전화로 요청하면 됩니다.

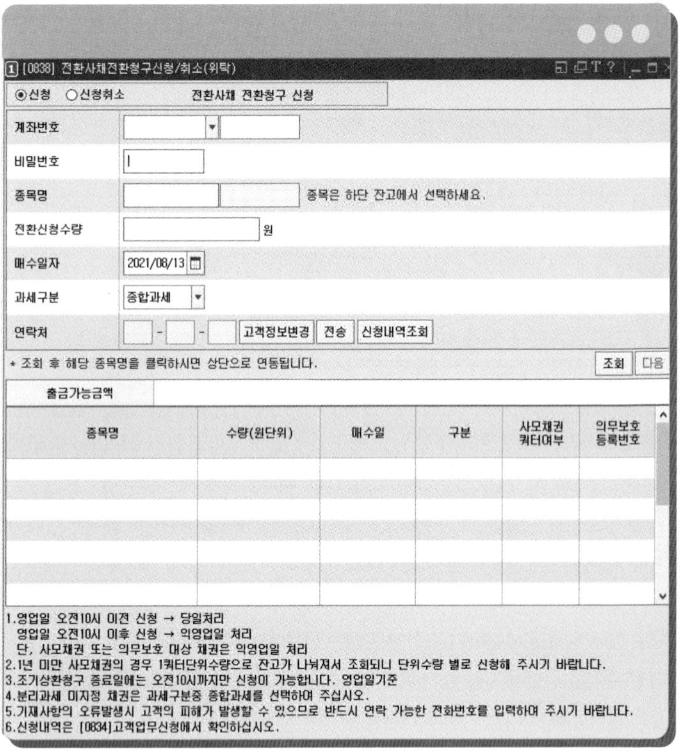

[1] [0838] 전환사채전환청구신청/취소(위탁)

◉신청 ○신청취소   전환사채 전환청구 신청

계좌번호		▼	
비밀번호			
종목명			종목은 하단 잔고에서 선택하세요.
전환신청수량		원	
매수일자	2021/08/13 📅		
과세구분	종합과세 ▼		
연락처	☐ - ☐ - ☐ [고객정보변경] [전송] [신청내역조회]		

* 조회 후 해당 종목명을 클릭하시면 상단으로 연동됩니다.   [조회] [다음]

출금가능금액						
종목명	수량(원단위)	매수일	구분	사모채권 쿼터여부	의무보호 등록번호	

1. 영업일 오전10시 이전 신청 → 당일처리
   영업일 오전10시 이후 신청 → 익영업일 처리
   단, 사모채권 또는 의무보호 대상 채권은 익영업일 처리
2. 1년 미만 사모채권의 경우 1쿼터단위수량으로 잔고가 나눠져서 조회되니 단위수량 별로 신청해 주시기 바랍니다.
3. 조기상환청구 종료일에는 오전10시까지만 신청이 가능합니다. 영업일기준
4. 분리과세 미지정 채권은 과세구분중 종합과세를 선택하여 주십시오.
5. 기재사항의 오류발생시 고객의 피해가 발생할 수 있으므로 반드시 연락 가능한 전화번호를 입력하여 주시기 바랍니다.
6. 신청내역은 [0834]고객업무신청에서 확인하십시오.

주의할 점! 리픽싱 제도의 악용

<!-- Second window: news article -->

[이투데이]   2021.07.22 14:45

리픽싱 규제 앞두고 전환사채 발행 '급증'

리픽싱 제도 주가가 하락하는 경우 전환가격을 낮춰주어 저렴하게 주식으로 전환할

수 있는 제도. 투자자 손실위험 방지 목적이나, 리픽싱을 악용하여 전환가격이 계속 하락하면 신규 주식 전환량이 늘어나 기존 주주의 주식 가치가 낮아짐.

진영 팀장의 신주인수권부사채 강의!

신주인수권부사채도 주식살 수 있는 옵션 아닌가요? 전환사채랑 뭐가 다르죠?

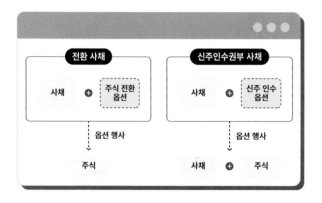

전환사채는 주식으로 전환할 수 있는 옵션이 달린 회사채로, 투자자들이 주식으로 전환함과 동시에 채권이 소멸되므로 기업은 자금을 투자자에게 상환할 필요가 없습니다. 신주인수권부사채는 이와 달리, 만기까지 채권의 성격을 계속 가지고 있습니다. 동시에 주가가 행사가액보다 오르면 주식을 특정가격으로 인수해서 시세차익도 얻을 수 있는 권리를 갖습니다.

채권 이자수익 보장이 가능하고, 제시된 특정가격으로 주식을 추가적으로 인수할 수 있으니 주가만 올라준다면 추가로 주식 차액 이득까지 2개의 이득을 낼 수 있는 것입니다.

기업 입장에서도 좋습니다. 채권 발행으로 자금을 끌어왔는데, 주가가 받쳐주면 신주 인수를 통해 추가적으로 자금을 또 조달할 수 있기 때문입니다.

	신주인수권부사채 (BW)	전환사채 (CB)
채권 이자 수익	발생	발생
주식으로 전환 옵션	있음	있음
만기까지 보유 시	기업이 자금 상환	기업이 자금 상환
보유 중 주식 전환	일부만 신주인수권 행사 가능, 주식 보유와 동시에 채권도 유지 가능	전환과 동시에 채권 소멸
주식 취득 가격	행사 가격	전환 가격
투자자의 이득	채권 이자수익 발생 주식 상승 시 주식으로 전환하여 추가 수익 가능 주식 하락 시 만기 보유하여 채권 이자수익	채권 이자수익 발생 주식 상승 시 신주인주권 행사해 추가 수익 가능 주식 하락 시 만기 보유하여 채권 이자수익
발행 기업의 이득	채권으로 자금 조달 신주인수권 행사 시 추가적으로 자본 조달됨	채권으로 자금 조달 주식 전환 시 채권 소멸하므로 갚을 돈 없음

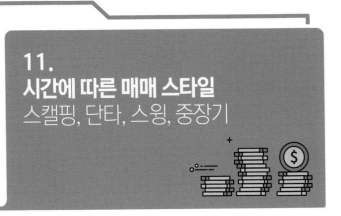

11.
시간에 따른 매매 스타일
스캘핑, 단타, 스윙, 중장기

 엥. 송이 대리가 갖고 있는 삼성전자를 언제 팔면 좋겠냐고? 이걸 왜 물어보는 거야?

 제가 삼성전자 주가가 올라서 팔려고 하는데 팀장님을 포함한 다른 분들의 의견을 묻고 싶었어요. 제 손가락은 지금 팔라고 외치지만, 저의 이성은 1년 후에 팔라고 외치고 있기 때문이죠.

 흠. 송이 대리가 이제 시간에 따른 매매 스타일을 찾을 때가 됐네.

 헉! 그런 거 같아요. 종목을 매수하면 어느 정도의 시간을 가지고 사고 팔아야 할지를 고민이 되더라고요.

 좋아 그러면 본격적인 매매 방법 학습에 앞서서 간단히 내용을 정립하자고. 주식매매는 크게 기본적ㆍ기술적 분석으로 나뉜다고 했지. 그 안을 자세히 살펴보면, 매매 방식은 크게 시간에 따라 나누어지면 스캘핑과 단타, 그리고 스윙, 중장기 매매로 구분이 될 거야.

 단타나 중장기 매매는 TV에서도 들어본 거 같아요. 근데 스캘핑과 스윙은 좀 낯서네요.

 처음이라 좀 익숙하지 않겠지만, 이것도 천천히 보면 금방 이해가 갈 거야. 먼저 스캘핑과 단타, 스윙은 비교적 짧은 시간에 매수/매도를 함으로써 수익을 얻는 방식을 말해. 그에 반해 중장기 매매는 장기간 주식을 보유한 뒤 매도하여 수익을 남기는 방식이지.

먼저 짧은 거래를 하는 매매들에 대해 말해 줄게. 이런 패턴들은 대략 아래처럼 정리할 수 있어.

스캘핑 : 초, 분 단위로 계속해서 종목을 매수, 매도
단타 : 차트에서 주로 분봉으로 보면서 당일 ~ 3일 정도까지 매수/매도
스윙 : 차트에서 주로 일봉을 보면서, 수일에서 수주동안 저점에서 모아가서, 고점에서 매도를 목표로 하는 경우

특히 스캘핑이나 단타를 성공적으로 한다면, 적은 수익률이라도 계속해서 누적되는 효과가 있어. 즉 하루에 1%나 2%, 3% 같은 수익들이 반복적으로 나오면서 자산이 쑥쑥 증가하는 복리 효과를 누릴 수 있지. 정리하면, 단기적 거래를 하는 매매 방법들은 짧은 매매시간으로 인해 매수에 대한 결과도 빠르게 받을 수도

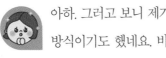

있어. 즉 매매 수익을 몇 분 뒤나 며칠 뒤에 바로 받을 수도 있기 때문에 답답한 부분은 없을 거야. 중장기 매매와는 달리 짧은 시간 안에 본인에게 유리한 포지션에서만 매수/매도를 하는 방식이지.

다만 빠르게 변하는 주가 흐름을 이해하지 못한다면 오히려 실패로 이어질 확률도 높아. 약 수익을 낸다고 해도 단기 매매는 계속해서 종목을 사고 팔기 때문에 거래세가 많이 나와 오히려 손실을 입을 수 있지.

실제로 지난 도표에서도 빠른 거래를 추구하는 주식 초보자들은 상승장에서도 오히려 손실을 보았다는 걸 확인했잖아.

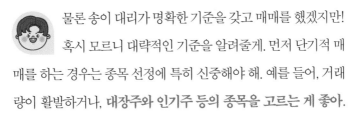

아하. 그러고 보니 제가 최근에 했던 매매는 이런 투자 방식이기도 했네요. 비교적 짧게 짧게 여러 종목을 매매했었어요.

물론 송이 대리가 명확한 기준을 갖고 매매를 했겠지만! 혹시 모르니 대략적인 기준을 알려줄게. 먼저 단기적 매매를 하는 경우는 종목 선정에 특히 신중해야 해. 예를 들어, 거래량이 활발하거나, **대장주와 인기주 등의 종목을 고르는 게 좋아.**

그 이유는 이런 종목들은 돈이 계속 들어오니 주가가 빠르게 변할 수 있기 때문이지.

만약 송이 대리가 선택한 종목들이 이런 조건들을 만족하지 못한다면 주가 변동폭이 적어 횡보를 거듭할 확률이 높아. 이럴 때는 단기적인 매매가 아닌 강제적으로 계속 종목을 갖고 있을 수밖에 없는 거지.

 주식 관련 짤을 보면 '강제 존버 갑니다' 이런 게 많은데, 이것도 종목을 잘못 선택해서 그럴 확률이 있겠군요.

 맞아. 또 뉴스를 보면서 핵심을 빠르게 캐치하는 능력도 필요해. 예를 들면, A종목이 새로운 전기차 배터리 기술을 개발했다고 하면 물론 호재겠지. 하지만 이것이 일회성인지 아니면 꾸준히 반복된 이슈가 될지를 판단해야 해. A종목이 개발한 기술이 시장에 기대에 미치지 못했다면 주가는 찔끔 오르고 끝날 수도 있어. 하지만 배터리 산업의 트렌드를 바꿀 혁신적인 기술이고 정부 정책과도 관련이 있다면 어떻게 될까? 시장에서 꾸준히 주목을 받을 수 있고 반복적인 수익도 얻을 수 있지.

반대로 악재인 뉴스에 대해서도 해석할 능력이 필요해. 예를 들어, B기업의 명운이 걸린 공장 신설이 중지됐다는 뉴스가 나왔어. 그럼 많은 투자자들은 '이건 분명히 악재다' 라는 생각이 들 거야. 그래서 뉴스가 나오자마자 주가는 급락할 확률이 높지. 하지만 송이 대리가 뉴스를 구체적으로 살펴본 결과, 중지의 원인이 단순 서류 제출 지연 때문이었다면? 다시 말해, 서류만 제출되면 공장 신설이 재개될 확률이 높은 것이고 주가를 뒤흔들 큰 악재는 아니라는 판단이 설 거야. 해당 건은 시장에서 반영되서 떨어지는 주가가 고개를 들고 반등할 확률도 높아지지.

 앗! 그럼, 그때를 잘 노려 단기 매매를 하면 오히려 수익을 볼 수 있겠군요.

 정답이야. 이처럼 같은 뉴스라도 해석에 따라 매매 결과가 달라질 수 있어. 때문에 단기투자를 중점으로 진행한다면 호재와 악재, 그리고 반복성이 있는가에 대해 면밀히 검토하는 능력이 필요하지. 지금까지는 단기 매매 쪽을 살펴봤으니 이번에는 중장기 매매에 대해 얘기할게.

단기 매매들이 초나 분 단위 혹은 일이나 주 단위로 진행됐다면, 중장기 매매는 수개월 혹은 수 년이 걸릴 수도 있어. 또한 단기 매매보다는 비교적 적은 매매를 진행하며 큰 수익을 목표로 하는 게 특징이야. 예를 들어, 1년의 시간

이 걸렸는데 1%의 수익이 난다면, 그 동안 기다렸던 기회비용이 너무 아깝게 되는거지. 때문에 두 자릿수 이상의 수익률을 목표로 기다리는 경우가 많아.

중장기 매매의 또 다른 특징으로는 느긋함이 있어. 단기 매매의 경우 빠르게 변하는 주가에 일희일비할 수밖에 없지만, 중장기 매매는 투자자가 선택한 추세를 크게 이탈하지 않는 한에서는 주가 변동에 대해 여유롭게 대처할 수 있지. 하지만 초보 투자자의 경우는 오히려 이런 느긋함을 지루함으로 받아들이기도 해. 당장 옆에 사람이 하루에 3%씩 수익이 나면, 횡보하는 내 종목에서 단기투자로 갈아타야 하나라는 생각이 들 거야.

 맞아요. 친구들이 돈 좀 벌었다 싶으면 저도 모르게 막 초조해지고 그러더라고요. 사실 제가 갖고 있는 C 종목도 차후에 항공 분야에 선두주자가 될 거라 생각했는데, 이런 걸 빨리 팔아버리고 빨리 오르는 정치 테마주 이런 곳에 투자하고 싶다는 생각을 하게 돼요.

 중장기 매매는 결국 큰 수익으로 가기 위해 '시간을 사는 투자'라고 할 수 있어. 종목에 대한 공시부터 뉴스까지 꼼꼼한 분석을 통해서 확신을 이끌어 내야 하고 그 무엇보다 본인 판단에 대해서 흔들리지 않고 유혹을 이겨낼 수 있는 것이 중요해.

당연하겠지만 재무적·사업구조적으로 계속해서 발전하는 기업을 골라야겠지. 실적은 좋아지고, 재무건정성이 좋아지는 기업들이 그 예시야. 또한 수혜 기대감에 대한 모멘텀이 생기면서 호재 뉴스가 나오는 기업들… 이런 종목들은 우리는 발효되는 기업들이라고 해. 종목을 매수하면서 어떻게 더 성장할 수 있을까 즐거운 상상을 갖게 된다고. 반면 계속되는 실적 악화, 높아지는 대내외적 리스크를 가진 기업들은 부패되는 기업일 거야. 이런 기업들은 이름값이 높더라도 결국 오랫동안 함께하긴 어렵지.

단, 주의해야 할 부분은 중장기 매매라 할지라도 진행 시에는 적절한 대응이 꼭 필요해. 위에서 말했던 아무리 좋은 기업이라도 자신이 생각한 추세를 이탈한 경우에는 물타기를 등을 통해 리스크를 줄이는 것도 좋은 방법이 될 거야. 그렇지 않으면 손실폭이 더 커질 수밖에 없으니까.

 아하! 넵 알겠습니다. 주식을 보면 오래 갖고 있다고 해서 수익이 날까 하는 생각도 들었는데 좋은 기업을 선택하면 좋은 결과로 돌아올 수도 있겠네요.

 나도 갖고 있는 중장기 종목이 지지부진하면 그런 욕심이 생겨. 그런데 주식에는 텐 배거ten bagger라는 말이 있어. 야구에서 10루타를 뜻하는 텐 배거는 주식에서는 10배 수익률을 내는 종목이란 뜻이지. 말 그대로 엄청난 수익을 안겨 줄 종목을 뜻해. 중장기 매매는 어떻게 보면 이런 텐 배거를 발굴하는 것이라 보면 돼. 10루타를 치기 위해 좋은 공이 올 때까지 기다리는 자세도 필요한 거야.

우리가 하는 주식투자에는 정답이 없어. 단기 매매도, 중장기 매매도 각각의 장단점이 명확하게 있으니 뭐가 옳다 아니다를 이야기 할 시간에 내가 할 수 있는 최선의 방법을 고민하는 것이 맞을 거야.

12.
성향에 따른 매매 스타일
나만의 미인주를 찾아보자

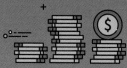

시간을 아끼고 싶어 = **단기 투자**에 적합 → **누구나 아는** 미인주 찾기

시간을 사고 싶어 = **중장기 투자**에 적합 → **매력이 알려지지 않은** 미인주 찾기

미인주가 무엇인가요? (존 케인스의 미인주 이론)

세계적으로 저명한 경제학자 '존 케인스'의 이론.
주식시장은 미인대회처럼 대중의 인기투표에 의해 결정되며,
만인의 눈에 아름답게 보이는 미인주가 시대적으로 주목받는 대표 업종과 기업이라는 것.
개인 주관이 아닌 대중의 인기를 얻는 주식은 투자수익률이 높다는 이론.
현대에는 본인 기준으로 수익이 예상되어 마음에 드는 종목을 미인주라 부르기도 한다.

송이 대리~ 나 미인주 찾은 것 같아. 이 가격대면 계속 조금씩 사서 모아갈 만한 매력이 있어 보이네. 차트에 자리잡은 모양새가 너무 예쁘다. 이 기업에 대해서 구체적으로 정

보를 수집해봐야겠어!

 팀장님, 미인주가 본인 기준에 예뻐보이는 걸 미인주라고 부르나 보네요? 음. 근데 제가 보기에는 너무 심심해보여요. 상승이 나오기까지 기다릴 인내심이 없는 걸요… 저는 갑자기 팍! 돌파해서 단기간에 튀어 오를 것 같은 종목이 예뻐보여요. 어제 상한가 갔던 저 종목 오늘도 확 올라줄 것 같은데 어떻게 보시나요?

 송이 대리의 투자 성향은 단기간에 수익을 내고 싶은 타입이구나. 투자 성향에 따라 매매 방법도 달라지니까 당연히 종목 선정법도 다르겠지. 각자 미인주로 보이는 종목이 다른 게 당연해. 송이 대리처럼 단타 매매를 하고 싶을 때 기본적으로 확인해야 하는 게 뭘까?

 음… 단타 매매를 장사로 생각해볼까요. 제가 청바지 100벌씩 매일 팔아 치우고 싶으면 유동인구가 적은 시골보다는, 유동인구가 많은 강남역에서 장사를 하는 것이 당연하겠죠? 아하, 그렇다면 거래량과 거래대금이 풍부한 종목에서 매매를 해야겠네요!

 그래. 누구나 아는 종목! 만인이 예뻐해서 투표를 몰아준 미인대회 1위! 지금 당장 또는 어제 가장 인기가 많아서, 시장 이슈의 중심에 있는 종목이 송이 대리에게는 미인주가 되겠지! 결국 송이 대리 말처럼 돈이 많이 몰린 종목에서 대표적인 단타 매매 방법인 돌파, 눌림, 종가베팅 매매 자리가 많이 나오는 거야.

그렇지만 하나 놓친 게 있어! 돈이 몰렸다고 다 같은 종목이 아니지~ 종목이 가지고 있는 재료의 크기와 지속성이 좋을수록 생존 기간이 긴 미인주가 된단다. 이게 무슨 말인지 설명해줄게. 오늘은 누구나 아는 미인주 찾는 방법이 무엇인지, 재료가 좋다는 게 무슨 말인지 알아보자!

시간을 아끼고 싶어 = 단기투자에 적합! ▶ 누구나 아는 미인주 찾기

장중 특징주 확인

먼저 장중 시장의 이슈 종목이 무엇인지, 특징주로 구분되어 언급되는 종목은 무엇인지 HTS 뉴스 등을 통해 파악합니다. 시장에서 돈이 몰리고 있는 종목을 파악하는 단계입니다.

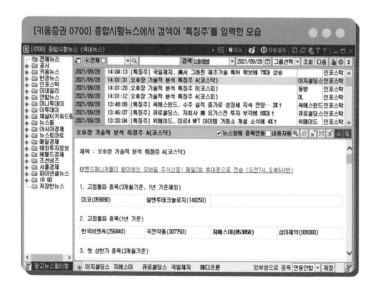

장 마감 후, 당일 상한가와 특징주 확인

장 마감 후 상한가 종목 및 특징주로 묶인 종목이 무엇인지 HTS 뉴스 등을 통해 파악합니다. 특징주는 주가를 상승시킬 재료나 뉴스에 관련해 부각을 드러낸 종목입니다. 특징주 중에서도 재료의 옥석을 가려 가장 좋은 특징주를 찾아내는 것이 중요합니다.

재료의 가치 GOOD 이슈 크기가 크고, 재료가 신선하고 파급력 있음

예시 : 코로나 백신 및 키트 개발, 정치 테마주로 첫 언급.

[키움증권 0700] 종합시황뉴스에서 검색어 '특징' 입력 후
'오전장 특징주' 또는 '오후장 특징주' 또는 '증시요약'을 클릭한 모습

출처 : 인포스틱

재료의 가치 SO SO 개별 이슈로 짧은 상승 나오고 마감될 가능성이 높음

예시 : 감사보고서 제출, 증권사 리포트 호평 속에 상승.

장 마감 후, 공시 또는 특징 뉴스

내일 당장 시세에 영향을 미칠 이슈가 있는지 체크하는 단계입니다.

예를 들어, 금일 시장 주도주[10]가 단기 악재 공시나 뉴스가 뜬 경우, 단기 악재로 인한 낙주가 예상되니, 과다하게 급락하여 단기간에 회복 반등 차익을 노리는 낙주매매 시도를 계획해볼 수 있습니다.

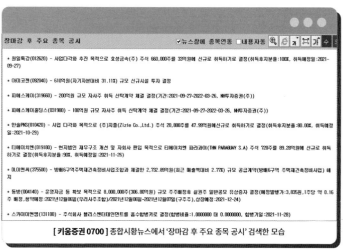

[키움증권 0700] 종합시황뉴스에서 '장마감 후 주요 종목 공시' 검색한 모습

출처 : 인포스틱

🔍 --

10. **주도주** 특정 테마나 업종, 지수를 이끌며 견인하는 대장주. 가장 수급이 많이 몰리며 시장의 주목을 받아 주가 상승률이 큰 종목이 주도주가 되며 주도주는 바뀌기도 함. 그 외에도 같이 움직임을 보여주는 종목들은 2등주, 3등주라고 한다.

시간외 단일가 등락률 및 특징주

앞서 체크한 것처럼 테마, 이슈와 연관성 및 재료의 지속성은 당연히 체크하되, 시간외 등락률을 볼 때는 추가적으로 등락률에 동반된 거래량, 일봉의 위치 확인이 필수입니다.

시간 외 등락률 상위 종목은 다음 날 시초가부터 강한 시세를 만드는 강세를 보이는 경우가 많습니다. 그러나 시초가 갭상승을 크게 만들고 단기 고점화되어 하락하는 경우도 많죠.

등락률에 대응되는 적당한 거래량이 동반되었는지 확인해야 하는 이유는, 허수가 섞여 있을 수 있기 때문입니다. 허수가 섞이면 주가가 정확하게 반영되지 않았기에 예측이 틀릴 가능성이 높아집니다.

일봉의 위치는 더 상승할 여력이 있는지 확인하기 위해 봅니다. 시장에서 단기 고점으로 인식할 만한 위치에 주가가 위치해 있었다면 강한 베팅은 위험할 수 있습니다.

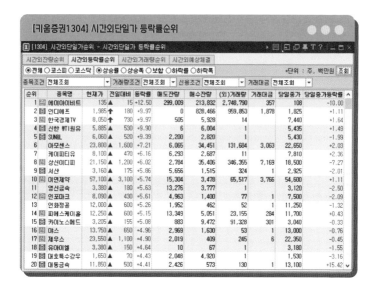

 아, 팀장님, 이런 말이었군요. 이제 이해가 돼요. 말씀하신 것 중에 돌파, 낙주, 눌림, 종가 매매는 나중에 자세히 알려주세요!

 그럴게. 매매 방법은 설명이 자세히 필요하니까, 날 잡고 알려주도록 할게. 그럼 이제 안전한 자리에서 계속 모아가서 수익을 얻고 나오는 내 매매 스타일에 대해서도 얘기해줄까? 내 기준 미인주는 시장에 많이 알려지지 않아서 관심을 덜 받는 시기의 주식이거나, 해소 가능한 악재로 적정 가격 아래에 위치해 있는 주식이야. 대단한 시세를 기대하며 주가의 변동 구간을 버티며 모아가는 매매 성향이기 때문이지.

 네! 중장기로 모아가고, 안전하게 매매할 수 있는 위치의 주식을 잡는 법, 정말 궁금합니다.

제가 먼저 추측해볼까요? 시장의 악재로 지수가 크게 폭락을 했을 때 평소 알고 있던 좋은 주식 사기! 코로나 때문에 주가가 크게 폭락했을 때 삼성전자를 매입한 동학개미처럼요!

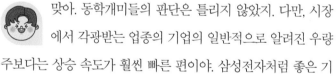 맞아. 동학개미들의 판단은 틀리지 않았지. 다만, 시장에서 각광받는 업종의 기업의 일반적으로 알려진 우량주보다는 상승 속도가 훨씬 빠른 편이야. 삼성전자처럼 좋은 기업을 사 모으는 것도 좋은 방법이지만, 만약 업종이 큰 트렌드에 속하지 않은 기업이라면 시세 회복 속도가 시장 주도 업종보다는 느릴 수 있어.

2011년 7월 미국 신용등급 강등 이슈로 전 세계 주식시장이 추락했을 때, 2010~2011년에 한국 주식시장을 주도하던 차, 화, 정[11] 주식이 크게 반등했던 사례로도 입증되었어. 그리고 이번 2020

년 코로나 악재 당시 시장에서 각광받던 전기차, 인터넷 관련 업종의 주가가 삼성전자보다 빠르게 수급이 몰렸거든. 시세가 훨씬 빨리 나왔단다.

 나이스! 맞췄다. 오늘 느낌이 좋은데 더 맞춰볼게요. 기업가치는 동일하지만 일시적인 악재라서 급락한 종목! 그리고 실적이 크게 개선되어 가고 있는 종목! 이 정도면 팀장님 취향 맞죠?

 앗! 정확한데. 고급지게 표현하자면 메가 트렌드 종목의 시세 조정은 아주 큰 기회라는 거야. 이런 종목들을 찾아내는 법, 그리고 진입하기에 적정한 가격대를 추정하는 방법까지 오늘 싹 알려줄게. 노트 들어 메모 시작!

시간을 사고 싶어 = 중장기투자에 적합! ▶ 매력이 알려지지 않은 미인주 찾기

기업이 시장의 주요 트렌드 안에 있는가?

메가트렌드는 현대 사회에서 일어나고 있는 거대한 시대적 조류를 뜻합니다. 단순히 한 영역의 트렌드에 그치지 않고 전체 공동체에 사회·경제·문화적으로 거시적인 변화를 일으키는 빅 웨이브입니다. 이 업종은 수급이 몰리기에 빠른 반등을 기대할 수 있습니다.

----

11. **차, 화, 정** 자동차, 화학, 정유 업종의 주식을 묶어 부르는 말로, 2010년 즈음 한국 주식시장의 상승을 견인하던 대표 업종들이다.

2021년의 메가트렌드는 전기차, 수소차, 배터리, 인터넷 관련 업종이라고 볼 수 있습니다.

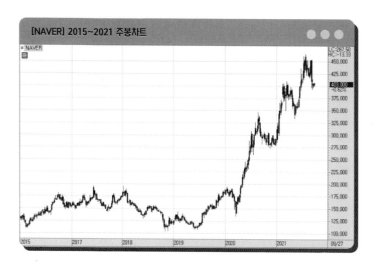

[NAVER] 2015~2021 주봉차트

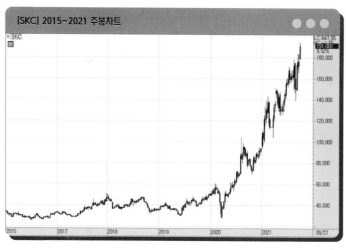

[SKC] 2015~2021 주봉차트

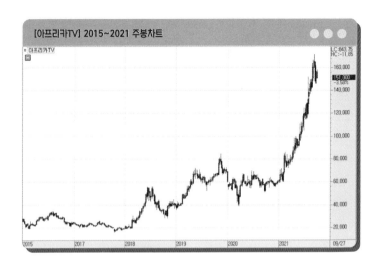

[아프리카TV] 2015~2021 주봉차트

수익성 대비 가격 왜곡이 발생하였는가?

리먼브라더스 사태 또는 코로나19 처럼 기업 자체의 악재가 아닌 외부 이슈로 인해, 우수한 실적 추이를 보이고 있는 기업이 급락하는 경우입니다. 주가 왜곡이 강하게 발생했기에 적정 가격을 되찾으러 갈 확률이 높습니다.

기본 지표 대비 저평가 되어 있는가?

기업을 평가할 수 있는 기본 지표로 동종업계에 비해 또는 가치에 비해 저평가된 주식인지 확인할 수 있습니다. 기업의 주가가 크게 조정을 받는 경우에는 이보다 빠르게 주가의 시세를 판단하기 좋은 도구는 없습니다

기본적으로 HTS에서 볼 수 있는 기본 지표는 PER / 시가총액 / PBR / BPS 이 있습니다. 그중 시가총액과 자본을 비교하는 방법이 가장 쉽게 간단한데, 실시간으로 변하는 시가총액을 자본과 비교해서 어느 정도 인가를 보는 방법입니다. 자본이 시가총액보다 클 경우에는 당장 기업이 망해도 청산가치가 더 크기 때문에 안전마진이 충분하다고 해석이 가능합니다.

다른 기본 지표는 Chapter 4에서 자세히 알아보겠습니다.

악재는 다 나왔는가?

와이지엔터테인먼트, 하나투어, 대한항공. 모두 악재가 넘쳐났던 종목들 입니다. 차트를 보면서 이야기하겠습니다.

와이지엔터테인먼트

①,③ 2019년 1월부터 6월까지 연일 인기 아이돌 멤버 A씨가 운영하는 클럽의 폭행→마약→성범죄→경찰유착으로 확대되며 매스컴을 타 이미지 실추. A씨의 탈퇴 및 은퇴 발표로 와이지의 매출을 견인하던 그룹 활동도 중단, 장기적으로 주가 하락.

② 2019년 4월 블랙핑크 〈KILL THIS LOVE〉 발매, 해외에서 인기

④ 2020년 6월 블랙핑크 〈How You Like That〉 발매 이후부터 전세계적인 인기

대한항공

① 2020년 3월 코로나 사태 여파로 최저점 갱신

② 2020년 6월 여객운송을 화물운송으로 전환

③ 2020년 8월 2분기 흑자전환 성공 및 어닝 서프라이즈

④ 2021년 5월 1분기 어닝 서프라이즈 발표

[대한항공] 2015~2021 주봉차트

2020년부터 코로나 사태로 전세계적으로 국경이 봉쇄되고 출입국 중단 및 여행을 자제하라는 각국 정부의 권고가 발표되었습니다. 항공업계 입장에서는 최악의 악재가 나오면서 주가는 저점을 갱신하였으나 기업이 유연하게 빈 항공기를 화물 운송에 투입하며 위기에 적극적으로 대응하였습니다. 덕분에 기업의 매출이 턴 어라운드에 성공하면서 추가 하락 없이 주가를 회복시켰습니다.

 오호라, 이제 느낌이 완벽히 왔어요. 정리하자면, 시장의 트렌드 안에 있고 수익성 또한 좋은데, 외부에서 온 금융 위기라든지, 내부적으로 해결이 가능한 일시적인 악재 등으로 인해서 주가가 저평가되어 있는 기업을 미리 사놓는다는 말씀이시군요! 시간이 흐름에 따라 정상화될 것이니, 안전하고 편안한 투자가 가능하겠고요.

 그렇지, 바쁜 직장인인 나는 이런 투자 방식을 선호한단다. 이렇게 송이 대리처럼 기회비용을 최대한 살리고 매도 타이밍을 바짝 당겨 타이트한 방식으로 투자를 하거나, 장기적으로 봤을 때 저점이라 판단하여 길게 수익을 끌고 가볼 사람은 나처럼 매매를 하면 좋겠지. 시간에 따라서 본인이 찾는 미인주가 달라질 수 있다는 점! 정답은 없고, 더 잘맞는 미인주 찾는 방법을 골라서 스트레스 적은 매매를 하는 것이 좋아!

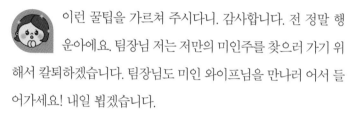 이런 꿀팁을 가르쳐 주시다니. 감사합니다. 전 정말 행운아에요. 팀장님 저는 저만의 미인주를 찾으러 가기 위해서 칼퇴하겠습니다. 팀장님도 미인 와이프님을 만나러 어서 들어가세요! 내일 뵙겠습니다.

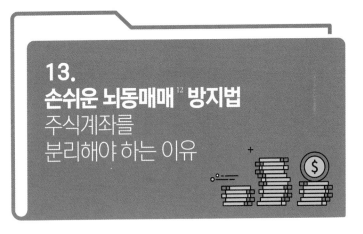

13.
손쉬운 뇌동매매[12] 방지법
주식계좌를
분리해야 하는 이유

 방금 강의를 잘 들었으니 꿀팁 하나를 알려줄게. 앞으로 매매를 효율적으로 하기 위해서는 계좌 분리가 꼭 필요 하단 거야. 여기서 계좌 분리는 사용하는 증권사나 타 증권사를 통해 계좌를 추가로 만들고 투자를 진행하는 걸 뜻해.

 제가 가진 시드머니가 굉장히 적은데, 계좌를 굳이 분리 해야 하는 의미가 있을까요?

 많은 투자자들이 시드머니가 적어서, 혹은 귀찮다는 이 유로 계좌 분리를 하지 않는 경우가 많지. 물론 한 개의

12. **뇌동매매** 본래 계획과 다르게 시장이나 다른 투자자의 흐름에 휩쓸려 계획 없이 매매하는 것

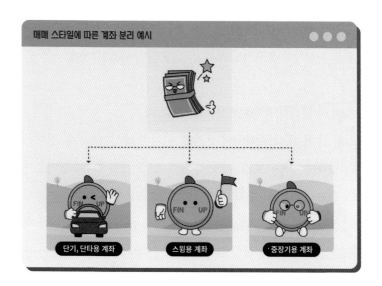

계좌로도 효율적인 투자를 할 수 있지만 확률적으로 실수를 할 가능성 또한 높아. 그럼 계좌 분리가 필요한 이유를 두 가지로 설명해줄게.

첫째, 본인의 투자 스타일을 찾는 데 도움이 돼.
초보자는 본인에게 맞는 매매 방법을 단번에 찾을 수가 없지. 그래서 일정 기간은 본인의 투자 성향과 매매 방법에 대한 고민을 하게 돼. 그러다 하나의 계좌에서 스캘핑, 단타, 장기투자 등을 모두 할 수 있는데, 이 경우는 오히려 방향성 설정에 방해가 돼. 사람마다 단타 수익률이 좋을 수도, 혹은 스윙이나 중장기 수익률이 좋을 수도 있는데 계좌 하나로 모든 스타일의 투자를 한다면, 어떤 투자에서 수익률이 좋은지를 기록하기 어렵지. 때문에 계좌 분리를 통해 매매 스타일별 수익률을 기록하고 그것을 복기함으로써 자신만의 효율적인 투자를 찾는 것이 필요한 거야.

둘째, 충동적인 뇌동매매를 막을 수 있어.
만약 송이 대리가 하나의 계좌에 단기와 중장기투자를 진행하고 있다고 가정해보자. 어느 날 종목 선택에 실패해서 단기투자의 결과가 매우 안 좋아진 거야. 그런데 뜬금없이 중장기용 종목이 급등을 하고 있다면? 아마 이 상황에서 송이 대리뿐 아니라 대부분의 투자자는 손실난 금액을 메꾸기 위해서 중장기 종목을 충동적으로 매도할 확률이 높을 거야. 분명 목적은 중장기투자용이었지만 당장의 손실과 수익 확보를 위해 매도할 수 있다는 거지. 그런데 만약 중장기 종목을 다른 계좌로 관리하고 있었다면? 중장기 종목이 급등해도 타 증권사 계좌에 들어가는 과정에서 계좌를 분리한 목적을 생각하며 이성적인 판단을 할 수 있었을 거야. 이를 통해 뇌동매매를 조금이나마 방지할 수 있는 거지.

 아하. 시드의 많고 적음보다는 효율적인 투자를 위해서 계좌 분리가 필요하겠군요. 확실히 이러면 제가 한 투자 성과도 쉽게 확인하고 무분별한 투자를 할 확률도 적어질 것 같아요. 앞으로는 계좌 분리를 해서 진행하겠습니다.

14.
전문가들도 싸우게 하는 주제
기본적 분석 VS 기술적 분석

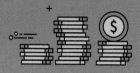

 팀장님 어제 예능 프로 보셨어요? 엄청 유명한 투자자 두 명이서 투자 방법에 대해 토론하는 게 있었는데 분위기 완전 안 좋았잖아요. 카메라 꺼진 후에 바로 서로 주먹 날렸는지도 몰라요.

나도 봤어. 방송이라 일정 부분 편집도 했을 텐데 엄청 살벌하더라고. 그런데 조금 아쉬웠던 건 출연했던 투자자의 마인드였어. 마치 자신만의 매매 방법이 정답이고 다른 투자자의 매매 방식은 옳지 않다는 태도였거든. 이런 부분이 저는 좀 그렇더라고.

맞아요. 저도 인터넷에서도 매매 방식에 관해 싸우는 글들이 많던데 구체적으로 어떤 것 때문이에요?

보통은 기본적 분석과 기술적 분석을 기반으로 논쟁하는 경우가 많아. 앞으로 매매 방식에 대해서 본격적으로 이야기할 예정이니 가볍게 두 개가 어떤 것 인지만 알아보자고. 먼저 **기본적 분석은 기업의 내재 가치를 통해 주가를 예측하는 방법**이야. 이렇게 내재가치를 평가하고 분석할 때는 '주가는 기업의 내재가치에 맞는 가격에 거래되지 않는다'는 것을 전제로 잡아. 즉, 단기적으로는 주가와 가치의 차이가 클 수 있고, **장기적으로 주가는 기업의 내재가치에 수렴한다**고 생각하는 거지.

 음 그러면 '내재가치가 높은 기업이지만, 주가가 낮은 기업'은 언젠가는 높은 내재가치를 따라 주가도 올라간다는 말씀이실까요?

 정확해. 그래서 높은 내재가치를 가진 종목을 찾는 것. 그게 기본적 분석의 핵심 중 하나지. 세계적인 투자가 워렌 버핏이 바로 기본적 분석의 대표 주자야. 그는 기업의 성과와 부채 등을 분석해서 성장성 등이 좋은 종목들에 장기간 투자하는 것을 즐겼다고 해. 이를 통해 큰 수익을 마련하고 억만장자로 거듭나게 됐지. 워렌 버핏 같은 거물 투자자가 아니더라도, 일반 기본적 투자자들도 많게는 100% 이상의 수익을 얻을 만큼 느긋한 투자를 하는 경우가 많아.

그렇다면 기본적 분석에서 말하는 가치를 구하는 방법은 뭘까? 가장 대표적인 건 기업의 사업보고서야. 사업보고서를 보면 기업이 얼마큼의 사업을 운영하고 있는지를 데이터로 한눈에 확

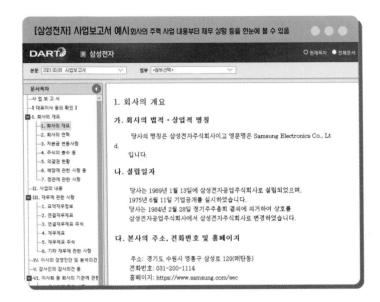

인 가능하거든.

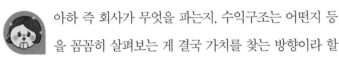
아하 즉 회사가 무엇을 파는지, 수익구조는 어떤지 등을 꼼꼼히 살펴보는 게 결국 가치를 찾는 방향이라 할 수 있겠군요. 그럼 기본적 분석에 맞는 투자를 하기 위해선 좋은 사업을 영위하거나 재무가 좋은 기업들만 찾으면 되는 걸까요?

그러면 좋겠지만, 좋은 기업이라도 시대 트렌드에 따라가지 못한다면 주가의 상승폭이 덜하거나 심하면 고사하는 경우도 있어. 예를 들어, 지금 같은 4차 산업혁명시대에는 아무래도 첨단산업이 대세를 이루겠지. 때문에 구시대의 기술을 갖고 있는 기업보다는 시장의 관심권에 가까운, 최신 반도체 기술을 갖고 있는 기업에 투자하는 게 더 빠른 수익으로 연결할 수도 있겠지.

네 알겠습니다. 그럼 기본적 투자를 원하는 투자자들은 기업에 대한 철저한 분석과 시대 트렌드를 동시에 파악하는 힘이 필요하겠네요.

 잘 파악했네. 기본적 분석이 우리에게 큰 수익을 안겨줄 수도 있지만, 세 가지 주의점이 존재해.

첫째, 정보의 불균형이 생길 수 있어. 예를 들어, 공시에는 기업의 가치를 평가하기 위한 방대한 데이터가 있지만, 때로는 회사의 모든 걸 안 알려주기도 해. 왜냐하면 일부 기업들 중에는 자신들에게 불리한 내용은 축소해서 표현하는 경우도 있거든. 이런 부분은 일반 투자자들이 알아내기는 사실상 불가능하지. 이런 부분 때문에 공시 외 일반 뉴스도 꼼꼼히 챙겨봐서 다른 이슈가 없는지 체크하는 게 좋아.

둘째, 정식 보고서가 1년에 4번까지만 나오기 때문에 그 외 시간에 기업을 파악할 수 있는 노력이 추가적으로 필요해. 정확한 기업 내재 가치를 파악하기 위해선 꾸준한 자료 업데이트가 필요한데 중요한 재무제표라 한들 1년에 4번밖에 발표되지 않으니 투자자들로서는 매우 아쉽지.

셋째, 투자 결과에 도달하는 시간이 비교적 긴 편이야. 때문에 상승하지 않는 종목에 돈이 묶여, 다른 곳에 쓸 수 없으니 기회비용

측면에서 손해일 수도 있어. 이런 점 때문에 빠른 수익을 원하는 투자자라면 이 시간을 견디지 못하는 경우가 많지.

 아~ 그러면 혹시 주가가 높은 종목들은 다 가치가 높은 기업들일까요? 말씀 주신 내용들을 생각해보면, 가치가 높은 기업 = 주가가 높은 기업이란 생각이 들어서요.

 아 그점은 많은 투자자들이 헷갈려 하는 부분이야. 기본적 분석의 전제는 '주가는 기업의 내재가치에 맞는 가격에 거래되지 않는다'였잖아. 때문에 가격 ≠ 가치라고 생각하면 돼.

예를 들어, 북한에서 미사일을 쏜다는 뉴스가 나오면 방산업체의 주가가 일제히 상승하지. 또 코로나19가 발생했을 때는 마스크와 관련된 이슈만 있기만 해도 해당 업체들의 주가가 치솟았어. 이런 패턴을 보면 단순히 '주가가 높다 = 가치가 높다'는 게 아닐 수 있지. 이 외에도 좋은 실적이 나오거나, 대주주 리스크가 있다라는 뉴스 등을 통해 주식의 가격은 끊임없이 오르내릴 거야. 이 때 주가가 오르는 종목을 가치가 있다고 덥석 투자하게 되면 큰 일이 날 수 있으니 주의해야 한다고.

다른 관점에서 말하면, 주가가 낮거나, 현재의 실적이 안 좋다고 하더라도 그 기업의 가치가 없다고 단정해서는 안 돼. 사업보고서 등을 통해 그 기업이 트렌드에 맞는 새로운 연구 공장을 신설하느라 많은 돈을 사용하고 있어서 실적이 안 좋게 보일 수도 있지.

그럼, 주가는 온전히 내재가치만을 반영한다고 말하면 안 되겠네요. 기본적 분석할 때는 이 부분이 헷갈릴 수 있으니 한 번 정리를 해보겠습니다.

1	**기업의 내재가치를 통해 주가를 예측** : 주가와 기업의 내재가치 차이가 클 수 있지만, 장기적으로 주가는 기업의 내재가치에 수렴한다고 가정하는 방식. 때문에 내재가치가 높은 기업을 찾는 것을 투자의 기본으로 한다.
2	**주가와 내재가치가 반드시 일치하지는 않음** : 기업 가치와 무관하게 개별 이슈나 외부적 요인 등으로 주가는 언제라도 급변할 수 있기 때문에 현재 주가가 기업가치를 대변하는 가격이라고 할 수는 없다.
3	**비교적 객관적인 데이터를 통한 자료 수집** : 사업보고서 등의 자료를 통해 회사의 자산과 자본, 부채 현황 등의 재무 상황이나 주요 사업영역, 앞으로의 비전 등을 확인할 수 있다.
4	**추가적인 정보 파악 필요** : 사업보고서에서도 때로는 기업에 불리한 내용이 축소되는 경우도 있을 수 있고, 보고서의 제공 횟수도 제한되어 있어 정보를 얻는 경로가 부족할 수 있다.
5	**수익을 위해선 오랜 시간이 필요할 수 있음** : 고수익을 위해 시장에서 평가 받기까지 오랜 시간이 소요될 수 있으며, 잘못된 투자 판단 시 투자금이 묶이는 기회비용의 손실로 이어질 수 있다.

 아주 좋아. 그럼 다음으로 기술적 분석을 알아보자. **기술적 분석은 기업의 내재가치보다는 차트의 변화에 중점을 두고 확률 높은 자리를 찾아 매매하는 방식이야.** 구체적으로 지지와 저항, 이동평균선, 매물대, 거래량 등의 도구를 통해 미래의 움직임을 예측하는 거지. 또한 차트의 움직임은 반복되는 경향이 많은데 이를 통해 확률높은 패턴에 투자할 수 있어.

또 기본적 분석은 종목을 분석한 뒤 기다림을 통해 큰 수익을 얻는 걸 목표로 했겠지. 반대로 기술적 분석은 차트가 괜찮은 종목을 빠르게 선택, 반복적인 수익을 통해 수익 극대화를 목표로 하고 있어. 이런 기술적 분석의 대표주자로는 제시 리버모어가 있어. 5달러로 주식투자를 시작한 뒤 결과적으로 1억 달러라는 금액을 만든 전설적 투자가야.

 기본적 분석과는 또 다른 매력이 있네요! 저는 특히 매수와 매도 타이밍을 유추할 수 있다는 건 정말 대단한 것 같아요. 이 부분만 잘 캐치하면 수익 얻기에 문제가 없을 것 같다라는 생각이 드는데요.

 물론 100%는 아니지만, 경험이 많은 투자자일수록 매매의 타점을 확인할 수 있지. 이 외에도 단순 매수/매도뿐 아니라 반복되는 패턴을 통해 비교적 빠른 대응도 가능하지. 하지만 기술적분석도 두 가지 주의점은 존재하지.

첫째, 매매가 비교적 잦고 빠르기 때문에 쉽게 손실로 이어질 수 있어. 특히 초보 투자자들은 대응을 하기도 전에 주가가 급락해 망연자실하는 경우가 많으니 주의해야 해. 또 급격히 주가가 변하는 종목에서는 큰 수익에 대한 유혹을 참지 못하고 뇌동매매를 할 수 있지.

둘째, 다양하고 꾸준한 경험이 필요해. 익숙한 차트 모양을 가진 종목이 있더라도 시장 상황에 따라 주가가 완전히 달라질 수 있거든. 때문에 상승장, 횡보장, 급락장 등 다양한 시장 상황이나 여러 대외적 이슈에 대한 경험 체득이 필요해. 경험이 늘어날수록 특이 패턴에 대해 대응을 쉽게 할 수 있기 때문이야.

 네, 알겠습니다. 그럼 기술적 분석에 대한 주의점도 정리를 해볼게요.

1	**종목 선택 시간이 짧은 편** : 차트의 변화에 빠르게 대응해야 하기 때문에 짧게는 몇 분, 길게는 며칠 안에 종목을 선정할 수 있다. 물론, 기술적 분석도 내재가치를 감안해 종목을 선정하기도 하지만, 가치투자에 비해서 그 비중이 적은 편이라고 할 수 있다.
2	**반복적이고 꾸준한 경험이 중요** : 본인에게 맞는 매매방법을 찾기 위해서는 반복적인 경험으로 시행착오를 줄이면서 확률을 높여가는 과정이 필요하다. 또한 다양한 시장에서 지속적으로 테스트해야 하기 때문에 완벽하게 마스터하기 위해서는 일정 시간이 소요된다.
3	**빠른 수익 & 빠른 손실 모두 가능** : 기술적 분석을 올바르게 판단 시, 단기간에 큰 수익을 낼 수 있지만 잘못된 해석 등이 있을 경우 단기간에 큰 손실로 이어질 수 있다.
4	**반복 패턴을 믿고 투자** : 근거 없는 매매가 아닌, 확률적으로 반복적인 패턴은 있다는 전제하에 접근하여 투자한다.
5	**철저한 멘탈 관리 필요** : 매매방식이 비교적 간단명료한 경우가 많아서 마인드 컨트롤이 안되면 뇌동매매의 유혹을 참기가 쉽지 않다.

 정리 감사합니다. 그런데 기본적 분석에서는 기업 내부 상황 및 외부 이슈 등 여러 조건을 확인하고 투자를 하잖아요. 반면에 기술적 분석은 차트만 괜찮으면 일단 투자해도 괜찮을까요?

 기술적 분석을 처음 하는 투자자들은 방금 말한 것처럼 기업의 가치나 이슈 등에 대해 고려하지 않는 경우가 많지. 하지만 이건 정말 위험한 방법이야. **기술적 분석을 중점으로 하는 투자자들도 이 부분을 유심히 공부해야 한다고!**

그 중 뉴스 해석은 정말 중요한 거라고 할 수 있어. 투자자들은 뉴스를 통해, 아래와 같은 판단을 할 수가 있어.

호재 해석	**일회성 상승인지, 장기적 상승인지를 판단** ex) 정부의 기업 규제 완화 : 꾸준한 완화 및 개선에 따라 일회성이 될 수도, 장기적 상승 시너지를 불러일으킬 수도 있음.
악재 해석	**기업 가치와 달리 과도하게 떨어져서 다시 상승할 수 있는 것인지, 아니면 회생 불가인 이슈로 아예 건드리지 않는가를 판단** ex) 연예인의 나쁜 사생활 폭로로 인한 엔터 회사 주가 하락 : 폭넓은 연예인들을 보유 시 다른 연예인들의 활약으로 재상승 가능. 　반면, 문제가 된 연예인 외 다른 매출 창출원이 없는 회사라면 회복이 힘들 수 있음.
재료 크기 판단	**반복되는 이슈인지를 확인해 지속해서 모니터링** ex) 튼튼한 내실을 갖춘 기업의 상장 이슈 : 공식적인 상장 예정일이 없어도, 상장에 관한 추측성 언론 기사가 뜰 때마다 주가가 상승할 수 있음.

에고. 저는 바로 차트만 보고 하는 줄 알았는데 아니었군요. 음… 그러면 지금까지 기본적·기술적 분석에 대해 공부했는데요, 어떤 게 좋은 투자방법일까요?

말 한대로 **기본적·기술적 분석은 모두 투자의 핵심이야. 다만 어떤 게 좋고, 나쁘다고 말하기는 어려워. 두 부분 모두 각각의 장점과 단점이 있기 때문이지.** 때문에 송이 대리는 둘 중 자신에게 잘 맞는 것을 택해도 좋고, 둘 모두를 혼용해서 사용할 수 있으면 더 좋지.

아하~ 알겠습니다. 그럼 저와 같은 초보는 아직 경험이 부족하기 때문에 기본적 분석을 통해 기업의 가치를 먼저 파악할게요. 그리고 기술적 분석을 공부하면서 매매 타점이나 주가 흐름을 예측하는 연습을 하겠습니다.

주식력을 키우는 ○× 챌린지!

1. 코스피 종목은 코스닥 종목보다 상장조건이 까다롭기 때문에 투자에 대한 기대수익률이 더 높다. ☐O ☐X

2. 보통주와 우선주는 동일한 배당 수익률과 의결권을 가진다. ☐O ☐X

3. 청약을 넣는 방법은 MTS, HTS 등을 설치하고 KRX 한국거래소를 통해서 신청 가능하다. ☐O ☐X

4. 주식을 감자 또는 증자 하는 경우 보유 주식의 1주당 가치는 달라질 수 있다. ☐O ☐X

5. 주식을 액면분할 또는 액면병합을 하는 경우 보유 주식의 1주당 가치는 달라질 수 있다. ☐O ☐X

6. 통상적으로 실적이 좋지 않은 기업의 유상증자 결정은 단기적으로 주가에 악재로 작용한다. ☐O ☐X

7. 기본적 분석이 기술적 분석에 비해 투자 분석 소요 시간이 비교적 긴 편이다. ☐O ☐X

8. 코스피와 달리 코스닥은 MTS에서만 매매할 수 있다. ☐O ☐X

9. 투자주의환기 종목은 관리 종목 내지 상폐로 악화될 우려가 있는 기업을 투자자에게 사전에 알리기 위해 지정하는 것이다. ☐O ☐X

10. 기업의 상장 당일 주가는 반드시 상승한다. ☐O ☐X

11. 자산은 자본금과 부채의 합이다. ☐O ☐X

12. 자본금은 액면가액과 발행한 주식의 수를 합친것이다. ☐O ☐X

13. 발행 주식수를 줄여서 자본을 줄이는 것을 감자라 한다. ☐O ☐X

14. 증자는 발행 주식수를 늘려서 자본금 액수를 키우는 것을 뜻한다. ☐O ☐X

15. 무상감자는 주주에게 돈을 주지 않고 주식을 회수하여 소각하는 것, 유
    상감자는 주주에게 돈을 주고 주식을 회수하여 소각하는 것을 뜻한다.
    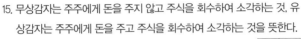 O ✕

16. 무상감자는 대체로 호재, 무상증자는 대체로 악재로 인식된다.
    O ✕

17. 액면분할은 동전주라는 인식을 개선시키기 위해 주식수를 나누는 것
    을 말한다. O ✕

18. 계좌를 분리하는 것이 투자에 도움이 될 수 있지만, 투자금이 1억 이상
    일 때만 분리하는 것이 좋다. O ✕

19. 누구나 아는 미인주를 찾는 것은 시간을 아끼는 단기투자자에게 비교
    적 적합하다. O ✕

정답 확인하기

1. [×] 코스피 종목이 상장 조건이 더 까다롭지만 기대수익률과는 연관성이 없다.

2. [×] 서로 다른 배당 수익률을 가질 수 있으며 우선주에는 의결권이 없다.

3. [×] KRX와 무관하게 MTS, HTS를 통해서 신청이 가능하다.

4. [○] 유통 주식수의 증감이 있는 경우 주당 가치가 희석이 될 수 있다.

5. [○] 기업 가치에는 변화가 없지만 주당 가치에는 변화가 있다.

6. [○] 실적이 좋으면서 유상증자를 하면 매출 증대를 위한 노력으로 해석이 가능하지만 실적이 형편없는 기업의 유상증자는 단기적으로 주가에 악재로 작용한다.

7. [○] 기본적 분석에 비해서 기술적 분석 투자 방식이 투자 결정까지 소요되는 시간이 짧다.

8. [×] 코스피와 코스닥 종목들 모두 HTS와 MTS에서 매매가 가능하다.

9. [○] 기업의 상황이 악화될 우려가 있는 경우 투자자에게 사전에 알리기 위해 지정하는 것이다.

10. [×] 상장 당일 주가는 상승 또는 하락하는 케이스도 모두 존재한다.

11. [×] 자산은 자본과 부채의 합이다. 자본금은 자본 안에 속해 있다.

12. [×] 자본금은 액면가액과 발행한 주식의 수를 곱한 것이다.

13. [×] 발행 주식수를 줄여서 자본금을 줄이는 것이 감자다.

14. [○] 증자는 발행 주식수를 늘려서 자본금 액수를 키우는 것.

15. [○] 무상감자는 주주에게 돈을 주지 않고 주식을 회수하여 소각하는 것, 유상감자는 주주에게 돈을 주고 주식을 회수하여 소각하는 것을 뜻한다.

16. [×] 무상감자는 주주들이 보상을 못 받고 주식 수량을 잃기 때문에 대부분 악재로 인식, 무상증자는 주주의 입장에서 주식수를 무료로 받으며 거래량까지 늘어날 수 있으니 대체로 호재로 인식한다.
17. [×] 액면분할은 거래량을 늘리기 위한 목적이 있으며, 동전주 인식 개선은 액면병합의 주 목적이다.
18. [×] 투자금에 상관없이 계좌를 매매 스타일별로 분리한다면 뇌동매매 등을 방지할 수 있어 투자에 도움이 될 수 있다.
19. [ㅇ] 누구나 아는 미인주를 찾는 것은 시간을 아끼는 단기투자자에게 비교적 적합하다고 볼 수 있다.

Chapter 04

실전에 앞서
주식 매뉴얼 정독하기

1.
실전 투자자는
어떤 HTS 화면을 볼까?

 팀장님 저 항상 궁금한 것이 있었는데요, 실전 투자자들은 HTS에서 어떤 걸 보면서 투자를 하나요? 이론으로는 알겠는데 막상 실전에서 하려면 뭐부터 봐야 할지 고민이 될 것 같아서요.

초보 투자자들이 실전 투자자, 특히 고수들의 HTS 화면 세팅을 보면 뭔가 엄청난 비법이 있다고 생각할 거야. 그러나 그들도 일반 투자자와 크게 다를 게 없어. 똑같이 제공되는 HTS 기능을 본인이 보기 편한 구성으로만 맞추었을 뿐 대단한 무언가를 찾으려 한다면 오히려 낭패를 볼 수 있지.

이렇듯 HTS 세팅에는 정답은 없지만, 그래도 송이 대리가 궁금해하니 투자 방법에 따라 자주 사용하는 HTS 화면 구성까지는 알려줄 수 있도록 해볼게.

기본적 분석 투자자들이 자주 보는 화면

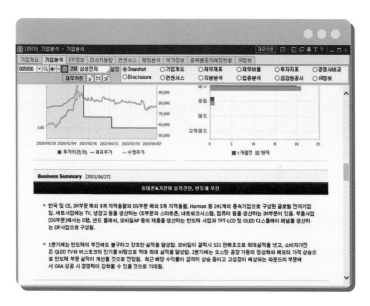

[0919] 기업분석은 기본적 분석 투자자에게서는 떼려야 뗄 수 없는 화면 중 하나이지. 예를 들어, 송이 대리가 분석하고 싶은 기업이 생겨서 사업보고서까지 찾아서 보려고 하면 다소 시간이 소요될 수 있지만 해당 화면에서는 기업과 관련한 여러 정보들이 잘 요약되어 있지. 특히 Financial Highlight 부분에서는 실적, 자산 변동 상황, 예상 실적까지 단번에 볼 수 있다는 장점이 있어.

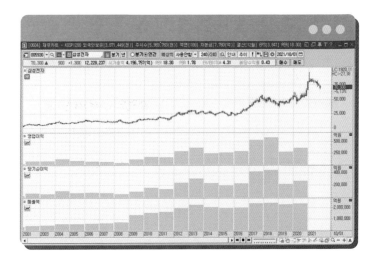

[0604] 재무차트는 매출을 기반으로 영업이익, 당기순이익 등의 실적과 관련한 수치를 볼 때 편해. 물론 [0919] 기업분석 화면을 통해서 기업의 사업 개요와 3년치 실적 및 주요 수치들을 볼 수 있지만 3년 이상의 주요 수치들을 한번에 보고자 한다면 재무차트를 활용하는 게 좋을 거야. 주로 기본적 분석 기반으로 하는 중장기 투자 성향의 투자자들이 보는 화면이라고 할 수 있지. 투자자들이 중요시 하는 수치를 설정하여 볼 수 있다는 점에서 편리함이 있지.

기술적 분석 투자자들이 선호하는 화면

[0181] 전일대비등락률상위, [0186] 거래대금상위 화면은 당일의 강세 종목을 확인하는 목적으로 보는 화면이라고 할 수 있어. 둘 중 하나만 봐도 무관하지만 같이 보는 이유는, 당일 시장을 주도하는 주도주는 보통 등락률과 거래대금이 둘 다 충분히 많아야 주도주라고 할 수 있어. 그래서 등락률을 메인으로 보고, 실제 거래되고 있는 금액대도 같이 보는 거야. 등락률 상위 기준으로 보면 거래대금은 적고 등락률만 높은 가벼운 종목이 잡혀서 혼동을 줄 수 있기 때문이지. 당일 시장을 주도하는 주도주는 보통 등락률도 높지만 거래대금도 충분히 많아야 주도주라고 할 수 있거든. 그래서 등락률도 중요하지만 실제로 거래되고 있는 금액이 어느 정도인지를 보는 거야. 그리고 HTS 화면에서 공간을 많이 차지하는 것이 싫은 경우에는 창 우측에 있는 m 버튼을 눌러서 작은 화면으로 보는 경우도 있어.

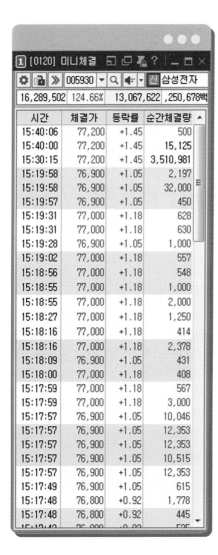

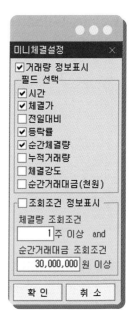

이번에는 [0120] 미니체결에 대해 알아보자. [2000] 주식종합과 같은 일반적인 화면에서도 체결은 볼 수 있지만 일부러 따로 미니체결 화면을 빼서 보는 경우가 종종 있어. 그 이유 중에 하나는 미니체결설정에서 **조회조건 정보표시**를 통해서 **체결량과**

금액을 설정하여 본인이 보고자 하는 최소 단위 체결량을 설정할 수 있기 때문이야. 종목별로 주당 가격이 천차만별이기 때문에 체결량 또는 순간거래대금 설정을 통해서 불필요하게 적은 금액의 체결량은 제외시킬 필요가 있기 때문이야. 이러한 기능 때문에 단기투자자중에는 금액 설정을 통해서 따로 큰 단위가 들어오는 체결량만 별도로 보려고 설정하는 경우도 있어.

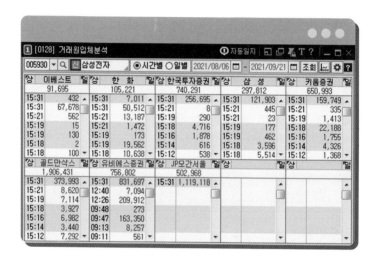

[0128] 거래원 입체분석 역시도 단기투자자들이 보는 화면 중 하나로 분 단위로 증권사 거래원의 체결 물량을 체크하는 경우에 보기도 해. 다만 같은 단기투자자라 하더라도 차트, 호가창, 체결량을 더 중요시하는 경우에는 거래원을 보는 비중을 낮게 두는 투자자들도 있지.

다음으로 [1051] 장중투자자별매매(잠정치)는 장중 조회 종목의 수급 상황을 체크하기 위한 화면이야. 단기투자 진행 시에는 수급매매와 연결해서 활용하는 경우가 많은 편이고 거래대금이 낮은 종목보다는 중소형주 이상의 거래대금이 충분한 종목에서 잠정치를 보며 매매에 참고하기도 해.

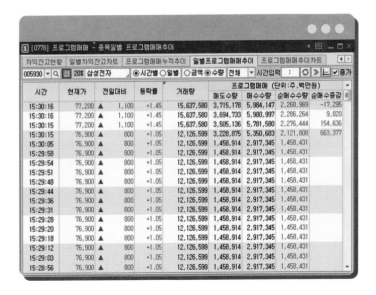

[0778] 프로그램 매매는 외국인 매수세를 유추하기 위해 단기투자에 많이 보는 창이야. 여기에 거래원, 체결창 등을 같이 보면서 실시간 매수세의 움직임을 체크할

때 주로 사용해.

[8282] 주식호가주문은 창은 이전에 우리가 봤던 호가창과 살짝 다르지? 가격과 수량을 입력해서 주문을 넣는 기존 호가창에 비해서 주식호가주문은 **내가 원하는 가격에 빠르게 마우스 클릭을 통해서 주문을 넣고 뺄 수 있는 장점이** 있어. 마우스 움직임 만으로도 주문, 취소가 될 뿐만 아니라 거래가 체결될 경우 보유잔고 현황도 화면 안에서 알려주는 장점이 있지.

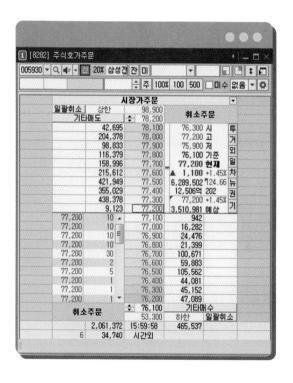

그리고 작은 팁을 알려줄게. 단기투자시에는 [0600] 종합 차트에서 일봉위과 분봉아래을 동시에 보는 경우가 많아. 하나의 화면으로도 일봉과 분봉을 전환하면서 볼 수는 있지만, 차트가 빠르게 변할 때는 일일이 눌러야 하는 귀찮음이 있잖아. 때문에 **단기투자 시에는 일봉과 분봉을 같이 세팅을 해서 본다면, 빠르게 변하는 차트의 흐름을 손쉽게 볼 수 있을 거야.**

기본적·기술적 분석 투자자들이 공통으로 선호하는 화면

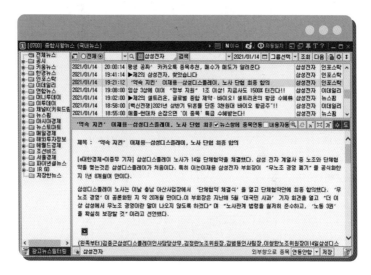

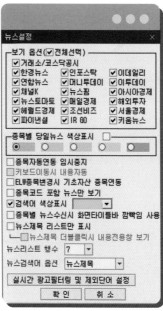

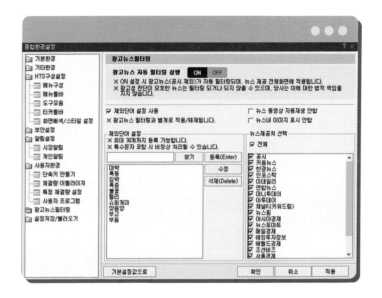

이번에는 투자자의 기본적·기술적 분석 성향과 무관하게 모두가 보는 화면들을 살펴보자. 먼저 [0700] 종합시황뉴스 화면이야. 혹시나 **기술적 분석은 뉴스를 볼 필요가 없는 것 아닌가** 라고 생각할 수 있는데, 정말 잘못된 생각이야. 뉴스와 공시에 대한 호재, 악재를 명확하게 해석할 수 있는 능력은 투자 성향과 무관하게 필수로 갖추어야 할 능력이야. 뉴스와 공시는 주가에 영향을 미칠 수 있는 가장 대표적인 요소이니까 단기투자자라도 꼭 봐야 하는 화면이지.

그런데 뉴스를 보다 보면 필요가 없다고 느끼는 언론사나 광고 뉴스 등을 쉽게 접할 수 있을 거야. 이럴 땐 설정을 통해 특정 언론사의 뉴스를 보지 않거나 좌측 하단 '광고 뉴스 필터링' 기능을 통해서 광고 뉴스를 걸러낼 수 있어. 송이 대리도 이 점을 잘 활용하는 게 좋을 거야.

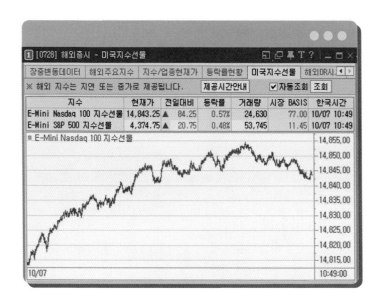

뉴스 얘기를 해서 그런데, 주식을 할수록 국내뿐 아니라 해외 이슈도 특히 중요해. 그 이유는 국내 증시가 미국, 중국 등의 해외 증시의 영향을 많이 받기 때문이지. 그 중 미 증시의 영향을 가장 많이 받고 있어서 다음날 국내 증시가 어떻게 진행되는지를 알기 위해서는 미국 증시를 잘 보는 게 좋지. 그럼 자세히 알아보자고. 먼저 국내 및 미국의 대표 증시 시간은 아래처럼 구분할 수 있어.

	구분 거래	시간대
1	국내 정규장 종료	오후 3시 30분
2	미국 지수 선물장	오전 7시 ~ 다음날 새벽 6시
3	미국 정규 주식장	오후 10시 30분 ~ 다음날 새벽 5시
4	국내 정규장 시작	오전 9시

* 국내 시간 기준 / 2021 썸머타임 적용

즉, 국내 정규 주식장과 함께 ▶ 미국 지수 선물장 ▶ 미국 정규 주식장을 순서대로 보면 다음날 오전 9시 국내 정규 주식장이 열릴 때 주가가 어떻게 변할지 예측할 수 있는 거지.

만약, 미선물 지수가 급락하면 ▶ 미국 증시도 하락할 수 있고 ▶ 이 경우 국내 증시에도 악재가 생겨서 장시작과 동시에 주가가 떨어질 확률이 높지.

이 때문에 [0728] 해외증시 화면을 통해서 국내 증시에 영향을 미칠 수 있는 대외 상황을 체크하는 것은 매매할 때 중요한 부분이야.

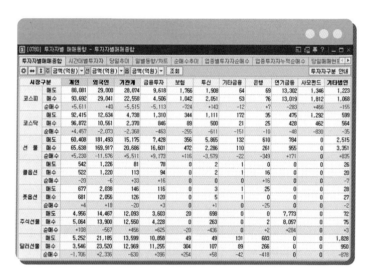

시장구분		개인	외국인	기관계	금융투자	보험	투신	기타금융	은행	연기금등	사모펀드	기타법인
코스피	매도	88,081	29,000	28,074	9,618	1,766	1,908	64	69	13,302	1,346	1,223
	매수	93,692	29,041	22,558	4,506	1,042	2,051	53	76	13,019	1,812	1,068
	순매수	+5,611	+40	-5,515	-5,113	-724	+143	-12	+7	-283	+466	-155
코스닥	매도	92,415	12,634	4,738	1,310	344	1,111	172	35	475	1,292	599
	매수	96,872	10,561	2,370	846	89	500	21	25	428	462	564
	순매수	+4,457	-2,073	-2,368	-463	-255	-611	-151	-10	-48	-830	-35
선 물	매도	60,408	181,493	15,175	7,428	356	5,865	132	610	784	0	2,515
	매수	65,638	169,917	20,686	16,601	472	2,286	110	261	955	0	3,351
	순매수	+5,230	-11,576	+5,511	+9,173	+116	-3,579	-22	-349	+171	0	+835
콜옵션	매도	542	1,226	81	78	0	2	1	0	0	0	26
	매수	522	1,220	113	94	0	2	1	16	0	0	20
	순매수	-20	-6	+33	+16	0	0	0	+16	0	0	-7
풋옵션	매도	677	2,038	146	116	0	3	1	25	0	0	28
	매수	681	2,056	126	120	0	5	1	0	0	0	27
	순매수	+4	+18	-20	+3	0	+1	0	-25	0	0	-2
주식선물	매도	4,956	14,467	12,093	3,603	20	698	0	0	7,773	0	72
	매수	5,064	13,900	12,550	4,228	0	263	0	2	8,057	0	75
	순매수	+108	-567	+456	+625	-20	-436	0	+2	+284	0	+3
달러선물	매도	5,252	21,185	13,599	10,858	49	49	131	683	0	0	1,828
	매수	3,546	23,520	12,969	11,255	304	107	89	266	0	0	950
	순매수	-1,706	+2,336	-630	+396	+254	+58	-42	-418	0	0	-878

시장구분	개인	외국인	기관계
코스피	+5,611	+40	-5,515
코스닥	+4,457	-2,073	-2,368
선물	+5,230	-11,576	+5,511
콜옵션	-20	-6	+33
풋옵션	+4	+18	-20
주식선물	+108	-567	+456
달러선물	-1,706	+2,336	-630

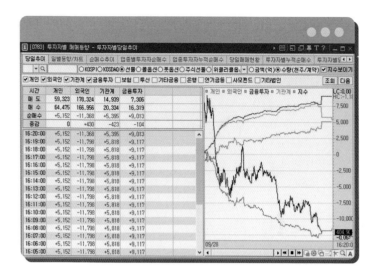

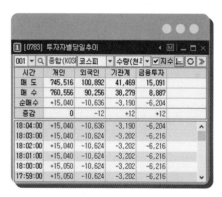

[0780] 투자자별 매매동향 – 투자자별 매매종합 , 그리고 [0783] 투자자별 당일추이 두 개 모두 지수의 수급 현황을 체크하기 위한 화면이야. 보유기간이 짧은 단타, 스 캘핑도 체크해야 해. 그 어떤 매매도 지수의 영향을 받지 않을 수 없기 때문에 **지수 의 상황이 급변하고 있는지 확인이 필요하지.**

둘 중에 어떤 것을 보아도 무관하나 단타 성향이 강한 투자자들은 [0783] 처럼 실시 간 수급의 추이가 나오는 화면을 사용하고는 해.

그런데 위 화면들은 수치가 정확히 나온다는 장점이 있는 반면에, 당일의 주가 변동 폭과 추이가 한눈에 보이지 않는다는 단점도 있지. 그래서 이런 단점을 보완하고자 하는 경우는 [0600] 종합 차트에서 따로 코스피, 코스닥 차트를 분봉으로 보곤 해. 수치만 볼 경우, 단번에 시가부터 강세인 날인지 시가는 약세로 시작했지만 저가부 터 반등을 나오고 있는지에 대한 판단이 늦어질 수 있기 때문이지.

 말씀주신 내용들을 보니 제가 생각한 만큼 완전히 새로 운 화면을 보는 건 아니었군요. 저는 화면 구성만으로 매매타점이나 알짜 기업들을 찾아내는 데 대단한 도움을 받는 것 은 아닐까 궁금했거든요.

 맞아. 초보 투자자들은 멋진 화면 구성과 화려한 차트 세 팅이 있으면 수익도 더 좋아질 거라 생각할 수 있어. 그런데 화면 세팅도 결국 본인의 투자 성향을 정확히 파악이 되었느냐가 먼저일 거야. 투자 성향이 정립이 되었다면, 그에 맞는 화면 구성도 쉽게 할 수 있고 결국 투자 효율도 좋아질 거니까. 송이 대리도 실전 투자자 HTS 화면을 무조건 따라하기보다는 각 기능을 익혀나가면서 송이 대리만의 세팅법을 완성해봐!

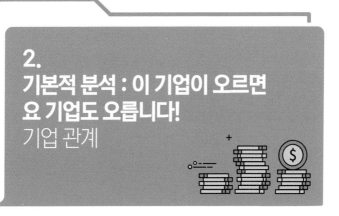

2.
기본적 분석 : 이 기업이 오르면 요 기업도 오릅니다!
기업 관계

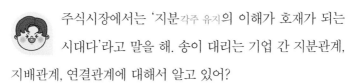

주식시장에서는 '지분^{각주 유지}의 이해가 호재가 되는 시대다'라고 말을 해. 송이 대리는 기업 간 지분관계, 지배관계, 연결관계에 대해서 알고 있어?

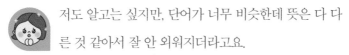

저도 알고는 싶지만, 단어가 너무 비슷한데 뜻은 다 다른 것 같아서 잘 안 외워지더라고요.

기업구조 파악이 주식공부에 필수라고 하던데요? 연결된 기업끼리 서로 영향을 주고 받기 때문에요. 연결된 기업의 호재가 내가 산 주식에도 호재를 끼칠 수 있으니까 파악하고 있어야 한다고.

맞아 맞아. 단어가 다 비슷하고 헷갈릴 수 있다는 거 인정하는 바입니다. 복잡한 내용 중에서 이정도만 알아도 된다 싶은 것만 추려 알려줄게. 잘 들어봐.

 진영 팀장의 기업관계 핵심 강의!

먼저 기업 관계는 지배회사와 종속회사로 간단하게 구분할 수 있겠습니다. 종속회사의 실적이 지배회사의 수익에 영향을 주고, 지배회사가 종속회사의 의사결정에 영향을 끼칠 경우에 종속관계라 판단합니다. IFRS국제회계기준에서는 종속관계에 있는 기업에 대해 연결재무제표를 작성해야 합니다종속관계는 지분율과는 상관없습니다. 따라서 연결재무제표만 보면 연결 관계에 있는 회사들을 한눈에 보기 쉽다는 거죠. 연결재무제표는 DART전자공시시스템에서 공시로 올라온 보고서를 통해 확인이 가능하며 별도재무제표와 연결재무제표를 함께 보면, 차이점을 발견할 수 있습니다.
먼저, 삼성전자의 연결재무제표를 보겠습니다. 매출과 당기순이익 숫자를 보세요.

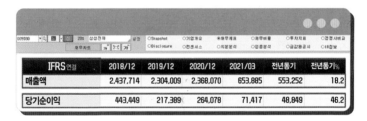

IFRS연결	2018/12	2019/12	2020/12	2021/03	전년동기	전년동기%
매출액	2,437,714	2,304,009	2,368,070	653,885	553,252	18.2
당기순이익	443,449	217,389	264,078	71,417	48,849	46.2

다음은, 삼성전자의 별도재무제표입니다.

IFRS별도	2018/12	2019/12	2020/12	2021/03	전년동기	전년동기%
매출액	1,703,819	1,547,729	1,663,112	450,424	400,879	12.4
당기순이익	328,151	153,533	156,150	45,476	23,059	97.2

매출액과 당기순이익의 차이가 보이시죠~? 이렇듯 연결재무제표는 연결회사의 실적도 포함한 것이고, 별도재무제표는 회사 그 자체만의 재무제표입니다.

조금 더 자세히 구분해보자!

간단한 예시를 표로 보겠습니다.

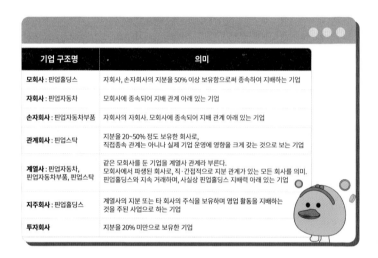

기업 구조명	의미
모회사 : 핀업홀딩스	자회사, 손자회사의 지분을 50% 이상 보유함으로써 종속하여 지배하는 기업
자회사 : 핀업자동차	모회사에 종속되어 지배 관계 아래 있는 기업
손자회사 : 핀업자동차부품	자회사의 자회사. 모회사에 종속되어 지배 관계 아래 있는 기업
관계회사 : 핀업스탁	지분을 20~50% 정도 보유한 회사로, 직접종속 관계는 아니나 실제 기업 운영에 영향을 크게 갖는 것으로 보는 기업
계열사 : 핀업자동차, 핀업자동차부품, 핀업스탁	같은 모회사를 둔 기업을 계열사 관계라 부른다. 모회사에서 파생된 회사로, 직·간접적으로 지분 관계가 있는 모든 회사를 의미. 핀업홀딩스와 지속 거래하며, 사실상 핀업홀딩스 지배력 아래 있는 기업
지주회사 : 핀업홀딩스	계열사의 지분 또는 타 회사의 주식을 보유하며 영업 활동을 지배하는 것을 주된 사업으로 하는 기업
투자회사	지분을 20% 미만으로 보유한 기업

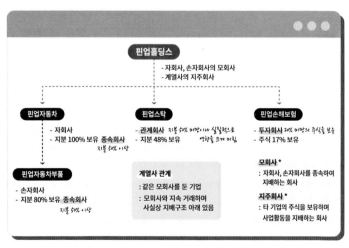

회사 관계도를 표현한 표입니다. 한눈에 보니 이해가 쉬울 것입니다.

지분 관계가 호재가 되는 경우!

한샘의 경우에는 대주주의 지분변동이 기업가치를 훼손할 가능성이 제한적이고, 자녀에게 승계하는 구조가 아니라 경영 후계를 해결하기 위한 지분 매각이었으므로, 시장이 호재로 받아들였습니다.

이 경우 디피씨가 자회사를 통해 투자한 동남아시아 생활 애플리케이션 기업 '그랩'이 미국에 상장을 앞두고 있어.미국 증시를 통한 자금 확보 호재가 모회사의 주가까지 끌어올린 경우입니다.

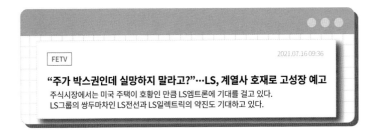

이 경우는 계열사의 잇따른 호재로 모회사의 주가를 상향 예측했다는 기사입니다. 계열사의 호재가 골고루 돌아가면서 주가를 올려줄 것으로 시장이 보고 있다는 것입니다.

지주회사는 주식시장에서 어떤 위치를 가지나요?

이전에 지주회사는 계열사의 주식을 보유하여 손쉽게 지배할 수 있게 만든 것이기도 하다는 설명을 드렸습니다. 그렇다면 주식시장에서 지주회사는 어떤 위치를 가지는지 알아보겠습니다. 일반적으로 지주회사는 상장한 자회사의 주가에 후행합니다. 예를 들자면, 자회사에 호재가 생겨 큰 폭으로 주가가 오를 때, 지주회사는 조금 더 작은 폭으로 느리게 주가가 상승합니다. 지주회사는 자회사 호재에 주가가 반응하기도 하지만 반대로 악재에도 주가가 반응을 하는 구조입니다. 호재든 악재든 책임소지가 확실하게 지주회사에 연결되기 때문에 지주회사를 투자 대상으로 보지 않는 시선도 많습니다.

자회사 KG ETS의 주가 차트를 보겠습니다. 기업의 실적이 크게 개선이 되면서 기업의 가치가 재평가되면서 5월 중순부터 상승하기 시작했습니다.

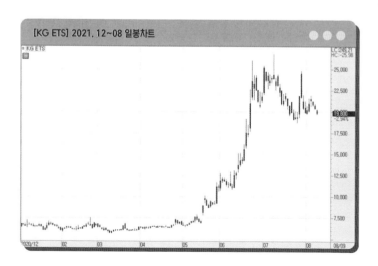

지주회사 KG케미칼의 차트를 보겠습니다. 그에 반해 한 발 늦게 6월 중순부터 주가가 상승하기 시작합니다.

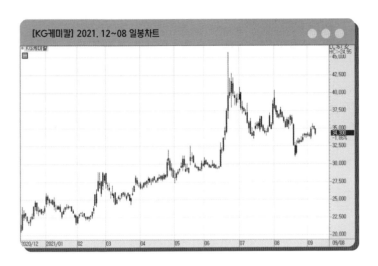

단순히 차트 모양새만 봐도 차이점이 느껴지실 겁니다.

그래서 지주회사에 투자하기 위해서는 자회사에서 관계회사까지 관련 기업들의 실적 추이가 좋은지, 업황 등의 전체적인 상황을 둘러보고 장기적 관점에서 투자 여부를 결정해야 합니다.

3.
내 지갑을 전부 보여줄게
재무상태표

 팀장님! 지난 번 알려주신 기본적 분석 내용을 바탕으로 기업을 파악하려 했는데 너무 힘듭니다 도와주세요.

 음…화면을 보니 재무상태표에서 막혔네. 숫자가 너무 많아서 힘든 거지?

 네 맞아요. 으악 이게 다 무슨 말인지 하나도 모르겠어요.

 그럼 먼저 재무상태표가 어떤 건지를 알아보자고. 재무상태표는 일정 시점에서 기업의 재무상태를 나타내는 것으로 자금 조달 및 투자 상황을 기록하는 표야.

연결 재무상태표

제 52기   2020.12.31 현재
제 51기   2019.12.31 현재
제 50기   2018.12.31 현재

(단위 : 백만원)

	제 52기	제 51기	제 50기
유동자산	198,215,579	181,385,260	174,697,424
현금및현금성자산	29,382,578	26,885,999	30,340,505
단기금융상품	92,441,703	76,252,052	65,893,797
단기상각후원가금융자산	2,757,111	3,914,216	2,703,693
단기당기손익-공정가치금융자산	71,451	1,727,436	2,001,948
매출채권	30,965,058	35,131,343	33,867,733
미수금	3,604,539	4,179,120	3,080,733
선급비용	2,266,100	2,406,220	4,136,167
재고자산	32,043,145	26,766,464	28,984,704
기타유동자산	3,754,462	4,122,410	3,688,144
매각예정분류자산	929,432	0	0
비유동자산	180,020,139	171,179,237	164,659,820
상각후원가금융자산	0	0	238,309
기타포괄손익 - 공정가치금융자산	12,575,216	8,920,712	7,301,351
당기손익-공정가치금융자산	1,202,969	1,049,004	775,427
관계기업 및 공동기업 투자	8,076,779	7,591,612	7,313,206
유형자산	128,952,892	119,825,474	115,416,724
무형자산	18,468,502	20,703,504	14,891,598
순확정급여자산	1,355,502	589,832	562,356
이연법인세자산	4,275,000	4,505,049	5,468,002
기타비유동자산	5,113,279	7,994,050	12,692,847
자산총계	378,235,718	352,564,497	339,357,244
부채			
유동부채	75,604,351	63,782,764	69,081,510
매입채무	9,739,222	8,718,222	8,479,916
단기차입금	16,553,429	14,393,468	13,586,660
미지급금	11,899,022	12,002,513	10,711,536
선수금	1,145,423	1,072,062	820,265
예수금	974,521	897,355	951,254
미지급비용	24,330,339	19,359,624	20,339,687
당기법인세부채	4,430,272	1,387,773	8,720,050
유동성장기부채	716,099	846,090	33,386
충당부채	4,349,563	4,068,627	4,384,038
기타유동부채	1,127,719	1,037,030	1,054,718
매각예정분류부채	338,742	0	0

비유동부채	26,683,351	25,901,312	22,522,557
사채	948,137	975,298	961,972
장기차입금	1,999,716	2,197,181	85,085
장기미지급금	1,682,910	2,184,249	3,194,043
순확정급여부채	464,458	470,780	504,064
이연법인세부채	18,810,845	17,053,808	15,162,523
장기충당부채	1,051,428	611,100	663,619
기타비유동부채	1,725,857	2,408,896	1,951,251
부채총계	102,287,702	89,684,076	91,604,067
자본			
지배기업 소유주지분	267,670,331	254,915,472	240,068,993
자본금	897,514	897,514	897,514
우선주자본금	119,467	119,467	119,467
보통주자본금	778,047	778,047	778,047
주식발행초과금	4,403,893	4,403,893	4,403,893
이익잉여금(결손금)	271,068,211	254,582,894	242,698,956
기타자본항목	(8,687,155)	(4,968,829)	(7,931,370)
매각예정분류기타자본항목	(12,132)	0	0
비지배지분	8,277,685	7,964,949	7,684,184
자산총계	275,948,016	262,880,421	247,753,177
부채와자본총계	378,235,718	352,564,497	339,357,244

[삼성전자] 재무상태표 예시

 확인할 수 있는 방법은 [HTS 〉기업개요] 순서로 들어가서 회사의 대략적인 재무상태를 볼 수 있고, 자세한 내용은 사업보고서 등을 공시하는 금융감독원 전자공시시스템DART에서 볼 수 있어. 우리는 이를 통해 기업의 재무가 탄탄한 상태인지, 아니면 만년 적자에 허덕이는 부실한 기업인지를 확인할 수 있어 재무제표가 기업을 나타내주는 보고서라는 건 알고 있지? 연결재무제표와 개별재무제표 두 가지로 보고서가 나오는데 연결재무제표는 종속기업을 모두 포함해 합쳐서 나오는 보고서이고 개별재무제표는 해당 기업만의 실적을 보여주는 보고서라는 차이가 있어. 재무제표의 종류에는 재무상태표, 손익계산서, 현금흐름표, 자본변동표 등이 있단다.

 앗! 이 작은 표에 그런 게 다 담겨 있는 건가요? 왠지 자본 같은 거에 숫자가 높을수록 좋다는 건 알았지만, 그 정도의 의미가 있는 건지는 몰랐네요.

 맞아. 그만큼 유의미한 정보를 담고 있지. 하지만 모든 걸 다 본다면 머리가 아플 수 있으니 투자 시 많이 보는 주요 내용 위주로 확인하자고.

재무상태표를 구성하는 세 가지는 바로 **자산, 부채, 자본**이야. 학생 때 많이 들어본 말이지?

첫 번째 자산=자산총계은 **기업이 가지고 있는 재산 개념**이라 보면 돼. 자산은 조달된 자본타인자본 포함이 투자된 결과로 볼 수 있으며 재무상태 상의 자산은 유동자산, 비유동자산으로 나뉘어.

- **유동자산** 결산일[1] 로부터 1년 이내에 현금화가 가능한 자산 현금 및 현금성자산, 매출채권 등
- **비유동자산** 결산일로부터 1년 이상 장기적으로 보유하는 자산 기타 비유동 금융자산, 유형자산 등

두 번째는 부채야. 부채는 외부로부터 차입한 돈 등을 의미하는

---

1. **결산일** 기업은 1년을 기준으로 1년 동안의 수입과 지출을 마감하여 계산을 하는데 이때 마감하는 일을 설정한 것을 결산일, 마감하는 월을 결산월이라 한다.

	제 52기	제 51기	제 50기

제 52기 2020.12.31 현재
제 51기 2019.12.31 현재
제 50기 2018.12.31 현재

(단위 : 백만원)

	제 52기	제 51기	제 50기
유동자산	198,215,579	181,385,260	174,697,424
현금및현금성자산	29,382,578	26,885,999	30,340,505
단기금융상품	92,441,703	76,252,052	65,893,797
단기상각후원가금융자산	2,757,111	3,914,216	2,703,693
단기당기손익-공정가치금융자산	71,451	1,727,436	2,001,948
매출채권	30,965,058	35,131,343	33,867,733
미수금	3,604,539	4,179,120	3,080,733
선급비용	2,266,100	2,406,220	4,136,167
재고자산	32,043,145	26,766,464	28,984,704
기타유동자산	3,754,462	4,122,410	3,688,144
매각예정분류자산	929,432	0	0
비유동자산	180,020,139	171,179,237	164,659,820
상각후원가금융자산	0	0	238,309
기타포괄손익-공정가치금융자산	12,575,216	8,920,712	7,301,351
당기손익-공정가치금융자산	1,202,969	1,049,004	775,427
관계기업 및 공동기업 투자	8,076,779	7,591,612	7,313,206
유형자산	128,952,892	119,825,474	115,416,724
무형자산	18,468,502	20,703,504	14,891,598
순확정급여자산	1,355,502	589,832	562,356
이연법인세자산	4,275,000	4,505,049	5,468,002
기타비유동자산	5,113,279	7,994,050	12,692,847
자산총계	378,235,718	352,564,497	339,357,244

[삼성전자] 재무상태표 중 자산 부분

데, 주주에게 조달받은 자본이 아니기 때문에 타인 자본이라고도 불러. 부채는 항목과 같이 유동부채와 비유동부채로 구성돼 있어.

- **유동부채** 결산일로부터 1년 이내에 갚아야 하는 부채단기 차입금. 매입채무 등
- **비유동부채** 결산일로부터 1년 이후에 갚아도 되는 부채장기차입금. 사채 등

	제 52기	제 51기	제 50기
유동부채	75,604,351	63,782,764	69,081,510
매입채무	9,739,222	8,718,222	8,479,916
단기차입금	16,553,429	14,393,468	13,586,660
미지급금	11,899,022	12,002,513	10,711,536
선수금	1,145,423	1,072,062	820,265
예수금	974,521	897,355	951,254
미지급비용	24,330,339	19,359,624	20,339,687
당기법인세부채	4,430,272	1,387,773	8,720,050
유동성장기부채	716,099	846,090	33,386
충당부채	4,349,563	4,068,627	4,384,038
기타유동부채	1,127,719	1,037,030	1,054,718
매각예정분류부채	338,742	0	0
비유동부채	26,683,351	25,901,312	22,522,557
사채	948,137	975,298	961,972
장기차입금	1,999,716	2,197,181	85,085
장기미지급금	1,682,910	2,184,249	3,194,043
순확정급여부채	464,458	470,780	504,064
이연법인세부채	18,810,845	17,053,808	15,162,523
장기충당부채	1,051,428	611,100	663,619
기타비유동부채	1,725,857	2,408,896	1,951,251
부채총계	102,287,702	89,684,076	91,604,067

제 52기   2020.12.31 현재
제 51기   2019.12.31 현재
제 50기   2018.12.31 현재

(단위 : 백만원)

[삼성전자] 재무상태표 중 부채 부분

여기서 하나 짚고 넘어갈 부분이 있어. 우리가 흔히 부채가 많다고 하면 위험하다고 생각하지. 실제로 맞는 말이기도 해. 이익이 나지 않으면서 부채만 쌓이는 기업은 투자하기 어려운 기업이야. 하지만 기업의 안정성을 평가할 때, 단순히 전 분기, 전 년도 대비 부채가 많아진다고 해서 기업의 안정성이 약해진 종목

이라 볼 수는 없어.

구체적으로 이야기해보면 매출, 자본은 유지가 되면서 부채가 늘었다면 현재의 기업 매출 구조를 개선하기 위한 노력 중일 수 있어. 이런 경우는 부채가 꼭 나쁘다고 볼 수 없는 경우에 해당해. 즉, 매출 증대를 목적으로 한 부채는 좋은 의도의 부채라고 볼 수 있지. 만약 송이 대리가 음식사업을 하고 있는데, 사업이 더 잘 되기 위해 가게를 확장할 수 있듯이 말이야.

2보 전진을 위한 1보 후퇴 같은 거군요? 더 성장하기 위한 착한 부채 느낌이 나요.

그렇지. 이 외에도 제조업에서는 선수금을 받는 거래를 하는 경우가 있어. 조선업이나 건설업처럼 제작기간이 길고 비용이 큰 경우에는 선수금을 받아. 이 선수금은 부채야. 나중에 만든 제품 등을 제공해야 하는 의무가 부담하기 때문에, 이런 금액이 부채로 잡히기도 해. 때문에 무조건적으로 부채가 많다고 나쁜 기업이라고 보기는 어려운 거야.

앞으로 이 부분을 볼 때면, 어떠한 사유로 발생한 부채인지를 뉴스 등을 통해 잘 확인해봐야 해. 그리고 빠른 시간 안에 갚아야 하는 부채인지 천천히 갚아도 되는 부채인지도 구분이 필요해. 예를 들어, 유동부채는 기업 입장에서는 당장 갚아야 하는 부채이기 때문에 급격하게 유동부채가 늘었다면 당해 기업이 갚아야 하는 돈이 많다는 의미야. 이런 경우 회사에 대한 대내외적 압박이 강력할 수 있기 때문에 좋은 실적을 내기 어려울 수도 있지.

네 알겠습니다. 저는 표를 볼 때 가장 먼저 부채를 보게 돼요. 아무래도 부채가 부정적인 요소가 있어서 부채가 많은 기업은 별로일 거란 생각을 했는데, 꼭 그런 것만은 아니네요.

 그렇지. 초보 투자자들은 부채를 무조건 갖고 있으면 안 된다는 편견이 있기 때문에 이 부분을 주의 깊게 봐줘야 해. 그럼 부채에 대해 조금 더 알아볼까? 기업이 갖고 있는 자산 중 부채가 어느 정도 있는지를 파악해주는 게 부채비율이야. 타인자본의 의존도를 표시하기 알려주는 좋은 지표이기도 하지.

$$\bullet \ 부채비율 = \frac{부채총계_{타인자본}}{자본총계_{자기자본}} \times 100$$

보통 기업들의 부채비율이 200% 이하면 좋다고 평가되는데 삼성전자의 경우는 약 37%의 부채비율을 갖고 있어. 이건 재무적으로는 매우 안정성이 있다고 평가할 수 있지. 가장 이상적인 기업은 자산, 자본은 증가하면서 부채는 줄거나 유지를 하는 정도가 좋다고 할 수 있어.

 넵! 알겠습니다. 그런데 자산과 부채를 보면 둘 다 유동, 비유동이 있네요. 두 항목이 연관성이 있는 걸까요?

 오~ 체크를 잘했네. 아까 유동성이 있는 것은 1년 이내에 현금화할 수 있는 자산 그리고 갚아야 할 것이 있다는 것이라 했잖아. 또한 비유동성이 있다는 것은 비교적 장기적으로 보유하는 자산, 갚아야 할 부채라고 했고.

우리는 이를 통해 각각의 지표를 살펴볼 수 있어. 먼저 유동비율에 대해 알아보자고.

$$● 유동비율 = (\frac{유동자산}{유동부채}) \times 100$$

유동비율은 기업의 단기 부채에 대한 지불 능력을 판단할 수 있는 지표로서 높을수록 기업의 지불 능력이 우수하다고 평가해. 통상적으로 200% 이상이 되어야 좋은 기업이라고 할 수 있고 우리가 봐온 삼성전자의 경우는 2020년 기준, 약 262% 정도 되네. 이런 유동비율은 높을수록 단기적 부채를 상환할 수 있다는 능력이 있다는 거야.

하지만 이 또한 기업이 속한 업종, 환경에 따라서 달리 해석될 수 있기에 주의가 필요해. 또한 경쟁사 대비 너무 높은 유동비율을 갖고 있는 것도 바람직하지는 않아. 즉, 이건 현금화하기 어려운 자산을 들고 있는 걸 수도 있어. 당장 손에 쥘 수 있는 현금이 충분치 않다는 걸 수도 있으니 주의가 필요해.

 와, 부채를 빨리 갚을 능력이 있으면 무조건 좋다고 생각했는데, 세부내용을 살펴보면 이런 부분이 보일 수 있다는 거네요.

 그렇지! 잘 이해했어. 그럼 마지막으로 세 번째, 자본에 대해서 알아보자고. **자본**자본총계**은 소유주 지분, 또는 주주지분이라고 하고 기업이 사업을 하기 위해 밑바탕을 뜻해. 자본**

은 자산에서 부채의 차감한 값이기도 하며, 자본금, 자본잉여금, 이익잉여금으로 구성되어 있어.

- **자본 = 자산 − 부채**
- **자본금** 주주가 기업 설립에 투자한 금액
- **자본잉여금** 영업이익 외의 원천에서 발생하는 잉여금주식발행초과금 등이 속함
- **이익잉여금** 손익거래에 의해서 발생한 잉여금이나 이익의 사내유보에서 발생하는 잉여금

기업을 장기적 관점에서 투자하려는 투자자들은 자본 총계를 눈여겨보는 이들이 많아. 이유는 시가총액, 수익성 대비 기업이 가지고 있는 자본이 많을수록 안전한 기업이라고 보기 때문이지. 또한 시

연결 재무상태표 ●●●

	제 52기 2020.12.31 현재		
	제 51기 2019.12.31 현재		
	제 50기 2018.12.31 현재		(단위 : 백만원)

	제 52기	제 51기	제 50기
자본			
지배기업 소유주지분	267,670,331	254,915,472	240,068,993
자본금	897,514	897,514	897,514
우선주자본금	119,467	119,467	119,467
보통주자본금	778,047	778,047	778,047
주식발행초과금	4,403,893	4,403,893	4,403,893
이익잉여금(결손금)	271,068,211	254,582,894	242,698,956
기타자본항목	(8,687,155)	(4,968,829)	(7,931,370)
매각예정분류기타자본항목	(12,132)	0	0
비지배지분	8,277,685	7,964,949	7,684,184
자산총계	275,948,016	262,880,421	247,753,177
부채와자본총계	378,235,718	352,564,497	339,357,244

[삼성전자] 재무상태표 중 자본 부분

가총액이 자본총계보다 낮다면, 자산 대비 저평가 구간에 주가가 머물러 있기도 하니, 이점도 잘 캐치하면 투자할 때 도움이 될 거야. 반대로 자본 잠식_{자본이 자본금보다 적거나, 자본이 마이너스가 되는 경우}에 머물러 있는 기업, 영업이익이 나지 않는 상황에서 부채비율이 높은 기업은 투자 대상으로서는 적절치 않는 부실기업일 수 있으니 기피하는 것이 좋아.

 넵! 잘 알겠습니다 팀장님. 재무상태표를 잘 살펴보니 추상적이었던 기업 분석이 구체적으로 느껴져서 정말 좋네요.

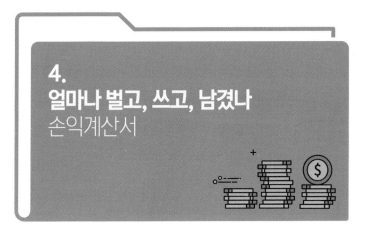

4.
얼마나 벌고, 쓰고, 남겼나
손익계산서

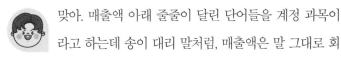

팀장님, 요새 기업 재무분석을 보는데요, 저는 매출이 많다 적다 이렇게 회사를 평가하는 말을 들어와서 지금까지 매출액이 회사의 이익을 대변하는 말인 줄 알았어요. 그런데 막상 재무제표를 켜 보니까 매출액 아래로 엄청 많은 단어들이 줄줄이 있고, 당기순이익이라는 단어가 비용 제외하고 남은 수익인 거 같더라고요?

맞아. 매출액 아래 줄줄이 달린 단어들을 계정 과목이라고 하는데 송이 대리 말처럼, 매출액은 말 그대로 회사의 모든 매출을 합한 금액이야. 거기서 기업을 운영하는 데 필요한 자금을 빼고, 세금을 빼고, 판매하면서 드는 비용도 다 빼고 나서 남는 금액을 순수익이라 보면 되지.

쉽지 않다. 계정과목은 회계를 배워야 알 수 있는 건가 요? 회계를 배우기엔 시간이 부족해요. 저 야근하고 집 가면 9시인데요. 재무제표는 회계를 알아야만 하나요?

 물론 회계를 배우면 재무제표를 더 쉽게 이해가 가능 하겠지. 그렇지만 일반적으로 주식을 매매하기 위한 준 비 단계 수준의 해석은 회계를 배우지 않아도, 어느 정도는 가능 하단 말씀!

재무상태표를 저번에 배웠을 거야. 기업이 갖고 있는 기본기, 베이 스라는 느낌이면 오늘 알려줄 손익계산서는 기업이 휘두른 방망 이, 실적을 내는 퍼포먼스를 기록했다! 라는 느낌으로 이해하면 돼.

 오호, 그럼 재무상태표랑 손익계산서 두 개만 보면 재 무제표 해석은 거의 끝난다고 봐도 되나요? 더 이상 볼 것은 없어 보이는데… 갑자기 의욕이 막 생기네. 날로 먹는 거 너 무 좋아요.

물론 그런 말은 아닌데… 일단 재무제표를 보는 목적을 생각 해봐. 투자자들이 가장 궁금한 건 매출액, 순이익, 투자 여부, 배당여부 같은 거 아니겠어? 그 포인트에 집중해서 보면 재 무제표는 어려울 것이 하나도 없어. 그리고 이 걸 확인하는 데 필 요한 추가적인 재무제표를 몇 개만 알려줄게.

첫째, 재무상태표

둘째, 손익계산서

셋째, 현금흐름표

넷째, 자본변동표

 저번에 재무상태표에 대해서는 자세히 배웠으니까, 오늘은 나머지 재무제표를 알아보겠네요? 핵심만 찍어주시면 제가 머리에 딱 새기겠습니다!

 그래 그래. 잘 따라와봐. 자 먼저 손익계산서에 대해 알아보자.

손익계산서는 1년 동안 회사가 기업 활동을 통해서 발생한 이익과 비용, 세금은 얼마나 냈는지 기업의 경영성과를 한눈에 볼 수

손익계산서

제 52기 2020.01.01 ~ 2020.12.31
제 51기 2019.01.01 ~ 2019.12.31
제 50기 2018.01.01 ~ 2018.12.31

(단위 : 백만원)

		제 52기	제 51기	제 50기
수익(매출액)		166,311,191	154,772,859	170,381,870
매출원가		116,753,419	113,618,444	101,666,506
매출총이익		49,557,772	41,154,415	68,715,364
판매비와관리비		29,038,798	27,039,348	25,015,913
영업이익		20,518,974	14,115,067	43,699,451
기타수익		797,494	5,223,302	972,145
기타비용		857,242	678,565	504,562
금융수익		5,676,877	4,281,534	3,737,494
금융비용		5,684,180	3,908,869	3,505,673
법인세비용차감전순이익(손실)		20,451,923	19,032,469	44,398,855
법인세비용		4,836,905	3,679,146	11,583,728
계속영업이익(손실)		15,615,018	15,353,323	32,815,127
당기순이익(손실)		15,615,018	15,353,323	32,815,127
주당이익 (단위:원)	기본주당이익(손실)	2,299	2,299	4,830
	희석주당이익(손실)	2,299	2,299	4,830

[삼성전자] 손익계산서

있게 작성된 재무제표야.

생긴 건 이렇게 생겼어. 위에서 아래로 내려가며 보면 되는 거고, 간단하게 브리핑을 해줄게.

파란 칸은 차감하는 즉, 빼는 계정이고 빨간 칸은 가산하는, 더하는 계정이야.

매출액에서 매출원가를 제외한 금액이 매출총이익이야. 매출총이익이라는 계정과목이 보이지?

그 금액에서 판관비_{판매관리비}를 제외한 금액은 영업이익이라고 하지. 이 영업이익에서 주요 사업의 매출이 아닌 기타수익을 더하고 기타비용을 제외한 뒤에, 주요 사업이 아닌 회사의 금융거래를 통해 발생한 수익을 더하고 비용을 제외하면 바로 법인세차감전순이익이라는 금액이 나온단다.

법인세차감전순이익이라는 건 법인세를 납부하기 전 이익금액을 말하겠군요? 그럼 회사를 운영하는 데 있어서 내야 하는 세금인 법인세비용을 차감하면 우리가 익히 들어온 당기순이익이 나오게 되네요? . 아하 그러면 사실상 기업 활동의 순수익은 당기순이익으로 봐도 되는 거예요?

주식시장의 참여자들은 일반적으로 당기순이익을 특이사항이 없는 이상 회사의 순수익으로 보는 경향이 많기 때문에 그렇게 봐도 무방해! 다만 회계적으로는 당기순이익에서 몇 단계를 더 거쳐야 진짜 순수익이 나오기 때문에 실제로는 차이가 조금 있을 수 있다는 건 알아두렴.

오오… 네 알겠습니다. 팀장님, 손익계산서를 보는 법을 큰 틀에서 알려주셔서 감사합니다. 이제 각각의 계정과목이 뜻하는 게 무엇인지 궁금한데, 조금 자세히 얘기해주실 수 있어요?

 자 이건, 진영 팀장의 팁을 통해 알아보도록 하자!

 진영 팀장의 TIP!

매출액 : 기업의 영업활동으로 발생한 총 수입금액. 기업의 운영, 경영 능력을 평가하는 최우선 기준입니다. 매년 꾸준히 증가하고 있는 기업이 좋으며, 최소한 매년 비슷한 수준을 유지하고 있는 기업이 좋습니다.

매출액이 일시적으로 폭발적 증가한 기업보다는, 지속적인 성장을 하고 있는 기업이 좋은데요, 안정적으로 이익의 증가를 이뤄가고 있다는 뜻이기 때문입니다. 매출액이 들쭉날쭉 차이가 난다면 그 이유를 명확히 파악해야 합니다.

예를 들어, 원재료 비용이 많이 드는 사업을 하고 있는 경우, 원재료 가격의 일시적인 등락으로 인한 금액 변동인지 아니면 기업 자체의 영업 능력 차이로 인한 변동인지 확인함이 중요합니다.

매출채권 : 매출액을 보면서 같이 봐야 하는 것으로 '받을 돈'으로 해석합니다. 실제 현금으로 들어오지는 않았으나 매출 대금을 받기로 한 권리이므로 곧 현금으로 잡힐 것이기 때문이죠.

다만 매출액 증가폭에 비해서 매출채권 증가폭이 너무 크다면 '외상 판매' 가능성도 있습니다. 매출채권만 증가하는 것은 기업 입장이 '갑'이 아닌 '을'이어서 대금을 바로 받지 못하거나 또는 회수기간이 매우 긴=매출 대금을 먼 시일에 갚기로 한 채권을 받은 탓일 수도 있기 때문에 사실상 기업의 현재 현금 흐름을 감소시키는 요인이 될 수 있습니다. 또한 가상의 매출채권을 잡는 것이 어렵지 않기 때문에 기업의 재무상황을 부풀리는 가공 매출을 시도하는 데 사용될 수 있다는 단점도 있습니다.

따라서 매출채권이 급증했거나 변동이 심하다면, 현금흐름표를 같이 보면서 실제 현금으로 들어오는 거래가 수반된 것이 맞는지 확인함이 좋습니다.

매출총이익 = 매출액 - 매출원가 : 매출총이익은 상품을 판매하여 낸 수입인 매출액에서 생산하는 데 들어간 비용인 매출원가를 제외한 금액입니다. 기업이 생산과 판매를 할 때 어느 정도의 마진이 남는지를 알 수 있습니다.

판매비와 관리비 : 상품 판매를 늘리기 위하여 들어간 모든 비용, 그리고 상품을 보관하거나 운송하여 판매가 적합한 상태로 관리하는 데 들어가는 모든 비용을 합쳐 판관비라고 합니다. 매출총이익에서 판관비를 제외하고 나면 영업이익이 나옵니다.

영업이익 : 실적의 '핵심' 입니다. 보통 기업의 성과를 말할 때 영업이익에 포커스를 두죠. 매출액과 영업이익이 동시에 비례하여 증가하는 기업일수록 좋은 기업으로 봅니다. 변동성이 크지 않고, 지속적인 성장을 보이는 기업이 좋습니다. 변동성이 있다면, 사업 자체가 성장성이 있는 구조를 가졌는지 뜯어 보아야 합니다. 기타 이슈로 인한 일시적인 변동인지 확인해야 합니다.

매출액의 변동이 없지만 영업이익만 변동한 경우 : 판관비가 늘어났거나 줄어들어 일시적으로 변동이 보일 수 있으니 연도별 비교를 통해서 차이점을 파악합니다. 보통 판관비가 늘어난 경우, 같은 제품을 팔기 위해 더 많은 비용을 들였다는 뜻이므로 경쟁사가 점유율을 뺏어간 경우는 아닌지 확인해봄이 좋습니다.

혹여 시장 경쟁자의 관계를 파악하기 힘들다면 최소한 해당 기업의 시설투자, 공장 가동률 등을 추가적으로 확인하여 기업이 더 나은 실적을 위해 노력하는지를 보고 투자 계획을 구상할 수 있습니다.

영업외수익 기타수익, 금융수익 : 주요 사업의 매출이 아닌 잡다한 수익, 회사의 금융거래를 통해 발생한 수익을 가산합니다.

영업외비용기타비용, 금융비용 **:** 주요 사업의 매출이 아닌 잡다한 비용, 회사의 금융거래를 통해 발생한 비용을 차감합니다.

법인세차감전순이익 = 영업이익 + 영업외수익 − 영업외비용 : 법인세 부과 전의 총순익입니다.

당기순이익 = 법인세차감전순이익 − 법인세비용 : 나라에서 기업의 영업활동에 대해 세금을 매기는 법인세를 낸 뒤의 순수한 이익입니다. 손실인 경우 당기순손실로 표시 당기순이익은 기업이 온전히 가져갈 수 있는 '순수 이익' 이므로 기업의 경영활동을 위해서 사용할 수 있는 금액입니다.

당기순이익을 자세히 봐야 하는 이유 : 당기순이익에는 영업외손익영업외수익+영업외비용 등이 반영이 되기 때문에 기업이 사업으로 번 돈이 아닌 다른 수익도 반영될 수 있다는 특징이 있습니다. 따라서 부동산 처분, 금융 자산 이익, 지분 매각으로 인한 처분 등의 일회성 수익이 순이익에 반영이 되면 언뜻 보기에는 크게 수익성이 좋아진 것으로 착각을 할 수 있습니다.

내가 관찰하고 있는 기업이 전년대비 영업이익은 50% 증가했는데, 당기순이익이 200% 증가하였다면 그 이유를 파악해야 하는 거죠.

반대로 영업이익은 증가하는데 당기순이익이 따라오지 못한다면, 주된 사업이 아닌 부분에서 영업외비용이 발생했다는 것으로 생각해볼 수 있습니다. 분기별 비교 시에 이런 현상이 지속되는 기업은 주된 사업 외 분야에서 손해를 보고 있을 수 있으니 주의가 필요합니다.

5.
기업의 유동성 현황을 알아보자
현금흐름표

팀장님, 이제 슬슬 기업의 재무 현황 파악하는 데 앎이 생긴 것 같아요. 현재 가지고 있는 자산의 파악과, 기업의 영업활동, 순수익 구하기까지 마스터했어요. 오늘은 어떤 걸 배우나요?

기업이 실제로 굴리면서 가지고 있는 현금에 대해서는 아직 안 배웠잖아. 사람도 당장 현금이 있어야 밥을 사 먹고, 교통비를 내고, 옷도 사입고 하면서 생활을 할 수 있듯이 기업 또한 유동 현금을 가지고 있어야 해. 얼마만큼 현금을 갖고 있었는지, 어디에 사용했는지 한눈에 알 수 있는 것이 현금흐름표지. **즉, 현금흐름표는 영업활동, 투자활동, 재무활동을 담고 있는 재무제표야.**

각각이 뜻하는 바를 표로 한번 볼까?

현금흐름표	내용
영업활동 현금흐름	영업에서 창출된 현금이 클수록 많은 수익을 낸 것이라 보기에 긍정적 ○
투자활동 현금흐름	현금흐름이 마이너스가 클수록 수익을 내기 위한 투자에 적극적 단, 돈을 사용한 투자활동이 무엇인지 확인해야 한다.
재무활동 현금흐름	차입금 상환, 배당금 지급이 마이너스면 긍정적 증자, 대출 등으로 현금흐름이 플러스일수록 부정적

진영 팀장의 해석!

영업활동으로 인한 현금흐름 : 기업이 영업활동을 하여 발생한 현금 유입, 유출을 말하며 매입, 관리 활동 등에서 발생한 현금의 유입/유출도 포함합니다.

투자활동으로 인한 현금흐름 : 투자 목적으로 운영하는 현금의 흐름을 알 수 있는 지표로서 현금의 대여와 회수활동, 유가증권, 투자자산, 무형자산의 취득과 처분 등의 내용을 담고 있습니다.

기업은 지속적인 수익창출을 위해 항상 투자를 해야 하므로, 활발히 투자활동을 하는 기업일수록 이 계정은 마이너스입니다. 예를 들어, 마이너스 금액이 커서 확인해보니 대규모 공장증설 등을 감행한 것을 확인했다면, 완공 이후 실적이 크게 증가할 가능성이 높으니 흐름을 체크해보면 좋겠죠? 그리고 플러스 금액이라고 나쁜 건 아닙니다. 기업이 가지고 있는 자산을 매각해서 현금이 들어온 경우일 수 있으니까요. 플러스가 된 이유를 파악해야 판단이 가능합니다.

재무활동으로 인한 현금흐름 : 기업이 자금을 마련하거나 상환하는 과정에서 발생하는 현금 흐름을 보여주는 지표로서 현금의 차입 및 상환활동, 신주발행이나 배당금의 지급, 자사주 취득, 사채 발행 등과 같이 부채 및 자본계정에 영향을 미치는 현금 흐름을 확인할 수 있는 영역입니다.

자! 이제 개념은 확실히 잡았지? 예시를 하나 가져왔어. 그림을 같이 해석해보자.

현금흐름표

: 제 20기 (2020.01.01 ~ 12.31) ·····› 회계 기간

1. 영업활동으로 인한 현금흐름	543	·····› 영업활동으로 인해 발생한 현금흐름
당기순이익	830	
현금의 유출이 없는 비용 등의 가산	463	
현금의 유입이 없는 수익 등의 차감	(338)	
영업활동으로 인한 자산 부채의 변동	(412)	
2. 투자활동으로 인한 현금흐름	(600)	·····› 투자활동으로 인해 발생한 현금흐름
투자활동으로 인한 현금 유입액	780	
투자활동으로 인한 현금 유출액	(1380)	
3. 재무활동으로 인한 현금흐름	(50)	·····› 재무활동으로 인해 발생한 현금흐름
재무활동으로 인한 현금 유입액	150	
재무활동으로 인한 현금 유입액	(200)	
현금의 증가(감소)	(107)	·····› 늘어난(줄어든) 현금
기초의 현금	420	
기말의 현금	313	·····› 실제로 남아있는 현금

이게 현금흐름표야. 맨 아래에 '기초의 현금'은 2021.01.01에 기초에 현금 420을 가지고 시작했고, 그 아래 기말의 현금은 313이지? 2021.12.31에 현금을 세어보니 313만큼만 가지고 있단 소리지.

 그렇다면 현금이 (107)만큼 감소하였다는 뜻이겠네요? (107)이라고 괄호가 쳐져 있어요! 괄호 표시가 감소를

뜻하는구나. 마이너스 부호랑 똑같다고 생각하면 되겠네요?

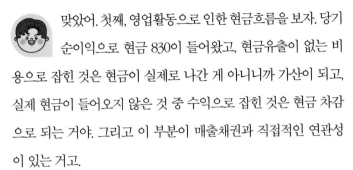 맞았어. 첫째, 영업활동으로 인한 현금흐름을 보자. 당기 순이익으로 현금 830이 들어왔고, 현금유출이 없는 비용으로 잡힌 것은 현금이 실제로 나간 게 아니니까 가산이 되고, 실제 현금이 들어오지 않은 것 중 수익으로 잡힌 것은 현금 차감으로 되는 거야. 그리고 이 부분이 매출채권과 직접적인 연관성이 있는 거고.

저번에 매출채권을 과다하게 계상하거나, 부풀릴 수 있다고 하셨어요. 그러면 매출액으로 잡은 매출채권의 금액은 현금흐름표에서는 실제 현금이 들어온 것이 아니니까, 매출액에서 잡아놓았던 금액만큼 현금에서는 차감해주는 거군요. 그러면 실제로 들어오지 않은 매출액이 늘어난 만큼 현금에서 차감을 하니까, 결국 실적이 정확하게 기록되는 거네요?
저는 수익을 차감한다고 쓰여 있길래 '수익인데 왜 차감해?' 라고 생각했는데, 현금흐름표는 실제 현금의 흐름을 기록하는 재무제표라고 말씀하신 걸 이제 이해하겠어요.

그래. 자 마저 보자. 영업활동을 하다 자산 부채의 변동(412) 차감. 그럼 총액이 543나오지. 2020년 한 해 동안 영업활동으로 만든 현금이 543만큼 생겼다는 거야.

오~ 이해했어! 팀장님! 제가 투자활동으로 인한 현금흐름을 해석해볼게요. 현금을 번 것이 780, 사용한 것이 (1380). 총 (600)만큼 손실이 났네요.

그렇지. 정상적인 기업은 미래를 위해 항상 투자를 하기에 저 부분은 마이너스로 잡히는 것이 이상하지 않아. 주로 기계장치를 사거나, 공장 증설이라든지 투자용 부동산을 구입한다든지. 주로 자산의 취득과 처분에 관련된 항목이란다. 그럼 재무활동 현금흐름도 맞춰볼래?

 음. 회사가 돈을 갚거나 빌리는 것 아닌가요? 저번에 배운 유상증자처럼 주주에게 돈을 빌리는 거나 아님 정말 금융기관에 대출하는 차입금 등도 있겠고요. 이 계정도 150 벌고 (200) 썼으니 총 마이너스 (50)으로 마감했네요.

 잘했어! 추가로 배당금 지급이나 자사주 매입, 신주 발행, 사채 발행 등도 포함된단다. 자본계정에 영향을 미치는 항목이니 나중에 나올 자본 변동표와 함께 보면 좋겠지.

정리해보자. 2020년 한 해 동안 영업 현금흐름 543만큼 벌었고, 투자 현금흐름이 (600) 감소, 재무 현금흐름은 (50) 감소. 그러면 총 현금흐름의 손실이 (107)만큼 잡히겠지? 기초 현금을 420으로 시작했으나 한 해 동안 (107)만큼 감소하여서, 2020년 12월 31일 현재 현금은 313만큼 남아 있게 되는 거야. 이제 해석은 전부 다 이해했지?

 네, 그럼요. 오늘도 감사합니다.

영업활동 현금흐름과 투자활동 현금흐름이 마이너스이면서 재무활동 현금흐름이 플러스인 경우

회사가 살아나기 위해서 매우 노력하고 있다는 증거입니다. 즉, 투자도 하고 대출도 받아서 노력한다 정도로 해석이 가능하며 다음 분기에 영업활동 현금흐름이 플러스로 돌아선다면 기업이 회생하는지를 눈여겨볼 만합니다.

영업활동 현금흐름, 투자활동 현금흐름이 플러스이면서 재무활동 현금흐름이 마이너스인 경우

공장 설비까지 팔아서 재무 안정성을 취하고 있는 경우일 수 있습니다. 그렇다면 이전 분기, 전년도와 비교해서 영업활동 현금흐름이 좋아지면서 투자활동 현금흐름이 플러스라면 빠르게 매각 등을 통해 회사를 회복시키는 중이라고 해석이 가능합니다. 이는 수치로만 예측하지 말고 공시 또는 뉴스 등을 같이 봐야 합니다.

유상증자가 자주 발생한 경우

유상증자처럼 돈을 빌리는 활동은 기업 활동 중에 충분히 일어날 수 있는 일입니다. 그러나 그 횟수가 많은 기업은 항상 돈이 허덕이고 힘들어 한다는 증거이기도 합니다. 증자를 통한 투자로 매출이 개선되면 다행이나, 단순히 기업의 생명을 연장하기 위한 증자일 수도 있으니 확인이 필요합니다.

6.
회사의 핵심,
자본의 변동만 모았습니다
자본변동표

 송이 대리, 자본은 자산에서 부채를 뺀 나머지라고 저번에 알려줬을 텐데, 진짜 내 거라는 뜻이라고 이해하면 된다고 했었어. 자본은 진짜 내 돈이라서 회사의 근본적인 경영활동에 주로 사용되는 돈이라고 간략하게 알아두면 돼.

따라서 회계상으로는 중요하지만, 우리 같은 주식투자자들은 기업의 실적에 포커스를 맞추고 보기 때문에 손익계산서를 더 중요하게 보고 이 자본변동표는 간단히 참고하는 정도로만 본단다. 자, 핵심만 해석을 하고 넘어가도록 하자!

자본변동표

자본변동표는 기업이 일정 회계 기간 동안에 발생한 자본금의 변동 내역을 보여주는 재무제표로, 자본금, 자본잉여금, 자본조정, 기타포괄손익누계액, 이익잉여금 등으로 구성되어 있습니다.

자본금

자본금 = 주식수 × 액면가액

자본금은 기업의 소유자 또는 출자자가 사업을 시작하는 단계에서 밑천으로 제공한 금액을 의미하며, 자본금은 보통주자본금과 우선주자본금으로 구분이 됩니다.

이익잉여금

영업활동으로 발생한 당기순이익에서 가져와 사내에 누적하는 금액으로 만들어지는 계정입니다. 이익잉여금은 법으로 적립하도록 정해진 준비금이나 적립금을 쌓는데 사용하거나, 주주들에게 배당할 때도 사용합니다.

자본잉여금

영업활동으로 얻은 당기순이익에서 발생하는 이익잉여금과는 다르게, 회사가 자본 거래를 통해서 자본을 증가시키는 잉여금을 자본잉여금이라 합니다. 금액을 계속 적립하고, 쓰는 경우는 많지 않으나 사용되는 경우엔 보통 무상증자의 재원으로 활용합니다.

자본조정

자본잉여금처럼 자본 거래로 발생하였으나, 자본금이나 자본잉여금에 속하지 못하는 것을 말합니다. 자본잉여금과 다르게 자본을 감소시키는 계정들을 대부분 포함하고 있으며 자기주식처분손실, 주식할인발행차금, 감자차손 등이 대표적입니다.

기타포괄손익누계액

포괄손익은 크게 당기 순이익과 기타포괄손익의 합을 말합니다. 따라서 기타포괄손익누계액은 회계기간 동안 당기순이익으로 인식하기 어려운 기타포괄손익의 집합체라고 합니다.

7.
재무분석, 어렵지 않아요!
수익성, 성장성, 활동성, 기업가치 지표

수익성 비율 지표	성장성 비율 지표	활동성 지표	기업가치 지표
벌어들이는 수익의 질이 좋은지 아닌지 비교할 수 있는 지표	회사의 매출 및 이익이 얼마나 성장하고 있는지 볼 수 있는 지표	자산, 부채, 자본을 얼마나 적극적으로 굴리고 있는지 볼 수 있는 지표	현재 기업을 가치로 환산하면 얼마인지 추정할 수 있는 지표
매출총이익률	매출액증가율	총자산회전율	PER
영업이익률	영업이익증가율	총부채회전율	PBR
EBITDA마진율	EBITDA증가율	총자본회전율	BPS
자기자본이익률(ROE)		순운전자본회전율	EV/EBITDA

 팀장님, 재무제표를 보다 보니 증권사에서 영어 약자로 된 지표의 수치들을 공통적으로 제공하는것을 보았어 요! PER, ROE 등등! 이건 범상치 않은 항목 같습니다 팀장님. 기 업 분석 자료에 수많은 부분이 있을 텐데 이것만 따로 떼서 설명

하시는 이유가 뭔지 궁금합
니다. 중요하기 때문인가요?
아니면 재무 분석에 도움이
되는 지표이기 때문인가요?

 갑자기 수치가 튀
어나왔다고 부담
감 가질 필요 없어. 우리는
회계를 마스터하려는 것이
아니라 투자에 도움이 되
는 지표로 공부하는 것이잖
아. 따로 떼서 설명하는 데
는 기업 분석에 도움이 되
기에 챙겨보면 좋은 지표라
는 뜻이지.

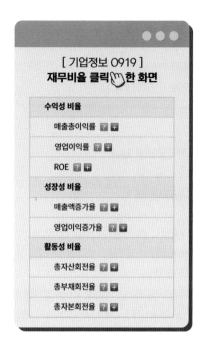

자, 그럼 이제 지표 공부를 시작해볼까. 노트 준비되었나? 송이
대리~!

성장성 비율 지표

$$매출액증가율 = \frac{(당기\ 매출액 - 전기\ 매출액)}{전기\ 매출액} \times 100$$

이전 기준년도 대비해서 매출액이 어느 정도 증가하는지 보여주는 지표로, 높을수
록 기업이 큰 폭으로 성장하고 있다는 것을 뜻합니다.

영업이익증가율

이전 기준년도 대비해서 영업이익이 어느 정도 증가했는지 보여주는 지표입니다. 영업이익에는 영업외손익이 들어가 있지 않기 때문에, 주된 영업활동 사업의 수익성을 파악하는 용도입니다.

수익성 비율 지표

$$매출총이익률 = \frac{매출총이익}{매출액}$$

매출에서 얼마만큼의 이익을 얻어내고 있는가를 나타내는 지표입니다. 매출총이익률이 해마다 증가하고 있다면, 매출원가보다 매출이 더 많이 증가하고 있다는 것의 의미하죠.

매출총이익률은 업종마다 적용을 달리할 수 있습니다. 예를 들어, 제품을 공장에서 만들어내는 제조업체는, 제조업체보다 매출원가가 훨씬 적게 발생하는 IT 서비스 업종에 비해 매출총이익률이 낮기 마련입니다. 따라서 매출총이익률은 같은 업종의 기업끼리 비교하는 것이 적합합니다.

$$영업이익률 = (\frac{영업이익}{매출액}) \times 100$$

총매출액에 대한 영업이익의 비율을 의미합니다. 영업이익률은 순수한 기업의 능력과 효율성을 나타낼 수 있는 수치라고 볼 수 있습니다. 영업이익만 볼 땐 투자 대비 어느 정도로 돈을 버는 명확하지 않을 수 있지만 영업이익률은 투자금액 대비 얼마나 많은 돈을 회수하고 있는가를 볼 수 있기에 경쟁사를 비교할 때는 단순 매출 비교보다 영업이익률 비교가 훨씬 좋습니다.

$$자기자본이익률_{ROE} = \left(\frac{당기순이익}{평균\ 자기자본} \right) \times 100$$

정상적인 매출 구조를 가진 기업이라면 자기자본이 매년 증가하기 마련인데, 이 때 ROE를 전년도만큼 유지하는 것은 쉽지 않습니다. 따라서 ROE를 유지할 수 있는 힘을 기업이 가지고 있느냐 아니냐가 투자의 판단 기준이 될 수 있습니다. ROE는 늘어나는 기업이 좋지만, 순이익이 영업외 이익으로 높아지거나 자본 총계를 줄이는 방법 등으로 일시적으로 좋은 수치가 나온 것은 아닌지 조심해야 합니다.

활동성 지표

$$총자산회전율 = \frac{매출액}{총자산}$$

기업이 보유하고 있는 자산들을 얼마나 효과적으로 사용하고 있는가를 알 수 있는 지표입니다. 기업의 총자산이 일정 기간 동안에 몇 번이나 회전하였는가를 나타낸다고 볼 수 있습니다.

$$총부채회전율 = \frac{영업수익}{총부채_{평균}}$$

기업이 보유하고 있는 부채를 얼마나 효과적으로 사용하고 있는가를 알 수 있는 지표입니다. 회전율이 높을수록 부채에 대한 효율성이 높다고 판단하며 낮을수록 부채에 대한 관리가 부실하다는 의미로 해석이 가능합니다.

$$총자본회전율 = \frac{영업수익}{총자본_{평균}}$$

기업이 보유하고 있는 자본을 얼마나 효과적으로 사용하고 있는가를 알 수 있는 지표입니다.

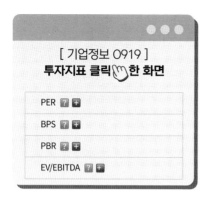

기업가치 지표

$$PER\,Price\text{-}Earnings\text{-}Ratio = \frac{주가}{주당순이익\,EPS} = \frac{시가총액}{순이익}$$

현재의 주가가 순이익 대비 어느 정도 가격에서 거래가 되고 있는가를 나타내는 지표입니다. 그래서 같은 업종 또는 경쟁사끼리 비교를 할 때는 이를 기본으로 저평가 여부를 판단할 수 있습니다. PER이 10 이하이거나 낮을수록 기업의 수익성 대비 주가가 낮은 가격에서 거래가 되고 있다고 봅니다.

단, 절대적인 판단 기준은 될 수 없습니다. 실제로는 기업 실적이 나쁜 데도 불구하고 영업외수익이 크게 나오면 주당 순이익이 좋은 것처럼=PER가 낮아보이게 나올 수 있기 때문입니다.

$$BPS\,book value\,per\,share = \frac{순자산}{주식수}$$

BPS 는 청산가치의 개념으로 사용됩니다. 그래서 현재의 주가가 BPS보다 낮거나, 시가총액이 자본 총계보다 낮다면 자산대비 저평가 구간에 주가가 머물고 있다고 평가합니다.

$$\textbf{PBR}\text{ Price-to-book-ratio} = \frac{주가}{주당순자산 \text{BPS}} = \frac{시가총액}{순자산}$$

수익성을 평가하기 위한 지표가 아니며, 기업이 보유한 장부가치를 평가하고 비교하기 위한 지표입니다. 단순히 PBR 이 낮다고 무조건 저평가 기업은 아니고, PBR 1 이하이거나 낮을 경우 청산가치보다 낮은 가격에서 거래되고 있다고 평가합니다. 다만, 기업이 공장을 많이 소유한 경우자동차, 제철 업종 등에는 PBR이 낮을 수 밖에 없기 때문에 기업이 속한 업종에 대한 이해를 하고 PBR 을 접목해서 보는 것이 필요합니다.

EV/EBITDA

EV/EBITDA는 기업가치인 EV를 세전영업이익EBITDA으로 나눈 것으로 해당 기업을 인수했을 때 몇 년 후에 투자 원금을 회수하는지를 의미합니다. 만약 A종목의 EV/EBITDA가 10이라면 지금 저 기업을 매수했을 때 10년이 지나면 투자원금을 회수할 수 있다는 것이므로 수치가 낮을수록 투자자에게 매력적이라 볼 수 있죠.

하지만 기업의 재무건전성을 평가하기 위해 필요한 정보인 기업이 부담해야 할 이자, 세금, 투자와 외상 매출 등의 요소가 빠져 있습니다. 때문에 과도한 투자나 부채 등으로 재무건전성이 악화된 기업임을 걸러낼 수 없어서 수치가 낮게 보일 수가 있습니다.

 이러한 지표를 보기 전에 주의할 점은, 모든 지표들은 하나의 지표값으로만 판단하거나 설명하기가 어렵다는 거야. 경우에 따라 수치가 왜곡되어 보일 수 있기 때문에, 여러 지표를 같이 살펴보면서 추정치를 찾아가는 것이 가장 올바른 사용법이거든. 본인의 투자 기준에 맞춰서 지표를 같이 살펴보면서 투자에 참고하는 방향으로 써야 좋은 거지.

지표도 지표지만 그 무엇보다 제일 중요한 것은 '실적이 꾸준히 증가하는 기업인지' 확인하는 것 임을 잊지 말았으면 해.

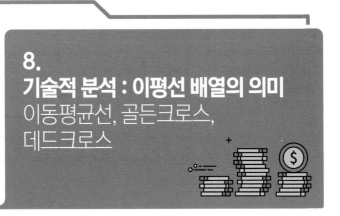

8.
기술적 분석 : 이평선 배열의 의미
이동평균선, 골든크로스,
데드크로스

 팀장님! 혹시 이거 없애는 방법 아시나요? HTS를 열때마다 지렁이 같은 게 있어서 좀 보기 안 좋아서요.

 지렁이 같은 거라면… 여기 이동평균선 말하는구나. 이게 있으면 언제 사야 할지, 언제 팔아야 할지를 추측할 수 있는 도구가 되기도 해서 안 지우는게 좋을 꺼 같은데…

 이 꼬물 꼬물한 게 그런 기특한 능력이 있다고요? 참을 수 없네요. 그럼 이동평균선에 대해 알려주세요~

 이동평균선, 흔히 **이평선**이라고 하는 건 차트 분석의 꽃이라고 할 수 있지. 이걸 통해 대략적인 주가의 추세는 물론, 매수와 매도 시점을 분석할 수 있으니까. 일단 황량한 송이 대리의 차트에 이평선을 넣어볼까?

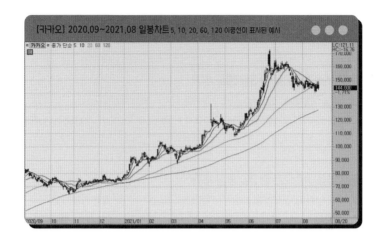

[카카오] 2020.09~2021.08 일봉차트 5, 10, 20, 60, 120 이평선이 표시된 예시

 음. 막상 추가를 했는데 이게 뭔지를 하나도 모르겠네요. 기간을 추가하라는 것도 있고. 도와주세요 주식 장인!

 부끄러우니까 그러진 마~ 아무튼 이평선은 계속해서 변화하는 주가를 특정 기간으로 수치화한 것을 말해. 어렵게 생각할 게 없이 3일 이평선은 3일 동안의 주가 평균을 연결한 것이고, 10일 이평선은 10일 동안의 주가를 평균 내서 연결한 거야. 아래 표처럼 주가와 요일을 가정해서 이평선을 알아보자.

수요일을 기준으로 한 3일 평균 주가

⊙ 어려울 거 없이 3일을 기준으로 과거 3일 동안의 주가를 합쳐서 평균을 내면 돼.

송이전자의 주가표					
요일	월	화	수	목	금
주가 (원)	9,800	9,800	10,000	10,100	10,250
3일 평균 주가 (원)	-	-	9,866	9,966	10,116

그럼 월~수요일까지 3일이니 (9,700+9,800+10,000)/3 = 9,866이 평균주가가 되겠군.

목요일을 기준으로 한 3일 평균 주가

⊙ 4일을 포함해서 과거 3일 동안의 주가를 합쳐서 평균 내자!

그럼 화~목요일까지 가 3일이니 (9,800 + 10,000 + 10,100)/3 = 9,966이 평균주가야.

금요일을 기준으로 한 3일 평균 주가

⊙ 이제 감이 오지? 5일을 포함해서 과거 3일 동안의 주가를 합쳐 평균 내면?

수~금요일까지 3일이니 (10,000 + 10,100 + 10,250)/3 = 10,116이 평균주가가 되는 거야 그럼 이 셋을 연결하는 게 바로 이평선이 되는 거야.

 아하~ 그럼 이평선이 어떤 거라는 것은 대략적인 걸 알겠어요. 그럼 기간을 적는 곳이 많은데 어떻게 설정하면 좋을까요?

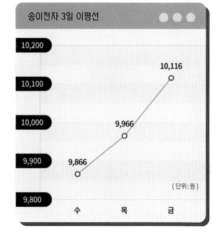

송이전자 3일 이평선

10,200

10,100   10,116

10,000   9,966

9,900   9,866

9,800   (단위:원)
          수   목   금

 기간은 각각의 투자 스타

일이 다르기 때문에 고정된 값은 없어. 투자자들의 성향이나 노하우에 따라서 본인에 맞는 값을 사용하는 경우가 많지만, 기본적으로 5/10/20/60/120 으로 설정하는 경우가 많아. 혹시 어떤 이유 때문에 이렇게 설정하는지 추측이 돼?

이거 넌센스 문제인가요? 다 5의 배수 같기도 하고,, 뭔가 끝자리가 0으로 끝나기도 하고…

 뭔가 알듯말듯 하지? 주식시장은 주말을 빼고 열리잖아. 그걸 중심으로 계산한 기간들이야. 내가 주로 사용하는 이동평균선을 알려줄게.

– 일반적인 1주일을 주식시장에서는 **5일**이라고 칭해토, 일이 빠졌으므로.
– 1주가 5일이니 2주는 **10일**이야=5×2.
– 그럼 한 달이 4주라면 한 달은 총 **20일**이고=5×4.
– 그럼 3달 이면? **60일**=20×3 되겠지.
– 마지막으로 6개월은 **120일**=20×6 이 되는 거지.

보통은 5일, 10일, 20일, 60일, 120일 선을 사용해. 물론 이 외에도 3일, 15일, 200일 등 본인의 성향에 따라 달리 설정하는 투자자들도 많으니 차후에는 송이 대리만의 이동평균선을 사용해도 무방해.

 와! 그냥 아무렇게나 하는 건 줄 알았는데, 각 기간을 설정한 이유가 있는 거였네요.

 그렇지. 그럼 각 기간별 의미를 조금 더 알아볼까?

단기적 성격
– **5일선** 한 주 동안의 주가 흐름을 나타내는 것. 다른 이평선보다 비교적 단기 추세를 잘 나타내 단타, 스캘핑 등의 투자자들이 선호하기도 함.
– **10일선** 2주 동안의 주가 흐름을 나타내며, 단기 스윙을 즐기는 투자자들이 선호하기도 함.

중기적 성격
- **20일선** 한 달 동안의 주가 흐름을 보여주며, 투자자들이 많이 사용하는 편이기 때문에 투자심리를 반영하는 심리선이라고도 함.
- **60일선** 3개월, 즉 한 분기만큼의 흐름과 추세를 확인하는 기준선으로 활용.

중장기 성격
- **120일선** 6개월 동안의 긴 흐름으로 경기 전반을 확인할 수 있어 경기선이라고도 함.

 물론 이 또한 투자자마다 다르게 생각할 수 있어. 예를 들어, 혹자는 20일까지는 단기, 60일 이후는 중장기 이렇게 판단하지. 절대적인 분류는 아니니 이점 참고해줘.

 각 이평선마다 성격이 뚜렷한 편이네요. 말씀을 듣고 HTS 차트 화면을 보니 어떤 건 이평선이 어지럽게 얽혀 있고, 어떤 건 가지런히 놓여 있는 것도 있어요. 그런데 아무래도 이평선 자체가 주가의 흐름이니 올라가면 좋은 것, 내려가면 나쁜 것이라고 보면 되겠죠?

 잘 봤어! 송이 대리. 상승하는 주가에서는 이평선도 따라 올라가고, 하락하는 주가에서는 이평선도 따라 내려가겠지. 조금 더 구체적으로 보면, 차트 배열에 따라 매수를 할 수도 있고, 매도를 할 수도 있지.

여기 상승하는 차트를 보면, 최상단부터 순서대로 5일, 10일, 20일, 60일, 120일선이 쌓여 있는 걸 볼 수 있을 거야. 이걸 '**정배열**'이라고 불러. 이평선은 기간이 길어질수록 이평선의 방향이 쉽게 바뀌지 않아. 즉, 장기 이평선은 단기 이평선보다 반영되어야 하는 일수가 더 많기 때문에 방향이 바뀌는 데 시간이 더 오래 걸린다는 의미이지. 이런 장기 이평선이 꾸준하게 상승하고 있다? 이건 이평선의 기준이 되는 일수 동안은 매수세가 매도세보다 더 많았다는 의미가 되기도 해.

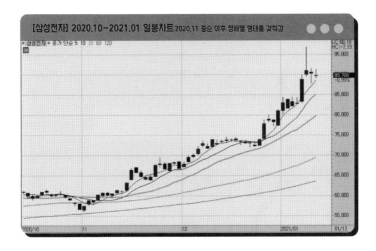

반면 단기일수록 약간의 주가 변동 속에도 역배열로 고꾸라질 수 있지. 그런데 여기서는 단기마저도 위로 쫙 올라왔잖아. 이럴 때는 차트가 상승 추세를 그리고 있으니 매수를 해도 된다고 판단할 수 있지. 물론 상승 추세에서도 순간순간 주가가 하락하는 경우가 있어. 이럴 때는 각 이평선이 지지 역할을 하면서 오히려 저가 매수세가 출현할 수 있어. 정배열을 유지하는 경우에는 다시한번 상승파동을 일으킬 수 있기 때문에 우리는 이런 기회를 잘 포착하고 매수하면 수익을 얻을 수 있지.

확실히 상승하는 주가를 보면 이평선도 예쁘게 정렬이 되어 있네요. 그럼 반대로 떨어지는 주가에서는 **역배열**의 이평선이 나오겠군요. 정배열은 단기 이평선이 위, 장기 이평선이 밑에 위치해 있었으니 역배열은 장기 이평선이 위, 단기 이평선이 밑에 위치했을 것 같네요. 즉, **주가가 떨어지고 하락하는 추세의 모양이 될 걸로 보여요.**

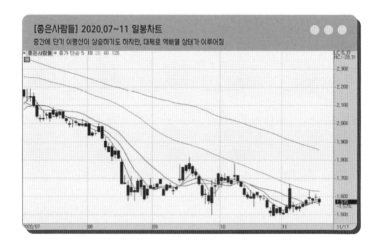

그렇지. 중간중간 N자 형으로 주가가 반등하는 부분에서는 단기 이평선이 고개를 드는 경우도 있지만, 각 이평선들의 저항을 맞고 대체로 점진적 하향하는 걸 볼 수 있어. 정배열과 달리 120일 장기 이평선이 최상단에 위치한 걸 볼 수 있지. 이평선이 역배열 구조를 갖춰가고 있다면 어떻게 대응해야 하지 송이 대리?

만약 제가 물린 상태에서 역배열을 맞았다고 하면… 물론 물타기를 할 수도 있겠지만 반등할 저력이 없다고 판단되면 빨리 손절해서 피해를 줄이는 게 좋은 방법일 것 같습니다!

> **정배열에서의 각 이평선은 지지의 역할을**
> **역배열에서의 각 이평선은 저항의 역할을 맡기도 한다**

 흑… 몰빵만 외치던 송이 대리가 이렇게 발전할 수가…

 흠흠, 팀장님 너무 울지만 마시고! 한 가지 더 궁금한 게 있습니다. 정배열, 역배열 체감이 확 왔는데요, 다만 이렇게 이평선들이 배치할 때까지 마냥 기다리면 늦을 것 같아요. 혹시 조금 더 빨리 주가 변동 시그널을 알 수 있는 방법이 없을까요?

 물론 우린 알 수 있지. 바로 골든크로스와 데드크로스야. 이름만 봐도 어떤 게 좋고 어떤 게 나쁜 건지 감이 확 오지? 먼저 골든크로스는 5일선, 10일선 같은 단기 이평선이 60일선 등의 장기 이평선을 뚫고 오르는 구간을 말해. 즉, 아까 배운 것 같이 정배열의 형태가 만들어질 수 있기 때문에 주가 상승이 기대되는 시점이기도 하지.

골든크로스는 특히 저평가된 종목일수록, 그리고 거래량이 늘어날수록 그 효과가 더욱 커질 거야. 기업이 가치를 재평가받고 시

장의 관심을 받고 있
다면 주가는 더 올라
갈 확률이 높지. 때문
에 우리가 주식을 매
수할 정밀한 타이밍
은 바로 이런 골든크

로스가 이뤄진 이후로 잡을 수도 있지.

반면 데드크로스는 단기 이평선이 장기 이평선을 뚫고 내려갈 때
를 뜻해. 이때는 장기 이평선이 위에, 단기 이평선에 밑에 배치되
는 역배열 형태가 나오는 거지.

데드크로스는 하향 추세를 만들어 내기 때문에 보통 공포의 대상이
될 수 있지. 하지만 누군가에게는 매도 타이밍을 잡아줄 수 있는 신

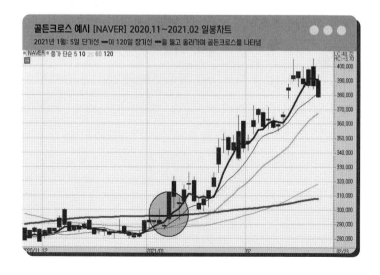

호가 되기도 해.

만약 송이 대리가 그 주식을 저점에서 매수하고 보유하고 있다면? 그리고 송이 대리가 생각한 것보다

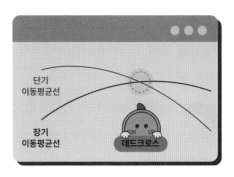

과도하게 주식이 오른 상태라고 한다면? 이 경우에는 데드크로스가 오히려 적절한 매도 시점이 될 수 있어.

만약 데드크로스 이후에도 오를 것이라는 막연한 기대감만 갖고 있다가는 계속 하락해서 저점에서 주식을 산 이점마저 사라질 수 있거든. 우리가 흔히 무릎에서 사서 어깨에서 팔라고 하잖아? 데드크로스는 송이 대리에게 어깨를 알려주는 지표가 될 수도 있어.

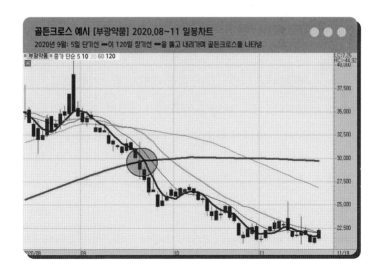

이거야말로 수익 치트키군요! 그런데 제가 이런 말 할 때마다 반론이 나왔는데… 이것 또한 완벽한 것만은 아니겠죠?

 나를 완벽하게 파악했군! 골든, 데드크로스가 100% 맞는다면 모든 주식인들이 큰 수익을 얻었을 거야. 주식은 투자자들의 심리게임이므로 골든크로스 이후에도 매도세가 강해 주식이 떨어질 수 있고, 그게 아니라도 배임[2], 횡령 등의 예상치 못한 변수가 발생함으로 골든크로스의 의미가 없어질 수 있지. 또한 골든크로스 이후에도 상승/하락을 반복하는 횡보 형태를 유지할 수도 있어. 해당 부분은 이평선을 통한 차트 분석 방법 중 하나이므로 너무 맹신하지는 말 것!

 넵! 아 그런데 이번에 공부한 이평선 부분은 만들어져 있는 상태를 체크한 거잖아요. 혹시 지금까지 만들어진 이평선이 앞으로의 방향성도 알려주는 걸까요.

 아주 좋은 질문이야. 어제까지 정배열이나 골든크로스를 보여준 이평선들이 당장 내일도 같으리란 보장은 없어. 즉 이평선만으로는 미래를 예측하기 어렵지. 이평선은 앞서가는 선행지표는 아니기 때문에, 과거 이평선에 보여준 데이터를

---

2. **배임** 회사의 정보 등을 몰래 악용하여 본인이나 제3자에게 이익을 취득하는 경우이다. 횡령과 유사하게 임원의 배임 또한 상장폐지 사유이다

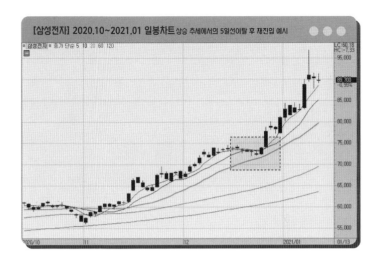

[삼성전자] 2020.10~2021.01 일봉차트 상승 추세에서의 5일선이탈 후 재진입 예시

바탕으로 대응하는 법을 익히는 것이 좋아.

예를 들어, 단기투자자들 중에는 상승하는 추세에서 오히려 5일선을 이탈하는 종목을 좋아하는 경우도 있어. 왜냐하면 상승 추세에서의 5일선 이탈은 장기적인 이탈인 아닌, 조정을 위한 일시적인 하락일 경우가 있기 때문에 오히려 이 시점을 기준으로 향후 상승을 예상한 매수 대응이라는 전략도 세울 수 있는 거지.

아하. 이평선은 심리가 반영되어 있기 때문에 후행지표이긴 하지만, 어느 정도의 방향성을 알고 대응할 수 있는 신호를 주는군요. 넵 그럼 오늘은 이평선의 종류와 역할, 배열, 추세, 골든/데드크로스를 배웠네요. 내용이 만만치 않으니 계속 공부하면서 제가 맞는 매수/매도 구간을 계속 연습해 나가겠습니다.

9.
기술적 분석의 핵심!
지지와 저항

 송이 대리, 차트에 좀 익숙해졌나 이제?

 그럼요. 열심히 보고 있는 걸요! 흠흠 그런데 차트에 익숙해지니까, 이상하게 특정한 라인 같은 게 보이는 것 같아요. 주가가 하락할 때도 어느 기점을 계속 맴돌면서 떨어지지 않는 경우도 봤고요. 주가가 상승할 줄 알았는데 몇일 내내 특정 가격을 넘지 못하고 닿았다 내려왔다 하더라고요. 뭔가 바닥이 있는 것처럼 더 내리지 않고, 천장이 있는 것처럼 더 오르지 못하는 느낌?

 드디어 지지와 저항을 알려줄 순간이 왔구나.

차트의 흐름을 보면 송이 대리가 말한 것처럼, 단순한 오르락 내리락이 아니라 유의미하게 연결되는 선 같은 게 보일 거야. **바닥이 있는 것처럼 내리지 못하게 막아주는 가격대가 지지선.**

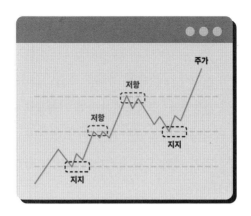

천장이 있는 것처럼 더 오르지 못하게 막혀 있는 것이 저항선이라고 해.

 음… 그게 왜 만들어지는 거예요? 주가는 기업의 경영 실적에 기반하고, 시장의 관심을 반영해서 나타나는 적정한 가격대에서 형성되는 건 줄 알았는데. 말씀하신 대로라면 뭔가 인위적인 개입이 있다는 것 아니에요? 이상하다.

 송이 대리. 주식의 오랜 격언이 있어. **주식은 심리싸움이다!**

주식은 사고 파는 사람들의 심리가 가격마다 반영이 된다는 뜻이야. 당연히 자로 잰 듯하게 추정이 어려운 거지. 단순히 이번에 당기순이익이 늘었다는 공시가 떴다고 시세가 바로 분출되는 것은 아니야. 자, 이렇게 생각해보자.

지지 = 시장 참여자들이 생각한 최후의 마지노선. 이 가격대 밑으로는 더 물러날 수 없다!

저항 = 시장 참여자들이 생각한 최후의 고지. 매번 저기서 가로막히지만, 저 가격대를 뚫고 주가를 점프시키겠다!

송이 대리가 허공에 뜬 유리로 만들어진 큐브 안에 있다고 생각해봐. 그 상태에서 공을 위아래로 튀기면서 바닥과 천장에 타격을 가하고 있는 거야. 어느 정도의 시간이 지나면 유리는 부서지기 마련이지? 유리바닥이 지지, 유리천장이 저항이라고 생각하면 돼!

앗 이게 바로 지지와 저항이군요! 이거 들어본 적이 있어요. 종토방에서 '지지 마! 저항할 거야!' 라는 닉네임을 본 적이 있거든요. 그 닉네임은 유리바닥이 버텨주길 바라고, 유리 천장이 먼저 깨져서 공이 하늘 위로 높게 솟구치길 바라면서 지은 것이겠군요. 좀 더 설명해주실 수 있어요?

그래. 공이 바로 주식의 움직임이고, 유리 바닥은 주가가 어느 특정 가격대 밑으로는 잘 떨어지지 않는 선인 거지! 유리 천장은 주가가 어느 특정 가격대 위로는 올라가지 못하는 선인 저항! 여기까지는 이해했으니 더 재밌는 얘기를 해줄게. 만약에 공이 유리를 깨면, 주가는 어떻게 될까? 유리 바닥이 부서지면 공은 저 아래로 추락해버릴 테고, 유리 천장이 부서지면 저 위로 높게 솟구치겠? 주식도 이와 같아. 지지가 뚫리면 하방으로 크게 뚫려 있다고 본단다. 유리바닥이 뚫려버리면 공은 어디까지 떨어질지 모르는 거야. 저항이 뚫리면 상방으로 어디까지 공이 치솟을 지 알 수가 없지. 이것까진 이해가 되지?

네! 주가 움직임이 지지와 저항을 오가면서 상방으로 쏠지 하방으로 내리 꽂을지 방향성을 잡고 있는 것을, 유리 큐브 안의 공으로 비유하니 잘 이해가 됩니다! 유리 큐브는 안전펜스 같은 거군요?

맞아. 그리고 지지가 뚫릴 때 하방이 크게 열려 있다는 이유는 무엇이냐면, 아래에서 받쳐줄 안전 펜스가 사라졌기에 사람들이 들고 있던 공을 던지고 대피하기 때문이야. 주식을 매도해버리고 빠지는 심리가 대다수에게 형성이 되면 당연히 주가도 확 빠지는 거지.

아하, 그러면 반대로 저항이 뚫릴 때 상방이 크게 열려 있다는 건 주가가 튀어 오르는 걸 방해하고 있던 유리 천장이 뚫렸으니까, 사람들이 환호하면서 너도나도 주식을 매수하는 심리가 번지며 크게 오른다는 말씀이겠군요?

그렇지. 하지만 상방으로 공을 쏘아올리는 것이 쉬운 건 아니야. 매물대라는 것이 있거든. 팔고자 하는 사람들의 매물이 쌓여 있는 구간이 매물대야. 특히 저항선 위의 가격대에서 물려있던 사람들은 오랜 기간 동안 주식 가격이 저항선까지 올라오길 기다렸을 테지? 저항을 뚫은 주식은 사람들이 많이 사려고 하니까, 본인들이 물려 있던 주식을 팔 수 있는 절호의 기회거든. 저항선에서 매도물량의 벽이 기다리고 있기 때문에, 이 매물들을 전부 받아서 매수하면서 소화시켜야 진정 허공으로 주가가 튀어오를 수 있는 거지.

이래서 심리가 반영되었다고 하는구나…. 재밌네요. 지지선과 저항선을 각각 그어보면서 어딘지 찾아보면 종목의 매수 매도 시점을 잘 찾아낼 수 있겠네요? 음… 쉽게 그을 수 있는 방법에는, 겹치는 가격대가 많은 구간을 선으로 이어 보는 방법이 있겠죠?

 그치, 정해진 공식은 없으니 본인이 주가 흐름을 이해하기에 쉬운 선으로 그려보며 시작하면 감이 올 거야. 이렇게 지지 저항을 그어보면 제일 좋은 점이, 이 주식이 꾸준하게 우상향하고 있는 주식인지 알 수 있다는 거지.

지지를 계속 높여가는 것은 꾸준하게 시장의 참여자들이 들어오면서 점점 더 저항선 가까이에 유리 바닥을 두텁게 쌓아올리고 있다는 뜻이지. 거리가 좁아지면 공의 타격속도도 높아지니까 유리 천장이 더 쉽게 깨질 수 있겠지?

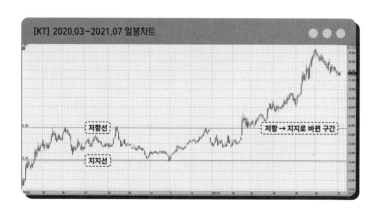

[KT] 2020.03~2021.07 일봉차트

저항선 / 지지선 / 저항 → 지지로 바뀐 구간

보여주신 차트 이미지를 보니, 저항선을 뚫기 위해 여러 번 저항선을 두들기고 있네요! 처음에는 저항선에 맞고 하락을 하는 폭이 깊었는데, 지지선에 제대로 발을 딛고 나서는 강하게 튀어오르는군요. 그러다 결국 저항선을 뚫고 나서 큰 시세 분출을 줬어요. 마치 살아 있는 것 같아요.

 추가로 지지와 저항선을 그어보면, 진입 가격과 손절 가격, 실현 목표 가격을 정함에 있어서 상당히 도움이 될 수 있어.

 아 그러네요… 내가 사는 가격이 지지와 저항 구간 중에서 어디에 가까운가에 따라서 대응이 달라질 수 있겠군요? 단순히 내가 산 가격에서 3% 하락했다고 파는 것이 아니고 차트 구간을 먼저 보고 판단할 수 있겠네요.

 그렇지. 주가 상승을 예상하고 진입할 가격을 정하는 도구로 사용할 수도 있고 반대의 경우도 생각해서 대응을 위한 도구로도 사용이 가능하지.
손절의 경우도 단순 매입가격에서 몇 % 정도로 손절선을 정하기 보다는 지지선을 긋고 여기가 이탈하면 손절할 거야! 또는 여기에서 올라주면 익절이다! 이런 식으로 정하면 편안하지.
매도의 경우도 저항선을 긋고 여기를 계속 두드리고 있으니 곧 시세가 분출하겠군. 지금 팔지 말고 더 기다려야겠다 등등의 의사결정을 할 수 있지.
물론, 모든 차트에서 지지와 저항이 맞아 떨어지는 것만은 아

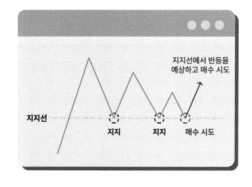

니야. 그럼에도 불구하고 많은 이들에게 사용되는 이유는 가장 단순하면서도 가장 많이 볼 수 있는 대표적인 기술적 분석이기 때문이야.

그리고 하나 더, '**라운드피겨**'라는 것도 지지와 저항을 만들어내는 요인 중 하나인데 혹시 들어봤어?

 라운드피겨요? 피겨하면 김연아가 생각나는 게 국룰인데… 지지와 저항이랑 피겨랑 어떤 연관이 있어요?

 퀸연아는 인정이지. 그렇지만 주식에서는 라운드round, 즉 0을 의미해. 라운드피겨는 0 단위 모습을 가진 가격대라서 주식 가격이 0원으로 끝나는 것을 뜻하거든. 마트가서 할인상품을 보면 가격을 10,000원보다는 9,990원으로 팔고 있는 경우를 많이 본 적 있지? 10,000원보다는 9,990원이 괜히 더 저렴해 보이는 심리적인 효과를 이용하는 가격 정책이지.

주식도 똑같아. 사람들은 자기 주식을 깔끔하게 0원으로 떨어지는 가격에 팔고 싶어 해. 실제로는 10원 차이일 뿐이지만 9,990원에 주식을 파는 것이 왠지 손해보는 것 같으니까. 계산하기도, 받아들이기도 깔끔하게 0원 단위로 받고 싶어하는 거지.

아하, 그렇다면 대부분의 사람들 심리가 비슷하니까 0원 단위에 매도 물량이 더 많이 쌓이는 경향이 있겠네요? 특정 가격대에 물량이 몰리면 그것이 저항이 되는 걸 수도 있겠고, 반대로 지지하는 가격이 될 수도 있겠네요!

 바로 그거야. 다시 말하면, 0원 단위로 끝나는 가격대에서 지지와 저항이 형성될 가능성이 높다는 거지. 그 경향은 특히, 완전히 단위가 바뀌는 가격대에서 더 커져. 900원보다는 1,000원에서, 4,700원보다는 5,000원에서, 9,600원보다는 10,000원처럼 가격대의 단위가 변하는 곳에서 더 커지는 거야. 사람들이 무의식 중에 단위가 변하는 가격대를 좀 더 인상적으로 느끼기 때문이야. 주식은 사람들의 심리가 반영되는 곳이니 심리를 이용한 기술적인 분석이 잘 먹힌다고 보면 돼.

 그러면 이걸 이용해서 만약 주식을 10,000원 즈음에 팔고 싶은데, 남들보다 더 빨리 팔고 싶으면 한 호가만 낮추어 9,990원에 매도를 걸어놓는 것도 가능하겠네요? 매수 대기자들이 10,000원보다 저렴한 가격이라고 생각해서 9,990원에 걸려있는 매물을 사가는 심리적인 효과를 노리는 거죠!

 일취월장이네! 맞아, 실제로도 사용하는 아주 좋은 방법이야. 송이 대리가 라운드피겨를 이제 완벽히 이해한 것 같네.

자, 이제 지지와 저항을 잡는 방법을 정리해보자. 사람들은 일봉, 주봉, 월봉, 년봉별 차트를 전부 보고 지지와 저항을 잡는단다. 단타를 주로 하는 경우는 분봉으로 지지 저항을 정해서 손절 가격과 목표 가격을 정하는 사람들도 많아. 투자 방법에 따라서 지지와 저항을 보는 방법과 대응도 달라질 수 있으니 이점 염두해두고 본인에게 맞는 방법으로 찾는 과정이 필요해.

 네 알겠습니다. 지지 저항을 그어보며 연습하고, 매물대가 어떻게 소화되는지 관찰하고, 시세가 분출하는 구간을 예측해보면서, 손절선과 목표선을 정해보는 연습을 하겠습니다! 충성!

정리해볼까요?

1. 주가의 저점을 연결한 선이 지지선이며 지지선 근처에서는 하락 추세를 멈추게 하는 매수세가 유입 되고는 한다.
2. 주가의 고점을 연결한 선이 저항선이며 저항선 근처에서는 상승 추세를 멈추게 하는 매도세가 출현하고는 한다.
3. 개별 종목뿐 아니라 시장 전체의 지수의 흐름을 보는 데 유용하게 쓰인다.
4. 기술적 분석상 지지선과 저항선이 만들어내는 모양에 따라 삼각형, 혹은 역삼각형 등 일정 패턴을 그리는 경우가 많으며, 그 패턴에 따라 해당 가격대 이탈 후의 주가흐름도 예상이 가능하다.
5. 0원으로 끝나는 가격을 뜻하며 그 중에서도 4,900원 ▶ 5,000원, 9,900원 ▶ 10,000원 등 단위의 앞자리가 바뀌는 등 큼직한 단위의 변동이 동반대는 가격대를 라운드피겨라 하며 지지와 저항을 잡는 데 보조로 사용할 수 있다.

10.
라인을 잘 타라!
추세

 팀장님! 괜찮으세요? 얼굴이 엄청 파래지셨어요. 완전히 컨디션 하향 추세를 타고 계신 거 같아요.

 올! 송이 대리, 주식인이 다 되었네! 추세란 말을 일상에서도 쓰고 있잖아.

 후후 사실은 이걸 위해서 큰 그림을 그려본 겁니다. 제가 주식 커뮤니티에서 추세가 중요하다라는 글을 봤거든요.

 좋아. 그럼 오늘은 추세에 대해 얘기해야겠군, 송이 대리는 추세가 뭐라 생각해?

 음~ 추세는 어떤 힘이 일정한 방향으로 나아가는 걸 뜻해요. 그럼 주식에서의 추세는 무엇이냐?! 간단히 '상승 추세'를 예를 들어 보겠습니다. 삼성전자의 신규 스마트폰이 이전에 없었던 엄청난 대박이 난다면 이슈와 함께 주식도 오를 거예요. 그런데 반도체 붐까지 와서 자동차, TV 등에도 삼성전자의 반도체가 쓰이게 된다면? 그때는 일시적인 상승이 아닌 중장기 적인 주가 상승이 일어날 거예요. 즉, 오르던 주가가 큰 힘을 받아서 계속 올라가게 되는 거죠.

이처럼 주식에서의 **추세는 주가, 즉 차트의 방향성**을 이야기합니다. 예를 들어, 일정 기간 동안 위로 올라가면 상승 추세, 위아래 큰 변함없이 움직이면 횡보 추세, 그리고 밑으로 내려가면 하락 추세! 이렇게 나눌 수가 있죠.

앗! 근데 송이 대리 핸드폰 보면서 읽는 거 아니야? 흠… 아무튼 잘 정리했네! 말한 대로 추세는 이 종목이 현재 나아가는 방향성은 물론, 우리가 언제 매수/매도를 해야 하는지 에 대한 힌트도 제공해.

본격적으로 알아보기 전에 중요한 걸 한 번 체크해보자. 그건 예전 지수를 설명했을 때와 똑같아. 즉, '**추세에 이기려 하지 말고 순응하자**'란 거야.

차트는 일정한 방향으로 나아가는 성질이 있기 때문에 한 번 그 추세를 타면 벗어나기가 쉽지 않지. 만약 송이 대리가 주가의 추세를 무시하고, 매수/매도를 하면 어떨까? 하락 추세를 극복할 수 있다고 무모하게 매수한다면 오히려 주가 하락으로 큰 손실 입을 수 있지. 상승 추세도 비슷해. 조금 올랐으니 바로 팔았다면 다가올 더 큰 수익을 놓칠 수도 있다는 거지.

 아하. 그러면 상승 추세일 때는 매수한 종목을 좀 더 갖고 있는 것이, 그리고 하락 추세일 때는 빨리 파는 것이 좋겠네요. 그럼 추세를 조금 더 명확히 알아낼 수 있는 방법이 있을까요? 차트가 다 비슷비슷하게 생긴 거 같아서요.

 가장 쉬운 방법은 역시 각 선을 연결해 지지와 저항을 확인하는 거지. 먼저 상승, 횡보, 하락 추세선의 몇 개의 저점과 고점들을 연결해보는 거야. 이때는 반듯하게 추세선을 그려야 된다고 생각하지는 말고 얼추 이 정도가 맞겠다 정도로 그으면 돼.

이때 저점을 연결하는 선을 '추세선', 고점을 연결하는 선을 '추세대'라고 해. 연결하다 보면 아래와 같은 차트 형태가 나올 거야.

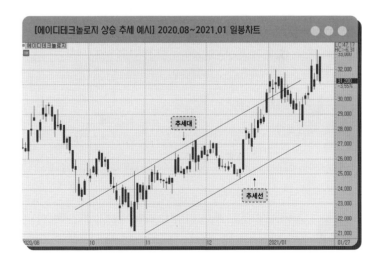

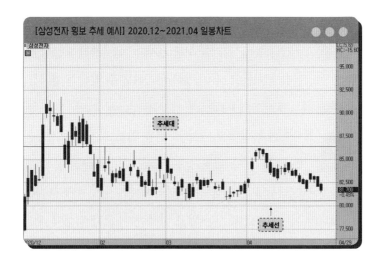

[삼성전자 횡보 추세 예시] 2020.12~2021.04 일봉차트

추세대

추세선

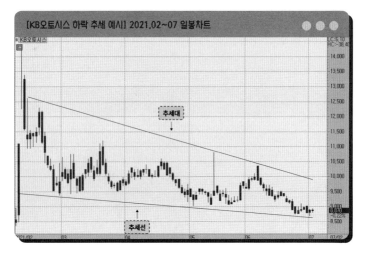

[KB오토시스 하락 추세 예시] 2021.02~07 일봉차트

추세대

추세선

 흠 이렇게 긋고 보니 마냥 오르락 내리락 하는 게 아니라 주로 N자 형으로 주가가 이동하네요.

그렇지. 우리가 지난번에 배운 지지와 저항이 바로 여기에서도 통용돼. 왜냐하면 추세선과 추세대가 일종의 지지와 저항 역할을 해주거든. 이를 통해 우리는 어디서 매수하고 어디서 매도할지를 정할 수 있는거지. 먼저 에이디테크놀로지 차트 추세선을 볼까?

[에이디테크놀로지 상승 추세에서의 매수 포인트 예시] 2020.08~2021.01 일봉차트

송이 대리가 말한 것처럼, 상승 추세를 타는 도중에도 주가 상승과 하락이 알파벳 N처럼 위아래로 반복되고 있지. 그런데 내려가던 주가가 추세선의 지지를 받고 다시 오르는 걸 확인할 수 있어. 즉, 주가가 추세선을 뚫고 내려가지만 않는다면 이 주가는 더 올라갈 수 있다는 것으로 해석할 수가 있는 거지.

이번에는 상단의 추세대를 살펴볼까? 이번에도 주가들이 오르내리는 가운데, 상승하는 주가가 추세대의 저항을 받고 다시 내려가는 것을 알 수 있지? 이걸 통해 만약 단기, 단타 매매를 한다면 추세선 부근에서 매수, 추세대 부분에서 매도를 고려해서 매매를 할 수 있을 거야. 이는 상승 추세뿐 아니라 횡보, 하락세에도 똑같이 적용할 수가 있어.

 오~ 신기하게 추세선과 추세대가 지지와 저항의 역할을 해주네요. 아, 그런데 한 번 정한 추세선은 변하지 않는 건가요? 물론 주식이 수학공식처럼 딱 맞아 떨어지지는 않는 거지만, 한 번 선을 긋는 것으로 차트를 다 파악할 수 있을지 궁금해요.

추세선을 긋는 건 투자자마다 다를 수 있지만 나의 경우는 주가가 바뀌면 추가적인 추세선을 긋기도 해. 다시 에이디테크놀로지를 볼까? 2020년 말~21년 초에 주가는 추세대

의 저항을 뚫고 상승했어. 이때는 추세선 추세대를 각각 저점과 고점에 맞춰 새롭게 정할 수 있지. 만약 내가 주식을 갖고 있었다면 추세대의 저항을 뚫고 올라갈 때 매도하려고 했을 거야. 저항이 되는 가격 부근이기도 하고 30,000원은 전 고점 라운드 피겨 가격 부근이기도 했으니까.

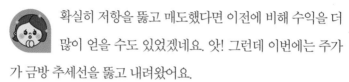 확실히 저항을 뚫고 매도했다면 이전에 비해 수익을 더 많이 얻을 수도 있었겠네요. 앗! 그런데 이번에는 주가가 금방 추세선을 뚫고 내려왔어요.

주가가 새롭게 그은 추세선을 뚫고 내려오긴 했지만, 마냥 아쉬워 할 필요는 없어. 처음에 우리가 그었던 추세선이 다시 지지 역할을 해줄 테니까 말이야. 즉 우리가 처음 만든 추세선이 뚫리지만 않는다면 아직 상승 추세를 벗어나지는 않았다 이렇게 보면 돼. 그런데 처음 추세선과 두 번째 추세선이 조금 다른 걸 알 수 있지?

음, 기울기에 대한 차이가 있네요. 처음 그었던 추세선은 완만한 각도였다면 두 번째로 추가된 추세선은 기울기가 굉장히 가팔라요.

맞아. 기울기가 가파르다는 것은 매수/매도가 빠르게 이어지고 있다는 것, 즉 변동성이 크다는 거야. 이런 경우 에이디테크놀로지처럼 빠르게 추세선을 뚫고 주가가 하락할 수 있으니 주의해야 돼. 특히 초보 투자자들이 이런 함정에 빠져 물리는 경우도 많지.

기울기 말고도 하나 더 보이는 게 바로 선의 길이일 거야. 짧게 만들어진 두 번째 추세선과 달리 길이가 비교적 긴 편인 첫 번째 추세선은 각 가격대와 만나면서 무너지지 않고 지지, 저항 역할을 하고 있는 거지. 때문에 이렇게 설정된 추세도의 신뢰는 짧은 것보다 더 높다고 볼 수 있어. 특히 강세장의 경우 개별 기업은 6~8주 정도 그 추세선을 유지하고, 길게는 수개월에 이어지기도 하지.

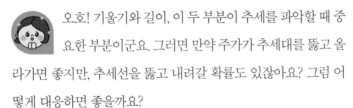 오호! 기울기와 길이, 이 두 부분이 추세를 파악할 때 중요한 부분이군요. 그러면 만약 주가가 추세대를 뚫고 올라가면 좋지만, 추세선을 뚫고 내려갈 확률도 있잖아요? 그럼 어떻게 대응하면 좋을까요?

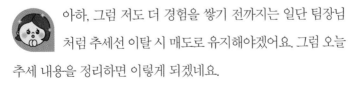 추세선에서 얼마만큼 벗어날 때 대응하는 게 좋다는 규칙은 없어. 다만 내 경우는 설정한 추세선을 이탈하면 매도세의 힘이 강하다고 판단하고 바로 매도로 대응해.
물론 추세선을 뚫고 내려갔다가 다시 반등해서 더 큰 수익을 낼 수도 있어. 그런데 마냥 버티다가 더 하락해서 큰 손실을 입는 경우도 많았지. 때문에 **나는 이런 경험들을 바탕으로 원칙을 지킨다는 전제 하에 추세선을 이탈하면 손절 대응을 하는 거야.**

아하, 그럼 저도 더 경험을 쌓기 전까지는 일단 팀장님처럼 추세선 이탈 시 매도로 유지해야겠어요. 그럼 오늘 추세 내용을 정리하면 이렇게 되겠네요.

1. 저점끼리 고점끼리 연결하면 추세선과 추세대를 만들 수 있다.

2. 추세에 거역하지 말고 추세를 따르며 매매를 하자.

3. 추세선, 추세대는 각각 지지와 저항 역할을 한다.

4. 지지에서 사고 저항에서 팔면 각 추세 속에서도 일정 수익을 얻을 수 있다.

5. 상승 추세의 경우 저항인 추세대를 뚫었을 때 매도하는 것도 한 방법이다.

6. 추세선은 투자자에 따라 여러 개를 만들고 각 추세를 비교할 수 있다.

7. 추세선의 기울기가 안정적이고, 길이가 길수록 매매하기에 유리하다.

8. 추세선 이탈 시에는 매도 등의 대응을 통해 손실을 최소화하자.

 굿. 포인트만 쏙쏙 뽑았네. 하지만 나는 이제 또 회의를 하러 가야 해. 송이 대리와 말하느라 결국 오늘 일은 하나도 못했네….

 흠흠. 하지만 제가 또 많이 성장했으니 그것만큼 뿌듯한 게 없지 않으십니까! 빨리 회의 끝마치시고 꼭 칼퇴하세요!

11.
시세 변동의 시작점
거래량과 거래대금

 송이 대리. 오늘은 거래량과 거래대금이라는 지표를 알아볼 거야.

거래량은 일정 시간 동안 그 종목에서 발생한 총 체결량을 표시해주는 지표야. 매수량, 매도량의 합이지. 체결 물량은 모두 공개되기 때문에 흔히 숨길 수 없는 흔적이라고 이야기한단다.

 오잉? 종목별로 거래량이 다 나온다는 거구나. 그럼 거래량이 많은 종목은 그만큼 많은 이들의 관심과 사랑을 받는다고 보면 되겠네요? 단기투자를 선호하는 사람들이 좋아하겠군요.

크게 거래량이 터지면 주가도 연동해서 변동할 테니, 거래량이 많은 종목은 어떤 이유로 주가에 변동성이 나왔는지를 확인해야겠고요!.

드디어 눈을 뜨기 시작했구나! 송이 대리의 말이 맞아. 자 이제 거래량에 대한 기본적인 이론을 알려줄게.

첫째, 바닥권에서 발생한 대량 거래량은 매수매집의 신호로 본다

둘째, 전체적인 흐름에서 상승 초기에 터진 대량 거래량은 장기적으로 좋다고 본다

셋째, 고가권에서 발생한 대량 거래량은 매도매물의 신호로 본다

넷째, 전체적인 흐름에서 상승 이후에 터진 대량 거래량은 리스크의 신호로 본다

아하. 기본적으로 주가가 바닥권에서 대량 거래량이 발생하면, **누군가의 의도적인 매수/매도로 인해서 장기적인 상승 확률이 있다고 해석이 가능하다는 뜻이군요.**

그렇게 거래량이 생기다가, 전체적인 흐름이 상승으로 넘어가기 시작할 때 즉, 상승 초기에 대량 거래량이 터져주면 이 주식은 쭉쭉 길게 갈 놈이구나! 라는 신호로 해석할 수 있겠고요.

그래그래. 장기적인 관점에서 봤을 때 바닥권과 상승 초기에 대량 거래량이 터지면 계속적으로 우상향 그림이 그려질 가능성이 있다고 볼 수 있지. 더군다나 매물대를 돌파하는 양봉이 나왔다면, 이런 종목은 장기 우상향의 신호탄이 되어서 단기투자자들의 관심종목이 되지.

삼성엔지니어링의 차트를 보자. 주가가 장기적으로 엄청나게 올

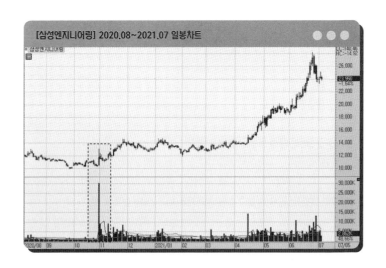

[삼성엔지니어링] 2020.08~2021.07 일봉차트

랐지?

그렇네요. 반대로 장기적인 관점에서 봤을 때 이미 주가가 많이 올라 고가인 상태에서 대량 거래량이 터지면, 차익 실현 매물이 쏟아져 나올 가능성이 있다는 것으로 이해하면 되겠네요? 전체적으로 이미 오를 만큼 오른 뒤니까 고점에서 대량 거래량이 생기면 리스크에 대비하는 신호로 해석할 수 있겠어요.

맞아. 신풍제약 차트를 보면 알듯이 크게 상승이 이뤄진 이후에 매물대가 커지면서 차익 실현매물이 나온 것을 알 수 있지.

그렇지만, **고가권에서 거래량이 발생했는데 오히려 주가는 더 올라가는 경우도 쉽게 볼 수 있어.** 고가권에서 거래량이 많이 발생하면 주의가 필요한 것은 맞지만, 기업이 가지고 있는 재료나 실

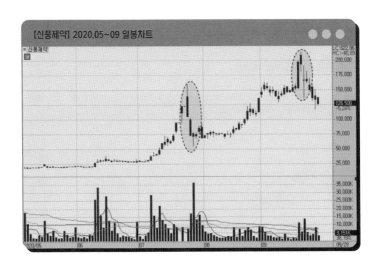

[신풍제약] 2020.05~09 일봉차트

적에 따라서 흐름이 다시 바뀌기도 하거든.

예를 들면, 주가의 위치에 따라서도 달라질 수 있는데, 오를 만큼 올라서 대량 거래량이 발생한 종목과 신고가 갱신하면서 저항대를 돌파한 대량 거래량은 그 의미가 다르겠지?

 후후~ 이해했어요! 그러면 일단 주가의 위치가 저점이냐 고점이냐 등의 위치를 막론하고 '대량 거래량이 발생하면 주가의 움직임의 변화의 시작이다.' 정도로 해석할 수가 있겠군요.

어쨌든 대량 거래량은 주가의 변화를 의미하니까, 저처럼 단기투자를 좋아하는 사람은 매수/매도를 언제든 자유롭게 할 수 있도록 거래량이 많은 종목이 편안하겠어요~!

고가권 설명에 대한 차트 예시 2개 비교

오를 만큼 올라서 대량 거래량 :

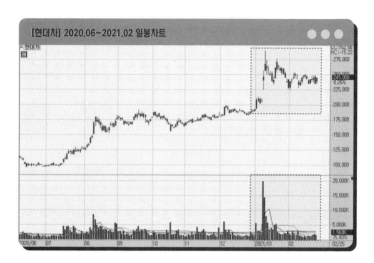

저항대 돌파한 뒤 대량 거래량 :

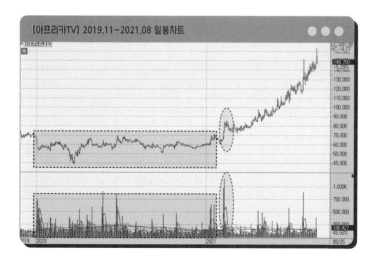

그렇지. 평소에도 거래량이 많은 카카오나 삼성전자 같은 종목은 언제나 비교적 원하는 가격에 대응이 가능하잖아. 하지만 거래량이 적은 종목은 호가에 물량이 많이 없어서 원하는 가격에 매매가 힘들 수 있어. 거래량이 적다는 건 또한 주가가 작은 매도세에도 크게 변동할 수 있다는 뜻이기도 하니까.

 오늘도 새로운 걸 배웠네요. 저는 이제 거래량이 터진 종목을 샅샅이 씹고 뜯고 맛보고 즐기러 떠납니다. 감사합니다 팀장님~!

대량의 거래량이 꼭 대량의 거래대금을 의미하는 것은 아닙니다.
초보 투자자 입장에서는 대량 거래량 = 대량 거래대금으로 쉽게 혼동할 수 있지만,
이는 엄연히 다른 개념이기 때문에 절대로 혼동이 있어서는 안됩니다.

종목명	주당 가격	거래량	거래대금
A	5,000	100,000	500,000,000
B	10,000	50,000	500,000,000
C	500,000	1,000	500,000,000
D	1,000,000	500	500,000,000

위와 같이 주당 가격에 따라서 거래량, 거래대금은 크게 달라질 수 있습니다.
따라서 거래하려는 종목의 주당 가격을 확인하여
거래량, 거래대금에 혼동이 없게 주의가 필요합니다.

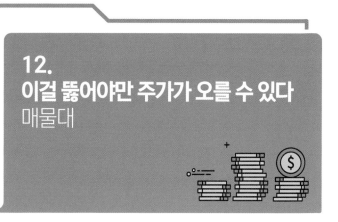

12.
이걸 뚫어야만 주가가 오를 수 있다
매물대

 삼 만! 삼 만! 삼 만! 가즈아!

 엥? 퇴근 시간이 멀었는데 자꾸 어딜 간다는 거야? 퇴근 시간이 되기 전까지는 누구도 이 회사를 나갈 수 없어!!

 크흑… 오늘 제가 가고 싶은 곳은 주가 3만 원이에요. 이상하게 보유한 종목이 3만 원에 갈 거 같으면 계속 떨어지는 거예요. 오늘만 해도 4~5번은 그런 것 같은데, 확확 안 올라가서 슬프네요.

 그럼 3만 원대에 강력한 매물대가 형성되어 있겠네. 오늘은 매물대에 대해 알아보는 시간을 갖겠어.

 준비됐습니다. 한 번에 가시죠!

매물대는 한 마디로 '그 구간에 거래량이 많다' 라고 생각하면 돼. 예를 들어, 3만 원 근처에서 매수/매도가 많았다고 하면 3만 원에 강한 매물대가 형성된 거지.

HTS에서 매물대는 강할수록 오른쪽으로 더 길어진 것으로 표기가 되기 때문에, 송이 대리도 강한 매물대 구간을 쉽게 찾을 수 있을 거야. 이게 중요한 이유는 매물대는 이평선이나 추세선처럼 또 하나의 지지, 저항을 살펴볼 수 있는 형태이기 때문이야. 즉 우리는 매물대 해석을 통해 언제 사고 파는 것이 적합한지에 대해 판단할 수 있어.

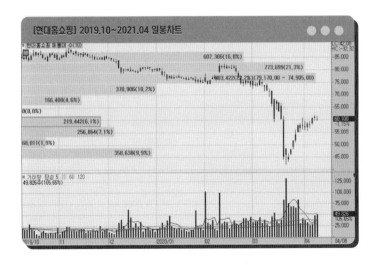

 흠… 그럼 아까 3만 원대에 강력한 매물대가 형성되어서 주가가 못 올라가고 있다고 하신 건, 매물대가 저항

역할을 하고 있다고 보면 되는 건가요?

 그렇지. 차트가 매물대보다 밑에 있을 때, 매물대가 저항 역할을 하는 가장 큰 이유는 투자자들이 본능을 찾고 싶어 하기 때문이야. 만약 송이 대리가 7만 5천 원에 종목을 매수했다고 하자. 잠깐 오른 것 같다니 주가가 4만 5천 원대 정도까지 떨어졌지. 그럼 송이 대리는 어떻게 대응할 거야?

 으음… 종목 상황에 따라 손절 할 수도 있지만… 일단 존버해서 최소 본전인 7만 5천 원대까지는 버틸 거 같아요.

 그렇지. 과거에 투자자들은 본능적으로 손절을 기피한다는 것에 대해서도 얘기를 했었지. 그럼 시간이 흘러 주가가 상승할 때가 되면 7만 5천 원에 바로 가지고 있는 주식을 팔아버릴 거야. 그런데 송이 대리처럼 7만 5천 원대에서 물린 투

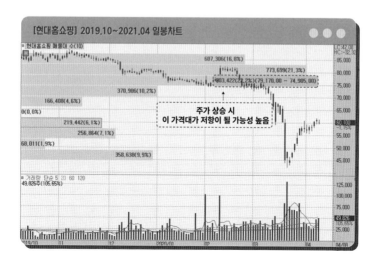

자자들이 정말 많다면?

그 투자자들 역시 7만 5천 원이 오기만을 기다렸다가 도달하자마자 팔아버렸을 확률이 높아. 이럴 경우 매도 물량이 쏟아지므로 주가는 하락할 확률이 높지. **즉 저항을 맞는 거야.**

 아하. 차트에 표기된 대로 7만 5천 원쯤 매물대가 있다면 주가는 각 구간에서 저항을 맞을 수 있고, 그것을 다 소화해야만 상승할 수 있는 거군요. 그럼 제가 말씀드린 부분보다 더 낮게 주가를 매수했다면 저항을 맞기 전에 매도를 해서 수익을 보는 전략도 좋을 것 같아요.

아주 좋았어. 매물대를 통한 매도 포인트도 잘 찾아냈네. 그럼 매물대를 뚫을 수 있는 힘에 대해 알아보자고. 만약 매물대가 적다면, 일반적인 매수 힘으로도 금방 주가가 상승할 거야. 그런데 매물대가 크게 쌓여 있다면 그것을 뚫어내기가 힘들겠지? 이럴 때는 대량 거래의 힘, 즉 투자자들이 주식을 굉장히 많이 매수하는 것이 필요하지. 기업이 신약개발에 성공했다든가, 테마주에 편입되어 시장에 관심을 받거나 등이 있다면 이런 이슈는 대량 거래량을 동반할 수 있을 거야.

아 그리고, 매물대를 잘 파악하려면 뉴스와 거래량을 같이 보는 것이 굉장히 중요해. 기업이 가진 호재 이슈가 있다면 주가는 더 탄력적으로 움직이고, 이슈와 함께 매물대를 뚫고 올라간다면 그 이상의 힘이 생길 수도 있거든. 이제 주가가 더 움직여서 변화하는 매물대의 역할을 보자.

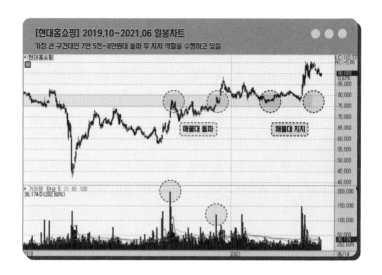

[현대홈쇼핑] 2019.10~2021.06 일봉차트
가장 큰 구간대인 7만 5천~8만원대 돌파 후 지지 역할을 수행하고 있음

매물대 돌파

매물대 지지

위의 표를 보면 2020년 말쯤에 주가가 매물대를 뚫고 올라간 걸 볼 수 있어. 이 경우 원래의 매물대가 저항에서 지지의 역할로 바뀐 걸 볼 수 있지. 여기서는 해당 매물대의 지지를 받고 상승하는 것을 확인할 수 있어.

아하! 그럼 매물대는 돌파 전에는 저항의 역할을, 돌파 후에는 지지의 역할을 맡는군요. 그럼 말씀 주신 내용을 확인하기 위해 키움 HTS에서 매물대와 거래량 지표를 설정해봤어요.

● 매물대를 보기 위해선 차트 형태에서 매물대 차트를 설정

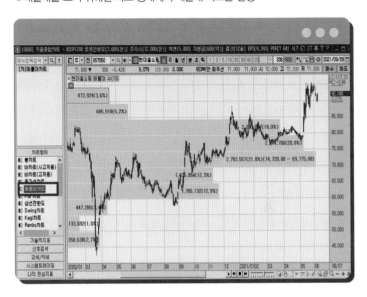

● 거래량을 보기 위해선 기술적 지표에서 거래량을 선택

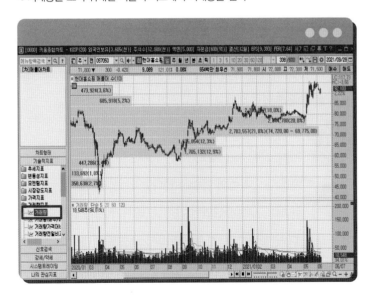

또한 앞 차트를 보면, 매물대의 저항 역할과, 저항을 뚫기 위한 거래량을 볼 수 있어요. 매물대를 뚫고 올라가던 부분들은 평소보다는 거래량이 높았다는 것도 알 수 있고요.

 잘 캐치했네. 이제 우린 매물대를 통해서 우리는 감으로 매매한 것이 아닌 보다 체계적인 데이터를 통해 주가 예측 및 하락을 유추할 수 있는 거야. 또 하나의 팁으로는 **매물대가 적을수록 저항으로서의 힘은 약하다고 볼 수 있어. 그만큼 팔고자 하는 사람이 적다는 뜻이니까. 때문에 송이 대리가 가진 종목의 상단 매물대가 적다면 주가가 더 상승할 수 있는 여력이 있다**고 생각해도 좋을 거야.

 제가 가진 주식은 마의 30,000원대 위로는 매물대가 없네요. 그럼 이것만 뚫으면 쭉쭉 올라가겠네요.

 좀만 힘을 받아서 뚫으면 잘될 거야. 그럼 지금까지는 저항으로서의 매물대 역할을 확인해봤어. 즉 주가가 매물대보다 밑에 있을 때의 모습이었지. 그럼 이제는 지지 역할로서의 매물대를 알아보자고.

 지지도 잘 들을 수 있지요!

 매물대가 저항의 역할을 한다는 건, 본절이라도 찾기 위한 매도세가 강했던 거야. 그래서 주가가 올라오면 팔아버리고, 다시 올라오면 또 팔아버려서 상승을 막은 거지.
지지 역할의 매물대는 딱 그 반대로 보면 돼. 예를 들어, 매물대가 강한 30,000원 선에서 송이 대리가 매수를 했다고 하자. 거래량이 늘면서 주가가 50,000원, 60,000원 위로 상승하게 되면 예상 수익은 계속 커질 거야. 그런데 잘나가던 주가가 갑자기 곤두박질 처서 다시 30,000 원대에 도달하게 되면 송이 대리는 어떻게 할 거야?

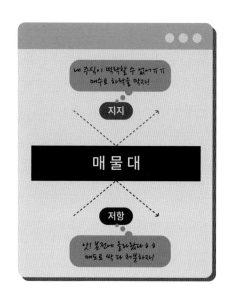

 안 돼! 그것만은 막아야죠. 흠… 만약 제가 돈이 많다면 다시 매수를 해서 주가를 끌어올리도록 할 거에요.

 그렇지. 매물대가 강하다 = 거래량이 많다 = 그럼 그 구간에서 매수를 한 투자자도 많다고 할 수 있지? 즉 3만 원선에서 매수를 한 사람들은 **주가가 떨어지는 걸 방지하기 위해 다시 매수를 할 확률이 있어.** 이를 통해 주가는 지지를 받고 다시 반등을 할 수 있는 거지.

 오호. 저는 그럼 주가가 매물대 이하로 이탈할 때 매도하거나 아니면 반등을 기다리고 조금 더 갖고 있는 대응을 할 수 있겠네요.

좋은 전략이야. 그런데 매물대 같은 경우 HTS 일자에 따라 다르게 보일 수 있어. 같은 종목이라도 1개월치의 매물대와 12개월치의 매물대가 완전히 다르다는 거지.

아래 차트를 보면, 1개월치의 차트에서는 24,500원대에 매물대가 가장 강하지만, 12개월치에서는 30,000원 대에 가장 강하다는 걸 알 수 있지.

물론 어떤 기준으로 차트를 볼지는 정해진 게 없지만 자칫하면 매물대를 잘못 파악하고 매매를 할 수 있으니 이 점은 꼭 주의를 해야 해.

또 매물대는 결국 과거의 거래량이 있어야 하는 건데, 이전에 없었던 최고 주가를 기록한 종목들 =신고가 종목 은 당연히 상단에 매물대가 없을 수밖에 없어. 그래서 이런 신고가 종목들에서는 매물대를 통한 비교가 어려운 점도 체크를 하면 좋아.

 크흑… 주식이란 알아갈수록 심오한 것… 알겠습니다. 그럼 매물대도 잘 체크하면서 매매를 진행하도록 하겠습니다.

1. 매물대는 거래량이 가장 많은 구간을 뜻함

2. 강한 매물대일수록 차트에서 가로로 길게 표시됨

3. 차트에서 매물대를 보이게 하는 건 차트형태에서 매물대차트로 설정

4. 매물대가 주가보다 위에 있을 때는 저항, 아래에 있을 때는 지지의 역할을 함

5. 강한 매물대를 뚫고 올라가기 위해서는 대량 거래량을 동반한 매수세가 필요.

6. 강한 매물대를 뚫은 주가가 약한 매물대를 만나면 주가가 더 높게 올라갈 확률이 높음.

7. 매물대는 차트 기간 설정에 따라 달리 표기되기 때문에 주의 필요

8. 신고가 종목은 상단 매물대가 없어서 다른 방식으로 접근 필요

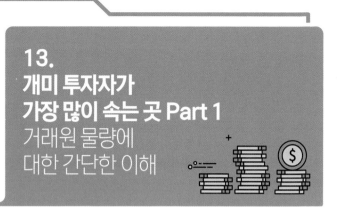

13.
개미 투자자가
가장 많이 속는 곳 Part 1
거래원 물량에
대한 간단한 이해

 A 증권사, 갑자기 매도를 이렇게 해? 내가 가만 안 둘 거야… 부숴버리겠어…!

 뭐야? 송이 대리! 막장 드라마 찍는 것도 아니고 왜 저 주를 퍼붓는 거야?

 아, 이건 제가 겪은 건 아니고, 투자 커뮤니티에서 본 거예요. 문득 생각이 나서 저도 모르게 입 밖으로 나왔네요. 흠흠…

 진짜 놀랐네. 그런데 송이 대리. 왜 그 사람이 A증권사를 싫어하게 됐을까?

 음… 그 생각은 안 해봤는데, 근데 A 증권사가 매도를 했다는 게 사실 무슨 말인지 몰랐어요. 그럼 팀장님. 올바른 설명을 한번 부탁드립니다.

오케이. 여기서 말한 A 증권사는 종목을 애기하는 게 아니라 거래원을 애기하는 걸 거야. 거래원은 주식매매 시, 매매에 참여하고 있는 투자자들이 어떤 증권사로 참여하고 얼마큼은 거래가 이뤄지고 있는지를 표시한 것이야. 우리가 한 번쯤은 들어본 키움, 삼성, 메릴린치 등 국내외 국내외 증권사가 거래원이지. 그럼 이 회사들이 막대한 자금을 가지고 직접 종목을 매매하느냐? 그건 아니야. 키움으로 가입한 회원들이 매매를 하면 키움 거래원으로 잡히게 되고, 메릴린치를 통해 매매를 한다면 메릴린치 거래원으로 표시하게 되지.

 아하. 올림픽 경기할 때 한국팀, 미국팀 이렇게 나누는 것처럼 소속에 따라 일종의 팀을 나눈거라고 볼 수 있을까요?

 그렇지. 그리고 거래원을 통한 매매는 HTS, MTS에서 표기가 돼서 누구나 해당 데이터를 쉽게 확인할 수 있지.

 그러면 이걸 봐야 할 필요가 있을까요? 내용을 보니 여러 거래원이 사고팔았다가 표시되는데… 그 외 어떤 걸 알 수 있을지 궁금해요.

 거래원을 봐야 하는 이유는 **어떤 거래원이 주가에 영향을 주고 있는지를 파악하기 위함이야!**

첫째, 각 거래원별 일종의 특징이 있어서 그걸 이용할 수 있어. 예를 들어, 키움이나 미래에셋 증권의 경우 개인 투자자의 물량이 많다고 해석을 많이 해. 증권사 거래대금이나 거래량이 상위권에

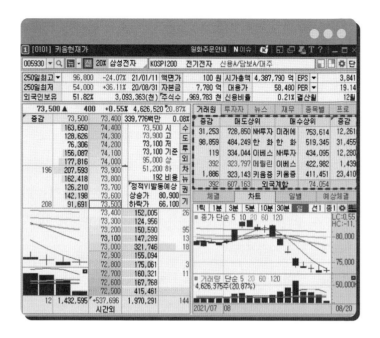

위치해 있기 때문이지.

이번엔 외국계 거래원을 살펴볼까? 외국계에는 메릴린치, JP모
건, 유비에스, 골드만삭스, CS증권 등이 있어. 그 중 메릴린치는
단타성 물량이라고 해석을 해. 메릴린치 관련 과거 기사를 찾아
보면 나오듯이 실제로 단타 매매를 많이 해서 차익 실현을 했다
는 기사가 있어. 그래서 개인 투자자 사이에서는 멸치메릴린치 들
어왔다는 우스갯소리도 있지. 이외에도 교보는 상한가 간 종목
에서 자주 등장한다면서 상따를 자주 하는 증권사라는 재미있
는 소문도 있었어.

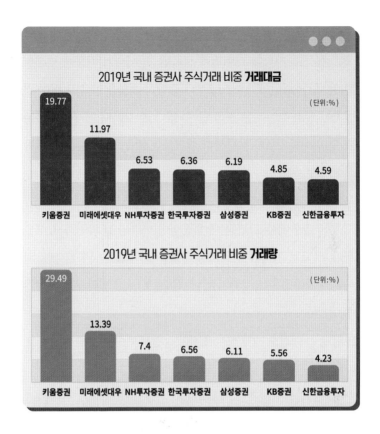

2019년 국내 증권사 주식거래 비중 **거래대금**

(단위:%)

키움증권	미래에셋대우	NH투자증권	한국투자증권	삼성증권	KB증권	신한금융투자
19.77	11.97	6.53	6.36	6.19	4.85	4.59

2019년 국내 증권사 주식거래 비중 **거래량**

(단위:%)

키움증권	미래에셋대우	NH투자증권	한국투자증권	삼성증권	KB증권	신한금융투자
29.49	13.39	7.4	6.56	6.11	5.56	4.23

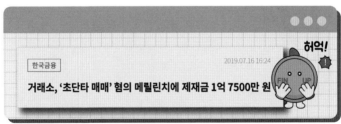

한국금융

2019.07.16 16:24

허억!

거래소, '초단타 매매' 혐의 메릴린치에 제재금 1억 7500만 원

우와! 그럼 이거야말로 믿고 따라가면 무조건 수익 나는 구조 아닌가요? 시험 족보를 빼돌린 느낌인데요?

에고. 아쉽지만 거래원의 특징은 계속 바뀌어가고 있고, 정확한 데이터가 구축된 건 아니기 때문에 맹신하면 안 돼! 메릴린치가 어느날부터 중장기 매집을 할 수도 있는 것인지는 일반 투자자는 전혀 알 수 없다고. 그러니 거래원을 하나로 정의 내리기보다는 꾸준히 체크하는 게 더 중요해. 그럼 계속 이어가 보자고.

둘째, 거래원의 매매 상황을 체크할 필요가 있어. 거래원은 대규모 투자 집합체야. 그만큼 매매 물량이 크다는 걸 의미하지. 예를 들어, 외국계 거래원에서 특정 종목을 대규모로 매수한다면, 외국인 투자자들은 삼성전자를 매력적으로 보고 있다고도 해석할 수 있잖아.

그럼 송이 대리도 해당 상황을 체크하면서 매수 여부를 결정하고,

[0128] 거래원입체분석 ⏺자동일지

035420 ▾ 🔍 NAVER ● 시간별 ○ 일별 2021/08/30 ~ 2021/10/15 조회

상	메릴린치	일	상	한국투자증권	일	상	C.L.S.A 증권	일	상	삼 성	일	상	키움증권	일
	37,588			35,120			30,563			3,314			3,349	
13:24	1,158		13:27	82		13:24	2,200		13:27	37		13:27	73	
13:22	1		13:26	51		13:19	6,000		13:27	28		13:27	10,928	
13:18	994		13:24	121		13:18	10		13:26	115		13:26	5	
13:07	71		13:22	173		13:16	22,353		13:26	16		13:24	433	
13:05	82		13:21	93					13:24	446		13:24	20	
13:01	90		13:19	10					13:24	779		13:21	129	
12:59	957		13:18	21					13:22	21		13:19	958	

상	미래에셋	일	상	모건스탠리	일	상	NH투자증권	일	상		일	상		일
	30,152			29,263			8,903							
13:27	25		13:27	26		13:27	5							
13:26	28		13:26	25		13:26	5							
13:24	288		13:24	164		13:24	89							
13:22	17		13:19	152		13:22	104							
13:21	250		13:18	98		13:21	50							
13:19	1,222		13:16	84		13:19	425							
13:18	604		13:15	42		13:18	213							

차후 외국계 거래원에
서 매도 물량이 쏟아지
면 그때 같이 빠져나오
는 단기 전략도 가능해.

 아하 그럼 거
래원을 볼 수
있는 방법이 있을까요?
아무리 좋은 정보도 직
접 봐야만 해석할 수 있

상세거래원분석					×
◉시간별 ○일별	메릴린치		다음	차트	종료
시간	순간거래량	누적순매수	추정가격	등락률	⌃
13:30:42	34	37,622	393,000	-0.51	
13:24:34	1,158	37,588	393,000	-0.51	
13:22:59	1	36,430	393,000	-0.51	
13:18:22	994	36,429	393,000	-0.51	
13:07:25	71	35,435	394,500	-0.13	
13:05:53	82	35,364	394,000	-0.25	
13:01:14	90	35,282	394,000	-0.25	
12:59:33	957	35,192	394,500	-0.13	
12:58:02	207	34,235	393,500	-0.38	
12:47:23	6	34,028	394,500	-0.13	
12:45:55	15	34,022	394,000	-0.25	
12:44:23	121	34,007	394,500	-0.13	
12:42:56	62	33,886	394,000	-0.25	⌄

는 법! 보는 모르니 아무것도 못 하겠어요…

 거래원은 다양한 화면에서 볼 수 있어. 예를 들어 [0128]
거래원 입체분석 [0101] 키움 현재가 등이 있지. 특히 거
래원 상세 분석에서는 거래원명 왼쪽에 있는 '상' 이란 버튼을 누
르면 상세거래원분석을 볼 수 있으니 참고해줘. 이 메뉴들을 통
해 주로 볼 수 있는 정보는 아래와 같아.

 그러네요.
화면을 여
니 관련 내용들이
많이 나오네요. 아
그럼 혹시 거래원
을 보면서 투자할
때 또 다른 주의사

확인 가능한 정보들
1 매수 상위 5거래원: 매수 거래가 많은 5개 증권사
2 매수 상위 5거래원: 매도 거래가 많은 상위 5개 증권사
3 거래원 별 거래량: 거래한 주식 수
4 매수, 매도 증감 표시: 1~3분 정도의 간격으로 업데이트
5 거래원별 매수합, 매도합

항 같은 게 있을까요?

음. 크게 다섯 가지를 말해줄게.

첫째, 모든 증권사의 거래가 아닌 TOP 5 증권사만 표기돼.

아래 표를 보면 삼성전자 종목의 매수 상위를 차지하는 것 미래에셋~ 키움증권까지 총 5개일 거야. 그럼 초보 투자자들의 경우 이 증권사들만 종목을 매수한다고 착각할 수 있지.

하지만 이는 상위 5 거래원의 수량만 표기한 것일뿐, 실제로는 상위 5 거래원에 들어오지 못한 거래원 증권사 물량이 보이지 않게 있다는 거야. 만약 6위였던 멜린린치가 좀 더 종목을 매수해서 키

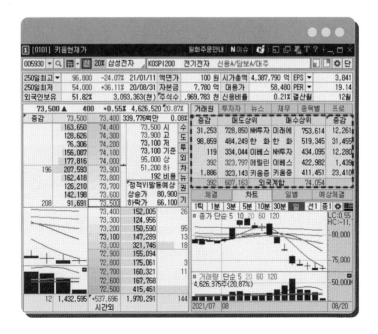

움증권을 밀어내고 5위가 되었다면?

초보 투자자들은 대형 물량이 나타났다고 판단할 수 있지. 하지만 이는 5위가 아니었던 거래원 중 하나가 꾸준히 매수를 하다가 갑자기 매수량을 늘렸을 수도 있기 때문에 이 부분을 잘못 해석

4. 실전에 앞서 주식 매뉴얼 정독하기 **385**

하고 함부로 투자하면 안 돼!

좀 더 구체적으로 볼까? 위 표들을 살펴보면, 12 : 49에 순간적으로 삼성증권 거래원에서 58,512주라는 큰 물량을 매도한 것처럼 느껴지지만 전체적으로 보면 매우 적은 거래량을 보이고 있잖아. 즉, 저 짧은 순간에 다른 거래원들에 비해서 삼성증권에서의 매도 물량은 많이 나왔다는 의미는 아닌 거야.

그래서 갑자기 증가한 삼성증권 거래원만 보고 '대량 매도가 나왔으니 매도해야겠다.'라고 생각하면 오히려 뒤에 나올 수익을 놓칠 수도 있지.

 저는 삼성증권이 매도 물량을 던졌을 때 이미 멘탈이 나갔을 거예요. 이렇게 비교해보니 초보자들이 당황할 수 밖에 없겠네요.

 그렇지. 그러므로 항상 냉정한 투자가 필요하다는 것! 그리고 둘째, **외국계는 외국인만의 합이 아닐 수 있어.**

위 이미지와 같이 거래원에서는 외국계 합을 볼 수 있는데, 여기서 말하는 합은 외국인의 거래합을 의미하는 것이 아니고 외국계 증권사를 사용해서 거래된 물량을 합을 의미하는 것이야. 다른 의미로는 외국계 증권사를 쓴 내국인일 수도 있다는 의미야.

거래원	투자자	뉴스	재무	종목별	프로
증감	매도상위		매수상위		증감
400	206,317	키움증	키움증	174,823	237
50	136,619	미래에	한국투	144,560	34
53	116,962	한국투	미래에	122,559	3
77	88,115	NH투자	신한금	84,448	59
	88,002	삼　성	메리츠	77,393	
	5,522	외국계합		54,036	

혹시 '외국계 투자자들은 건실한 종목을 주로 찾는다.' 란 속설을 들어본 적 있어? 증명되지 않은 말이기도 하지만 만약 이런 말을 맹신하게 돼서 외국계 거래원만 쫓는다면 오히려 내국인들의 뒤를 쫓아 잘못된 투자 판단을 할 수 있어.

셋째, 거래원 정보는 누구나 쉽게 찾을 수 있지만 함부로 믿기 어려운 이유가 있어. 이건 표를 통해 설명할게.

1	**증권사별로 물량을 이관하여 매도할 수 있다** : 다른 증권사 계정이 있다면 주식을 다른 계좌로 이관시켜서 매매를 할 수 있다. A라는 거래원으로 계속 매수하는 것처럼 보이게 하고 다른 증권사 B 계좌로 매도할 수 있다는 것
2	**거래원 해석에 빠지면 다른 부분을 놓칠 수 있다** : 거래원보다 더 우선시 되어야 하는 것은 차트, 거래량, 재료 등등 주가 상승에 본질적인 영향을 미치는 요인이다. 그런데 거래원 해석에 집착하면 이런 부분을 놓칠 수 있다.

 정보화 시대에 이런 불명확한 부분이 있을 수도 있다니! 말씀 주신 내용을 보면, 거래원 또한 투자 지표 중 하나로써 참고를 해야 하는 것이지, 이것만 보면 위험할 수 있겠네요.

 정확해. 거래원뿐 아니라 투자에서는 한 가지만 보고 판단하는 것은 매우 위험해. 우선은 기능이나 판단을 할 수 있는 거래원을 잘 파악하면 우리의 매매에 도움을 줄 수 있다는 부분이 포인트야. 하지만 일반 투자자에게 잘못된 정보를 줄 수도 있고, 우리가 쉽게 알 수 없는 부분도 많기 때문에 주의를 기울이면서 체크할 필요가 있어. 무엇이든 맹신하면 큰 코 다칠 수 있다는 걸 기억하자고!

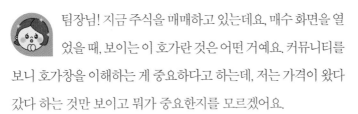

14.
개미 투자자가
가장 많이 속는 곳 Part 2
호가창

팀장님! 지금 주식을 매매하고 있는데요, 매수 화면을 열었을 때, 보이는 이 호가란 것은 어떤 거예요. 커뮤니티를 보니 호가창을 이해하는 게 중요하다고 하는데, 저는 가격이 왔다 갔다 하는 것만 보이고 뭐가 중요한지를 모르겠어요.

호가란 말은 조금 낯설 거야. 호가는 팔거나 사려는 물건의 값을 부르는 행위인데, 주식에서는 호가창을 통해 이걸 확인할 수 있지. 즉 시장에서 매매에 참여하고자 하는 이들의 매수/매도 의사표시를 모아둔 부분이야.

매수자는 본인이 사고자 하는 가격에 주문을 넣고, 매도자는 팔고자 하는 금액에 매도 주문을 넣게 되는데, 이러한 주문은 증권거래소에 접수되어 실시간으로 호가창에 표현이 돼.

아! 일종의 온라인 경매를 하는 거군요. 아, 그런데 매매를 할 때 엄청 빠르게 진행되잖아요. 매수/매도만 걸어두면 볼 필요는 없을 꺼 같은데 저와 같은 초보 투자자들이 알아야 될 게 있나요?

 그럼 호가창을 보면서 이해를 해보자. 먼저 우리가 가장 많이 보는 위치인, 매수/매도 호가창 부분이야.

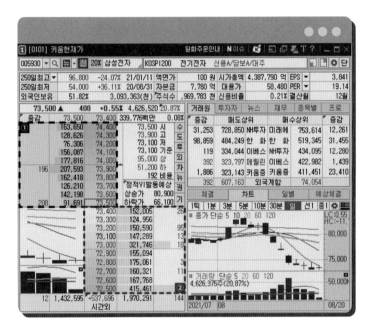

1	매도 호가	투자자가 팔기 위해서 내놓은 가격대와 수량
2	매수 호가	투자자가 사기 위해서 내놓은 가격대와 수량

사진에서 보면 위쪽 파란 부분1번은 매도, 아래 빨간 부분2번은 매수 부분을 뜻해. 그리고 파란색과 빨간색 부분이 맞닿은 정중앙 부근인 73,500, 73,400이 현재 가격대를 의미해. 가격이 급변하다 보면 더 위아래에서 변하는 경우가 많은데 일반적인 속도의 매매 시에는 중앙 부분에서 계속 가격이 바뀌는 걸 볼 수 있을 거야.

조금 더 살펴보면 1번 부분에는 파란색 가로로 숫자들이 있잖아. 이건 각 가격에 매도 주문이 걸어졌다는 뜻이야. 예를 들어, 73,500원 왼쪽에 91,691이 써 있는 건 73,500원에 매도 주문 총 91,691주를 걸어 두었다는 거지.

이번엔 반대로 2번 부분 73,400원에 152,005가 있는 건 73,400원에 매수 주문을 총 152,005주를 걸어 두었다는 거지.

 앗! 그러면 가격이 오르거나 내리려면, 투자자들이 걸어 놓은 주식들을 다 체결이 되어야 하는 건가요?

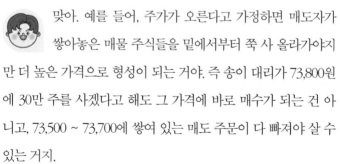 맞아. 예를 들어, 주가가 오른다고 가정하면 매도자가 쌓아놓은 매물 주식들을 밑에서부터 쭉 사 올라가야지만 더 높은 가격으로 형성이 되는 거야. 즉 송이 대리가 73,800원에 30만 주를 사겠다고 해도 그 가격에 바로 매수가 되는 건 아니고, 73,500 ~ 73,700에 쌓여 있는 매도 주문이 다 빠져야 살 수 있는 거지.

 넵 알겠습니다! 흠 그럼 혹시 다른 메뉴들도 투자할 때 주의 깊게 봐야 할까요?

그렇지! 보다 자세한 매매를 위해서는 총잔량, 거래량,
실시간 체결량 등을 잘 살펴봐야 해, 아래 그림과 표를
통해서 알아보자고.

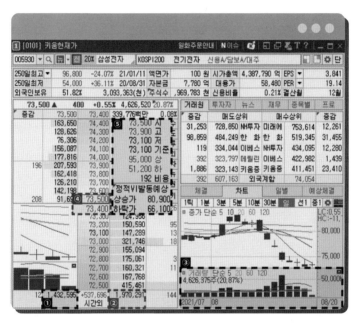

1	매도 총잔량	매도 호가에 팔기 위해서 주문한 주식의 모든 수량 - 현재가로 매도하는 주문은 잔량에 포함되지 않음
2	매수 총잔량	매수 호가에 사기 위해서 주문한 주식의 모든 수량 - 현재가로 매수하는 주문은 잔량에 포함되지 않음
3	거래량	당일 누적거래량 및 이전 일자 거래량 확인 가능
4	현재가	현재 거래되고 있는 주식 가격
5	시가 / 고가 / 저가 / 상한가 / 하한가 / VI	해당 주식의 시가, 고가, 저가 표기 상한가, 하한가 예상, VI 예상 - 정적 VI 발동 예상 부분 확인 가능
6	실시간 체결량 (매수, 매도)	체결량 : 현재가에서 체결된 양 - 붉은색이 매수체결량, 파란색이 매도 체결량 뜻함 체결강도 : 체결강도가 강할수록 체결 속도가 빠름

 으악! 각 메뉴가 의미하는 바가 많네요. 매수/매도 화면만 봤던 저를 반성하게 됩니다.

 메뉴가 한꺼번에 나와서 좀 놀랐지? 어려운 것은 없으니 각 메뉴별로 천천히 살펴보도록 해. 그럼 우리가 호가창을 봐야 하는 이유는 뭘까?

첫째는 매도, 매수세를 보면서 지금이 매매하기에 적합한지 아닌지를 파악할 수 있다는 거야. 예를 하나 들어볼게. 주가가 오르려고 가정하면 매도하는 쪽 잔량이 많은 게 좋을 것 같아, 아니면 매수하는 쪽 잔량이 많아야 될 것 같아?

 수요와 공급의 법칙에 따라 당연히 매수하는 쪽 잔량이 많은 게 좋죠! 사람들이 많이 사고 싶을수록 가격이 올라가는 건 당연하잖아요.

땡~ 보통은 송이 대리처럼 매수하려는 쪽이 많아야 더 좋을 거라 생각하지. 그런데 심리를 생각하면 반대로도 생각할 수 있어.

매수 총잔량에 물량이 많다는 것은 투자자들이 현재가=시장가로 사고 있지 않다는 걸 뜻해. 이건 현재가보다 낮은 가격으로 주문을 넣고 있다고 해석할 수 있지.

좀 더 구체적으로 말하면 '투자자들이 서두르게 살 필요가 없고, 내려오면 천천히 사길 원하는구나.'라고 생각할 수 있는 거야.

아~ 정말 그럴 수 있겠네요. 만약 정말로 급하게 산다면 사람들이 시장가 주문으로 바로바로 사서 매수 총잔량이 적었을 거예요.

그렇지. 그리고 호가창을 통해 단기투자에서 수익을 얻을 수도 있어. 먼저 주가가 올라간다는 건 매수를 하는 투자자가 많다는 것, 즉 매수를 하는 체결량과 체결 강도가 강하다는 거야. 그럼 예를 들어, 100주씩 작게 매수가 이뤄지고 있는 종목에서 평소에 볼 수 없었던 1,000주, 10,000주씩 매수하는 물량이 들어온다면? 이럴 경우 주가 급상승을 일어날 확률이 높지. 또 단기투자자일수록 호가창을 주의 깊게 보면서 매수세가 들어올 때, 매수 여부를 결정하고 그리고 매도세가 커질 때 따라서 매도하는 등 빠른 대응이 가능한 거야. 이처럼 호가창을 통해 매매의 적합 시기를 알 수 있는 거지.

크… 꿀팁 감사합니다. 그럼 혹시 두 번째 꿀팁은 어떤 걸까요?

 둘째는 대량 물량의 위치를 파악하기 위함이야.

예를 들어, 만 원 가격에 대량 매도 물량이 있다면, 일종의 매물대처럼 저항의 역할을 할 수 있어. 주식을 끌어올리는 힘이 만 원대의 매도 물량에 막혀 힘이 빠질 수 있다는 거지. 그럼 송이 대리가 이 주식을 갖고 있다면 어떻게 하면 좋을까? 바로 대량 매물대 근처인 만 원 부근에서 팔아 차익을 얻으면 되는 거야. 저항을 뚫은 힘이 있으면 더 좋겠지만, 저항대에 막혀 떨어질 확률도 있으니 미리 만 원대에 파면서 조금 더 안전한 대응을 할 수도 있지.

 하긴 그러네요. 괜히 욕심 부렸다가 주가가 떨어지는 것보다는 비교적 높을 때 팔아야 안심이 될 수도 있겠네요.

 그럼 이제 호가창을 보다 보면 궁금해 할 수 있는 내용들을 알려줄게.

첫째, 체결강도가 빠르면 무조건 좋은 게 아니다.

실제 매매를 하다 보면 매수에 대한 체결강도가 빨라지면 가슴이 두근거릴 거야. '와 매수가 대량으로 이뤄지는 구나. 주가가 폭발하겠구나.'라는 생각이 들겠지. 반대로 매도에 체결강도가 빨라지면 주가가 금방 하락할거라 좌절할 수 있지.

아래 체결창을 볼까? 이 종목을 보면 10시 20분에 순간적으로 많은 체결들이 이뤄졌지.

하지만 속도에 현혹되면 절대 안 돼! 10주, 20주씩만 계속 매수된다고 해도 체결강도는 엄청나게 빠르게 보일 수 있거든. 이때는 아래와 같이 차트를 통해 거래량을 같이 보면 돼. 자세한 내용은 아래 이미지를 보면 10시 20분의 다른 시간대 거래량에 비하면 압도적으로 많지 않다는 게 보일 거야. 즉 이 정도의 거래량으로는 주가를 끌어올리기에는 힘이 들 수 있다는 거야. 주가를 끌어올리려면 체결 속도도 중요하지만, 빠르게 체결되면서 대량 물량이 체결되는 게 더 중요하기 때문이지.

 아하. 호가창의 체결량 부분만 보면 이런 함정에 빠질 수 있겠네요. 다른 지표들도 보면서 판

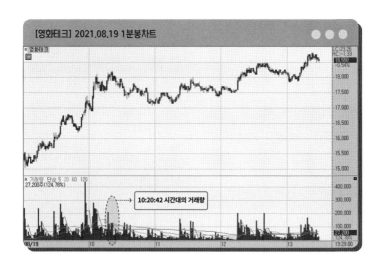

[영화테크] 2021.08.19 1분봉차트

10:20:42 시간대의 거래량

단을 해야겠네요.

굿! 아주 좋아. 그리고…

둘째 세력은 보유 물량을 시장가 매도로만 팔지 않아.

돈이 많은 세력은 시장가로 매도 호가에 팔기보다는 매수세가 가장 강력한 시점에 매수 호가에 걸어서 파는 것을 선호해. 세력의 경우 자금이 많아 많은 물량을 갖고 있는 경우가 많아.

때문에 모든 물량을 원하는 가격에 단번에 팔 수가 없어. 왜냐하면 매수세가 받쳐주지 못하기 때문이지. 그래서 가장 가격 매수세가 강한 시점에 파는 경향이 크지.

앞서 총잔량에는 현재가로 체결되는 건 포함되지 않는다고 했지? 즉 매수세가 강한 시점은 매도 총잔량이 많고 매수 총잔량이 상대적으로 비는 시점일 거야매수가 현재가로 계속 체결되고 있으므로.

즉, 매수세가 강한 시점에는 원하는 가격에 물량을 걸어두고 강한 추격 매수세를 이끌어내서 팔려는 경향이 있어. 그래야 티도 안 나게 팔 수 있을 테니까.

 앗, 그럼, 고점에서 거래량 터지면 조심하라는 이유가 어설프게 기웃거리다가는 괜히 매도 폭탄을 맞고 강제 물릴 수가 있기 때문이겠네요. 이 부분도 주의를 하겠습니다.

 좋아! 그럼 셋째 체결창에 반복적으로 나오는 1,1,1,1,1 의 의미를 알려줄게. 호가창을 보다 보면 쉽게 볼 수 있는 것 중에 하나가 바로 체결 단위가 1,1,1,1,1 등으로 적은 수량이 반복적으로 거래가 되는 현상이야.

 오! 맞아요. 저도 하면서 이 부분 많이 봤어요. 왜 이렇게 사는 거죠?

 음… 사실 엄청난 음모가 숨겨진 거 같지만 큰 의미가 있다고 보기 어려워. 당장 큰돈을 쓸 수 없지만 주가가 오르길 바라는 사람들이 체결 강도를 높여 보려고 관심 끌기를 하는 걸 수도 있지.

앞서 우리는 체결 속도에 속지 말자고 했지? 보이는 체결상에서는 1주, 2주 단위로 주가의 체결 속도를 매우 빠른데, 실제로는 큰 물량이 들어오는 것은 없다면 관심끌기용 체결이라고 볼 수는 거야.

 헉! 주가를 끌어올리기 위한 낚시질일 수도 있는 거군요. 저는 1,1,1,1 도 많이 봤지만 4,4,4,4 의 경우도 많이 봐서 '뭐야 이거 지금 주식을 사(4) 라고 하는 암호인가?' 해서 산

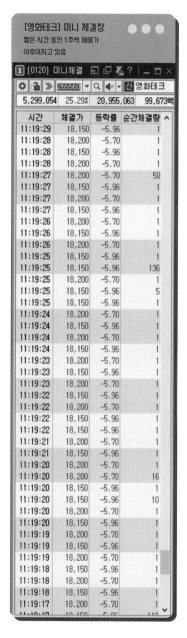

[영화테크] 미니 체결장
짧은 시간 동안 1주씩 매매가 이루어지고 있음

경우도 있었거든요.

앗! 그런데 실제로 그런 사례가 있었어. 과거에 어떤 인물이 지인 계좌를 이용해서 시장가 또는 고가로 22주 이하의 소량 매매 주문을 반복적으로 해서 거래가 몰리는 것처럼 보이게 하고 주가를 끌어올리면서 차익을 챙긴 혐의로 소개 된 적이 있어. 호가창에서 체결되는 게 계속 보이니 초보 투자자들은 옳다고나 하면서 더 매수를 하게 된 거지.

으… 그러면 안 되죠. 저는 이런 거에 속지 않고 호가창을 활용하겠습니다. 정리하면 호가창은 매매의 시점을 파악할 수 있는 장점이 있고, 실제 단기 수익을 얻는 데도 도움이 되네요. 하지만 호가창만 맹신하면 잘못된 정보에 속을 수도 있으니 거래량 등 보조 수단과 함께 보면서 투자를 하도록 하겠습니다.

며칠 후…

 송이 대리, 지금까지 차트를 보면서 제일 어려웠다고 생각하는 부분이 있다면 어디를 꼽겠어?

 아… 다 어려운데요. 그치만 하나만 뽑자면 여전히 저는 호가창이요. 알듯 하면서도 모르겠어요. 장중 실시간에는 너무 빨리 바뀌기도 하고요. 호가창으로 봤을 때는 분명 매도하겠다고 나온 매물이 한가득 쌓여 있길래, 아, 이 종목은 돌파하려면 한참 남았구나 싶어서 잠깐 커피 마시고 오면 어느새 올라 있더라고요. 또 나만 안 태우고 갔어 나쁜 세력들. 자기들끼리만 돌파했어….

 호가창을 열심히 들여다 봤구나. 그게 바로 **허매수, 허매도**라는 거야. 상당히 많은 경험을 필요로 하기 때문에 처음에는 잘 안 보일 수가 있지.

보통 매도 호가에 물량이 너무 두껍게 나와 있어서, 비슷한 가격에서 지속적으로 저항을 받는 경우를 보면 송이 대리처럼 '아, 저 구간을 돌파하기가 쉽지 않겠구나, 이 쯤에서 팔고 내려야지.' 라는 생각을 하겠지? 그런데 어느 순간 그 두꺼운 물량이 없어지며 순간적으로 돌파가 나오는 경우! 알지 알지? 내가 내리자마자 하늘로 쏘는 이 억울한 경우!

이건 허수성 매수/매도가 개입이 되었다는 증거야. 분봉상에서 지켜보다 보면, 한없이 두꺼워 보였던 물량이 조금씩 가벼워지면서 돌파되는 순간을 실시간으로 지켜볼 수 있을 거야.

 진짜 한두 번도 아니고, 분명히 물량 나와 있는 거 확인했는데 너무 억울하더라고요. 매도로 나와 있는 호가가 저항선의 느낌이고, 매수로 나와 있는 호가는 지지선의 개념이 아닌가요? 사람들이 이 가격대에 사고 팔고 싶다는 것이 나와 있는 게 호가창인 줄 알았는데, 호가창을 보고 매매를 하면 대체 왜 이런 헛발질이 나오는 걸까요?

 바로 송이 대리가 알고 있는 그 심리를 이용하는 거지. **매수호가가 지지, 매도호가가 저항이라고 다들 암묵적으로 생각하고 있으면 세력이 그 심리를 이용해서 원하는 방향으로 종목의 움직임을 유도할 수도 있겠지.**

허매수, 허매도를 판단할 수 있는 근거가 뭡니까라고 물어본다면 어느 정도 유추는 가능한데 명확하게 알 수 있는 방법은 현실적으로 없어. 다만 먼저 큰 물량을 넣었다가 주문 취소를 하는 경우, 큰 물량이 기다리고 있는 걸 보면 사람들이 이 가격에서 매수 또는 매도를 하게 끔 유도하는 거야. 즉, 유통 물량에 비해서 호가창에 과도하게 많은 물량이 쌓여 있거나 하면 저 물량은 허수성 물량이구나 정도로 유추를 해볼 수 있다는 것이지.

어렵다… 세력들이 호가창으로 장난질 낚시질한다는 게 이런 거군요.

주가를 올리기 직전에는 '개미들 다 내려!' 시전하려고 팔지도 않을 거면서 매도물량을 엄청 두껍게 호가에 걸어놓고 매도를 유도하기도 하고, 주식을 다 털고 나가기 전에는 개미들에게 '더 올라갈 테니 다들 타세요!' 신호를 주기 위해 사지도 않을 매수물량을 두껍게 호가에 걸어놓으면서 개미들에게 물량 다 떠넘기려고도 하고요.

좋은 것 배웠네요. 호가창, 내가 보는 게 항상 진실은 아니다! 오늘도 감사합니다.

주식력을 키우는 ○× 챌린지!

1. 기술적 분석 투자자는 기본적 분석 투자자에 비해서 뉴스와 공시에 대한 해석을 덜 중요하게 생각해도 투자에 무리가 없다. [○] [×]

2. 재무상태표를 구성하는 세 가지 요소는 자산, 부채, 자본이다. [○] [×]

3. 결산일로부터 1년 이내에 갚아야 하는 부채는 유동부채라고 부른다. [○] [×]

4. 부채비율의 계산 방식은 아래와 같다.
   부채비율 = 부채총계 / 자산총계 × 100 [○] [×]

5. 매출 채권은 받을 돈을 의미하기 때문에 무조건 증가하는 것이 기업에 유리하다. [○] [×]

6. 이전 결산월 대비 영업이익이 10% 상승. 당기순이익이 200% 상승했다면 이는 기업의 주요 사업에서의 이익이 매우 높다고 할 수 있다. [○] [×]

7. 투자활동으로 인한 현금흐름은 기업이 공장 증설에 투자할 경우 (+) 로 표현된다. [○] [×]

8. 배당금, 자사주 취득 등은 재무활동으로 인한 현금흐름에 반영된다. [○] [×]

9. 저항선을 돌파가 되면 지지선으로 바뀔 수 있지만 지지선은 이탈이 되면 저항선이 되지 않는다. [○] [×]

10. 거래량이 많은 것은 곧 거래대금이 큰 것이다 라고 해석을 하면 안 된다. [○] [×]

11. 거래원을 통해서 장중에 참여하고 있는 모든 증권사가 확인이 가능하다. [○] [×]

12. HTS에서 제공하는 기업개요 화면에서는 기업의 사업과 개요를 볼 수 있지만, 매출액과 영업이익 등 재무 내용은 볼 수 없다. O X

13. 기업을 분석할 때는 자산, 자본, 부채를 잘 살펴봐야 되고 특히 부채가 증가한 기업은 무조건 피하는 게 좋다. O X

14. 회사의 순이익을 나타내는 지표는 매출액이다. O X

15. 이동평균선을 통해 투자자들은 대략적인 추세와 매수, 매도 시점을 분석할 수 있다. O X

16. 골든크로스는 장기 이평선이 단기 이평선을 뚫고 올라가는 것, 데드 크로스는 단기 이평선이 장기 이평선을 뚫고 내려가는 것을 뜻한다. O X

17. 라운드 피겨는 주가가 1,000원, 10,000원 등 0으로 끝나는 가격을 뜻하며, 투자자들은 0원으로 깔끔하게 떨어지는 가격에 매매하고자 하는 경향이 있어 해당 가격대에서는 지지와 저항이 발생하기도 한다. O X

18. 저항에서 사고 지지에서 팔면 추세의 변화 속에서도 일정 수익을 얻을 수 있다. O X

19. 체결 물량은 숨길 수 있기 때문에 단순히 체결 물량만을 보고 투자하는 건 위험할 수 있다. O X

20. 매물대는 일주일치 차트, 한달 치 차트 등 시점에 따라 매물대의 강약이 달라 질 수 있다. O X

21. 신고가 종목은 매물대가 위에 많이 쌓여 있어서 주가 상승에 방해가 된다. O X

정답 확인하기

1. [×] 뉴스와 공시에 대한 해석은 투자성향, 방법과 무관하게 매우 중요하다.

2. [○] 재무상태표는 자산, 부채, 자본으로 구성한다.

3. [○] **유동부채** 결산일로부터 1년 이내에 갚아야 하는 부채(단기 차입금, 매입채무 등) **비유동부채** 결산일로부터 1년 이후에 갚아도 되는 부채(장기차입금, 사채 등)

4. [×] 부채비율 = 부채총계타인자본 / 자본총계자기자본 × 100

5. [×] 매출액 증가폭에 비해서 매출 채권 증가폭이 너무 크다면 '외상 판매' 가능성도 있다. 매출 채권만 증가하는 것은 기업 입장이 '갑'이 아닌 '을' 이어서 대금을 바로 받지 못하거나 또는 회수기간이 매우 긴 채권을 받은 탓일 수도 있기 때문에 사실싱 기업의 현재 현금 흐름을 감소시키는 요인이 될 수 있다.

6. [×] 당기순이익에는 영업외손익(영업외수익+영업외비용) 등이 반영이 되기 때문에 기업이 사업으로 번 돈이 아닌 다른 수익도 반영될 수 있다는 특징이 있습니다. 따라서 부동산 처분, 금융 자산 이익, 지분 매각으로 인한 처분 등의 일회성 수익이 순이익에 반영이 되면 언뜻 보기에는 크게 수익성이 좋아진 것으로 착각을 할 수 있습니다.

7. [×] 공장 증설 등의 투자는 –로 표현되며 투자에 적극적인 기업으로 볼 수 있다.

8. [×] 기업이 자금을 마련하거나 상환하는 과정에서 발생하는 현금 흐름을 보여주는 지표로서 현금의 차입 및 상환활동, 신주발행이나 배당금의 지급, 자사주 취득, 사채 발행 등과 같이 부채 및 자본계정에 영향을 미치는 현금 흐름을 확인할 수 있는 영역이다.

9. [×] 저항선을 돌파가 되면 지지선이 될 수 있고 지지선은 이탈이 되면 저항선으로 작용할 수 있다.

10. [○] 주당 가격이 낮으면 거래량이 많다고 거래대금이 크지 않을 수 있다.
11. [×] 상위 5거래원 위주로 제공되기 때문에 장중에는 실시간 확인이 어렵다.
12. [×] 기업개요 해당 화면에서도 재무제표와 재무비율 등을 볼 수 있다
13. [×] 어떠한 사유로 발생한 부채인지를 봐야 한다. 예를 들어, 매출 구조를 개선하기 위해 쌓인 부채의 경우 오히려 투자자에게 긍정적인 요소로 해석된다. 때문에 부채가 많은 기업이 무조건 안정적이지 않은 기업은 아니다
14. [×] 순이익을 나타내는 지표는 당기순이익을 뜻하며, 매출액은 매출원가 등이 제외되지 않았기 때문에 순이익으로 말하기 어렵다
15. [○] 투자자들은 이동평균선을 통해 대략적인 추세와 매수, 매도 등에 활용할 수 있다.
16. [×] 골든 크로스는 단기 이평선이 장기 이평선을 뚫고 올라가는 것을 뜻하며 데드 크로스는 단기 이평선이 장기 이평선을 뚫고 내려가는 것을 뜻한다.
17. [○] 라운드 피겨는 주가가 1,000원, 10,000원 등 0으로 끝나는 가격을 뜻하며, 해당 가격대에서는 지지와 저항의 구간으로 발생하기도 한다.
18. [×] 일반적으로 지지 구간에서 사고 저항 구간에서 파는 매매를 하려고 한다.
19. [×] 체결 물량만 보고 투자하면 위험할 수 있지만, 체결 물량은 모두에게 공개되기 때문에 숨길 수 없는 흔적으로 볼 수 있다.
20. [○] 매물대는 보는 시점의 기간에 따라서 매물대의 강약이 달라 질 수 있다.
21. [×] 신고가 종목은 과거에 없었던 최고가를 기록한 종목이기 때문에 매물대가 없다.

Chapter 05

이제는 실전이다.
기본적·기술적 매매법

테마의 탄생

원전 테마주, 정치인 테마주/ 팀장님 저도 따로 공부하면서 테마란 말을 많이 봤는데요. 그래서 어렴풋이 는 알겠는데 아직 구체적으로 느껴지지 않아서 테마에 대해 조금 더 설명을 부탁드립니다

테마는 우리말로 '주제' 잖아. 그래서 테마는 정치, 경제, 사회 등 넓은 범위에서 주제별로 테마가 형성될 수 있어. 예를 들어, 유력 대통령 후보가 원전을 활성화 공약을 발표하면 원전 테마주가 만들어질 수 있고, 이를 통해 원전 설계부터 부품 납품, 폐기물 처리를 하는 여러 종목들이 하나의 테마로 묶이는 형식이지.

이렇게 형성된 테마는 시장의 관심을 받게 될 시 한순간에 주가가 급등하기도 하고, 해당 테마에 대한 재료가 고갈되면 또 다른 테마로 선순환이 이뤄지는 특징이 있어. 반면에 관련 재료가 단기성 개별 이슈거나 지속성이 없다면 오랫동안 소외되거나 사라지는 테마도 있지.

HTS를 통해 확인할 수 있는 테마들의 예시

[0659]인포스탁섹터종목

주식투자에서 테마는 여러 이해관계로 만들어지기 때문에, 각 테마를 100% 명확하게 구분하기는 어려워. 테마마다 중복되는 기업도 있고 실체가 불분명한 테마도 많아. 때문에 테마와 관련 종목들을 암기하기 보다는 어떤 이유에서 테마에 속하는지 그리고 앞으로의 방향을 어떻게 될지를 고민하는 게 더 중요해.

그럼 이제 내가 주식시장에서 쉽게 만날 수 있는 대표적인 테마 유형들을 알려줄게. 개별 이슈, 계절, 정치, 악재 테마 이렇게 총 4가지이니 관련 특징들을 천천히 알아보자고

1.
개별 이슈로 만들어진
테마

 먼저 개별 이슈는 여러 종목들과의 특정 연관성을 바탕으로 형성된 테마야. 아, 송이 대리. 혹시 하이브, 넷마블, 디피씨의 공통점이 뭔지 알아?

 흠흠. 하이브는 엔터테인먼트 회사고. 넷마블은 게임회사 그리고 디피씨는 고압변성기 제조, 판매 업체인데… 세 회사 모두 공통점이 있는 것 같으면서도 없는 것 같은데요?

 위 기업들의 공통점은 2019년부터 주식시장을 뜨겁게 달궜던 BTS 관련 회사들이야. 구체적으로 모두 지분 관계 이슈로 묶였는데 구체적인 내용은 아래와 같아.

첫째, 하이브는 BTS가 속해 있는 회사지. 전 세계적인 인기 그룹이기 때문에 BTS의 앨범, 공연, 방송 등을 통해 다양한 매출을 발생 시킬 뿐만이 아니라 그들이 발자취 하나 하나가 이슈가 되었어.

그래서 2020년부터 BTS 열풍과 맞물려 큰 주목을 받게 된 거야.
둘째, 넷마블은 송이 대리가 말한 것처럼 게임회사가 맞아. 2020
년에는 BTS 유니버스 스토리란 게임을 배급하기도 했고 하이브
지분의 25% 수준을 보유하고 있어서 연관성이 매우 깊은 기업이
야. 이런 연관성 때문에 하이브의 상장 소식이 이슈되면서 주가
의 변동폭이 커졌지.

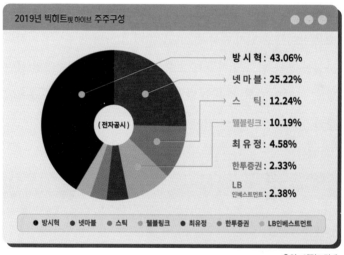

출처 : 헤럴드경제

셋째, 디피씨는 자회사 스틱인베스트먼트를 통해 하이브에 1,000
억 원을 투자한 이력이 있어. 이를 통해 스틱인베스트먼트는 약
12%의 주식을 보유하게 되었고, 디피씨는 BTS의 관련주로 관심
받게 된거지.

아하. 이렇게 보니 셋 모두 BTS와 밀접한 관련이 있었군요. 그럼 개별 이슈란 뜻은 구체적으로 어떤 걸까요?

 이처럼 개별 이슈 테마는 특정 종목들이 가지고 있는 제품, 서비스, 투자 지분 등으로 형성된 테마를 의미해. 여기서는 BTS라는 가수가 이들을 묶는 역할을 한 거지. 개별 테마의 특징은 재료가 강하다면 시장의 관심을 받는 지속성이 매우 강해지기도 해.

예를 들어, BTS의 경우에는 빌보드 1위 등 뚜렷한 경쟁력을 계속해서 보여주고 있기 때문에 2019년부터 2021년 현재까지 시장의 관심을 계속 받고 있지. 앞으로도 좋은 성과를 보여준다면 음반 발매, 콘서트 기획, 관련 영상 콘텐츠 등의 이슈로도 관련 종목의 주가가 오를 수도 있는 거야.

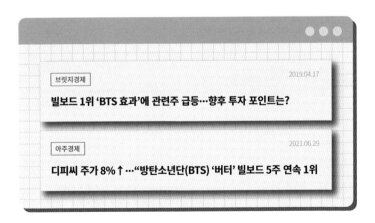

또 다른 개별 이슈에 대해서도 알아보자. 이번에는 핑크 퐁과 아기상어를 공통점으로 삼성출판사, 토박스코리아, 오로라 등의 기업이 개별 이슈 테마를 형성하고 있어.

대표적으로 삼성출판사는 자회사로 스마트스터디가 있는데, 여기가 바로 핑크퐁과 아기상어를 제작한 콘텐츠 기업이야. 둘 다 워낙 유명한 콘텐츠니 기존에는 핑크퐁과 아기상어들의 매출과 인기가 상승할수록 시장의 관심을 받았고 2018년부터는 상장 관련 이슈가 추가됐지.

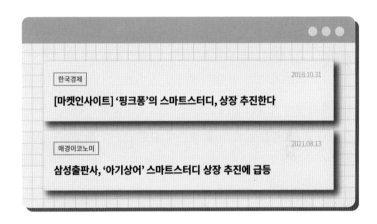

 지난 번 공모주를 배웠던 것처럼 상장을 하면 보다 많은 자금을 쉽게 조달할 수 있으니 더 크고 효과적으로 사업을 할 수도 있겠네요? 그리고 이렇게 많은 뉴스와 투자자들의 관심을 받고 있으니 자회사가 상장을 하는 것도 모회사인 삼성출판사에게 큰 도움이 될 것 같아요.

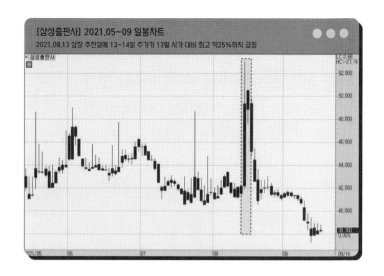

[삼성출판사] 2021.05~09 일봉차트
2021.08.13 상장 추진설에 13~14일 주가가 13일 시가 대비 최고 약25%까지 급등

분석을 아주 잘했네! 송이 대리가 말한대로 상장은 주식투자에 큰 영향을 끼치지. 스마트스터디의 경우는 위기사들처럼 수 년 간 언급된, '상장'이란 재료의 힘이 아직까지 살아 있다고 판단돼. 실제 상장 추진에 관련주들이 움직이는 모습이 있었으니까.

꼭 BTS나 핑크퐁, 아기상어뿐 아니라 우리 주위를 둘러보면 다양한 개별 이슈를 가진 종목들이 있을 거야. 이 부분을 잘 캐치해서 재료의 강세와 반복성을 본다면 투자를 함에 있어서 큰 도움이 될 거야.

2.
계절에 따라 생기는 테마

 두 번째는 계절에 따른 테마야. 봄이 와서 미세먼지가 심해진다면 송이 대리는 뭘 해야 될 꺼 같아?

 음… 당연히 마스크를 사고 공기 청정기를 킬 준비를 해야겠다는 생각이 들어요.

 물론 일반적으로는 그렇게 생각 할 수 있지. 하지만 주식투자자 입장에서는 봄철 계절 테마인 미세먼지 관련주들을 살펴봐야겠지. 구체적으로 계절 테마는 봄에는 미세먼지, 여름에는 장마나 홍수, 폭염 등이 있지. 또 가을에는 추석을 대표로 한 택배 포장지 관련주들을 관찰할 수 있고, 겨울에는 날이 추워지니 전력난, 아웃도어 등의 관련주들을 살펴볼 수 있어.

봄	미세먼지 : 공기청정기, 마스크 살인 진드기 : 동물의약품, 소독사업
여름	폭염 : 에어컨, 선풍기, 드라이아이스, 빙과류 장마/태풍 : 폐기물 처리, 수도 정비
가을	추석 : 택배 포장지 캠핑 : 텐트, 캠핑용 주방용품 및 난로 등 조류독감 : 동물 백신, 조류독감 소독제
겨울	전력난 : 전력저장장치, 스마트그리드 한파 : 보일러, 제설, 동파 방지, 아웃도어 : 의류

이처럼 계절 테마는, 해당 시즌의 이슈로 인해 형성된 테마를 의미해. 계절 테마는 두 가지 특징이 있는데…

첫째, 비교적 반복되는 속성을 갖고 있어. 몇 년 전부터 봄철에 미세먼지 농도가 굉장히 심해지고 있지? 이때 중국에서 시작된 미세먼지가 편서풍을 타고 우리나라로 온다고 하는데, 미세먼지가 기승을 부리는 날에는 매번 비슷한 현상이 나타날 가능성이 있지. 또한 여름에는 폭염과 홍수 등이 빈번하게 발생하고 있어. 이런 반복적인 특징 때문에 우리는 어떤 계절 테마가 어느 시점에 떠오를 거란 걸 예측할 수 있지.

 오호라. 계절테마라는 게 어려운 게 아니군요. 봄에 미세먼지가 심해지면 공기청정기나 마스크 판매율이 높아질 거고, 그럼 자연스레 해당 제조사들의 매출이 증가할 수 있겠네요. 그럼 두번째 특징은 어떤 게 있을까요?

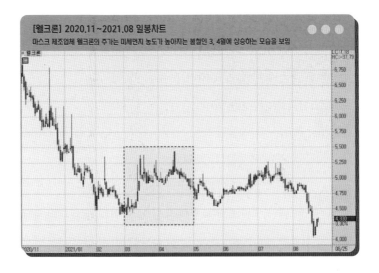

[웰크론] 2020.11 ~ 2021.08 일봉차트
마스크 제조업체 웰크론의 주가는 미세먼지 농도가 높아지는 봄철인 3, 4월에 상승하는 모습을 보임

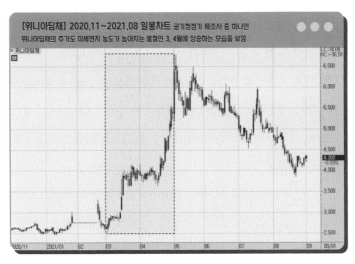

[위니아딤채] 2020.11 ~ 2021.08 일봉차트 공기청정기 제조사 중 하나인
위니아딤채의 주가도 미세먼지 농도가 높아지는 봄철인 3, 4월에 상승하는 모습을 보임

둘째, 계절 테마는 테마주 중에서는 그 재료의 지속성이나 강도가 조금 약한 편에 속해.

왜냐하면, 매년 반복적으로 나오고 특정 계절 이상으로 넘어가기는 어려운 경우가 많기 때문이지. 그래서 급등을 하더라도 단기급등에 끝나는 경우가 종종 있어.

 차트를 보니 말씀하신 것처럼 미세먼지 계절 테마주들은 봄철에 급상승이 일어나는 경우가 있네요. 그리고 계절이 지나면 힘이 빠지는 게 보여요.

 물론 기업별로 다른 대내외 이슈가 있을 수도 있지만 저런 패턴이 반복되는 경향이 있지. 그런데 계절 테마에서 한 가지 주의할 점도 있어. 바로 '반드시' 계절별 특징이 반복되지는 않는다는 거지. 예를 들어, 여름의 경우 '장마, 폭염' 등을 주로 키워드로 잡았지만 장마가 심하면 폭염이 덜 할 수도, 폭염이 심하면 장마가 덜 할 수도 있다는 거지.

2020년에는 예상치 못한 긴 장마가 찾아오면서, 음료나 빙과업체 등 폭염주 등은 초여름 때보다 하락을 한 경우가 많아. 대신 장마로 인해 생겨나는 폐기물 처리 관련주들은 초여름 때보다 상승을 한 경우가 많았던 거야.

누군가는 계절의 변화 시기에 맞춰서 장기적인 투자 관점으로 접목할 수 있는 것이 아니냐라고 물을 수 있겠지만, 자연은 예측이 매우 어렵다는 특징 때문에 계절 이슈만을 보고 투자에 접목하는 것은 결코 쉽지가 않지. 테마는 예측이 아니라 시장이 만드는 것이다, 라는 것을 생각하는 게 좋겠어.

2020년 여름 테마주 등락률 현황

		6월 1일	8월 31일	9월 4일	등락률*
음료/빙과	하이트진로	3만 8750	3만 6900	3만 7300	-3.7%
	빙그레	6만 5200	5만 8200	5만 7800	-11.3%
	롯데푸드	37만 7000	30만 4000	30만 5000	-19.1%
	롯데칠성음료	10만 5500	9만 4100	9만 4300	-10.6%
냉방기계	파세코	1만 7400	1만 1150	1만 1100	-36.2%
	신일전자	2300	1600	1610	-30%
	위니아딤채	3195	2295	2370	-25.8%
	위닉스	2만 1300	1만 8450	1만 9050	-10.6%
폐기물	제넨바이오	2030	5810	6030	197%
	인선이엔티	8690	1만 400	1만 250	18%
	코엔텍	1만 50	9760	9600	-4.5%
	와이엔텍	1만 1900	1만 3650	1만 3150	10.5%

*2020년 6월 1일 대비

출처 : 아시아투데이

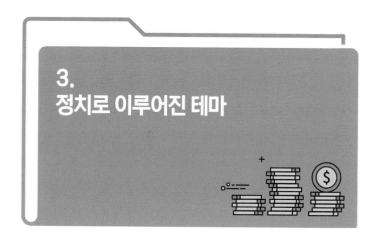

3.
정치로 이루어진 테마

다음은 정치로 이뤄진 테마야. 특히 선거나 대선을 앞두고 정치 테마주가 핫하게 오르락 내리락 시세를 주기도 하지. 한번 확인해보았어?

팀장님, 서당개가 3년이면 풍월을 읊습니다. 팀장님과 함께 공부한 지도 꽤 되었잖아요. 저도 테마주 정도는 읊는다고요. 윤석열주, 최재형주, 이재명주, 이낙연주… 다 꿰고 있다고요!

오~ 역시 믿고 있었다고! 그치만 이 건 몰랐겠지. 정치적·사회적 이슈로 인해 탄생한 테마는 태생적인 한계가 있어. 일정 시기가 지나면 테마주로서의 가치가 '소멸'이 되거든. 시장에서 관심이 사라질 타이밍이 되면 말이야.

보통은 테마주는 재료가 소멸되지 않았으면 일정 시간이 지나고 다시 관련 이슈로 인해 주가가 다시 급변하는 것이 일반적이지. 재료의 지속성이 있는 테마주는 더 오랜 기간 시장에서 관심과 각광을 받고. 물론 죽지 않고 언제까지 테마주로서 건재할지 그 시기를 예측하는 것은 매우 어렵긴 해.

 네, 보통 테마주라 하면 그렇게 생각하죠. 그런데 테마주의 가치가 소멸이 된다는 건 처음 알았어요. 그게 무슨 뜻인가요?

 테마주도 순환의 과정이라는 것이 있는데, 특히 정치 테마주는 재료가 소멸된 시기에 매우 위험해. 정말 말 그대로 소멸하거든.

정치 테마주만 그런 것은 아닌데, 정태주[1]가 가장 짧은 시간 안에 가장 강력한 시세를 만들기 때문에 대표로 이 걸 알려주는 거야. 그리고 가장 강한 시세가 나오는 만큼 급등에 현혹된 초보 투자자들이 가장 많이 실수하는 테마이기도 해.

정태주는 케이스 스터디로 봐야 하는 만큼, 오늘은 실제 차트와 이슈를 함께 정리해서 보여줄게. 잘 따라오라구!

정치 테마주가 탄생하는 이유는 다양해. 크게는 인맥과 정책 부분으로 나눌 수 있어. 정치 테마주가 이슈가 되는 시기는 총선, 대선

---

1. **정태주** 정치 테마주의 줄임말로, 자주 사용된다

정치 테마주의 특징

구분	대선 / 총선 테마주	정책 테마주
테마 포함 이유	학연, 혈연, 지연	원전, 치매, 건설, 대마초 합법화
시세가 나오는 시기	보통 대선 전에 시세	보통 대선 전, 후로 시세
실제 수혜 가능성	실제 수혜와는 거리가 멀다	실제 수혜와 연관성이 일부 존재

과 같은 큼지막한 정치적 이슈와 맞물리곤 해.

 정치 테마주를 보면 테마의 순환 과정, 즉 테마의 탄생과 소멸의 과정을 대표적으로 볼 수 있겠네요? 그럼 2021년에 있었던 서울 시장 선거가 좋은 예시가 될 수 있겠어요!

 그래 맞아. 2021년에 서울시장에 당선된 오세훈 관련주와, 오세훈과 후보 단일화를 한 안철수 관련주를 보자. 먼저 오세훈 관련주는 아래 기업들이 있어.

오세훈 서울시장 관련주

금양, 기산텔레콤, 누리플랜, 삼천리자전거, 진양산업, 진양폴리, 진양화학, 진흥기업

오세훈 관련주는 여러 종목이 있으나, 진양산업을 예시로 보도록 해볼게.

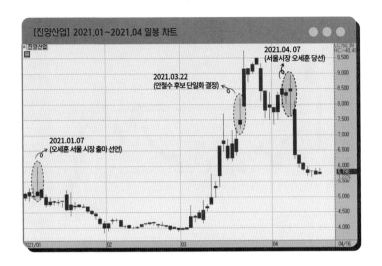

[진양산업] 2021.01~2021.04 일봉 차트

2021.04.07
(서울시장 오세훈 당선)

2021.03.22
(안철수 후보 단일화 결정)

2021.01.07
(오세훈 서울 시장 출마 선언)

▶ 2021년 1월 7일 오세훈 후보 서울 시장 출마 선언

▶ 2021년 3월 22일 오세훈 후보와 안철수 후보 단일화 결정, 당선 기대감이 높아지며 재료 지속

▶ 2021년 3월 23일 단일화 결정 다음날 주가 급등22.03%

▶ 2021년 4월 7일 서울시장 보궐 선거 오세훈 당선 직후부터 재료 소멸로 급격한 하락

오세훈 당선이 확정된 이후엔 주가는 급락을 하였어. 이유는 서울 시장이 된다는 기대감에 주가가 올랐기 때문에, 당선되고 나서는 '기대감'이라는 재료의 가치가 다 한 거라 테마가 소멸되었다고 보면 돼.

오세훈 시장과 후보 단일화를 결정했던 안철수 후보 관련주인 안랩도 보자.

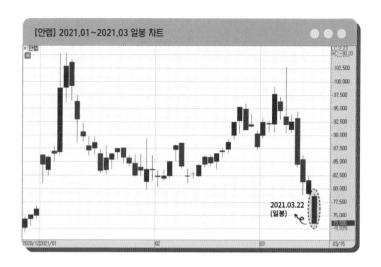

[안랩] 2021.01~2021.03 일봉 차트

2021.03.22
(일봉)

▶ 2021년 3월 22일 오세훈 후보와 안철수 후보 단일화 결정된 날 급락 -15.37%

이 경우도 안철수 서울 시장 당선 기대감에 대한 재료 소멸로 급
락한 것을 보여주지.

갑자기 옛날에 봤던 글이 생각나네. 과거에 문재인 대통령이 당
선되었던 시기에 보았던 종목 상담 관련 글인데 이런 글들이 주
식 커뮤니티에 많이 올라왔었어. 내용을 요약하면 아래와 같아.

*문재인 대통령 인맥 관련 종목을 물렸습니다. 물렸지만, 대통령
으로 당선이 되어서 이제 주가가 더 오를 거 같아서 계속 들고 있
으려고 합니다. 어떻게 생각하시나요?*

만약 재료가 소멸하게 되면 급락해 버리고마는 테마주의 성격을 이해했다면 나올 수 없는 글이었을 거야. 급등과 급락을 보이는 정치 테마주에 접근할 때는 아직 재료가 살아 있는지, 탄생과 소멸의 단계에서 어디에 더 가까워져 있는가를 생각하는 것이 중요해. 재료가 끝났으면 급락이 남아 있기 때문에, 차라리 그 이후에 파생되어서 나올 수 있는 다른 테마주를 생각해보는 것이 더 좋겠지? 예를 들어, 당선 이후에, 당선된 후보의 공약과 관련한 정책 관련 주들의 움직임이 매우 활발해지는 것을 들 수 있겠지.

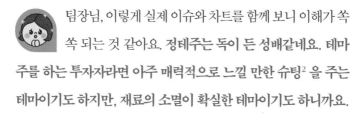 팀장님, 이렇게 실제 이슈와 차트를 함께 보니 이해가 쏙쏙 되는 것 같아요. 정테주는 독이 든 성배같네요. 테마주를 하는 투자자라면 아주 매력적으로 느낄 만한 슈팅[2] 을 주는 테마이기도 하지만, 재료의 소멸이 확실한 테마이기도 하니까요.

2. **슈팅** 주식에서의 슈팅은 빠르게 주가가 움직이는 것을 지칭

4.
악재로 만들어진 테마

자 이제 마지막 악재로 만들어진 테마야. 주식판에서는
일상적으로 사람들이 위협이나 위기로 판단하는 것들
을 수익의 기회로 보기도 한다는 것 알고 있어?

음. 코로나가 생기면 누군가는 백신을 개발할 테니 바
이오 주에 호재 이런 거 말씀하시나요? 그런데 백신 같
은 건 개발기간이 오래 걸리니까 주식으로 수익 내긴 조금 시간
이 많이 걸리지 않아요?

흠흠. 그 느낌과는 조금 달라. 오늘 알려줄 것은 시장에
서 즉각적으로 반응이 나오는, 그러니까 뉴스가 터지고
이슈화가 되자마자 바로 수익의 기회로 이어지는 것들이야. 자 아
래 뉴스를 보자. 어떤 생각이 드니?

 축산농가에 아프리카돼지열병이 생겼군요! 하이고 양
돈농가 사장님들 피땀 흘려 키우셨을 텐데 너무 안타까
워요… 때 되면 돌아오는 이런 전염병은 어떻게 예방법이 없으려
나요? 당분간 전염되지 않게 철저하게 방역이 필요하겠어요. 그
리고 불안하다고 삼겹살 안 사먹겠네요.

 방금 송이 대리가 말한 모든 것이 주식과 연관되어 있
다는 거 느꼈어?

**주식시장은 경제, 사회, 정치 모든 분야의 이슈가 녹아 있는 '종합사
회과학'이라고 말할 수 있어.** 따라서 아프리카 돼지열병이라는 위
기는 단순한 이슈가 아니라, 연관된 여러 기업의 수혜가 되기도 해.

첫째, 때 되면 돌아오는 전염병이니, 그에 맞게 나온 동물백신을 만드는 기업이 있
     을 테지.
둘째, 방역에 특화된 기업이 있을 테고.
셋째, 돼지고기의 대체식품을 취급하는 기업이 있겠지.

 캬~ 항상 위기가 생기면 그 안에서는 꼭 돈을 버는 사람
이 생긴다는 말씀이신 거네요. 그럼 알려주신 기업들은

제가 찾아볼게요! 우와
진짜 아프리카 돼지열
병 뉴스가 터진 다음 날
부터 이 기업들이 시세
가 나왔네요? 신기해!!

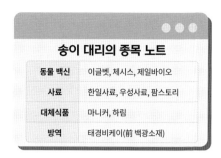

송이 대리의 종목 노트

동물 백신	이글벳, 체시스, 제일바이오
사료	한일사료, 우성사료, 팜스토리
대체식품	마니커, 하림
방역	태경비케이(前 백광소재)

 맞아. 단순 위
기로 보일 수

있는 뉴스지만, 주식과 연관 지어 생각하는 자세가 중요해. 뉴스
에는 관련된 기업들의 수혜 이슈가 녹아 있어. 재미 있는 건, 실
질적인 수혜가 부족하거나 크게 연관이 없는 종목이라도 이슈와
엮이면 주식 시세가 크게 나오기도 한다는 거야. 사실 돼지열병
이 발생했다는 뉴스가 뜨자마자 사료나 대체 식품 기업의 매출이
바로 올라가는 것도 아닌데, 당장 매출이 늘 것으로 기대되는 백
신과 방역주랑 같이 엮어서 주가가 상승한 것을 보면 알 수 있지.
이렇게 뉴스와 관련 기업을 꿰고 있거나 이전에 동일 이슈로 올
랐던 종목들을 외우고 있다면, 당일 강세를 보일 수 있는 테마, 업
종, 종목 등을 추리기에 상당히 도움이 될 거야.
뿐만 아니라 돼지열병 같은 전통적인 이벤트 외에도, 새로운 사
회현상으로 생겨난 뒤 일상적 이벤트로 정착하게 되는 뉴스들도
챙겨보는 게 좋아.

 어떤 게 있을까요? 말씀하신 경우라면, 역시 코로나겠
죠? 코로나가 만들어내고 일상적인 현상이 된 것이라면

소독, 마스크, 비대면 정도가 생각이 나네요. 전세계적으로 공통된 대표적인 사회현상 같아요!

 포인트를 잘 잡았어. 코로나19는 전 세계를 집어삼킨 국제적인 위기지만 산업의 패러다임을 바꾸는 기회이기도 하지. 위기 안에 기회가 있다는 생각을 가지고 시장을 바라보면 생각보다 많은 투자 기회가 열려 있다는 것을 깨달을 수 있을 거야. 코로나 바이러스가 유행한 뒤로 사람들은 필수적으로 마스크를 끼고, 손소독을 하게 되었지? 거의 모든 장소가 마스크와 손소독 없이는 출입이 불가능하게 변했잖아. 관련 기업의 실적 추이를 볼까?

마스크 관련 회사, 케이엠 재무제표

IFRS(연결)	2018. 12	2019. 12	2020. 12
매출액	1,183	1,276	1,879
영업이익	52	72	426
영업이익(발표기준)	52	72	426
당기순이익	46	64	327

손 소독 관련 회사, 한국알콜 재무제표

IFRS(연결)	2018. 12	2019. 12	2020. 12
매출액	1,183	1,276	1,879
영업이익	52	72	426
영업이익(발표기준)	52	72	426
당기순이익	46	64	327

그렇군요. 실제 생성된 이벤트 테마와 직접적인 연관성을 가지고 있는 기업은 위기 속에서 보물이 된다는 것 잘 알겠습니다. 혹시 팀장님, 2021년에 한국에 불어닥친 일본 불매운동도 새롭게 생긴 이벤트인데요. 관련해서 테마주가 생겼었나요?

 아주 좋은 예시를 들어주었구나. 당연하지! 일본과의 관계 악화가 무역분쟁으로 점화되면서 일본 측이 반도체 소재 수출을 규제해버렸었지. 그 뒤 한국이 '그럼 국내에서 자급자족 해버리지 뭐~'라는 태도로 나오면서, 국내의 반도체 소재 업체들의 주가가 상승했었어. 예를 들어, 불화수소 관련 종목인 후성, 솔브레인, 램테크놀러지는 단기간에 거의 60% 가까이 올랐단다.

 아하! 그럼 나중에도 비슷한 사례가 생기거나 다시 한번 일본이 수출규제를 한다든가 하는 이벤트가 생길 때 앞서 올랐던 종목들이 다시 탄력을 받을 수 있겠군요. 이걸로 추상적이었던 테마가 완벽하게 이해가 가네요. 감사합니다.

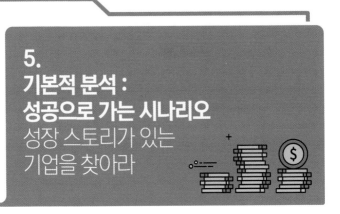

5.
기본적 분석 :
성공으로 가는 시나리오
성장 스토리가 있는
기업을 찾아라

팀장님 MBTI 뭐 나오셨어요? 딱~ 보니까 진중하고 참을성 있고, 조사 확실하게 한 뒤 참고해서 판단을 내리는 평소의 성향을 봤을 땐 어떤 타입이 나올지 알 것 같긴 해요! 저는 즉각적인 반응을 선호하고 일단 부딪혀서 경험한 걸로 판단하는 타입이라 팀장님과는 완전 정반대일 거예요.

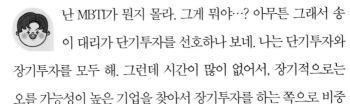

난 MBTI가 뭔지 몰라. 그게 뭐야…? 아무튼 그래서 송이 대리가 단기투자를 선호하나 보네. 나는 단기투자와 장기투자를 모두 해. 그런데 시간이 많이 없어서, 장기적으로는 오를 가능성이 높은 기업을 찾아서 장기투자를 하는 쪽으로 비중을 조금 더 두고 있어.

아앗. 이 걸 주식 얘기로 연결하시다니… 이걸 살리시네요.

아마 오늘 가르쳐 주실 주제는 장기투자를 어떻게 하면 잘하는지 설명해주실 건가 보군요? 아 그리고 MBTI는 성격 유형 테스트인데 나중에 알려 드릴게요. 자, 오늘의 강의를 시작해주세용!

 장기투자하기 좋은 기업을 고르는 방법에는 대표적으로 좋은 실적, 기업의 브랜드 가치, 자산 등이 있어. 그런데 이것도 물론 중요하지만, 개인 투자자들이 가장 쉽게 놓치는 부분이 있지. 바로 투자하려는 기업이 가지고 있는 '스토리'가 좋아야 한다는 것이야.

당장 보이는 실적, 브랜드 가치, 자산처럼 보이는 숫자로 기업을 판단하게 되는데, 그것보다 중요한 것은 기업이 더 성장할 수 있는가, 더 좋은 실적을 만들 수 있는가 등의 스토리가 있어야 장기적으로 크게 성장할 수 있다는 거지. 물론 이런 스토리는 팩트를 기반으로 만들어져야 하며, 그 이유가 명확하고 파급력이 있는 팩트여야 해. 자, 오늘은 성장 스토리를 가진 기업을 찾는 방법을 알려줄게.

 하긴⋯ 누구나 알고 있는 실적이 꾸준한 좋은 기업이 전부 다 주가가 크게 치고 올라가는 건 아니더라고요. 그래서 항상 왜 이 실적에 아직도 주가가 오르지 않는지 궁금한 기업들이 있었는데. 이제 그 기업들이 오르지 않는 것이 이해가 되겠네요. 무슨 방법이 있나요?

 주가는 모멘텀이 없으면 쉽게 움직이지 않는 성향이 있어. 이유는 시장에서 관심을 받지 못하기 때문이야. 외국인, 기관, 기타 큰손 등은 단순히 펀더멘탈이 좋은 것만 보는 것

이 아니라 납득이 될 만한 기업의 성장 스토리가 있어야 투자를
할 수 있는 근거가 되거든. 투자할 만한 매력은 결국 스토리에서
나온다는 말씀. 이런 기업을 찾는 네 가지 방법을 이야기 해볼게~

 스토리가 매력적인 기업이라니, 수식어만 들어도 참을
수가 없어요! 어서 가시죠!

 첫째, 메가 트렌드 안에 속한 종목인지 확인하는 거야.
전기차와 영상 콘텐츠를 예로 들어볼게.

전기차는 최근 들어서 테슬라의 성공으로 대중들에게 널리 알려
졌지. 전기 자동차 브랜드에서 가장 유명한 테슬라 모델S가 잘 팔
리기 시작하면서 2012년 즈음부터 본격적인 대중화가 시작되었어.
전기차는 내연 기관차량이 가진 단점을 보완하는 것은 물론이고,

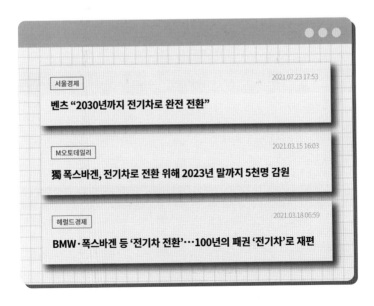

환경 오염 문제까지 해결해주기때문에 다양한 측면에서 거스를 수 없는 시대의 트렌드야. 미국을 필두로 영국에서도 2035년부터 내연 기관 사용을 금지할 것이라 밝혔고, 프랑스 파리에서는 2024년부터 디젤차 운행 금지 계획이 나왔어. 이 정도로 큰 산업의 변화가 나오면, 수혜기업도 나오기 마련이지.

전기차는 배터리로 움직이지? 전기차 배터리 수혜 기업인 에코프로비엠과 천보의 실적을 살펴보자. 정말 엄청난 실적 성장 추이지 않니? 긍정적인 미래를 점치는 증권사 리포트들도 쏟아져 나오고 있다고.

이어서 영상 콘텐츠 관련 수혜 기업을 보자. 요새 사람들 다들 스마트폰 쓰잖아. 이동하는 중간에도, 정보 검색을 할 때도, 심지어

에코프로비엠 실적 추이

구분	2019	2020
매출액	6,161	8,547
영업이익	371	548
당기순이익	345	548

천보 실적 추이

구분	2018	2019	2020
매출액	1,201	1,353	1,555
영업이익	270	272	301
당기순이익	226	231	274

단위 : 억 원

는 잘 때도 숙면 음악을 틀어놓는다든지. 많은 이들이 유튜브를 사용하지. '2019년 초·중등 진로교육 현황조사'에 따르면 장래희망 3위에 유튜버, BJ Broadcastion Jockey 등 '크리에이터'가 순위에 올랐어. 비단 유튜브뿐만 아니라 영상 콘텐츠 시장은 최근 몇 년 사이에 폭발적으로 성장했지. 이런 트렌드와 함께 성장한 대표적인 국내 기업은 아프리카TV야.

송이 대리, 우리가 주식투자자라면 이 기사를 볼 때, 사람들이 단순히 영상 콘텐츠를 많이 찾아보는구나라는 감상을 넘어서 하나를 더 봐야 해. 바로 영상 콘텐츠, 플랫폼을 누가 제공하는지를 보는 거야. 보통 크리에이터, BJ, 유튜버 들은 본인의 영상을 더 많은 이들이 보게 하기 위해서 유튜브, 아프리카TV 를 같이 하는 경우가 대다수라는 점! 사용자가 많은 콘텐츠 시장에는 필수적으로 발을 담구는 거지. 결국 이런 트렌드는 영상을 보는 것과 플랫폼 제공 측면 모두에서 수혜 기업들을 만들어냈지. 대표적인 회사로 아프리카tv를 들 수 있어. 실적 한번 보자.

엄청나게 발전해나가고 있지? 이렇게 사회 전반적으로 사람들의

아프리카TV 실적 추이

구분	2019	2020
매출액	6,161	8,547
영업이익	371	548
당기순이익	345	548

단위 : 억원

생활을 바꿀 만한 영향을 가진 메가 트렌드 안에 있는 기업은, 성장 스토리가 매력적인 기업이라고 볼 수 있어.

둘째, 정책적 수혜를 보는 기업이 어딘지 확인해보는 거야.
2016년 7월부터 70세 이상 노인에 한정되었던 임플란트와 틀니의 경우, 건강보험 적용 연령을 65세 노인으로 낮춰 보장성을 확대하는 정책이 적용되었어. 노령인구가 점차 증가하면서, 임플란트는 수요가 아주 크게 증가하고 있는 추세였지.
이미 수요가 많아지고 있는데, 정책적으로 보험 적용의 범위를 넓혀 주니 임플란트를 하려는 사람들이 굉장히 많이 늘었겠지? 특히 의료기기 생산에서 임플란트는 매년 1위를 차지하거든. 수요가 어느 정도로 많은지 이것만 봐도 그 위상을 가늠할 수 있어. 임플란트 관련 기업의 성장률을 봐. 인구 고령화 추세에 정책적인 수혜가 맞아 떨어지면서, 관련 기업이 매년 최대 매출 갱신할 수 있게 된 거야. 이렇게 명확한 성장 스토리가 받쳐줘야 투자처

연합뉴스   2021.05.20 09:10

지난해 의료기기 생산액 7조 원 돌파…임플란트 3년 연속 1위

오스템임플란트 실적 추이

구분	2018	2019	2020
매출액	4,601	5,650	6,316
영업이익	310	429	981
당기순이익	63	-220	1,035

단위 : 억 원

로 매력이 있는 것이지.

셋째, 위기를 기회로 잡은 기업들도 좋은 투자처야.

코로나 이후 주식 장이 큰 폭으로 떨어진 것이 많은 이들에게 주
식투자에 참여하는 기회가 되었잖아. 그래서 신규 계좌 개설이
폭발적으로 증가했어. 특히 개인 투자자들이 대표적으로 많이 사
용하는 키움증권은 뉴스에서 말하는 그 수혜를 온전히 가져갔지.
주식장 자체는 굉장히 낙폭이 컸지만 도리어 그 상황이 키움증
권에게는 신규 고객을 유치하고 더욱 성장할 수 있는 기회가 되
었던 것이지.

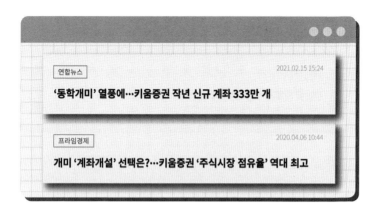

넷째, 관계 기업이 좋아져서 같이 수혜를 받는 기업들도 있어!
그룹 전체의 상황이 좋아지면서 관계 기업이 그 수혜를 같이 가
져가는 경우도 있다고. KG그룹의 KG케미칼이 대표적인 경우야.

KG그룹의 대표 기업 KG케미칼, KG동부제철, KG이니시스, KG모빌리언스, KG ETS

참고로 지주사는 KG케미칼이야. KG그룹에는 다양한 계열 회사
가 있는데, 이들 중에서 가장 뜨거운 감자인 기업은 KG동부제철
과 KG ETS야.
KG동부제철은 실적이 좋지 못해서 KG그룹의 아픈 손가락 같은
존재였는데 반전을 이뤄냈어. 당기순이익이 흑자로 돌아서면서
그룹에 힘을 실어 주게 돼.
KG ETS도 보자. 매년 사상 최대 실적을 기록하면서 저평가되었
다는 분석이 계속적으로 나오면서 주가가 꾸준히 우상향하는 모

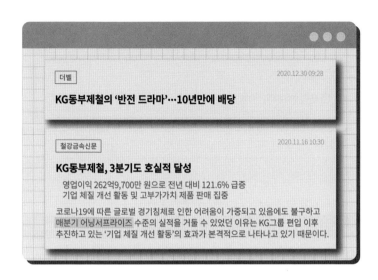

더벌   2020.12.30 09:28

KG동부제철의 '반전 드라마'…10년만에 배당

철강금속신문   2020.11.16 10:30

KG동부제철, 3분기도 호실적 달성

영업이익 262억9,700만 원으로 전년 대비 121.6% 급증
기업 체질 개선 활동 및 고부가가치 제품 판매 집중

코로나19에 따른 글로벌 경기침체로 인한 어려움이 가중되고 있음에도 불구하고
매분기 어닝서프라이즈 수준의 실적을 거둘 수 있었던 이유는 KG그룹 편입 이후
추진하고 있는 '기업 체질 개선 활동'의 효과가 본격적으로 나타나고 있기 때문이다.

KG동부제철 실적 추이

구분	2018	2019	2020
매출액	24,451	24,282	23,424
영업이익	-164	346	1,108
당기순이익	-661	-335	669

단위 : 억 원

습을 보여줘.

이렇게 2021년에 자회사들의 좋은 소식들이 유독 들려온 듯 하
네. 자회사들의 호재, 그러니까 종속회사의 종속회사의 실적 개
선은 KG케미칼로 하여금 이전 결산월보다 더 실적이 좋게 나오
게 해주는 동력이 되었어. KG케미칼의 실적도 마지막으로 볼까?

아시아타임즈

2021-06-18 10:31

[특징주] KG ETS, "자회사 지분가치 수준 저평가" 분석에 연일 강세 '신고가'

KG ETS 실적 추이

구분	2018	2019	2020
매출액	1,237	1,609	1,539
영업이익	136	159	191
당기순이익	113	978	267

단위 : 억 원

이렇게 다양한 이유로 기업의 가치는 성장할 수 있다는 점을 기억해둬.

투자자가 납득하고 매력을 느낄 만큼 성장 스토리가 좋아야 투자

KG케미칼 실적 추이

구분	2018	2019	2020
매출액	12,828	20,684	36,864
영업이익	725	1,180	2,430
당기순이익	273	2,193	1,547

단위 : 억원

로 이어지는 거야. 단순히 그려가는 스토리말고, 객관적으로 증명되어서 설득력이 갖춘 성장 스토리가 있는 기업이 좋은 기업이라구!

 세심하게 설명해주시니 이제 성장 스토리가 있는 기업이 무슨 뜻인지 이해가 되었어요! 감사합니다. 오늘도 잘 배워갑니다~!

6.
틈새 투자 공략
Tech Flow의
수혜 기업을 찾아라

 크흑. 팀장님. 투자 아이디어 좀 주시면 안 될까요? 이전에 말씀해주신 것처럼 전기차가 핫하잖아요. 그래서 전기차 배터리가 무엇인지 공부하다가, 이런 배터리들을 수거해서 다시 재생산하는 기술을 알게 됐어요. 그런데 이왕 재생산할 거, 전기가 아니라 효율 좋은 핵분열 기술을 넣으면 더 좋을까 하는데. 이게 관련 산업도 거의 없고 힘드네요.

전기차도 대중화가 안 됐는데 벌써 핵분열까지? 흠… 현실적으로 힘들기는 하지만 좋은 발상이네. 하지만 주식공부를 하면서 본능적으로 테크 플로우에 대해 인지하고 있는 것 같아.

저는 정말 주식 천재였던 게 아닐까요! 앗, 그런데 테크 플로우가 어떤 거예요?

테크 플로우는 있는 매매법이 아닌, 내가 주식 공부를 하면서 쌓은 나만의 노하우야. 새로운 기술을 나오면, 그 기술은 연관 산업에 영향을 미치고 그 영향력은 다시 또 다른 연관 기업에 다시 영향을 미친다는 거지.

전기차 시장을 예를 들어보자고. 전기차 배터리 기술이 발전되면서 거기서 끝나는 게 아니라 배터리 수거 및 재생산 등의 산업에도 영향을 주고 있지. 좀 더 나아가면, 가정용 충전 기술과 충전 시 화재 등을 막는 새로운 안전 기술 등이 만들어질 수 있지. 이처럼 하나의 기술 발전이 거기서 끝나는 게 아니라 다른 곳에서도 혜택을 주는 형태, 이게 바로 테크 플로우라 말할 수 있어.

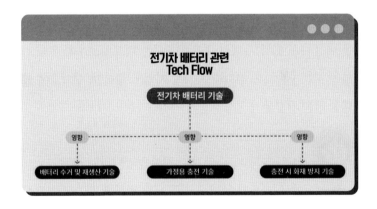

 아하, 예시를 듣다보니 어떤 건지 바로 느낌이 와요. 스마트폰, 자동차, 컴퓨터 등등 신기술이 계속 생겨나니 평소에도 다양한 기술변화를 체감할 수 있어요. 그러니 테크 플로우라는 건 누구나 일상생활 속에서 쉽게 생각할 수 있는 부분 같네요.

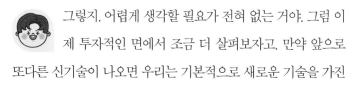 그렇지. 어렵게 생각할 필요가 전혀 없는 거야. 그럼 이제 투자적인 면에서 조금 더 살펴보자고. 만약 앞으로 또다른 신기술이 나오면 우리는 기본적으로 새로운 기술을 가진 회사에 투자하는 걸 목표로 삼을 거야.

그렇죠. 예를 들어 전기차 배터리 기술이 생겼다라고 하면 일단 그 기술을 가진 회사들을 찾아서 투자하는 게 유리하다는 생각이 들어요.

분명 좋은 방법이야. 뛰어난 기술을 가진 기업일수록 향후 더 성장성이 커질 수 있으니까. 하지만 우리 같은 일반 개미 투자자가 그 뉴스를 알게 될 때면, 이미 주가가 큰 폭으로 상승했을 경우도 있어. 또한 해당 각 업체들이 치열한 패권 다툼을 버릴 수도 있지. 그래서 내가 추천하는 테크 플로우의 수혜 기업을 찾는 거야. 즉 '**신기술을 가진 기업도 좋지만, 신기술에 혜택을 받는 기업들**'에 집중하라는 거지.

 아하~ 이른바 틈새 투자 시장을 공략하는 거군요.

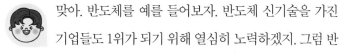 맞아. 반도체를 예를 들어보자. 반도체 신기술을 가진 기업들도 1위가 되기 위해 열심히 노력하겠지. 그럼 반도체는 어느 제품에 탑재될까? 자동차, 컴퓨터, 스마트폰, 태블릿, 서버 등등 굉장히 많은 곳에 사용되지. 그만큼 수요가 큰 제품일 거야.

그러면 반도체에 대한 대량의 물량 생산이 필요할 거야. 게다가 반도체는 고도의 기술이 집약된 제품이니 함부로 만들 수도 없고…

 음… 그럼 반도체가 탑재된 제품을 생산하는 현대차, 삼성전자뿐 아니라 생산 및 검사 관련 업체들도 주목해야 되는 거군요.

 정확해. 반도체라는 신기술에는 앞으로도 더 고도의 생산 및 검사 기술이 필요할 거야. 때문에 관련 산업들이 계속해서 혜택을 받을 수도 있는 거지. 대표적인 예시로는 테스나가 있어. 테스나는 반도체 제조 관련 테스트와 엔지니어링을 주 사업으로 영위하고 있어. 주 고객사는 삼성전자인데 반도체 시장 활성화를 통해 매출액, 영업이익, 그리고 주가까지 모두 오르는 긍정적 효과를 누리고 있지. 처음부터 기업을 찾으려 하면 머리 아프니, 성장하는 기술에 대한 뉴스를 찾은 뒤 거기에 맞는 산업군이나 기업들을 찾아보면 어렵지 않게 찾을 거야.

반도체 Tech Flow의 수혜를 받을 수 있는 예시

반도체 테스트 기업 수주 견조… 국내 기업 주목

다만 테스트 제품에 대한 수요가 워낙 강하기 때문에 실적과 주가는 꾸준히 우상향할 것으로 전망된다. 국내 테스트 관련 장비, 부품, 서비스 공급 종목에 꾸준한 관심을 가질 필요가 있다는 조언이 나온다.

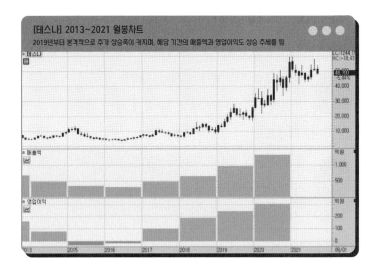

[테스나] 2013~2021 월봉차트

2019년부터 본격적으로 주가 상승폭이 커지며, 해당 기간의 매출액과 영업이익도 상승 추세를 띔

 알겠습니다. 생각을 유연하게 갖고 테크플로우를 살펴봐서, 지금보다 더 많은 투자 아이디어와 투자 기업들을 찾도록 하겠습니다.

7.
하루만에 끝내는 기업분석
투자 기준 설정, 기업 분석,
이슈 체크, 기회요인

 팀장님 이것 좀 도와주세요! 투자하기 좋은 기업을 찾
아보려고 했는데, 정확히 뭐부터 해야 할지 모르겠어요.

 드디어 송이 대리도 기업분석을 하기 시작했군. 그럼 순
서대로 진행해보자고. 효율적인 기업분석을 하기 위해
서는 투자 기준 설정, 기업 분석, 이슈 체크, 기회 요인이 네 가지
를 살펴봐야 해. 먼저 투자 기준설정을 알아보자고.

투자 기준 설정

 투자 기준 설정은 크게 수익형 종목과 안정형 종목으로
나뉘어. 먼저 수익형 종목은 가파른 매출 성장과 수익

성을 가진 기업을 뜻해. 우리가 흔히 말하는 성장주가 여기에 가까운 종목이지.

대표적인 예시를 들면 HMM을 들 수 있어. HMM은 2010년 중후반까지 해운업불황으로 고전을 면치 못한 기업이야. 그러다 2020

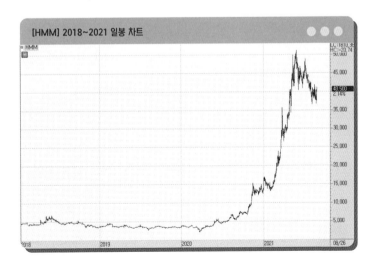

IFRS(연결)	2018. 12	2019. 12	2020. 12
매출액	52,221	55,131	64,133
매출원가	54,989	55,172	51,288
매출총이익	-2,768	-41	12,844
판매비와 관리비	2,818	2,956	3,037
영업이익	-5,587	-2,997	9,808

HMM의 연간 실적표

출처 : 네이버 금융

[HMM] 2018~2021 일봉 차트

년 코로나19로 인한 선박 운임비 상승 등으로 실적이 급상승하게 됐지. 구체적으로 2019년까지 3,000억 원에 가까운 적자를 냈던 영업이익이, 2020년에는 9,800억 원의 흑자로 전환된 거야. 내로라 하는 기업들도 하기 힘든 뛰어난 성과를 낸 거지.

 우와. 진짜 반전 드라마가 따로 없네요. 2020년에 영업이익만 1조 원에 달했다니. 아, 그런데 재료와 같은 테마 요소도 주가를 쭉 올리는 데 힘이 되지 않을까요?

 물론 테마성 재료도 주가를 올릴 수 있지만, 그건 비교적 단기간에 많이 올라가는 특성이 있어. 때문에 주가 상승에 꾸준히 힘을 주는 실적과는 약간 차이가 있지. 또한 테마주의 경우는 급등과 급락을 반복하지만, 실적이 받쳐주는 성장주라면 특별한 악재가 없다면 급락이 와도 테마주보다는 어느 정도 주가 방어가 가능해.

투자자들이 흔히 하는 말로 '가는 놈만 간다.'고 하잖아? 이 말은 성장주를 일컫는다고 볼 수 있는데, 시장이 상승할 때는 그 힘이 강하고, 시장이 어려울 때는 버텨주기 때문이겠지?

 오~ 성장주가 강한 힘이 있네요. 혹시 HTS에서 또 바로 찾는 법이 있을까요?

 정석적인 방법은 각 종목의 뉴스, 재무 상태 등을 종합해서 찾아야 되는 거야. 하지만 송이 대리는 아직 그런 종목들을 바로 캐치하긴 어려우니 간단하게 찾을 수 있는 팁을 줄게. 이건 어떻게 보면 기술적 분석처럼 차트의 움직임을 보는 것이기도 하지만 송이 대리는 아직 초보니 모든 종목을 다 보기가 어려우니 움직이기 시작하는 종목들부터 보는 거지.

먼저 최소 60일 기준=3개월 신고가 갱신 종목들을 찾아 보는 거야. 반드시 60일로 정해야만 하는 건 아니고 20일=1개월 의 경우는 기간이 너무 짧기 때문에 최소 60일로 잡은 거라 생각하면 돼. HTS 에서는 0161 화면을 열고 신고가 – 60일로 설정하면 관련 종목들을 볼 수 있어.

신고가를 기록한 종목들은 결국 상승하는 힘이 강하다는 뜻인데, 이 중에서 실적이 좋아지면서 주가도 상승하는 성장주들이 포함되어 있는 가능성이 있어. 구체적으로 나는 실적 측면에서 이전 결산월 대비 '매출액 10% 이상', '영업이익 10% 이상' 상승이 예상되는 종목의 실적이 좋아졌다고 판단해.

60일 신고가 종목 검색 방법

넵! 저도 이 방법으로 찾아볼게요. 그러면 모든 투자자가 성장주만 찾으면 수익을 얻기가 더 쉽겠네요?

 물론 성장주가 좋을 수 있지. 그런데 시장은 만만치 않아. 왜냐하면 송이 대리가 종목을 찾아내기도 전에 이미 시장에서 그 종목을 주목하고 있을 확률이 높거든. 그래서 보통 성장주는 PER이 높은 편이야. 실적 개선이 눈에 띄게 좋아지기 시작하여 시장에서 관심을 받기 시작하자마자 기대 심리가 선반영됐기 때문이지.

그럼 기대심리가 선방영됐다는 건 무슨 뜻일까? 바로 주식이 저평가 됐다기보다는 일정 부분 상승해 단기 고점을 형성하고 있을 수 있다는 거야. 그래서 종목 발굴 시기에 따라서 투자의 기대 수익률이 상대적으로 차이가 날 수 있지.

 에고. 그럼 더 성장주는 더 빨리 빨리 캐치해야 될 것 같습니다. 지금까지 말씀해주신 내용을 정리해볼게요

수익형 종목 : 가파른 매출 성장과 수익성을 가진 기업
- 수익형 종목은 성장주에 가까운 종목을 의미.
- 단기간에 주가를 상승시키에는 재료를 바탕으로 한 테마가 최고지만 주가 상승을 지속적으로 이끌어 내는 것은 강한 이슈는 실적이 유리.
- 종목 검색을 일일이 하기 어렵다면 최소 60일 기준 신고가 갱신 종목을 탐색해보는 게 종목 찾기에 유리. 신고가 종목의 상당수가 실적이 뒷받침되는 종목이기 때문.

– 성장주 종목은 대체적으로 PER이 높은 경우가 많음. 이유는 실적 개선이 눈에 띄게 좋아지기 시작하면 시장에서 관심을 받기 시작하면서 기대 심리가 선반영되는 경우가 있기 때문임.

= 장점 시장에서 가치가 평가 받기 시작하면 한 번 상승 추세로 자리 잡기 시작하면서 위로 향하는 힘이 매우 강함.

= 단점 실적이 좋은 종목 시장의 기대치가 미리 선반영되어서 저평가 구간이 많다고 보기 힘듦.

정리 잘했네! 그럼 투자 기준 설정 두 번째 안정형 종목을 말해줄게. 이름부터 알 수 있듯이 이건 안전한 재무 구조를 바탕으로 지속성을 가진 기업이 해당돼.

대표적으로, 담배 제조와 판매를 하는 KT&G가 있어. 30여 년 정도 사업을 진행중이라 탄탄한 충성고객층을 유지 중이지. 또한 담배라는 제품 특성상 경쟁사가 급격하게 늘어나는 산업이 아니기

KT&G의 연간 실적표

IFRS(연결)	2018. 12	2019. 12	2020. 12
매출액	44,175	49,632	53,016
매출원가	18,360	20,886	23,315
매출총이익	26,355	28,746	29,701
판매비와 관리비	13,820	14,950	14,891
영업이익	12,535	13,796	14,811

출처 : 네이버 금융

때문에 급격한 변화가 아닌 꾸준한 실적을 유지하고 있지.

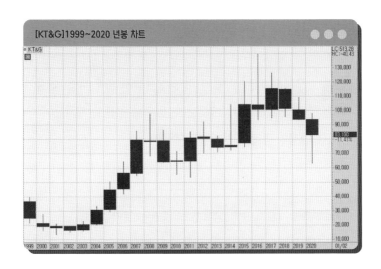

이처럼 안정주는 업황이나 업력이 오래된 기업이 많은 편이야.
그래서 쉽게 망하지 않고 탄탄대로 가는 알짜 기업을 의미하지.

 그럼 정답은 안정형 종목이군요! 실적도 좋고, 안정적이
라 믿고 투자해도 되겠는데요?

 하지만 이 경우 수익성을 바탕으로 한 성장주보다는 시
장의 관심에서 멀거나 소외된 경우가 많아. 성장주처럼
주가를 확 움직일 '서프라이즈 실적'이 잘 나오지 않기 때문이지.
그래서 지표를 보면 안정형 종목일수록 PBR이 낮은 종목이 많아.
좋은 의미로는 청산가치 대비 저평가되어 있기도 하지만, 다른 의
미로는 그만큼 주가가 낮은 가격에 거래되면서 관심을 받지 못한

다. 이렇게 해석할 수도 있어.

 이런! 오히려 그런 점이 꾸준한 주가상승으로는 이어지진 않겠네요. 그래도 회사 자체가 쉽게 망하지는 않은 점은 좋은 것 같습니다.

 그렇지. 다만 이런 안정형 종목들도 차후 좋은 실적이 나오면 주가가 올라 갈 수 있으니 꾸준한 체크는 필수야. 그럼 안정형 종목도 정리 잘 부탁해~

안정형 종목 : 안전한 재무 구조를 바탕으로 지속성을 가진 기업

안전한 재무 구조를 바탕으로 안전성과 지속성을 가진 기업

= 실적의 변동폭은 크지 않지만 안정적인 매출 구조를 유지하는 기업을 의미한다.

= 보통 이런 기업은 업황이나 업력이 오래된 기업이 많기 때문에 쉽게 망하지 않고 탄탄대로를 걷는 알짜 기업을 의미한다.

= 수익성을 바탕으로 한 성장주보다는 시장의 관심에서 멀거나 소외된 경우가 종종 있다.

= 안정형 종목은 PBR이 낮은 경우가 많을 수밖에 없다. 좋은 의미로는 청산 가치 대비 저평가되어 있기도 하지만 다른 의미로는 그만큼 주가가 낮은 가격에 거래되면서 시장의 관심에서 멀다는 의미가 되기도 한다. 실적이 뒷받침되면서 성장을 하면 최고지만, 통상적으로 안전 성향을 가진 안정형 종목들은 실적에 큰 변동이 없으면서 주가의 움직임도 없는 경우가 많다.

= **장점** 안정적인 매출 구조를 바탕으로 주가의 변동폭이 대체적으로 적다.

= **단점** 시장에서 소외되어서 주가의 움직임이 너무 적은 경우도 많다.

기업분석 체크 포인트

 기업 분석을 위한 두 번째 요소, 바로 다양한 체크 포인트를 찾는 거야. 기본적 분석으로 가치를 판단해서 투자를 하고자 한다면 결국 기업을 이해해야 해. 세안제 하나 살 때도 건성용, 지성용 등등 나에게 맞는 제품인가를 제공된 정보를 보고 사잖아? 기업도 마찬가지로 투자 판단에 기준이 될 수 있는 수많은 자료가 존재해.

그런데 초보자일수록 판단을 위한 사전 조사가 매우 부족한 것 같아. 이 부분을 너무 어렵게 생각해서 그런 것 같은데… 최대한 쉽게 설명해줄 테니 잘 따라오라고~

 사실 기업 분석이란 말만 나와도 머리가 아파지긴 해요. 그래도 팀장님 믿고 따르겠습니다.

 우리가 알아야 할 체크 포인트는 크게 사업보고서와 종목 리포트에 있어.

먼저 사업보고서를 알아보자고. 사업보고서는 기업을 상세히 들여다 볼 수 있는 공식 매뉴얼이지. 사업보고서를 단 한 번만 읽어도 기업에 대한 이해도가 달라져. 다만 아직 송이 대리는 초보 투자 단계니 내용이 한 번에 이해가 되지 않을 수는 있어. 그럴 땐, 이해되지 않는 부분을 표시해두고 검색을 해서 궁금증을 해결해야 해. 이 과정을 한 번만 거치면 기업에 이해와 자신감이 엄청나게 생길 거야.

사업보고서를 볼 수 있는 DART 사이트 http://dart.fss.or.kr

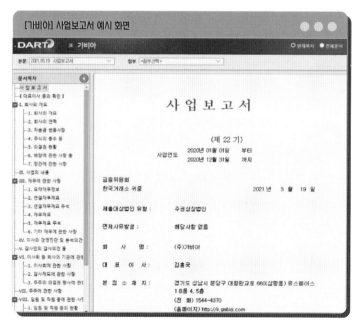

[가비아] 사업보고서 예시 화면

사업보고서는 원하는 회사를 검색해서 웹 사이트에서 바로 볼 수 있고, 다운로드를 받아서 PDF 파일로 보거나, 인쇄할 수도 있으니 공부하기 아주 편할 거야. 그럼 이번 사업보고서 공부에서는 2020년 언택트 이슈의 중심에 있었던 가비아라는 기업을 예시로 할게. 실제 가비아의 사업보고서를 통해 우리가 무엇을 얻을 수 있는지 확인해보자.

[가비아] 목차 예시 화면

기본적인 회사의 사업 구조 이해를 하기 위해서는 목차에 강조된 부분만 읽어보아도 정리가 가능해. 우리는 투자 공부를 하는 것이기 때문에 전체를 무리해서 보기보다는 저 부분만 효율적으로 봐도 된다고~.

1. 연결대상 종속회사 개황

(단위 : 원)

상호	설립일	주소	주요사업	최근사업연도말 자산총액	지배관계 근거	주요종속 회사 여부
㈜케이아이엔엑스	2000.06.17	서울시 강남구 언주로	서비스	142,751,143,306	36.30%	해당
㈜가비아씨엔에스	2008.01.09	성남시 분당구 대왕판교로	서비스	13,501,211,561	47.68%	해당
㈜놀명쉬멍	2010.08.26	성남시 분당구 대왕판교로	서비스	7,542,244,638	50.23%	해당없음
㈜엑스게이트	2011.01.01	서울시 강남구 대치동	서비스	21,309,238,353	45.00%	해당

먼저 가비아와 관련된 회사를 볼까? 연결대상 종속회사 개황 중, 지분 관계를 통해 어떤 관계사가 있는지를 알 수 있어. 지주회사로서의 성격을 가지고 있는 기업은 지분법 손익, 종속 회사의 이슈 등으로 모회사의 주가도 같이 이슈가 될 수 있지. 예를 들어, 가비아는 케이아이엔엑스의 대주주로서 지분 가치를 가지고 있다는 것이 확인이 되네. 케이아이엔엑스는 사업사 간 원활한 트래픽 연동을 위해 클라우드, 인터넷 연동, 인터넷 데이터센터 서비스 등을 제공하는 업체야.

케이아이엔엑스 재무제표 중 일부

IFRS(연결)	2017. 12	2018. 12	2019. 12	2020. 12
매출액	473	563	646	704
매출원가	248	292	2338	383
매출총이익	225	271	309	322
판매비와 관리비	133	139	144	144
영업이익	92	132	165	178

단위 : 억 원

위에 재무제표 내용처럼 케이아이엔엑스는 2017년부터 2020년 까지 매출액과 영업이익이 상승하는 등 좋은 실적 추이를 보이고 있어서, 가비아가 가지고 있는 지분의 가치는 더 높아지고 있어. 실전 투자를 할 때는 이런 부분을 연결해서 봐야 기업이 가지고 있는 기회 요인과 리스크 요인을 파악할 수 있지.

또한 과거 배당 이력을 통해서는 기업이 주주 친화적인 정책을 피는 가를 볼 수 있어. 장기적 관점에서 배당주를 통해서 짭짤하게 배당금을 받고자 하는 투자자들은 이 부분을 중요시하지.

나. 과거 배당 이력

(단위: 회, %)

연속 배당횟수		평균 배당수익률	
분기(중간)배당	결산배당	최근 3년간	최근 5년간
-	12	0.5	0.5

잠깐 살펴봤는데도, 가비아라는 기업이 살짝 그려지네요. 그럼 이제 본격적으로 사업 내용을 통해 회사를 파악해보시죠~

사업 파트는 회사가 어떤 사업을 진행하는지, 어떤 제품이나 서비스를 제공하는지를 알 수 있는 곳이야. 여기서는 앞의 내용뿐 아니라 매출 현황 등도 모두 볼 수 있기 때문에 아주 중요하다고 할 수 있어.

또한 기업이 추진하는 신규사업 부분을 확인할 수 있는데 앞으로 해당 기업이 어떤 이슈가 나올 수 있는지를 생각하면서 보면 좋아. 왜냐하면, 기업의 신규 사업 중 그동안 시장에서 눈길을 받지 못했던 게 이슈가 뒤늦게 알려지면서 테마를 형성할 수도 있거든.

II. 사업의 내용

1. 사업의 개요
가. 영업 개황 및 사업부문의 구분

(1) 영업 개황
당사의 사업은 IT 환경을 필요로 하는 기업을 대상으로 클라우드, 그룹웨어, 보안, 전자상거래, 도메인, 호스팅 등을 제공하는 IT 서비스업입니다.

1998년 설립되어 웹호스팅 및 도메인 등록 서비스 등 인터넷 비즈니스에 필요한 서비스를 제공하는 기업에서 출발해, 2005년 코스닥 상장 이후 (주)케이아이엔엑스를 인수해 클라우드 인프라 분야로 사업 다각화를 꾀했습니다.

(2) 주요 사업 부문
- 클라우드
최근 시장이 확대되고 있는 클라우드 서비스는 물리적인 전산실 환경에서부터 어플리케이션 소프트웨어에 이르는 IT 인프라 자원 중 어느 계층이 가상화되는지에 따라 IaaS

나. 시장의 특성 및 추이

해당 산업의 특징은 (1)인터넷 산업의 근간이 되는 인프라 산업 (2)인터넷 산업과 밀접한 연관성 (3)안정성이 확보된 산업 (4) 브랜드 및 시장 지배력이 중요한 산업입니다.

(1) 인터넷 산업의 근간이 되는 인프라 산업
인터넷 산업의 필수 요소들이면서, 인터넷의 발전과 함께 성장하는 사업 분야이고, 대체 가능한 서비스 분야의 선택 폭이 좁아서 인터넷을 통한 비즈니스를 영위하는 과정에서 반드시 이용해야 하는 서비스입니다.

(2) 인터넷 산업과의 밀접한 연관성
일반적인 경기변동의 영향보다는 전자상거래 등 인터넷 산업의 규모와 비례하여 성장하고 있습니다.

(3) 안정성이 확보된 산업
서비스가 1회 구매로 완료되지 않고, 매년 연장되는 성격을 갖고 있어 연장 매출을 기초로 안정적인 성장이 가능합니다. 당사의 경우 서비스 연장과 함께 꾸준한 신규 수요가 발생하고 있어서, 현재까지 지속적인 매출 성장을 이루고 있습니다.

(4) 브랜드 및 시장 지배력이 중요한 산업
인터넷 사이트의 특성상 안정된 사이트 운영이 되지 않을 경우, 그 피해가 크기 때문에 IT 인프라 서비스를 선택할 때 안정성이 가장 중요한 판단 요소로, 이에 따라 서비스 이용자는 시장 지배력이 있고, 브랜드 인지도가 높은 업체를 선호하게 됩니다.

예를 들어, 2020년 이전 A라는 회사가 화상 회의 시스템을 만들었다면 큰 이슈가 안 됐을 거야. 화상회의에 대한 수요 자체도 많지 않았기 때문이지. 하지만 2020년 코로나19로 인해 재택근무 등이 활성화되면서 이 사업이 순식간에 화상 회의 테마주로 편입되어 주가 상승이 일어날 수도 있었던 거지.

다음으로 매출에 관한 사항에서는 가비아의 제품과 서비스가 어떠한 매출구조를 만들고 있는지를 알 수 있지. 여기에 나온 데이터를 바탕으로 주요 매출원이 해마다 더 돈을 잘 벌고 있다면 왜 잘 벌고 있는가? 그 이유의 근거는 있는가? 이를 추론할 수 있는데, 이것이 잘 정해지면 투자 근거를 확실히 할 수 있지.

뉴스에서 어렴풋이 내용을 봤다고 하더라도 막상 사업보고서에

다. 신규사업 등의 내용 및 전망

(1) 4차산업 혁명과 5G시대의 핵심사업인 클라우드 서비스

4차 산업혁명의 핵심인 데이터의 빠른 처리와 접근을 위한 클라우드의 활용도가 점차 증가
하고 있는 추세입니다. 이는 기업이 정보화 자원 구축 시 자체 설비를 도입하지 않아도 되며,
비용 및 시간 효율을 발생시키기 때문에, 스타트업이나 중소기업은 클라우드 서비스에 대한
요구를 증가시키고 있습니다. 한편, 그동안 글로벌기업 선도의 클라우드 서비스는 최근 기술
적으로 상향 평준화가 됨에 따라 속도나 성능, 안정적 운영에 초점에 맞춰지는 경향을 보이
고 있으며, 이에 당사는 기존 IDC호스팅과같은 오랜 인프라 기반 서비스 운영 경험과
2017년 클라우드 보안 인증을 통해 클라우드 구축 기술을 인정받고 있고, 이를 기반으로 고
객 상황 및 환경에 맞춰 커스텀 수준의 시스템 설계를 제공하면서 지속적인 매출 성장과 함
께 동사의 성장동력으로 클라우드 서비스 사업을 더욱 확장시킬 것으로 전망됩니다.

(2) 언택트 시대에 따른 그룹웨어 솔루션

최근 코로나 펜데믹 시대에 비대면 업무를 처리하는 기업이 늘어나면서 그룹웨어가 다시금
조명 받고 있으며, 재택 근무 체제가 준비되지 않은 스타트업 기업 규모의 그룹웨어의 수요
가 증가하고 있습니다. 특히, 그룹웨어 솔루션은 협업과 소통 효율성 넘어 화상회의와 같은
원격 솔루션으로서의 역할이 주목받고 있고, 이에 당사는 그룹웨어 하이웍스를 통해 화상회
의 및 재택 근태관리가 가능한 재택근무 솔루션 패키지를 출시하면서 반사이익을 얻고 있습
니다.

(3) 쇼핑몰 통합 솔루션, 보안솔루션 기업 인수를 통한 성장 모멘텀 확보

온라인 쇼핑몰의 거래액이 증가하며 잔업규모가 확대됨에 따라 온라인쇼핑몰 운영에필요한
서버호스팅의 수요도 증가하고 있습니다. 당사는 해당 호스팅을 위한 서버 자원을 유연하게
조절이 가능하게 구축되어 쇼핑몰의 트래픽에 따라 사용한 자원 만큼에 따른 비용만 지불하
면 되어 합리적인 솔루션을 제공하고 있습니다. 이에, 당사의 종속회사 가비아씨엔에스는 쇼
핑몰 서비스 및 홈페이지 제작 솔루션을 제공하고 있으며, 향후 당사는 온라인 쇼핑몰 구축
플랫폼인 '퍼스트몰'을 통한 상거래 비즈니스의 토탈 IT서비스관련 성장전략을 가지고 있습
니다.

3. 매출에 관한 사항

가. 매출실적

(1) 영업부문 및 매출현황

(단위:원)

구분	주요 사업	당기	전기
인터넷 인프라 서비스	클라우드 및 IT서비스	87,581,129,043	75,722,170,838
	IX 외	55,724,605,995	51,811,046,409
	보안장비 판매 및 용역	23,647,658,934	19,056,293,487
	기 타	2,091,561,155	1,717,367,481
	합 계	169,044,955,127	148,306,878,215

서 그 매출 비중을 보면 실체가 다른 경우가 종종 있다. 예를 들어, 장난감회사인 줄 알았는데 알고 보니 게임 부분에서 매출이 더 클 수도 있다는 거야.

기업 중에는 돈을 쌓아 두면서 안정성을 꾀하는 기업이 있는 반면, 빚을 지더라도 지속적인 투자를 통해서 레버리지 효과를 극대화하려는 기업이 있어. 특히 공장 등 시설 투자에 돈을 투자하는 기업은 전년도 대비 부채비율이 올라가는 경우가 있기 때문에, 전분기 또는 전년대비 부채비율이 높아졌다면 나쁜 기업으로만 평가 하는 것이 아니라, 그 이유를 파악하는 게 중요해.

가비아 같은 경우는 매년 연구개발비용을 일정 수준 이상을 유지하면서 투자를 하고 있고 실제 매출도 지속적으로 늘고 있어. 이는 올바른 방향으로 기업이 나아가고 있다는 증거라고 할 수 있지. 투자에 소극적인 기업은 연구개발비 부분을 잘 드러내지 않

과 목		제 22기	제 21기	제 20기	비 고
원 재 료 비		-	-	-	-
인 건 비		10,924,724,878	10,027,562,936	8,106,990,542	-
감 가 상 각 비		-	-	-	-
위 탁 용 역 비		-	-	-	-
기 타		2,357,900	-	-	-
연구개발비용 계		10,927,082,778	10,027,562,936	8,106,990,542	-
회계처리	매출원가	5,629,793,270	5,304,969,267	3,473,044,536	-
	판매비와관리비	5,297,289,508	4,722,593,669	4,633,946,006	-
	개발비(무형자산)	-	-	-	-
연구개발비 / 매출액 비율 [연구개발비용계÷당기매출액×100]		6.46%	6.76%	6.30%	-

(단위 : 원)

① 외환위험

연결실체는 제품 수출 및 원재료 수입 거래와 관련하여 USD등의 환율변동위험에 노출되어 있으며, 당기말과 전기말 현재 외화로 표시된 화폐성자산 및 부채의 장부금액은 다음과 같습니다.

(환율단위:원)

외화	당기말				전기말			
	외화자산	외화부채	외화자산 원화환산	외화부채 원화환산	외화자산	외화부채	외화자산 원화환산	외화부채 원화환산
USD	14,937,201	33,003	16,280,438,402	35,907,264	11,235,495	19,892	13,014,773,837	23,030,958
JPY	6,082,032	–	64,120,431	–	6,797,712	–	72,291,828	–
EUR	127,630	–	170,800,079	–	104,932	–	136,142,561	–
CNY	11,187	–	1,867,788	–				

는 편이거든.

사업보고서에는 기업이 가지고 있는 위험 요인에 대해서도 설명하는 내용이 있는데, 사업 구조를 완전히 이해했다면 안 봐도 되겠지만 한 번쯤은 표면적인 위험 요인이 무엇이 있나 읽어볼 만해. 외국에서 원료를 수입해서 제품을 생산하는 기업이라면 위험 요인이 '환율'로 표시되는 경우도 있어. 이렇게 기업이 가지고 있는 사업의 특성과 업종에 따라서 가지고 있는 리스크 요인이 달라.

Ex) 동일고무벨트 – 고무벨트 원재료를 외국에서 수입하기 때문에 환율이 변화가 리스크가 될 수 있음

이런 측면에서 봤을 때 현재 가비아는 큰 리스크를 가지고 있는 기업이라고 보기가 어려울 것 같네.

다음으로 재무내용을 볼까?

[가비아] 목차 예시 화면

가비아 재무제표 중 일부

IFRS(연결)	2018. 12	2019. 12	2020. 12
매출액	1,287	1,483	1,690
영업이익	182	237	285
당기순이익	153	211	238
부채비율	32.62	48.13	50.13
영업이익률	14.13	16.01	16.89

이건 재무제표에 나와 있는 요인들을 짧게 줄인 거야. 먼저 매출액과 영업이익, 당기순이익이 매년 늘어나고 있어. 특히 2020년에도 수익이 늘어났는데 코로나19 관련 수혜를 받았다는 걸 이 표에서도 확인할 수 있지.

밑으로 내려가면 부채비율과 영업이익률이 보이지? 먼저 부채비율이 2020년 기준 50%까지 올라와서 놀랐겠지만, 이는 크게 우려할 수준은 아니야. 일반 기업들 중에서도 부채비율이 50%이상을 차지하는 경우가 매우 많거든.

마지막으로 영업이익률 쪽을 보면 2020년 16%이상을 유지 중이지. 영업이익률이 10%가 되지.

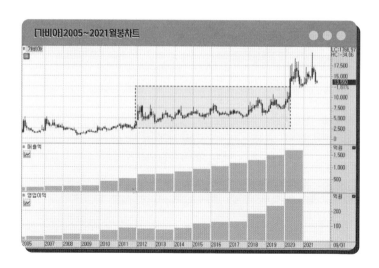

이번엔 HTS를 통해 가비아의 주가와 재무를 함께 확인해보자고. 차트를 보면 2012~2019년 까지 꽤 오랜 기간 동안 5,000~10,000원 수준의 주가가 형성이 된 걸 볼 수 있을 거야. 그런데 매출액과 영업이익을 보면 같은 기간 동안 꾸준히 매출의 증가를 유지하고 있는 걸 볼 수 있지.

즉, 영업이익이 70~100억 원대의 주가와 영업이익이 200억 원을 돌파한 시점에서도 비슷한 가격대에 거래가 되고 있는 거야. 이건 좋은 투자 포인트가 될 수 있어. 실적이 개선되고 있음에도 주가가 이전과 비슷하면 저평가되었다는 거니까. 때문에 꼭 가비아

[가비아]2005~2021월봉차트

IV. 이사의 경영진단 및 분석의견

1. 예측정보에 대한 주의사항

이사의 경영진단 및 분석의견은 당사의 과거 및 미래의 재무상태 및 영업실적 등에 중요한 영향을 미치거나 미칠 것으로 경영진에게 알려진 사항을 기재하는 것입니다. 일반적으로 "예측정보"는 사업보고서 작성 시점에서 합리적인 근거, 가정에 따라 성실하게 기재 되었으며, 고의 ·중과실로 허위의 기재 또는 중요한 기재사항의 누락은 없습니다. 하지만 여러가지 불확실성으로 인해 회사의 미래실적은 "예측정보"에 명시적, 묵시적으로 포함된 내용과 중대한 차이가 있을 수 있음을 양지하시기 바랍니다. 당사는 동 예측정보 작성시점 이후에 발생하는 위험 또는 불확실성을 반영하기 위하여 예측정보에 기재한 사항을 수정하는 정정보고서를 공시할 의무는 없습니다. 결론적으로, 동 사업보고서상에 회사가 예상한 결과 또는 사항이 실현되거나 회사가 당초에 예상한 영향이 발생한다는 확신을 제공할 수 없습니다. 동 보고서에 기재된 예측정보는 동 보고서 작성시점을 기준으로 작성한 것이며, 회사가 이러한 위험요인이나 예측정보를 업데이트할 예정이 없음을 유의하시기 바랍니다.

2. 개 요

2020년은 코로나19 팬데믹으로 인해 경기가 급격하게 위축되면서, 세계 경제성장률이 -3.4%로 역성장하였습니다.

그럼에도 불구하고 당사는 2020년에 안정적인 매출과 수익성 개선 등 내실있는 성장을 이루어냈습니다. 연결재무제표 기준으로 매출액은 전년대비 14% 증가한 1,690억원, 영업이익은 전년대비 20% 증가한 285억원을 기록하였습니다.

가 아니더라도 다른 종목에서 이런 케이스가 발견되면 하나의 투자 포인트가 될 수 있을 거야.

다음으로 이사의 경영진단 부분도 확인해보자. 이것도 기업 상황을 이해하는 데 꽤 도움이 돼. 경영진이 회사를 어떻게 평가하고 분석한 것인지 적혀져 있어서 재무 상황에 대해서 요약을 잘 해주는 경우가 많기 때문이야. 또한 회사 상황에 대한 평가뿐만 아니라 업황이 속한 상황과 회사의 강점, 약점을 이야기하기도 한다. 특히 기업 내부 이슈보다는 업황에 대한 코멘트가 있다면 그 부분은 꼭 체크하고 넘어갈 필요가 있어.

 넵 알겠습니다. 염려했던 것보다 크게 머리 아픈 부분은 없는 거 같아요. 사업보고서의 역할뿐 아니라 기업이 대략적으로 어떤 것이구나 라는 걸 알게 됐어요. 그래서인지 사업보고서를 읽으면 바로 투자하고 싶을 정도로 기업이 좋아하게 되더라고요.

 흠. 사업보고서는 기업의 여러 현황을 살펴볼 수 있는 장점이 있지만 결국은 기업 입장에서 작성되었다는 걸 꼭 명심해야 해. 즉, 장점은 크게 부각되고 단점은 축소되게 표시될 수도 있다는 거야.

사업보고서에는 업황에 대해서 좋은 점이 많이 적혀 있으니 송이 대리처럼 초보 투자자들은 '이 기업이 너무 좋구나. 내가 기업을 선택을 잘했구나'라고 착각에 빠질 수가 있어 그 어떤 기업도 본인이 약점을 만천하에 알리려고 하는 이는 없어. 그러니 사업보고서는 꼼꼼하고 냉정하게 보는 것 잊으면 안 돼!

아, 그렇군요. 확실히 기억하도록 하겠습니다. 그럼 사업보고서 또 다른 것이 있을까요?

 사업보고서가 비교적 정석적으로 회사를 파악하는 거라면, 속성 단기로 회사를 공부하는 방법이 있어. 바로 종목 리포트지. 종목 리포트는 기관 투자자들이 직접 조사하여 필요한 정보들을 정리했다기보다 쉽고 빠르게 정보를 수집할 수 있지. 이런 종목 리포트를 본다면 과거 리포트도 많이 쌓여 있는 걸 확인 할 수 있는데 초보 때는 과거 것도 많이 보는 게 좋아. 예를 들어 가비의의 과거와 최신 리포트를 비교해서 확인해보면, 기업의 매출이나 사업 방향성 등이 올바르게 나아가고 있는지, 아니면 조금씩 변하는 게 있는지 확인할 수 있거든.

이런 리포트를 볼 수 있는 곳은 굉장히 많은데 예시로 몇 개만 공

유할게.

이 외에도 각종 증권사 홈페이지 내에서도 자료가 존재해. 모두 좋은 사이트지만 여러 곳을 알아두면 봐야 자료의 누락 없이 볼 수 있으니, 이왕이면 다양하게 보도록 해.

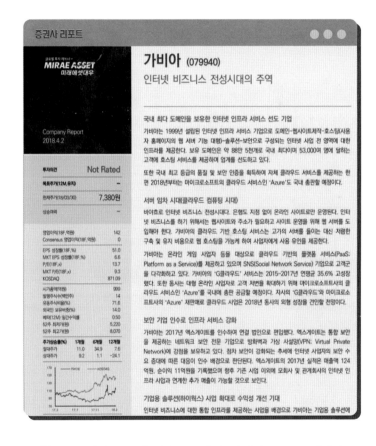

 이전에 보았던 사업보고서가 데이터를 보고 해석하는 느낌이었다면, 종목 리포트는 기업에 대해 바로 설명해

주는 느낌이 드네요.

 그렇지. 다만 사업보고서의 방대한 자료들이 축약되거나 누락되는 부분들이 있기 때문에 모든 자료를 보기는 어렵다는 단점이 있지. 그래도 투자지표나 사업의 방향성, 예상 제무재표 등은 모두 담겨 있으니 꼭 보면 좋아. 다만 종목 리포트도 주의해서 볼 부분이 두 가지 있어.

첫째, 증권사에서 작성한 리포트일수록 단점보다는 장점을 부각하는 경우가 많아. 송이 대리가 자세히 보면 기업을 매도를 권유하기보다는 **매수 혹은 유지** 등에 대한 의견이 더 많을 거야.

아시아경제   2015-09-25

[너섬여담]A증권사 CEO의 고백 "매도 리포트 쉽지 않아요"

정말 좋은 기업일 수도 있지만, 매도 의견을 내면 기업 입장에서 좋아할 수가 없고, 해당 회사나 주주로부터 원망이나 항의를 들을 수도 있기 때문이지. 결국은 이런 압박 때문에 매수의견을 내는 경우가 많고 자연히 내용도 긍정적인 것으로 채워지게 돼. 이런 부분 때문에 경험이 있는 투자자 중 일부는 증권사 리포트를 신뢰하지 않는 경우도 있어. 자, 다음으로.

둘째. 정확한 팩트 체크가 필요해. 예를 들어, A라는 종목의 리포트에 아래와 같은 내용이 있다고 해보자. 내용을 보면 송이 대리는 어떤 생각이 들어?

A기업의 액면분할이 이번 달 22일에 예정되었다. 성공적인 사업 확장으로 투자자들을 놀라게 했기에 액면분할 후에도 장기간 주가가 상승할 확률이 높다.

 음. 보고서에 사업확장까지 성공적으로 했다고 하니 액면 분할하면 정말 수익을 얻을 수도 있겠다는 생각이 들어요.

 흠… 송이 대리의 생각은 조금 위험할 수 있어. 보면 윗줄은 명백한 팩트야. 회사의 액면분할은 공시에 반드시 들어가기 때문이지. 다만 그 밑에 부분들은 팩트라고 말하기 어려워. 실제 이 기업이 액면분할 후에도 장기간 주가가 상승할지 안 할지는 아무도 몰라. 즉 작성자의 주관적이 들어간 부분이지. 계속해서 볼까?

1. 시장 전반적으로 반도체 부품 업종이 좋아지고 있기 때문에 이번 시즌에는 실적 개선이 기대됩니다.
2. R/D 개발팀에서 신제품 개발에 힘을 쏟고 있기 때문에... (중략)

1번은 직접 반도체 업종에 대해서 확인해보기 전까지는 팩트가 아니야. 확실한 근거와 입증할 수 있는 내용이 명확하지 않기 때문이야.

2번도 마찬가지야. 신제품 개발 프로세스가 어떻게 돌아가는지, 언제 나올지 타당한 근거가 없어. 이 말만 믿고 신제품이 나오니 주가가 오르겠지라고 생각하면 큰일이 날 수 있다는 거야.

때문에 송이 대리는 종목 리포트에서 얻고자 하는 팩트만 정리해서 다시 정보를 찾는 습관이 필요해. 상향될 것 같다, 전망이 좋다라는 내용보다는 매출이 전년도에 비해 올랐는지, 사업 과정은 구체적으로 어떻게 진행되는지, 신규 공장을 가동이 잘되고 있는지 등을 발췌해야 된다는 거지. 결국 리포트는 기업을 분석하는 데 빠른 도움을 주지만 사업보고서에 비해 일부 내용이 누락되거나, 팩트 구분이 필요한 점을 잘 기억해줘.

이슈 체크 : 기업의 보유하고 있는 잠재력

 기업 분석 체크 포인트 세 번째는 바로 이슈 체크야. 이걸 통해 우린 실제 시장에서 반응하고 있는 이슈를 확인할 수 있지.

예를 들어, 아무리 사업보고서와 종목 리포트에서 '우리 기업은 좋은 실적과 미래 전망을 가지고 있어요~'라고 말을 하더라도 실제 시장에서 받아들여지지 않고 반응이 없는 경우가 많아. 그래서 실제 시장에서 어떠한 이슈로 특징 종목이 되었던 적이 있는지를 보면, 이 기업이 어떤 재료에 주가가 반응을 했고 아직 끝나지 않은 재료가 있는가 등을 파악 할 수 있다는 거지.

나의 경우 최근 2년 내 특징 이슈를 확인하는 편이야. 송이 대리 입장에서는 최근 2년의 이슈를 확인하라고 하면 좀 막연할 수 있지만 HTS만 잘 사용해도 해당 기간의 이슈를 찾을 수 있으니 걱정 말라고. 그럼 천보라는 기업을 통해서 이슈를 체크해보도록 할께.

 생생한 시장 이슈를 들을 준비가 됐습니다. 출발하시죠.

 먼저 천보는 화학 관련 제품 제조업체로 디스플레이 소재로, 반도체 소재, 2차 전지 소재 등을 생산하며 식각액 첨가제아미노테트라졸관련 국내 점유율 1위, 세계 점유율 1위를 기록하고 있는 기업이야. HTS에서 0700 종합시황뉴스 메뉴로 들어가 기업명 천보에 대해 보자. 그리고 검색어로 특징을 넣어 검

색하면 천보를 당일의 특징주로 표기해 어떤 이슈가 있었는지를
확인할 수 있는 기사들을 볼 수 있어.

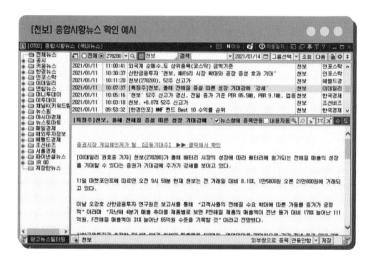

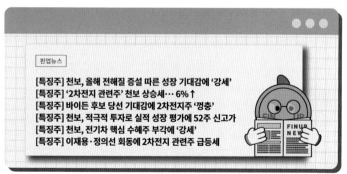

먼저 천보가 특징주로 언급됐다는 걸 보면 차후 테마의 요소로
엮일 수도 있다는 거야. 하지만 테마는 허구와 진실이 섞여 불명
확한 부분도 있기 때문에 에 : 대통령 후보와 동문이라는 가짜 뉴스 때문에 관련

^{없는 기업이 테마주로 묶이는 현상 등} 이 점은 주의해줘.

아무튼 위 기사 제목들을 보면 천보의 특징 키워드는 '2차 전지', '전기차'. '전해질' 이런 부분으로 생각될 거야. 2차 전지는 전기차에 들어가는 핵심부품이고, 전해질은 이런 2차 전지를 제조할 때 필요한 물질이지. 즉, 전해질 ▶ 2차 전지 ▶ 전기차 이렇게 포함이 된다고 이해하면 편해. 그럼 다음으로 어떻게 이슈를 체크하면 될까?

 사업보고서나 종목 리포트 등을 통해 천보가 실제 위 키워드들과 확실히 연관되어 있는지를 봐야 합니다!

 대박! 아주 정확해. 송이 대리 말대로 팩트를 찾아보는 노력을 해봐야지. 우린 사업보고서를 통해 확인해보자고. 먼저 회사 개요와 생산 및 생산 설비 등을 보면서 어느 정도 규모로 사업을 하는지 간략하게 볼 수 있어.

I. 회사의 개요

1. 회사의 개요

가. 연결대상 종속회사 개황(연결재무제표를 작성하는 주권상장법인이 사업보고서, 분기 · 반기보고서를 제출하는 경우에 한함)

(단위 : 백만원)

상호	설립일	주소	주요사업	최근사업연도말 자산총액	지배관계 근거	주요종속 회사 여부
종원신소재	17.05.01	충청북도 충주시 주덕읍 종원산업로 163	이차전지 소재 제조·판매업	120,800	당사가 지분 100% 보유	해당사항없음
CHANGZHOU CHUNBAO IMPORT EXPORT CO.,LTD	17.08.08	CHINA, JIANGSU, CHANGZHOU, XINBEI DISTRICT, TONGJIANG MIDDLE ROAD, NO.600, 15-135	화학물질 판매업	4,800	당사가 지분 90% 보유	해당사항없음

3. 생산 및 생산설비에 관한 사항

가. 생산능력 및 생산실적

(단위: 수량/톤, 백만원)

품목	구분	2020년 (제14기) 수량	2020년 (제14기) 금액	2019년 (제13기) 수량	2019년 (제13기) 금액	2018년 (제12기) 수량	2018년 (제12기) 금액
전자소재	생산능력	4,340	–	4,340	–	4,340	–
	생산실적	3,758	59,538	3,711	57,532	4,045	73,822
	가동율(%)	86.59%	–	85.51%	–	93.2	–
2차전지 소재	생산능력	4,480	–	3,760	–	3,400	–
	생산실적	3,949	76,040	3,171	52,507	2,517	30,663
	가동율(%)	88.15%	–	89.07%	–	78.65	–
의약품 소재	생산능력	170	–	170	–	170	–
	생산실적	116	9,314	138	11,265	55	5,982
	가동율(%)	68.24%	–	81.18%	–	32.35	–
정밀화학 소재	생산능력	2,800	–	2,800	–	2,800	–
	생산실적	1,252	5,565	1,834	9,120	1,814	6,356
	가동율(%)	44.71%	–	65.50%	–	64.78	–

바. 매출실적

(단위: 백만원)

매출유형	품목	매출처	2020년 (제14기)	2019년 (제13기)	2018년 (제12기)
제품	전자소재	국내	24,253	27,743	33,753
		수출	35,285	29,790	40,069
		소계	59,538	57,533	73,822
	2차전지 소재	국내	37,421	38,915	18,326
		수출	38,620	13,592	12,337
		소계	76,041	52,507	30,663
	의약품 소재	국내	9,315	11,265	5,982
		소계	9,315	11,265	5,982
	정밀화학 소재	국내	2,685	3,625	1,511
		수출	2,880	5,496	4,845
		소계	5,565	9,121	6,356
상품		국내	5,032	4,886	3,266
		소계	5,032	4,886	3,266
합계		국내	78,706	86,434	62,838
		수출	76,785	48,878	57,251
		소계	155,491	135,312	120,089

먼저 개요를 보면 2차전지, 화학물질 판매업 등이 눈에 띄네. 그리고 관련 소재도 수천톤 생산하는 등 활발히 사업이 진행되는 걸 확인할 수 있지.

그럼, 위 내용들이 실제 매출에서 차지하는 비중은 어떨까? 2차전지의 경우 2020년 전체 매출의 절반 정도군. 이 정도면 천보라는 업체가 2차 전지에 특징주로 불릴 만한 것으로 판단할 수 있을 거야. 이런 식으로 뉴스나 이슈에 대해서 꼬리를 물어서 그 궁금증을 많이 해결한 투자자일수록 기업에 대한 이해도가 높아지고 투자판단의 기준이 잘 정리가 될 수 있지.

3) 투자현황확인

다. 연구개발비용

(단위 : 천원, %)

과목		2020년 (제14기)	2019년 (제13기)	2018년 (제12기)	비고
원 재 료 비		1,150,725	–	–	–
인 건 비		1,589,347	1,458,246	1,074,590	–
감가상각비		677,166	664,923	656,063	–
위탁용역비		923,630	973,219	801,937	–
기 타		3,097,278	1,178,578	1,590,050	–
연구개발비용 계		7,438,146	4,274,966	4,122,660	–
회계처리	판매비와 관리비	37,465	–	–	–
	제조경비	7,400,681	4,274,966	4,122,660	–
	개발비(무형자산)				
연구개발비 / 매출액 비율 [연구개발비용계 ÷ 당기매출액 X 100]		4.78	4.41	4.09	–

1) 당기

(단위 : 원)

구 분	기 초	취 득	처 분	감가상각비	대 체	기 말
토지	4,720,898,749	5,777,461,900	–	–	918,102,467	11,416,463,116
건물	13,714,090,991	352,164,638	–	(432,208,412)	2,852,410,000	16,486,457,217
구축물	789,197,986	13,918,000	–	(70,678,291)	158,443,000	890,880,695
기계장치	17,677,484,753	298,300,000	–	(4,453,316,730)	13,209,516,000	26,731,984,023
차량운반구	351,914,525	241,719,242	–	(139,173,975)	–	454,459,792
공구와기구	563,964,152	98,028,000	–	(189,887,607)	186,466,000	658,570,545
비품	752,220,409	67,489,514	–	(274,462,059)	1,097,495,468	1,642,743,332
시설장치	23,705,330,854	2,603,964,320	–	(5,109,738,780)	14,067,112,890	35,266,669,284
실험용기구	1,439,612,150	612,950,000	–	(412,746,734)	353,050,000	1,992,865,416
사용권자산	169,635,890	237,036,877	–	(71,758,055)	–	334,914,712
건설중인자산	13,305,175,310	39,547,841,065	–	–	(32,863,018,365)	19,989,998,010
합 계	77,189,525,769	49,850,873,556	–	(11,153,970,643)	(20,422,540)	115,866,006,142

(*) 당기 중 건설중인자산에서 세금과공과 8,423천원, 지급수수료 12,000천원이 대체되었습니다.

2) 전기

(단위 : 원)

구 분	기 초	취 득	처 분	감가상각비	대 체	기 말
토지	4,709,714,989	11,183,760	–	–	–	4,720,898,749
건물	13,023,628,339	12,682,010	–	(370,319,358)	1,048,100,000	13,714,090,991
구축물	605,920,631	74,200,000	–	(58,170,645)	167,248,000	789,197,986
기계장치	17,409,944,473	189,237,150	(36,731,001)	(3,618,465,869)	3,733,500,000	17,677,484,753
차량운반구	320,433,324	151,303,359	(1,000)	(119,821,158)	–	351,914,525
공구와기구	378,787,552	185,260,000	–	(136,093,400)	136,010,000	563,964,152
비품	693,928,312	304,288,235	–	(245,996,138)	–	752,220,409
시설장치	18,826,036,373	2,494,325,900	(2,996,298)	(3,721,960,121)	6,109,925,000	23,705,330,854
실험용기구	1,808,558,393	–	–	(368,946,243)	–	1,439,612,150
사용권자산	–	211,134,134	–	(41,498,244)	–	169,635,890
건설중인자산	2,537,054,990	22,022,903,320	–	–	(11,194,783,000)	13,365,175,310
합 계	60,314,007,376	25,656,517,868	(39,728,299)	(8,681,271,176)	–	77,249,525,769

다음으로 연구 개발 비용과 유형자산 취득에 대한 상황을 체크하면 기업이 어느 쪽으로 투자에 더 신경을 쓰고 있는지를 알 수 있어. 예를 들면, 신규로 공장 건물을 건설한다고 하면 당장 비용을 들여서라도 주요 매출원의 매출 성장을 발전시키려는 목적이 크기 때문에 바람직한 투자 현황이라 볼 수 있어.

연합뉴스   2019-05-15

천보, 자회사 중원신소재에 200억 원 출자

과거 천보 기사를 살펴보면 투자에 적극적인 기업이라는 것을 확인할 수 있지. 그렇다면 이처럼 기업이 공장 등 시설을 증설하는 투자 활동에 적극적이라면 그 시기를 체크하면 좋아. 시설 투자는 기본적으로 더 많은 매출을 만들어 내기 위함이라 완료가 되는 시점부터 공장이 정상적인 가동이 된다면, 다음 분기부터 본격적으로 실적에 그 투자에 대한 이익이 반영이 되기 때문이야.

정리하면 천보는 2차 전지 관련 사업 및 투자를 진행 중이라 할 수 있어. 때문에 HTS를 통해 찾았던 2차 전지 특징주와도 실체가 있다고 볼 수 있지. 앞으로 전기차 시장이 더 커질 수 있기 때문에 천보와 같은 기업의 이슈는 주기적으로 체크하는 게 좋아.

 막연한 내용을 이렇게 직접 확인해보니까 좋네요. 그럼 마지막 부분으로 가볼까요?

기회요인 : 기업의 주가를 살리는 재료

 기업분석의 마지막! 그건 바로 기업이 가지고 있는 기회요인을 파악하라는 거야. 이제 천보라는 기업이 '2차 전지'와 '전기차'와 매우 유사 깊다는 것을 알았을 거야. 하지만 여기서 끝나면 안 돼! 천보가 생산하는 제품을 이해한다면 또 다른 기회요인을 알 수 있기 때문이야.

앗, 어떤 기회요인이죠? 구체적으로 설명 부탁드립니다.

기회요인은 두 가지 방법으로 찾아볼 수 있어.

첫째, 질문을 수없이 던져야 한다. 천보와 관련된 제품은 결국 2차 전지에 사용되는 전해질과 관련이 있어. 그럼 전해질이란 게 무엇일까? 좋은 투자자는 제품의 가격, 형태, 판매량 등도 잘 알아야 하지만 이런 부분에 대해서도 질문을 던져봐야 해.

- **What** : 전해질은 어떤 용도로 쓰이는가?
- **How** : 전해질은 얼마나 많이 사용되는가?
- **Who** : 전해질은 어떤 업체에 주로 제공되는가?
- **Why** : 전해질은 왜 많이 사용될 수 있는 제품인가?

둘째, 이제 이 질문들에 대해 답을 찾는 거야.

- **What** : 전해질은 어떤 용도로 쓰이는가?

전해질은 2차 전지 생산에 활용이 돼. 2차 전지는 보통 '리튬이온 배터리' 를 말하는데, 구성 요소로는 양극, 음극, 전해질, 분리막 등으로 구분할 수 있지. 여기서 전해질은 양극과 음극 간 이온 이동을 가능할 수 있게 하는 역할을 맡아.

– How : 전해질은 얼마나 많이 사용되는가?

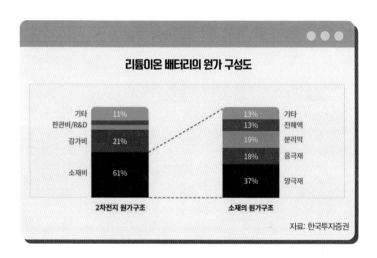

위 표와 같이 2차 전지 원가에는 소재비가 다수를 차지하는데, 이 소재비의 13%는 전해액전해질+용매+첨가제 결합이 차지하고 있어. 즉 리튬이온 배터리에서는 전해질이 필수적으로 사용되는 것이지.

– Who : 전해질은 어떤 업체에 주로 제공되는가?

천보가 생산하는 제품들은 삼성 SDI와 같은 국내 업체는 물론 센트럴글라스 등 건실한 업체들에 제공되지. 좋은 회사들과 거래 관계를 유지하면 차후 판매액 등이 증가할 수 있으니 이 부분도 잘 체크해야 해.

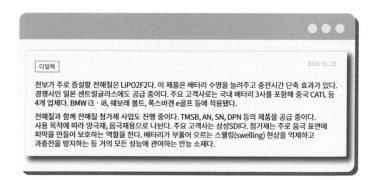

디일렉   2021. 01. 25

천보가 주로 증설할 전해질은 LiPO2F2다. 이 제품은 배터리 수명을 늘려주고 충전시간 단축 효과가 있다. 경쟁사인 일본 센트럴글라스에도 공급 중이다. 주요 고객사로는 국내 배터리 3사를 포함해 중국 CATL 등 4개 업체다. BMW i3·i8, 쉐보레 볼트, 폭스바겐 e골프 등에 적용됐다.

전해질과 함께 전해질 첨가제 사업도 진행 중이다. TMSB, AN, SN, DPN 등의 제품을 공급 중이다. 사용 목적에 따라 양극재, 음극재용으로 나뉜다. 주요 고객사는 삼성SDI다. 첨가제는 주로 음극 표면에 피막을 만들어 보호하는 역할을 한다. 배터리가 부풀어 오르는 스웰링(swelling) 현상을 억제하고 과충전을 방지하는 등 거의 모든 성능에 관여하는 만능 소재다.

– Why : 전해질은 왜 많이 사용될 수 있는 제품인가?

더구루   2021. 08. 19

전해질은 양극재, 음극재, 분리막과 함께 배터리 4대 핵심소재 가운데 하나다. 배터리 원가에서 차지하는 비중은 10%대다. 전기차용 전해질 수요는 2025년 102만7000톤으로 예상된다.

또한 전해질은 배터리 핵심 소재 중 하나로 여겨지며, 그 수요 또한 커지리라 판단되지. 그럼 여기까지 확인해본 송이 대리의 소감은 어때?

와, 막연히 좋은 제품을 판매하니 괜찮다라고 생각했는데, 어느 정도로 사용되고, 누구에게 판매되고, 앞으로의 방향성은 어떨지 등을 살펴보니, 훨씬 디테일하게 알게 되는 것 같아요. 만약 제가 이와 같이 탄탄한 제품을 판매하는 회사를 알게 된다면 망설임 없이 투자할 것 같습니다.

그렇지. 기업 분석은 대내외 이슈 등을 보는 것만으로는 완성하기 힘들어. 스스로 회사에 대해 계속해서 꼬리를 무는 질문을 하고 그 답을 찾아가는 과정을 거쳐야 해. 이를 통해 기업에 대한 이해를 넘어 업종에 대한 이해까지 할 수 있기 때문이지.

질문에 대한 답이 계속해서 나오는 기업은 투자하기 좋은 기업, 그렇지 않은 기업은 투자를 미루는 게 현명한 투자가 될 거야. 그럼 마지막으로 송이 대리를 위한 꿀팁 하나를 더 줄게. 나는 위 두 가지 방법 외에도 내가 투자하고 싶은 기업에 대한 나만의 질문을 해.

– 오랫동안 사업이 지속될 수 있는 기업인가?
– 고객이 지속적으로 찾고 이용할 제품, 서비스인가?
– 국내외 사업 리스크가 작은 기업인가?
– 국내 뿐 만이 아니라 해외에서도 수익을 낼 수 있는 확장성을 가지고 있는가?

 말씀주신 네 가지 추가 질문은, 어쩌면 당연할 수 있지만, 막상 투자할 때 놓치기 쉬운 근본적인 내용같아요. 사업의 지속성, 리스크 파악 등은 머릿속에 항상 생각하고 있지만 매매할 때는 마음이 급해서 놓치는 경우가 많거든요.

 투자하기 좋은 기업, 시간이 두렵지 않은 기업을 위해서는 이런 요소들이 정말 중요하지. 자, 그럼 지금까지 배운 기업 분석의 방법 – 투자 기준 설정, 기업 분석 체크 포인트 이해, 이슈 체크, 기회요인 찾기를 통해 후회하지 않고, 효과적인 올바른 기업 분석을 하길 바랄게.

 넵! 아주 똑똑하고 건실한 종목만을 찾도록 하겠습니다!

8.
기술적 분석 :
매매 기술에
들어가기에 앞서서

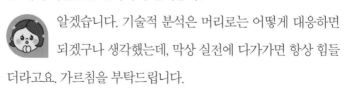

지금까지는 기본적 분석에 관한 내용들을 다뤘지. 구체적으로 기업에 관한 대내외 자료와 이슈들을 바탕으로 투자 포인트를 찾았어. 이제는 기본적 분석이 아닌 기술적 분석을 알아보자. 기술적 분석은 차트 위주의 데이터를 바탕으로 진행되며, 그 속에서 여러 매매 포인트를 분석할 수 있으니 기본적 분석과는 또 다른 투자 재미를 느낄 수 있을 거야. 이번에는 기술적 분석에 본격적으로 들어가기 앞서 **주가 흐름과 거기에 적용되는 매매 기술들을 간략하게 말해줄게.**

알겠습니다. 기술적 분석은 머리로는 어떻게 대응하면 되겠구나 생각했는데, 막상 실전에 다가가면 항상 힘들더라고요. 가르침을 부탁드립니다.

좋아. 이번에도 잘 따라와 줘. 먼저 상장폐지 같은 극단
적인 경우가 아니고서는 주가는 상승, 횡보, 하락을 반
복해서 가져가고는 해. 송이 대리가 말한 대로, 이런 흐름에 대
한 대응 경험을 쌓게 되면 언젠가는 바로바로 매매 기술이나 노
하우를 적용할 수 있을 거야. 먼저 흐름에 대한 이미지를 보자고

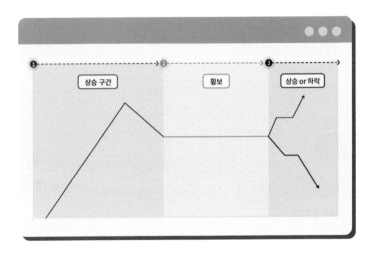

처음 보면 이게 무슨 의미인가 싶을 수 있지만, 간단히 생각하면
주가는 상승, 횡보, 하락을 반복한다는 의미야. 이런 움직임은 하
루만에 1번에서 3번까지의 흐름이 다 나올 수도 있어. 아니면 하
루는 1번이 나오고 하루는 2번 구간이 나올 수도 있지.
매매 기술은 특정 패턴이나 특정 구간 등 어떤 상황에 맞춰서 만
들어졌기 때문에 상황에 따라서 확률 높은 매매 기술이 될 수 있
고, 반대가 될 수도 있어.

예를 들어, 오늘 강력한 정책 테마의 등장으로 해당 테마에 속한 종목들이 급등을 하고있는 상황을 가정해보자. 대장주를 공략하려고 하는 상황에서 낙주매매를 적용하려는 것은 상황상 적합한 방법을 아닐 거야. 이렇듯 구간에 따라 효과적인 매매 방법에 대해서 정리가 필요해.

상승 구간
구간은 상승 매수세가 강한 구간으로 돌파, 눌림 매매 적용 가능
▶주연급 매매 기술 – 돌파, 눌림목, 수급매매
▶조연급 매매 기술 – 추세매매

시세가 쉬어가는 구간
▶주연급 매매 기술 – 추세매매
▶조연급 매매 기술 – 수급매매

다시 방향성이 결정되는 구간 or 하락 구간
▶주연급 매매 기술 – 종가 베팅, 낙주매매, 수급매매
▶조연급 매매 기술 – 추세매매

 아니, 각 상황에 따라 사용할 수 있는 매매가 굉장히 많네요.

 그렇지. 물론 상황에 맞는 절대적인 기준이란 건 없기 때문에 이 방법이 안 된다면, 다른 매매를 사용하거나 혹은 손실을 막기 위해 잠깐 쉬어가는 게 더 나을 거야. 앞서 말한 대로 상황에 맞는 매매 기술들을 배운 뒤에, 자연스럽게 매매기술을 적용할 수 있는 게 중점이 된 것이기 때문에 '무조건 이걸 해

야만 한다.' 라고 생각하지는 말아줘. 그리고 정말 주의가 필요한 부분이 하나 있어. 매매 기술을 동시에 습득하려 하기보다는 하나라도 내 것으로 될 때까지 충분한 시간을 들이는 것이 중요해.

 넵 알겠습니다. 그럼 이제 본격적으로 상황별 매매 기술을 배워보도록 하겠습니다.

9.
매매 기술이
효율적으로 먹히는 시간
장 시작 60분

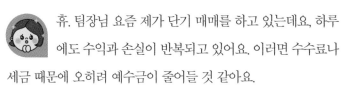
휴. 팀장님 요즘 제가 단기 매매를 하고 있는데요, 하루에도 수익과 손실이 반복되고 있어요. 이러면 수수료나 세금 때문에 오히려 예수금이 줄어들 것 같아요.

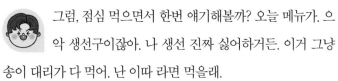
그럼, 점심 먹으면서 한번 얘기해볼까? 오늘 메뉴가. 으악 생선구이잖아. 나 생선 진짜 싫어하거든. 이거 그냥 송이 대리가 다 먹어. 난 이따 라면 먹을래.

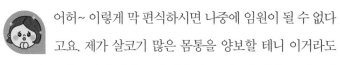
어허~ 이렇게 막 편식하시면 나중에 임원이 될 수 없다고요. 제가 살코기 많은 몸통을 양보할 테니 이거라도 좀 드세요. 저는 생선 머리 쪽만 먹을께요. 어두육미라고 저는 머리 부분이 제일 좋더라고요.

송이 대리는 생선 머리쪽을 제일 좋아하는구나. 확실히 이런 걸 보면 뼛속까지 투자자가 아닐까 싶어.

오잉? 생선 머리 좋아하는 것과 투자가 어떤 연관이 있는 거죠?

 주식을 할 때도 주식의 머리, 즉 장 시작 60분이 가장 중요하기 때문이지. 이 때 거래량을 보면 내가 가진 주식이 변동성을 갖는지, 그렇지 않은지 파악할 수가 있어.

 대박! 뭔가 억지스러우면서도 공통점이 있네요. 그럼 자세한 설명 부탁드립니다.

 긴 말 필요 없이 아래 표를 보자고. 약 한 달 간 코스피와 코스닥의 데일리 거래량이 나와 있는데, 잘 보면 특별한 공통점을 찾을 수 있을 거야.

잘 찾았어? 정답은 바로 장 시작하고 60분까지의 거래량이 일 거
래량에서 차지하는 비중이 압도적이라는 거야.

거래량이 많다는 것은 그만큼 거래가 활발하니 상승이 될 수도,
하락이 생길수도 있어. 즉 앞서 말한것처럼, 시세의 변동성이 나
올 확률이 높기 때문에 송이 대리가 단기투자를 할때는 바로 이
시간대에서 매매를 하는 것이 좋을 거야.

관련 내용은 실제 데이터를 통해 한 번 더 살펴보자고.

5월 코스피·코스닥 거래량

※ 9시~10시 거래량이 그날 전체 거래량에 차지하는 비율

날짜	10:00 까지 누적	당일 누적	비율	날짜	10:00 까지 누적	당일 누적	비율
2021-05-03	366,686	1,023,778	35.82	2021-05-03	513,202	1,438,961	35.66
2021-05-04	400,003	1,266,434	31.58	2021-05-04	412,259	1,529,012	26.96
2021-05-06	390,820	1,220,576	32.02	2021-05-06	439,877	1,125,384	39.09
2021-05-07	328,413	971,594	33.80	2021-05-07	414,745	1,247,526	33.25
2021-05-10	355,952	996,027	35.74	2021-05-10	409,014	1,305,535	31.33
2021-05-11	329,974	1,077,242	30.63	2021-05-11	408,951	1,395,775	29.30
2021-05-12	583,400	1,407,536	41.45	2021-05-12	616,425	1,948,922	31.63
2021-05-13	324,162	1,083,030	29.93	2021-05-13	464,504	1,424,170	32.62
2021-05-14	274,621	822,496	33.39	2021-05-14	492,017	1,540,148	31.95
2021-05-17	244,582	758,876	32.23	2021-05-17	461,377	1,439,145	32.06
2021-05-18	215,784	774,389	27.87	2021-05-18	457,825	1,402,778	32.64
2021-05-20	256,968	753,818	34.09	2021-05-20	427,946	1,511,643	28.31
2021-05-21	264,505	787,242	33.60	2021-05-21	440,034	1,510,401	29.13
2021-05-24	213,861	580,678	36.83	2021-05-24	542,422	1,516,651	35.76
2021-05-25	179,861	602,919	29.83	2021-05-25	487,732	1,658,663	29.41
2021-05-26	238,909	1,251,912	19.08	2021-05-26	508,559	1,908,522	26.65
2021-05-27	373,546	1,062,035	35.17	2021-05-27	652,493	1,816,541	35.92
2021-05-28	278,617	954,442	29.19	2021-05-28	521,294	1,547,540	33.69
2021-05-31	372,004	1,108,068	33.57	2021-05-31	477,930	1,595,747	29.95

[코스피] 거래량   **[코스닥] 거래량**

6월 코스피·코스닥 거래량

※ 9시~10시 거래량이 그날 전체 거래량에 차지하는 비율

날짜	10:00 까지 누적	당일 누적	비율	날짜	10:00 까지 누적	당일 누적.	비율
2021-06-01	364,068	1,448,476	25.13	2021-06-01	635,489	1,750,342	36.31
2021-06-02	456,362	1,471,101	31.02	2021-06-02	545,462	1,579,800	34.53
2021-06-03	575,734	1,558,863	36.93	2021-06-03	570,896	1,658,880	34.41
2021-06-04	427,879	1,363,013	31.39	2021-06-04	654,889	2,104,235	31.12
2021-06-07	647,489	1,711,037	37.84	2021-06-07	711,471	1,923,171	36.99
2021-06-08	668,672	1,928,236	34.68	2021-06-08	660,198	1,825,025	36.17
2021-06-09	570,324	1,942,538	29.36	2021-06-09	511,884	1,644,978	31.12
2021-06-10	707,876	1,868,225	37.89	2021-06-10	551,699	1,780,544	30.98
2021-06-11	514,470	1,615,941	31.84	2021-06-11	492,510	1,498,884	32.86
2021-06-14	521,074	1,615,659	32.25	2021-06-14	470,847	1,383,395	34.04
2021-06-15	554,566	1,705,823	32.51	2021-06-15	474,500	1,622,119	29.25
2021-06-16	638,176	2,297,304	27.78	2021-06-16	464,585	1,404,871	33.07
2021-06-17	581,126	1,821,972	31.90	2021-06-17	698,107	1,853,470	37.66
2021-06-18	450,363	1,595,440	28.23	2021-06-18	607,306	1,826,308	33.25
2021-06-21	545,665	1,484,298	36.76	2021-06-21	566,401	1,483,419	38.18
2021-06-22	500,436	1,644,998	30.42	2021-06-22	502,472	1,586,318	31.68
2021-06-23	383,520	1,040,834	36.85	2021-06-23	590,741	1,826,860	32.34
2021-06-24	368,570	1,282,979	28.73	2021-06-24	664,552	1,838,887	36.14
2021-06-25	394,788	1,183,954	33.34	2021-06-25	480,969	1,320,875	36.41
2021-06-28	263,067	1,404,938	18.72	2021-06-28	500,423	1,564,995	31.98
2021-06-29	380,066	1,181,941	32.16	2021-06-29	575,306	2,033,466	28.29
2021-06-30	607,830	1,581,040	38.44	2021-06-30	803,039	2,051,697	39.14

[코스피] 거래량   [코스닥] 거래량

위에는 2021년 5~6월 두 달 동안의 수집한 데이터가 있어. 이걸 통해서 확인해보면…

장 시작 후 불과 60분 간의 거래량이 전체 거래량의 30% 이상을 차지하고 있다는 것을 알 수 있지. 즉 정리하면, 시장에서

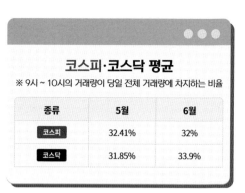

코스피·코스닥 평균

※ 9시 ~ 10시의 거래량이 당일 전체 거래량에 차지하는 비율

종류	5월	6월
코스피	32.41%	32%
코스닥	31.85%	33.9%

의 주가 변동폭이 가장 크게 나타날 수 있는 시간이라고 하면 9시 ~10시까지가 될 확률이 높다고 할 수 있는 거야.

 앗, 그러고보니 제가 손실이 날 때는 대부분 점심 때쯤 이후에 매매를 할 때였네요. 어쩐지 이때는 10시 이전에 비하면 주가 변화가 되게 느려지더라고요.

높은 변동성을 가진 거래량이야 말로 단기투자자가 노려야 할 부분이야. 그러니 지금처럼 송이 대리가 오전에 수익을 내고 오후에 손실을 입고 있다면, 투자 전략을 바꿔야해. 바로 오전에 매매를 끝내고 오후에는 매매를 쉬는 게 정답일 수도 있다는 말씀!

 네 알겠습니다. 그럼 오전에 조금이나마 수익날 수 있는 종목들을 매매해서 팀장님의 가르침이 헛되지 않도록 하겠습니다.

10.
돈이 가장 많이 들어올 때 Start
돌파매매

팀장님~ 친구가 돌파매매를 배운 뒤로 계좌 수익도 대
기권 성층권 뚫고 화성까지 돌파했다고 자랑해요… 너
무 부러웠어요. 저도 계좌 수익 화성 보내주고 싶어요. 돌파매매
좀 알려주시면 안 돼요?

화성은 못 보내주지만 돌파매매를 알려줄 수는 있지. 빠
른 시간 안에 결과에 도달하기 때문에 시간을 많이 쓰지
않는 송이 대리가 좋아할 만한 매매 기법이기도 해.

돌파매매가 어떤 거냐면, 다들 학창 시절에 점심시간만 되면 먼
저 밥 한번 먹어보겠다고 학생들끼리 막 쏟아져 나오면서 달리는
것 본 적 있지? 그런 느낌이야.

뭉쳐 있던 상승 기대 심리가 폭발할 때 매수하고, 단기간에 순간
적으로 매수세가 몰려서 기대 심리가 터지는 것과 함께 주가가

팡! 터지는 걸로 수익을 내는 거라고 보면 돼.

 아하! 그러면 돌파매매는 거래량이 많은 종목에서 대부분 나오겠네요? 거래량도 많은데 갑자기 매물을 다 소화하고 저항대를 돌파하면서 주가가 위로 뚫어버리는 모습까지 나오면, 사람들이 몰려들어서 순간적으로 추격 매수세가 많이 따라 붙기도 하겠어요!

 그래. 기대 심리가 순간적으로 터지는 구간을 목표로 삼는 거라서 매수 직후에 수익이 날 수 있지. 송이 대리 말처럼 탄력적으로 추가 매수가 붙어주는 경우도 많기에 대량 매수세가 시세를 크게 만들어줄 수도 있어.

그렇지만, 알지? 이런 매매는 필연적으로 까딱하면 고점에 물리는 신세가 될 수도 있다는 거. 특히 거래량이 없는 종목은 돌파매매를 적용하기가 쉽지 않아.

 네 압니다… 흑흑 유경험자에요. 자, 이제 가르쳐 주신 돌파매매의 특징을 정리해볼게요.

- ⊙ 거래량이 몰린 종목에 저항대를 돌파할 것으로 기대하는 매수세가 몰려들어서
- ⊙ 순식간에 매물대를 소화하고 저항대를 뚫는 돌파가 나오면
- ⊙ 순간적으로 추격 매수세도 따라 붙는 경우도 있기 때문에
- ⊙ 짧은 시간에 수익을 얻을 수가 있다!
- ⊙ 그렇지만 돌파한 뒤 차익실현 매물로 인해 빠르게 주가가 꺼질 수 있어서, 엄청난 고점에 물려서 갇혀버릴 수 있다! 라는 거죠?

 아주 좋은 정리구나. 잘했어! 그럼 이제 송이 대리가 가장 궁금해하는 타점 잡는 방법을 알려줄 거야. 대표적

인 타점에는 급등 자리 재돌파, 박스권 돌파, 주도주 당일 고가 돌파 이렇게 세 가지가 있어.

내가 숨겨두었던 필살기 노트를 송이 대리에게 줄게. 이 걸 잘 읽어보고, 소액으로 안전하게 도전해보도록 하자.

  진영 팀장님의 필살기 돌파 노트

급등 자리 재돌파

: 일봉상 대량 거래량이 나오면서 급등이 나왔던 구간차트 내 원형 처리은 강력한 저항점이 되는데, 이를 더 강력한 매수세로 인해서 재돌파하는 자리를 공략하는 거야.

: 52주 신고가와 같은 개념이 아니라 이슈가 나왔던 최근 급등 자리를 다시 한 번 강한 매수세로 갱신하는 자리를 뜻하지.

: 최근 시장의 주도주였던 종목이 강력한 매수세로 다시 신고가 돌파가 나오면 단기적으로 강한 상승세를 만들기도 하고, 이러한 종목이 종가 베팅의 대상이 되기도 해.

급등 자리 재돌파 예시

[NE능률] 일봉차트 2021.03.22

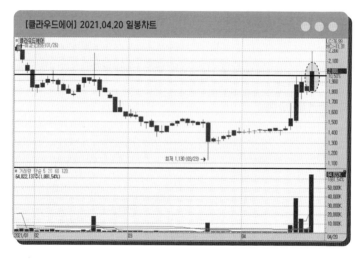

[클라우드에어] 2021.04.20 일봉차트

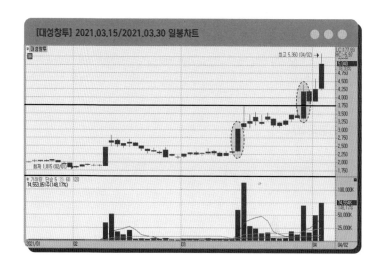

박스권 돌파

: 장기적 관점에서 지속적으로 저항점으로 작용했던 구간을 돌파하는 자리를 공략 하는 거야.

: 보통 돌파매매는 단기 관점에서 접근하지만, 박스권 돌파는 오래 힘을 모은 뒤 돌

파라 더 큰 시세가 나오는 경우가 많아. 지속적으로 저항점으로 작용했던 구간이 돌파가 되면 그 시세는 생각보다 더 길게 지속되는 경향이 있어. 특히, 테마의 재료가 좋거나 실적이 매우 좋은 기업이라면 장기적으로 투자의 중요 포인트가 되는 경우도 많아.

박스권 돌파 예시

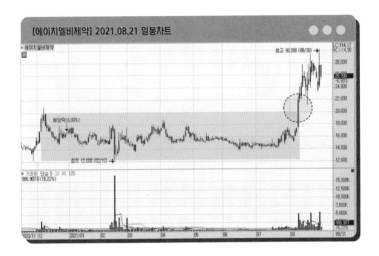

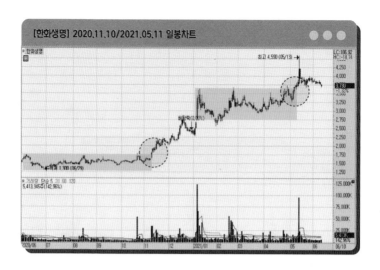

[한화생명] 2020.11.10/2021.05.11 일봉차트

[오스템임플란트] 2020.11.11/2021.0120/2021.03.09 일봉차트

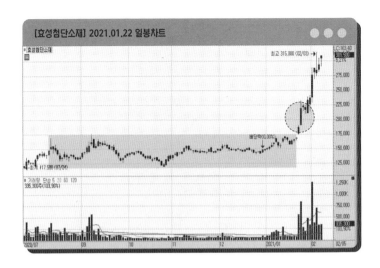

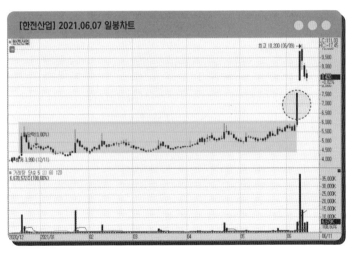

주도주[3] 당일 고가분봉 돌파

: 당일 주도주 종목 중에서 오전에 시세가 나왔던 구간을 강력한 매수세로 돌파하는 자리를 공략하는 거야.

: 당일 주도주 보통 그날 가장 강력한 테마주 안에서 나오는 경우가 많아. 그렇기 때문에 시세가 강력하게 나오기도 하지만, 반대로 시세의 변동성이 커서 빠른 대응이 필수라고 할 수 있어.

주도주 당일 고가 예시

3. **주도주** 당일 대량 거래량이 몰리며 시세 상승이 터지고, 시장의 수급과 관심을 흡수하는 종목

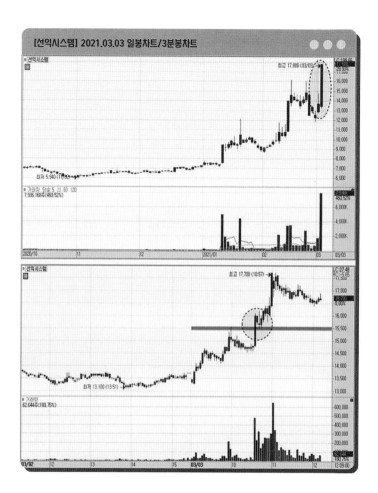

[선익시스템] 2021.03.03 일봉차트/3분봉차트

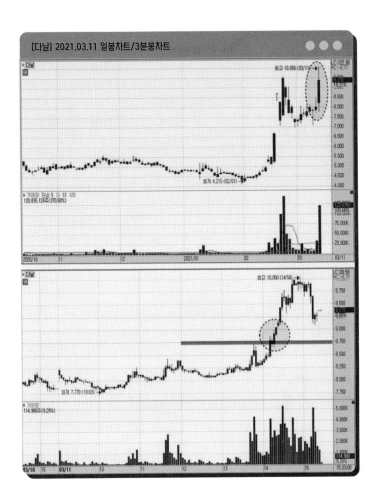

[다닐] 2021.03.11 일봉차트/3분봉차트

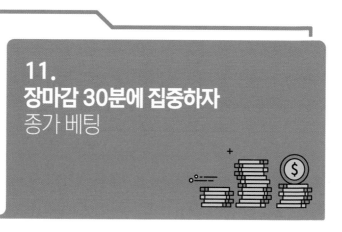

11.
장마감 30분에 집중하자
종가 베팅

팀장님, 저번에 가르쳐주신 돌파매매 5번 시도해서 4번 성공, 1번 손절했거든요. 수익금으로 치킨 사먹었어요. 감사합니다. 혹시 이렇게 단기간에 수익을 낼 수 있는 매매법이 또 없나요? 저는 역시 단기간에 수익을 내는 매매법이 위험하더라도 잘 맞는 것 같아요.

단기간에 수익을 내는 매매법이라면, 그게 있지. **종가 베팅 매매! 종가 베팅은 장마감 이전 시간에 매수한 뒤, 다음 날 장 초반에 수익 매도를 하는 것을 목표로 하는 매매 방법이야.**

오 대박이다. 그러면 종가 부근에서 매수하고 다음 날 장 열리자마자 매도하고, 수익을 냠냠할 수 있는 거네요. 너무 편안한데요? 이런 꿀 같은 매매법이 있었다니. 그럼 장 열릴 때 올라 있으면 팔고, 조금 더 오를 것 같으면 장 초반까지 기다렸다 팔아도 되는 거죠? 매매의 자유도까지 높군요!

 그렇게 장점만 있는 건 아냐. 쉬운 수익이 어디 있겠어. 종가베팅은 인내심이 많이 필요한 게 특징인 기법이라구!

물론 송이 대리 말처럼 다음 날 시초가에 갭이 떠서, 즉 상승한 상태로 시작을 하면 바로 수익실현하는 걸 기본적으로 목표로 하는 매매 방법이긴 해. 그런데 만약 시초가가 뜬 상태가 아니면? 갭이 상승하지 않은 상태라면? 어떻게 할래?

 강제로 며칠 더 존버하거나, 손절을 하거나 해야겠죠… 그렇지만 일단 매매하는 데 드는 시간 자체가 적어서, 정말 효율적으로 보여요! 인내심이 필요한 게 종가 베팅의 특징이라는 말은 어떤 뜻인가요?

 종가 베팅의 특징에 대해 설명해줄게. 들어봐~

인내심이 필요하고, 감정적인 요소를 배제해야 해
: 장 중에 느낄 수 있는 뇌동매매에 대한 충동을 억제하고 예수금을 쥐고 있어야 적절한 시기에 예수금을 투입할 수 있겠지? 그리고 장이 마감되기 전에 매매 여부를 결정해야 하기 때문에, 장 중에는 종목에 대한 확신이 생기기 전까지 기다릴 수 있어야 해. 즉, 매매에 참여하는 시간이 제한적이기 때문에 판단을 하는 그 시간까지 매매를 하지 않고 참을 수 있어야 한다는 말이지.
잠재적 리스크에 대응이 어려울 수 있어
: 장 마감 전 매수 후에 홀딩하기로 결정했다면, 다음 거래일까지 어떤 리스크가 생길지 알 수가 없어. 장 마감 이후에 악재 뉴스나 공시가 뜨거나, 해외 증시의 급격

한 하락이라든지 나쁜 이슈가 뜨면 다음 거래일에 그 악재를 온전히 맞아야 해. 시간외 매매 구간도 지났다면 정말 거래할 수 있는 방법이 없는 거지.

종가 베팅은 다음 날 시초가 상황을 대비해 비중 조절이 매우 중요해.

: 다음날 바로 시초가부터 상승해서 시작하지 않고, 몇 일 쉬었다가 다시 상승하는 경우도 많고, 하락했다가 오르는 경우도 많기 때문에 한 번에 비중을 크게 싣지 않고 다음날 추가 대응까지 고려해서 예수금을 조절해야 해.

특히, 종가 베팅은 다음 날 시가가 상승해서 시작하지 않는다면 지켜줘야 하는 자리손절 라인을 기준으로 대응을 한다든가 1시간 이내에 매도를 한다든가 등의 대응이 필요해. 왜 1시간이냐고? 앞에서 이야기했던 장 시작 후 1시간의 의미 부분을 같이 보면 좋을 거야.

 듣고 보니 정말 그렇네요. 장 중에는 확신이 오는 종목이 나올 때까지 기다렸다가 매수하는데, 장마감 후에 생기는 이슈가 종목에 영향을 미치는 것을 감내해야 하고, 다음 날 생각처럼 안 올라주는 경우에 대응하기 위한 예수금도 남겨 놓아야 한다. 특징 완벽히 이해했어요.

 송이 대리, 많이 늘었네~ 한 번에 알아듣고 말이야! 그러면 종가 베팅하기 딱 좋은 종목은 어떤 종목인지도 궁금할 테니 알려줄게. 자, 나의 필살기 종가 베팅 노하우 노트!

 진영 팀장의 '종가 베팅 종목 발굴 노하우'

첫째, 이슈 테마와 재료를 보유하고 있는 시장의 주도주 찾기
싱싱하게 살아 숨쉬며 시장의 관심과 수급을 빨아들이는 종목이 움직임도 잘 나와주기 때문에 주도주를 택하는 편이 좋아. 다음 날 매도가 목적이기 때문에 반응이 빠른 종목이 유리해.

둘째, 일봉상 저항 가격을 돌파했거나 저항 가격의 매물대 소화가 충분히 된 종목 찾기
주가 상승을 누르고 있던 저항선을 드디어 뚫어낸 종목은 위로 얼마나 더 오를지 알
수 없기에 상승을 노려볼 수 있지. 또 계속 쏟아지는 매물을 다 소화해내고 나면 주
식의 움직임이 가벼워지기 때문에 더 가볍게 튀어오르길 기대해볼 수 있어.

셋째, 장 막판에 다음날 추가 상승을 기대케 하는 움직임이 나온 종목 찾기
장 막판에 수급이 엄청 들어오는 종목들이 다음 날 갭이 뜰 것으로 예상해볼 수 있지.
체결량이 급격하게 늘어나거나 프로그램에서 매수세가 연이어 들어오는 종목이 좋아.

넷째, 미증시의 변동성을 고려해보기
미국 야간 선물이 강한 상승세를 보이면, 미국 장도 상승세를 타게 될 거고, 한국의
장도 오름세 영향을 받아서 갭상승하여 시작하는 경우가 많아. 심리가 활발해지기
때문이지. 반대로 미국 야간 선물이 밤에 크게 빠진다면, 매매 심리가 위축되어 한국
장도 안 좋은 영향이 있을 수 있어. 이런 부분도 함께 고려해보자.

종목 발굴 노하우, 예시로 모아 보자!

이슈 테마와 재료를 보유하고 있는 시장의 주도주
대표적인 진단 키트 관련주인 씨젠이 좋은 예가 되겠다.

만약 위 기사처럼 코로나19가 4차 대유행이 시작되었다는 기사가 나오면, 주식시장
의 특징주는 당연히 코로나와 관련한 테마주가 점령하겠지. 그중 씨젠은 코로나 진
단키드 관련주로 시장의 중심적인 주도주 중에 하나였어.

일봉상 저항 가격을 돌파 했거나 저항 가격의 매물대 소화가 충분히 된 종목

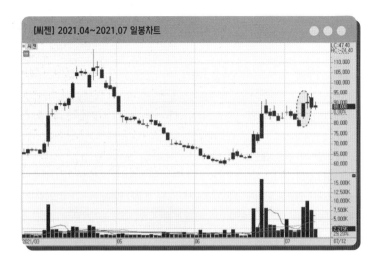

일봉차를 보자. 7월 7일 캔들을 보면 종가까지 계속적으로 고점을 갱신하고 있어. 전일 음봉은 물론이고 최근 며칠 사이에 쌓인 음봉들의 매도 물량까지 잡아 먹으면서, 주가를 위로 강하게 올려 놓고 종가를 마무리했네.

장 막판에 다음날 추가 상승을 기대케 하는 움직임이 나온 종목

씨젠 종목으로 유입되는 매수세를 좀 봐. 오후장부터 종가까지 약 200억 원이 넘는 프로그램 매수세가 지속적으로 유입이 되고 있지? 종가까지 매수세가 유지되는 모습이네.

분봉 차트를 보면, 당일 고점을 오후에 다시 한 번 갱신하면서 종가까지 체결창으로 매수세가 계속 들어오는 것이 포착되었어. 당시 해당 종목뿐만이 아니라 코로나 관련주들은 장 막판까지 지속적인 매수세의 강세가 유지가 되었기에 시장의 전반적인 돈이 흐름이 코로나 관련주에 몰려 있었다고 확신할 수 있었지.

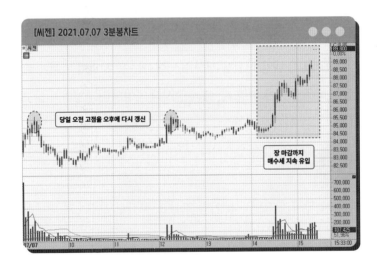

미증시가 변동성이 심한가?

국내 증시는 결국 미국, 중국과 같은 선진국의 증시의 영향을 받을 수밖에 없어. 똑같이 따라가는 것을 커플링, 반대로 가는 것을 디커플링이라고 하는데, 전통적으로는 미장[4]과 한국장이 커플링되는 경향이 강했지만 요새는 영향이 덜하거나 디커플링도 심심찮게 보이곤 해.

그래도 여전히 미장이 국내 증시에 미치는 영향력은 건재하기에 변동성이 심하거나 대외 악재가 이슈가 되는 시기에는 종가 베팅에 조심할 필요가 있지. 미증시가 급락을 해버리면 대다수의 종목이 다음 날, 시초가가 마이너스인 경우가 많기 때문이야. 다시 위 내용으로 돌아오면 당시의 해외 증시는 아래와 같은 상황이었어.

조세금융신문   2021.07.06 23:39

[미국 뉴욕 증시] 나스닥 다우 지수 혼조세…S&P 7거래일 상승

7거래일 상승이라는 단어가 눈에 띄지? 금리 인상 등의 특별한 악재도 없고, 매일 신고가 갱신을 이어가는 등 분위기 자체가 좋았기 때문에 종가 베팅 시, 해외 증시의 악영향을 걱정하지 않고 할 수 있는 시기인 거지.

아하. 잘 알겠습니다. 저런 조건들을 모두 고려하면 확률이 높은 종가 베팅을 해볼 수가 있겠군요.

연습이 많이 필요한 매매기법 같아요. 부단한 노력으로 인내심

4. **미장** 미국 증시, 미국 증권 거래 시장

을 길러야 하니까, 종가 베팅 성공의 열쇠는 '절제력'에 달려 있겠네요.

팀장님, 감사합니다. 우리 업무도 이제 종가에 다다랐어요. 퇴근합시당!

12.
횡보 끝 수익 시작
추세매매

 팀장님, 저번에 추세의 개념이랑 지지, 저항 보는 법 설명해주셨던 거 기억하세요? 그땐 기본적으로 추세선, 추세대에 대해 알려주셨었는데 오늘 웹서핑을 하다 보니까 추세매매라는 것도 있더라고요! 배웠던 게 나오니 신기했어요. 이것도 알려주실 수 있으세요?

당연히 가능하지! 추세는 어떠한 현상이 일정한 방향으로 나아가는 경향을 뜻하는데, 주가도 한 번 방향이 결정되면 쉽게 변하지 않고 일정 기간 동안 정해진 방향으로 진행하려는 경향이 있어. 이러한 흐름에 맞춰서 매매하는 방식을 추세매매라고 한단다.

그럼 추세매매를 잘하려면 주식에 실린 힘의 방향을 캐치하고, 민첩하게 대응하면 된다는 건가요? '달리는 말에 올라타라.' 라는 격언이 있던데… 앉아 있는 말에도 올라타기 힘든데, 달리는 말에 올라타면 떨어지는 거 아닌가 몰라요..

가장 처음으로 고려할 것은, 말이 달리니까 올라탄 것인지, 더 달릴 수 있는 말이라서 올라탄 것인지에 대한 분석을 해 보는 거야. 추세는 말 그대로 힘의 방향이기 때문에 정확한 가격_{매수, 손절} 기준을 잡는 것이 어렵거든.

보던 기간이 일봉인지, 주봉인지에 따라서 추세매매의 타점이 달라질 수 있다는 말이지. 또 추세의 힘이 어디까지 이어질 수 있는지 파악하기도 쉽지 않고.

듣기만 해도 너무 어려운데요… 말에 올라타는 시점도 제각각, 내리는 시점도 제각각이라는 말씀이시죠. 올라타는 데 성공은 했지만 말이 방향을 바꾼다면 또 위험해질 수 있겠네요?

맞아. 방향성이 전환이 되는 시점에서는 주가의 움직임이 급변할 수 있기 때문에 매매 시, 주의가 필요하지. 그래서 추세의 유무만 가지고 투자 여부를 결정하는 것은 매우 어려우니까, 종목이 상승할 가능성이 있느냐 없느냐에 대한 판단을 하고난 뒤에 추세를 보는 것이 순서가 맞아. 재료나, 테마 같은 상승 가능성을 지니고 있는 종목인지 먼저 보는 것이 좋겠지.

아하… 그럼 추세를 볼 때는 정확히 계산하려는 의도보다는 힘의 방향이 어떻게 진행되고 있는가를 캐치하고 매매에 반영하는 것이 가장 베스트겠군요!

맞아. 추세라는 것은 일개 개미가 절대로 만들 수 없는 흐름이잖아? 세력 또는 기관, 외국인 등의 큰손이 될 수 있는 주체가 움직여야만 나와줄 수 있는 거대한 흐름이니까 자본 또한 막대하게 들어가 있을 거라구.

그 자본으로 만들어진 추세의 흐름에 개인 투자자들의 관심으로 추가적인 힘이 편승되면서 탄력을 받기도 한다는 것을 알아두고 매매를 시작해야 해.

그래서 추세매매는 단순한 차트 분석을 넘어선 영역이야. 즉 사람들의 심리, 대중의 편승 효과와 함께 결합되는 특징이 있어서 '군중 심리의 결과물'이기도 해.

 완전 이해했어요. 종류를 보자면, 하락추세, 횡보하는 평행추세, 상승추세 정도가 있겠네요.

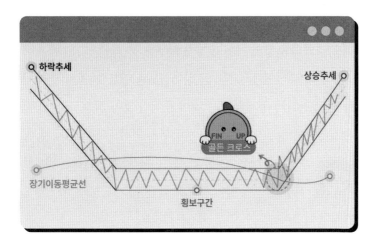

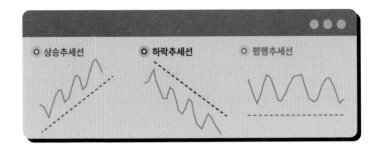

저 이건 알아요! 통상적으로 추세선은 상승, 하락, 횡보구간 어디에서 긋든 상관이 없이 상단 추세선을 저항, 하단 추세선을 지지로 이해할 수 있는 거 맞죠?

 좋아! 공부를 열심히 했네. 사실 상승 추세와 하락 추세에서는 각각의 지지 저항이 애매한 경우가 많아. 추세를 가장 잘 볼 수 있는 구간은 횡보구간이야.

횡보구간에서는 중복적으로 겹치는 고점, 저점이 선명히 보이기 때문에 그 라인에 추세선을 그으면 제법 정확도가 올라가. 신뢰성이 높은 지지와 저항을 찾을 수 있어.

 오오! 그러면 반대로 상승 추세와 하락 추세에서 지지와 저항 추세선을 그어보는 것은 상대적으로 부정확하고 애매한 경우가 생긴다는 거겠네요.

저 같은 초보자일수록 추세선을 그어볼 때마다 '여기가 맞나 아닌가'에 대한 엄청 고민할 것 같긴 해요. 지지 저항을 구분하는 것이 영 쉽지 않을 거 같네요.

어려우면 횡보 추세선 정도만 집중해도 무관하단다. 사실 횡보 추세의 방향성이 바뀌는 시점에서는 중장기적으로 매수 시점 또는 매도 시점이 될 가능성이 굉장히 높아. 박스권을 형성하던 주가의 흐름이 상단을 한 번 부수면, 뚫린 좁은 구멍으로 쏟아져 나가며 상승하려는 힘이 얼마나 강력할지 상상이 되니?

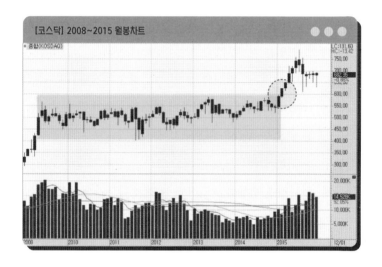

위 차트를 보자. 한 번 뚫고 상승 추세를 타니까 강력하게 주가가 솟구치는 것이 보일 거야. 반대로 하단을 깨고 내려갈 경우에도 그 하락의 추세가 매우 강하게 진행될 수 있다는 점을 염두하도록 하고. 이 종목을 한번 볼래? 상향 추세가 강력하게 나온 것이 보이니?

[덕산테코피아] 2020.07~2021.02 일봉차트

네 보여요! 지지와 저항을 오가면서 횡보를 하다가, 박스권을 한 번 뚫은 순간부터는 달나라까지 주가가 솟아오르네요! 보여주신 차트를 보니까 추세매매가 뭔지 감이 잡힐 것 같아요. 오늘도 정말 감사합니다!!

13.
남들이 버릴 때 나는 줍는다
낙주매매

 송이 대리, 여러 매매 기법이 있는데 그 중에 가장 경험 치가 많이 필요한 매매 기법이 뭐일 거 같아?

 어려운 질문이시네요. 저는 사실 다 어려운데요… 좋은 기업을 찾는 법, 돌파를 노리는 법, 우상향 직전에 기 모으고 있는 종목 찾는 법 등 여러 개를 배웠지만, 뭐 하나 쉬운 것은 없었던 것 같아요.

 나는 낙주매매가 제일 어렵다고 생각해. 지금까지 송이 대리가 배운 것들은 주식투자의 기본 진리와 일맥상통 하지 않아? 주식은 오를 것을 사서, 오르면 파는 거지. 그냥 상승 하는 주식을 찾아서 수익을 내는 거잖아. 오르고 있거나, 더 오를 수 있는 주식을 찾아서 수익을 내는 게 목표지?

그렇죠. 그게 당연한 거 같은데… 설마 다른 관점이 또 있다는 말씀이세요? 상승흐름을 타는 것 중에서 찾아내는 방법 말고 다른 매매기법이 있다는 것처럼 들려요.

 맞게 들었네. 낙주매매는 기본적으로 상승흐름을 타는 종목에서 사용하는 기법이 아니야. 하락하고 있는 종목들에게서 매수 포인트를 찾아야 하기 때문에, 일단 심리가 불안한 상태에서 진행되는 매매 기법이거든.

하락하는 종목에서 느끼는 두려움을 극복하려면 얼마나 많은 경험과 훈련이 필요할까? 어디까지 떨어질지도 모르고 여기가 바닥인 지 아닌지 그 누구도 알 수 없는걸.

 아앗, 그렇다면 낙주매매는 더 이상 내려갈 곳도 없을 만큼 엄청나게 떨어져 버린 종목 중에서 오를 것을 찾는 매매법인가요? 음. 그러면 그냥 이정도까지 떨어질 뉴스는 아닌데 너무 많이 떨어진 것 같다 싶은 종목을 들어가면 반등이 나와주지 않을까요? 그런 종목은 하루에도 여러 개 나오는데 과한 낙폭이 나온 종목을 찾아서 여러 개 매수해 놓으면 되지 않아요?

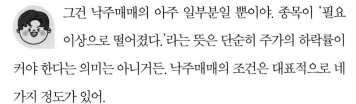 그건 낙주매매의 아주 일부분일 뿐이야. 종목이 '필요 이상으로 떨어졌다.'라는 뜻은 단순히 주가의 하락률이 커야 한다는 의미는 아니거든. 낙주매매의 조건은 대표적으로 네 가지 정도가 있어.

자, 오늘도 준비했지~ 필살기 노트! 낙주매매를 시도할 수 있는 종목의 조건에는 뭐가 있는지 한 번 읽어보도록!!

읽는다 실시! 낙주매매까지 마스터해서 고수가 되어 보일게요! 팀장님 감사합니다!!

  진영 팀장의 낙주매매 종목 고르는 조건

전일 매수세가 좋았으나 다음 날 시초가가 약세일 때
- 전일 상한가, 급등 종목이 갭상승이 나오지 않고 약세로 시작하는 경우
- 전일 수급이 좋은 종목이 갭상승이 나오지 않고 약세로 시작하는 경우

미증 시의 악재로 약세로 시작하는 경우
- 미증 시 하락으로 다음 날 국내 증시의 대부분 종목이 하락으로 시작하니 반발 매수세 유입으로 반등이 기대될 때

악재가 나온 종목
- 악재로 인해서 과도한 하락이 나온 종목에서 악재가 충분히 반영되었다고 보이는 종목을 공략하는 경우

지지 라인을 깨고 급락이 나오는 종목
- 가장 많은 노하우와 경험을 필요로 하는 경우로 초보자에게는 비추천
- 별도 예시를 제공하지 않음

기술적인 부분도 좋지만 뉴스 해석만으로도 할 수 있는 '악재를 활용한 낙주매매' 방법이 가장 보편적이야. 악재의 크기에 대비해서 과도한 하락을 가져온 종목은, 항상 수익을 낼 수 있는 반등의 기회를 주었다는 것을 기억하자.

낙주매매의 올바른 예시
전일 매수가가 좋았으나 다음 날 미증시의 악재로 시초가 약세인 경우

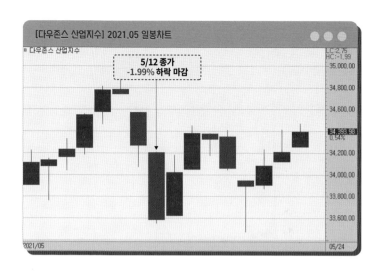

[다우존스 산업지수] 2021.05 일봉차트

다우존스 산업지수

5/12 종가
-1.99% 하락 마감

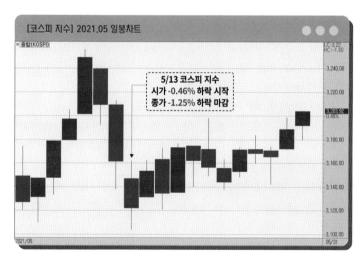

[코스피 지수] 2021.05 일봉차트

종합(KOSPI)

5/13 코스피 지수
시가 -0.46% 하락 시작
종가 -1.25% 하락 마감

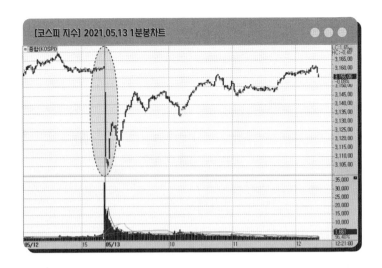

[코스피 지수] 2021.05.13 1분봉차트

5/12 미국 다우존스 산업지수 차트를 보면 5/12 종가에 −1.99% 하락하며 마감을 하는 모습을 보일 거야. 미증시가 하락하는 것이 국내 증시에 어떻게 작용하는지를 보면서 이 다음날의 한국 코스피 지수 차트를 보자. 시작부터 하락으로 시작하고, 종가에도 하락으로 마감하는 것이 보일 거야.

미국 지수의 하락 마감이 국내 지수의 약세를 불러오는 게 신기하지? 그리고 미국과 한국의 증시 캔들 모양도 비슷해보일 거야. 지수 추종이라고, 미국 지수를 추종하며 따라가는 모양새를 말하는 단어가 있을 정도로 영향력이 있다는 정도로 알아두면 좋아. 그러면 종목에는 어떻게 영향을 미치는지도 보자.

5/12 하루에만 17%나 상승하고, 계속 매수세가 들어오며 강하게 밀어올리는 일봉으로 마감한 인바디를 보자. 다음 날도 상승이 기대가 될 만큼 강한 모습을 보여주며 마감했어_{오른쪽 그래프 참조}.

그런데 5/12 미국 증시가 하락하며 마감한 영향으로, 5/13 아침에 전날 종가보다 무려 −4% 떨어지며 시작하는 모습을 보여주고 있어. 시장의 관심을 받는 강한 종목인데도 불구하고 지수의 영향을 받아 밀린 거라고 볼 수 있지.

종목 자체의 이슈가 없음에도 불구하고 미장의 영향으로 밀린 거라면, 원래 가격보다 일시적으로 낮아져 있다는 뜻이니 낙주로 잡기 좋은 타이밍이지. 빠진 주가를 회복하러 가는 일정 수준의 상승이 나와 줄 수 있는 자리라는 기대감으로 볼 수 있어.

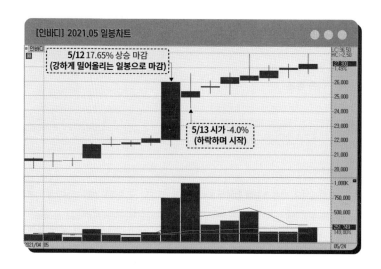

[인바디] 2021.05 일봉차트

5/12 17.65% 상승 마감
(강하게 밀어올리는 일봉으로 마감)

5/13 시가 -4.0%
(하락하며 시작)

[인바디] 2021.05.13 1분봉차트

물론 증시가 추가적으로 빠져버린다면 상승분이 원하는 만큼 나오지 않을 수도 있으니. 증시의 흐름에 주의하면서 안전하게 매매하는 것이 가장 중요하다고.

악재가 나온 종목

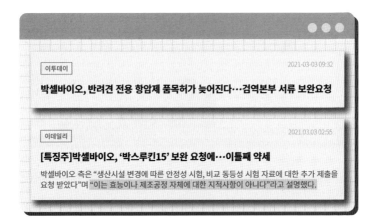

2021.03.03 품목의 허가가 늦어져 서류를 보완요청 받았다는 뉴스가 뜨고 주가가 하락했어. 이것은 과연 큰 악재라고 볼 수 있을까? 바로 다음 날의 주가를 보자.
3월 4일, 최고 7.21% 반등하는 모습을 보여주는구나. 품목허가가 지연되고 서류 보완 요청 뉴스가 뜨니 제품에 문제가 있는 것이 아닌지 의심하여 주가가 많이 빠졌는데, 사실은 효능이나 제조 자체에는 전혀 문제가 없다는 내용이기에 과한 낙폭이라 판단한 매수세가 몰려서 반등이 나온 거야.

[박셀바이오] 2020.12~2021.04 일봉차트

3/4
7.21% 반등

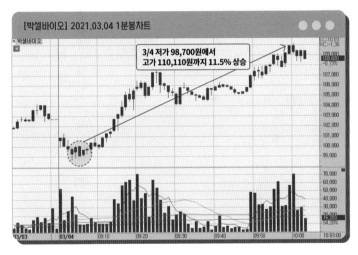

[박셀바이오] 2021.03.04 1분봉차트

3/4 저가 98,700원에서
고가 110,110원까지 11.5% 상승

또 다른 예시를 보자.

키이스트의 주가가 소속배우 배우 A의 학폭 인정에 하락했어. 그러나 A라는 배우는
회사 매출에 지대한 영향을 미치는 S급 배우가 아니며, 학폭이 입증되지 않은 상태

로 단순히 학폭 의혹이라는 뉴스만 뜬 상태였거든. 그래서 과도한 낙폭이라 판단하여 낙주매매를 시도하는 매수세가 몰려 들었어.

3월 3일 최고 2.84% 상승, 3월 4일 최고 5.92% 상승하며 연이어 이틀 간 상승하는 모습을 보여주네.

3분봉 차트로 한 번 자세히 보자.

[키이스트] 2021.03.03~03.05 3분봉차트

과대낙폭이라 판단한 매수세 유입
3/3 저가 14,000원에서
3/5 고가 15,700원까지 12.1% 상승

정치 테마주도 하나 볼까?

한겨레

안철수 "패배 겸허히 수용"···오세훈 후보 선대위원장 맡는다

안철수가 서울시장 후보에 출마하여 오세훈과 단일화를 두고 경합을 벌이다가 패배하고, 오세훈 후보의 선대위원장을 맡으며 양보했다는 기사가 나온 뒤, 안랩의 주가가 폭락했어.

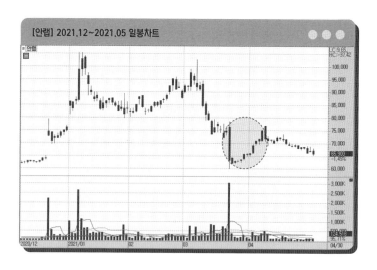

[안랩] 2021.12~2021.05 일봉차트

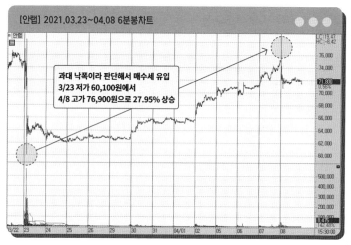

[안랩] 2021.03.23~04.08 6분봉차트

과대 낙폭이라 판단해서 매수세 유입
3/23 저가 60,100원에서
4/8 고가 76,900원으로 27.95% 상승

정치적인 패배로 인식하며 실망감에 대한 매물이 쏟아져 나온 것이나, 단일화를 위한 패배라는 부분에서 과도한 하락이라 판단하여 낙주를 노리는 매수세가 들어왔어. 특히 이번 단일화와 시장 자리에 대한 양보는 이미 예정된 이벤트였기 때문에, '모두가 아는 악재는 악재가 아니다.' 라는 격언에 걸맞게 거의 20% 가량을 다시금 반등하는 모습을 볼 수 있어.

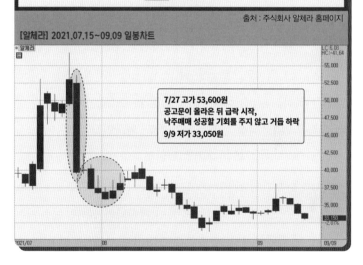

공고문

최근 메타버스 산업에 대한 관심 증가로 회사에 관련 문의가 많아 안내드립니다.

알체라는 인공지능 솔루션 영상인식 기업으로 그 사업 모델은
안면인식 사업, 이상상황 감지 사업, 데이터 사업입니다.
최근 각종 언론과 SNS, 온라인 방송에서 알체라를 메타버스 관련 기업으로 소개하고 있으나
현재까지 알체라의 사업 모델 중 메타버스 관련된 직접 사업 모델은 없음을 공지드립니다.
감사합니다.

주식회사 알체라 드림

출처 : 주식회사 알체라 홈페이지

【알체라】 2021.07.15~09.09 일봉차트

7/27 고가 53,600원
공고문이 올라온 뒤 급락 시작,
낙주매매 성공할 기회를 주지 않고 거듭 하락
9/9 저가 33,050원

알체라는 메타버스 관련주로 주가가 상승하였으나 회사 측에서 메타버스와 관련이 없음을 공고한 뒤 주가가 하락한 사례야. 기업가치에 큰 변동이 없는 선에서 주가가 과하게 내렸을 때 반등이 나오는 것을 노리고 시도하는 것이 낙주매매인데, 알체라의 경우는 주가가 오른 이유 자체가 사라진 것이니 이런 상황에서는 낙주매매를 시도하면 안 되는 거야.

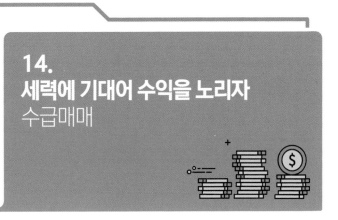

14.
세력에 기대어 수익을 노리자
수급매매

송이 대리, 우리는 주식투자자의 구분을 크게 개인, 기관, 외국인으로 구분할 수 있다고 알고 있잖아. 주가에 영향을 미치는 큰 손들의 매수세를 장중에도 알 수 있는지 궁금했던 적은 없어? 핵심적인 큰 손인 기관, 외국인들의 매수세는 사실 실시간으로 관찰과 유추가 가능하다는 거 알아?

실시간이요? 수급을요? 그러면 HTS 창 켜놓고 있다가 수급이 막 몰려가는 종목이 관찰되면 실시간으로 가서 단타를 친다든지, 아님 그 종목을 모아가기 시작하든지 이런 게 가능해지나요? 대박이다. 음… 그러면 외국인이 사는 종목만 따라 사거나, 기관이 산 종목만 따라 사기. 이런 것도 가능해요?

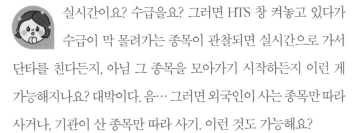

고러티 고러티~ 실시간으로 수급이 몰리는 것도 포착이 가능하고 그 거래량을 이용해서 매매를 해보는 것도

가능하지. 이게 바로 수급매매야.

수급매매의 목적은 매수하고 있는 투자 주체가 누구인지 파악해서 메이저에 기댄 매매를 할 것인가 말 것인가를 파악하는 것이라 할 수 있지.

단, 시장 참여자별로 즉 개인, 기관, 외인을 100% 정확하게 파악하는 것은 불가능하다는 것을 알아 두도록 해.

 흑흑… 저는 외인이나 기관이 사는 종목에 관심이 있는데. 아쉽네요.

 100% 불가능하다고는 안 했다. HTS 기능을 이용하면 어느 정도 '유추'는 가능해. 딱 네 가지 창만 활용하면 된다고. 바로 잠정치 활용 / 거래원 / 체결창 / 프로그램 매매이지! 이 네 가지를 활용해서 매수, 매도세를 확인하고 현재 주가에 영향을 미치고 있는 매수세를 유추할 수 있어. 위 기능들은 증권사 HTS별로 모두 있으니 쉽게 확인이 가능하단다.

자 오늘은, 수급매매 분석에 대해 알려줄게! 잘 보도록 해!

첫째, 장중 투자자별 매매 잠정치!

[키움증권 1051] 장중투자자별매매

① [1051] 장중투자자별매매 - 종목별 투자자별매매추이(잠정)

장중잠정투자자 | 투자잠정상위 | 종목별잠정투자자추이

074600 원익QnC 30,650 ▲ 1,500 +5.15% 1,405,735 360.22%

○금액(백만) ●수량(단주) | ●순매매 ○매수 ○매도 | 외국인(거래소집계) | ●증감 ○누적 | ? | 조회

최종자료 집계시간	외국인	기관계	보험	투신	은행	연기금등	기타법인
14:26	+24,000	+40,000	+4,000	+24,000		+12,000	+12,000
1차 09:37							
2차 09:58	+4,000	+10,000		+10,000			
3차 11:10	+13,000	+8,000	+2,000	+6,000			+1,000
4차 13:20	+6,000	+16,000	+2,000	+8,000		+6,000	+12,000
5차 14:26	+1,000	+6,000				+6,000	-1,000

장 중 실시간으로 투자자별 잠정적인 매매 수치를 표현해주는 창입니다.
잠정치는 외국인과 기관의 시간 별로 매매 추이를 알 수 있다는 측면에서 상당히 유용하죠. 물론 잠정치를 볼 때 주의해야 할 부분은 이 수치가 잠정적인 추정치라는 것입니다.
절대적인 수치가 아니기 때문에 잠정치만 보고 투자 판단을 하는 것은 단타 매매를 함에 있어서 손절의 횟수만 늘릴 수 있습니다.
본론으로 들어가서 원익QNC의 당일 매수세의 잠정치를 볼 수 있는 화면을 보면, 1차~5차까지 지금 주체가 매수세의 주체가 되고 있는지 확인이 가능합니다. 그러면 장중에 같이 볼 수 있는 거래원을 보도록 하겠습니다.

둘째, 거래원과 체결량

거래원을 보면은 특이 매수세로 유추가 되는 JP모간서울, 유비에스 증권사의 거래원 매수 물량이 보입니다. 하루 종일 매수세가 보였던 측면에서 외국인 또는 기관 창구로 유추가 되는 것은 2개로 함축이 될 수 있습니다.
기관과 외인은 비슷한 단위의 수량을 반복적으로 매집하고, 특정 창구를 통하는 방식으로 거래하는 특징을 갖고 있기 때문에, 기관과 외인이 매수하는 확률이 높아 보입니다.

[키움증권 0127] 거래원순간거래량

① [0127] 거래원순간거래량

☼ ♻ ? ◉코드○증권 |033| JP모간서 종목 |074600| Q 원익QnC 그룹 전체 전체 일별 차

시간	종목코드	종목명	거래원명	구분	순간거래량	누적순매수	추정가격	전일대비	등락률
12:03:15	074600	원익QnC	JP모간서울	매수	5,753	+78,047	31,400 ▲	2,250	+7.72
11:57:03	074600	원익QnC	JP모간서울	매수	500	+72,294	31,250 ▲	2,100	+7.20
11:53:59	074600	원익QnC	JP모간서울	매수	2,000	+71,794	31,250 ▲	2,100	+7.20
11:28:37	074600	원익QnC	JP모간서울	매수	1,000	+69,794	31,200 ▲	2,050	+7.03
11:22:08	074600	원익QnC	JP모간서울	매수	4,500	+68,794	31,200 ▲	2,050	+7.03
11:18:52	074600	원익QnC	JP모간서울	매수	1,440	+64,294	31,200 ▲	2,100	+7.20
11:09:05	074600	원익QnC	JP모간서울	매수	500	+62,854	31,150 ▲	2,000	+6.86
10:49:25	074600	원익QnC	JP모간서울	매수	4,500	+62,354	31,200 ▲	2,050	+7.03
10:46:08	074600	원익QnC	JP모간서울	매수	956	+57,854	31,100 ▲	1,950	+6.69
10:32:48	074600	원익QnC	JP모간서울	매수	1,099	+56,898	31,200 ▲	2,000	+6.86
10:26:11	074600	원익QnC	JP모간서울	매수	4,000	+55,799	31,200 ▲	2,050	+7.03
10:22:51	074600	원익QnC	JP모간서울	매수	1,500	+51,799	31,000 ▲	1,850	+6.35
10:09:31	074600	원익QnC	JP모간서울	매수	7,500	+50,299	31,150 ▲	2,000	+6.86
10:06:11	074600	원익QnC	JP모간서울	매수	1,500	+42,799	30,950 ▲	1,800	+6.17
09:39:08	074600	원익QnC	JP모간서울	매수	19,986	+41,299	31,000 ▲	1,850	+6.35
09:22:02	074600	원익QnC	JP모간서울	매수	672	+21,313	30,650 ▲	1,500	+5.15
09:18:37	074600	원익QnC	JP모간서울	매수	6,309	+20,641	30,450 ▲	1,300	+4.46
09:15:10	074600	원익QnC	JP모간서울	매수	8,195	+14,332	30,150 ▲	1,000	+3.43
09:11:43	074600	원익QnC	JP모간서울	매수	6,137	+6,137	29,900 ▲	750	+2.57

① [0127] 거래원순간거래량

☼ ♻ ? ◉코드○증권 |043| 유비에스 종목 |074600| Q 원익QnC 그룹 전체 전체 일별 차

시간	종목코드	종목명	거래원명	구분	순간거래량	누적순매수	추정가격	전일대비	등락률
15:30:23	074600	원익QnC	유비에스증권	매수	638	+98,514	30,650 ▲	1,500	+5.15
14:50:43	074600	원익QnC	유비에스증권	매수	700	+97,876	30,550 ▲	1,400	+4.80
14:40:51	074600	원익QnC	유비에스증권	매수	1,100	+97,176	30,550 ▲	1,400	+4.80
14:34:18	074600	원익QnC	유비에스증권	매수	700	+96,076	30,600 ▲	1,450	+4.97
14:08:29	074600	원익QnC	유비에스증권	매수	2,754	+95,376	30,900 ▲	1,750	+6.00
13:52:38	074600	원익QnC	유비에스증권	매수	1,400	+92,622	30,850 ▲	1,700	+5.83
13:46:19	074600	원익QnC	유비에스증권	매수	1	+91,222	30,750 ▲	1,600	+5.49
13:43:09	074600	원익QnC	유비에스증권	매수	2,052	+91,221	30,800 ▲	1,650	+5.66
13:36:52	074600	원익QnC	유비에스증권	매수	600	+89,169	30,850 ▲	1,700	+5.83
13:11:36	074600	원익QnC	유비에스증권	매수	1	+88,569	31,000 ▲	1,850	+6.35
13:08:32	074600	원익QnC	유비에스증권	매수	1,456	+88,568	31,000 ▲	1,850	+6.35
12:06:22	074600	원익QnC	유비에스증권	매수	2,914	+87,112	31,300 ▲	2,150	+7.38
12:03:15	074600	원익QnC	유비에스증권	매수	8,999	+84,198	31,400 ▲	2,250	+7.72
12:00:07	074600	원익QnC	유비에스증권	매수	100	+75,199	31,250 ▲	2,100	+7.20
11:53:59	074600	원익QnC	유비에스증권	매수	3,711	+75,099	31,250 ▲	2,100	+7.20
11:47:46	074600	원익QnC	유비에스증권	매수	3,411	+71,388	31,250 ▲	2,100	+7.20
11:44:37	074600	원익QnC	유비에스증권	매수	89	+67,977	31,100 ▲	2,000	+6.86
11:38:17	074600	원익QnC	유비에스증권	매수	55	+67,888	31,100 ▲	1,950	+6.69
11:35:05	074600	원익QnC	유비에스증권	매수	35	+67,833	31,050 ▲	1,900	+6.52
11:31:52	074600	원익QnC	유비에스증권	매수	171	+67,798	31,100 ▲	1,950	+6.69
11:28:37	074600	원익QnC	유비에스증권	매수	111	+67,627	31,200 ▲	2,050	+7.03
11:25:23	074600	원익QnC	유비에스증권	매수	1,333	+67,516	31,200 ▲	2,050	+7.03
11:22:08	074600	원익QnC	유비에스증권	매수	1,169	+66,183	31,200 ▲	2,050	+7.03
11:18:52	074600	원익QnC	유비에스증권	매수	3,541	+65,014	31,250 ▲	2,100	+7.20
11:15:37	074600	원익QnC	유비에스증권	매수	75	+61,473	31,200 ▲	2,050	+7.03
11:09:05	074600	원익QnC	유비에스증권	매수	4,203	+61,398	31,150 ▲	2,000	+6.86
11:05:48	074600	원익QnC	유비에스증권	매수	2,493	+57,195	31,050 ▲	1,900	+6.52
10:59:13	074600	원익QnC	유비에스증권	매수	176	+54,702	31,200 ▲	2,050	+7.03
10:55:57	074600	원익QnC	유비에스증권	매수	165	+54,526	31,250 ▲	2,100	+7.20
10:49:25	074600	원익QnC	유비에스증권	매수	5,164	+54,361	31,200 ▲	2,050	+7.03
10:46:08	074600	원익QnC	유비에스증권	매수	74	+49,197	31,100 ▲	1,950	+6.69
10:42:47	074600	원익QnC	유비에스증권	매수	520	+49,123	31,100 ▲	1,850	+6.35
10:26:11	074600	원익QnC	유비에스증권	매수	4,644	+48,603	31,200 ▲	2,050	+7.03
10:22:51	074600	원익QnC	유비에스증권	매수	2,213	+43,959	31,000 ▲	1,850	+6.35
10:09:31	074600	원익QnC	유비에스증권	매수	1,279	+41,746	31,150 ▲	2,000	+6.86
10:06:11	074600	원익QnC	유비에스증권	매수	8,803	+40,467	30,950 ▲	1,800	+6.17
09:49:16	074600	원익QnC	유비에스증권	매수	37,639	+31,664	30,800 ▲	1,650	+5.66

큰 금액대를 다루는 메이저 세력인 기관, 연기금, 외인 등은 비슷한 단위의 수량을 계속적으로 사는 CD주문 방식으로 매수, 매도를 하는 경우가 많습니다. 예를 들면, 거래원에 연속적으로 100주씩 매수를 하는 것이 보인다든지, 매도 창구에서 계속적으로 50주씩 찍힌다든지 하는 형식입니다.

셋째, 프로그램 매수세와 체결창

잠정치에서 기관 매수세가 나왔는데, 거래원을 돌려보니 특이한 모습을 띄는 물량이 있다면 찾을 수 있습니다.

특이하게도 29주씩 매수세가 꾸준히 들어오는 것이 눈에 들어오죠. 기관 같은 메이저는 비슷한 단위의 수량을 지속적으로 사는 CD주문 방식으로 매수/매도를 하는 경우가 종종 발견되는데, 이런 경우가 기관 매수세의 좋은 예시가 되겠습니다.

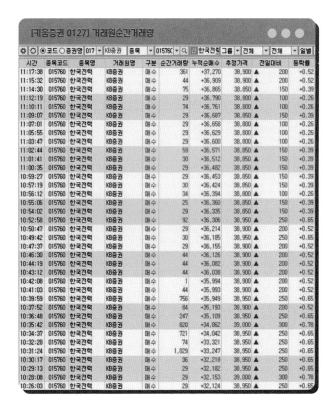

다시 설명을 해보면, 하루 종일 특정 거래원에서 129단위 매수세가 보이는데, 잠정치에서 기관 매수세가 잡힌다면 해당 거래원이 기관 물량이 들어오는 증권사 거래원일 가능성이 큽니다. 이러한 메이저의 매수세를 포착해서 그들에게 기대서 매매하는 방식이 수급매매라고 할 수 있습니다.

외국인은 프로그램 매수세를 활용하는 경우를 종종 볼 수 있습니다. 체결창에서 순식간에 엄청난 매수세가 들어왔는데 프로그램 매수세도 크게 증가한 경우가 종종 보이는데요, 이러한 매수세의 특이점을 잡아내서 외국인의 매수세가 들어왔구나라고 유추가 가능합니다. 거래원까지 같이 맞아 떨어진다면 이는 더욱 좋습니다.

09:50:52 정도의 체결창의 물량을 보면 순간적으로 매수세가 들어왔다는 것이 확인 가능합니다.

$$35,236 + 5,000 + 11,532 + 4,908 = 56,676$$

그런데 이를 프로그램 매수세와 같이 보면 동시간에 들어온 프로그램 매수세와 들어온 물량이 같습니다. 이렇게 2가지를 활용해서 외국인 매수세를 유추하고 이를 활용한 매매가 가능해지는 것입니다.

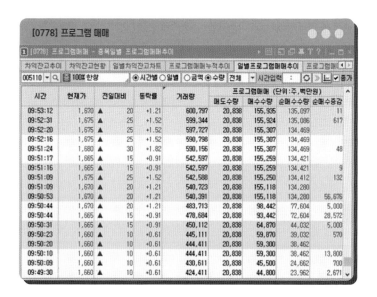

유추를 하는 경로가 거래원이 먼저냐, 잠정치가 먼저냐가 중요한 것은 아닙니다. 이를 유추하고 찾아낼 수 있는가가 더 중요하며 이러한 경험을 통해서 어떤 매수세에 기대서 단기 매매에 접목을 할 것이냐 고민하는 것이 우선이 되겠습니다.

15.
주식 고수는 무조건 한다
매매 복기

'위험을 알면서도 실수를 반복하는 일은 없어야 한다'

팀장님, 바둑의 고수들은 대국이 끝나고 나면 본인들의 수를 처음부터 다시 복기해보면서 다른 방법으로 했다면 더 쉽게 승리를 가져올 수 있었는지, 어느 지점이 패착이었는지를 곱씹어 본다고 해요. 공부할 때도 성적 향상의 필수 조건은 오답 노트 만들기라는 진리가 있는 것처럼요. 주식도 이런 오답 노트 만들기나 복기하는 단계가 있나요?

 당연히 있지. 단언컨대 주식 고수라고 불리우는 사람들 중에서 매매 복기를 강조하지 않는 사람은 단 사람도 없어. 자신의 실수를 줄이고 뇌동매매를 없애기 위해서는 수없이 본인 스스로의 매매 내역을 돌아보면서 복기하는 시간이 필요하다고 공통적으로 이야기 해.

 역시 그랬군요. 그렇다면 주식투자에서 매매 복기를 할 때 중점적으로 챙겨야 하는 것은 무엇인가요? 공부할 때는 과목 별로 틀린 문제를 모아서 여러 번 풀어보고, 계속적으로 틀리는 문제를 집중적으로 보았던 것 같아요. 자신이 약한 부분을 파악하고 집중적으로 훈련하는 거죠.

 공부와 비슷해. 먼저 가장 중요한 것은 꾸준하게 하는 거야. 공부도 어느 정도 성적이 궤도에 오르면 그 다음부터는 지구력 싸움인 것처럼 주식도 투입한 노력을 배신하지 않는단다. 대부분의 투자자는 시장탓만 하거나, 상황탓을 하곤 해. 정주영 회장의 명언이 생각나네. '해보기나 했어?'. 매매 복기를 한 달조차 유지하지 못하는 투자자들은 노력하지 않는 자들이야. 주식시장에서 가장 먼저 퇴장하는 사람들이지.

 단호하게 말씀하시니 무서울 지경이네요.. 그 정도로 매매 복기가 중요하다는 말씀이시군요. 말씀하신 바가 맞아요. 사람들이 주식을 시작한 뒤에 수익을 맛보고 나면 '나는 주식으로 성공해서 회사를 다니지 않아도 될 만큼의 경제적 자유를 이룰 수 있을거야.' 라고 환상을 가지는 경우도 많더라고요. 그 건 초심자의 행운일 뿐인데…

맞아, 내 자신이 특별하다는 생각을 버려야 해. 물론 천재적으로 잘하는 트레이너들도 있긴 하지만 보통은 평범하거든.

주식시장은 살아 있는 생명처럼 움직이기 때문에, 대표적으로 알려진 정형화된 패턴 몇 가지를 익혔다고 해서 계속 수익을 낼 수는 없어. 투입해야 하는 공부 시간이 생각보다 꽤 많아.

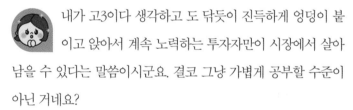
내가 고3이다 생각하고 도 닦듯이 진득하게 엉덩이 붙이고 앉아서 계속 노력하는 투자자만이 시장에서 살아남을 수 있다는 말씀이시군요. 결코 그냥 가볍게 공부할 수준이 아닌 거네요?

그렇지, 사관학교에 들어가면 그 어떤 사람이던 간에 정신부터 신체까지 군인에 적합하게 다시 태어나도록 훈련을 하잖아? 주식도 피나는 자기 개조를 거쳐야 성공할 수 있어. 매매 복기를 단순히 복기하는 개념이 아니라, 주식투자에 맞는 사고방식과 멘탈을 갖춘 트레이더로 다시 태어나기 위한 치열한 트레이닝 과정이라고 생각해야 해.

와…이런 생각을 가지고 매매 복기를 하다보면 눈에 보이는 발전을 이룰 수 있겠어요! 저도 오늘부터 매매 일지를 작성해야겠네요. 제가 자주 틀리는 문제, 즉 내가 가지고 있는 잘못된 습관이 있는지 정확하게 파악하고 반성하고, 다시는 실수하지 않기 위해 곱씹겠습니다.

 좋은 생각이야. 그리고 반드시, 매매할 당시의 심정과 잘한 점과 잘못한 점을 솔직하게 작성해야 해. 매매 복기는 기본적으로 반성하는 과정이라는 점을 잊지 말고. 그리고 송이 대리처럼 단타를 더 선호하는 사람들은 기술적 분석을 기반으로 하는 투자방식을 쓰는 경우가 많잖아?

 네 그렇죠. 저는 스캘핑, 돌파, 눌림목, 낙주 등의 단타매매를 주로 하죠. 그런데 막상 장이 열리면 계획했던 매매처럼 잘 안 돼요. 손가락이 스르륵 움직여서 저도 모르게 급등하고 있는 주식을 막 사고 있더라고요! 그렇게 손실본 적이 정말 많습니다. 반성합니다…

 특히 단타 매매는 동일 기간 내에 투자를 한다고 하면 가치 투자 방식에 비해서 매매 횟수가 많을 수밖에 없어. 그래서 스스로가 컨트롤이 되지 않으면 매매 횟수가 팍팍 늘어나 버려. 본인이 감당하고 집중할 수 있는 거래 범위를 넘어가 버릴 수 있지. 차트를 보고 하는 기술적 매매는 많은 시행 착오와 경험이 필요한 영역인데, 갓 시작한 초보자가 기술적 매매를 여러 번 건드리면 당연히 손실을 보는 매매의 횟수 자체도 여러 번으로 늘어나겠지. 작은 습관도 고치려면 노력과 시간이 필요한데, 돈을 다루는 주식투자 습관은 고치는 게 오죽 힘들겠냐는 거지.

맞습니다… 그러면 손가락을 부여잡으면서 뇌동매매를 하지 않는 인내심을 기르고, 차근차근 잘 맞는 매매 방식을 찾고, 내게 잘 맞는 수익 모델이 잡혔다면 확률과 정확성을 높여 가는 것이 베스트겠네요. 특히 매매 방식에 따라서 매매 복기 방식도 달라질 수 있겠고요. 장단점을 파악하고 개선하게 도와주는 매매 복기는 필수다! 이해했어요! 오늘 좋은 조언해주셔서 감사합니다.

매매 복기의 단계	매매 내용 점검	강점과 약점 분석 및 개선 방법 확인
매매 계획	종목 종류	테마주, 우량주 등
	매매 방식	스캘핑, 돌파, 눌림목, 낙주, 스윙, 단타 등
	대응 방법	수익실현, 손절실현 라인
매매 복기	계획에 맞게 매매하였는가	잘한 점, 실수한 점 업종 뉴스 등의 정보를 챙겨보고 있는가 알아본 정보가 정확한 지 더블 체크했는가 정보가 실적으로 연결되는지 추적 관찰했는가
	뇌동매매를 하였다면	왜 했는지, 손절은 잘 했는지
	손실이었는가	계획과 다르게 손실이 난 이유 파악
	수익이었다면	더 수익을 볼 수 있었는지 욕심을 부리다 수익이 적어진 것은 아닌지

주식력을 키우는 ○× 챌린지!

1. 테마는 단기성 테마가 있는 반면에 아주 오랜 시간 각광받는 테마주 도 있다. | O | X |

2. 악재가 나오는 시장에서는 테마주가 나오기가 어렵다. | O | X |

3. 기업의 사업보고서에는 주주를 위해서 기업의 위험 요소에 대해서 언 급하지 않는다. | O | X |

4. 장이 시작하고 가장 많은 거래가 발생하는 시간은 장 시작 후 60분이다. | O | X |

5. 돌파매매에 있어서는 재료보다 차트가 더 중요하다. | O | X |

6. 종가 베팅은 장기간 주가 변화를 예측하고 진행하는 장기투자 매매법이다 | O | X |

7. 낙주매매는 전일 미증시가 하락을 하더라도 그에 맞는 종목을 찾을 수 있는 매매 방법이다. | O | X |

8. 주식에서의 테마는 정치, 이슈, 경제, 사회 등 다양하고 광범위한 주제 로 형성될 수 있다. | O | X |

9. 계절별 테마주의 경우 매년 돌아오는 경향이 강하기 때문에 미리 매수 한다면 큰 수익을 얻을 수 있다. | O | X |

10. 정치 테마주는 정치인의 정책에 관련된 테마만이 형성된다. | O | X |

11. 안정형 종목은 가파른 매출 성장과 수익성을 갖기에 투자에 안정을 주 는 종목을 뜻한다. | O | X |

12. 일반적인 기업의 사업보고서는 Dart에서 무료로 열람할 수 있다. | O | X |

13. 증권사 리포트나 뉴스에서 나오는 종목에 대한 의견은 객관적 데이터 를 바탕으로 하기에 팩트로 받아들여야 한다. | O | X |

14. 주가가 지속적으로 상승하는 상승구간에서는 낙주매매가 가장 효과적인 매매법이 될 수 있다. ☐O ☐X

15. 돌파매매를 할 때는 남들이 다 하는 주도주보다는 소외된 종목을 찾는 것이 도움이 될 수 있다. ☐O ☐X

16. 매매 복기는 손실 위주로 해야 효과가 있다. ☐O ☐X

17. 사업보고서 중 이사의 경영진단 및 분석 의견 부분은 회사 관계자의 의견이기 때문에 투자 시 배제해야 한다. ☐O ☐X

정답 확인하기

1. [O] 테마주는 재료의 지속성에 따라서 오랜 시간 시장에서 주목을 받기도 한다.

2. [×] 시장 또는 종목의 악재가 있더라도 반대급부 측면에서 테마주가 생성되기도 한다.

3. [×] 자세하게 나오지 않더라도 사업 구조가 가진 위험 요소에 대해서는 사업보고서에 포함되어 공개된다.

4. [O] 장 시작 후 60분 동안 평균 30%가 넘는 거래가 발생하고 있기에 시세의 변동이 가장 많이 발생한다.

5. [×] 좋은 재료를 가진 주도주여야 그에 맞는 단기적인 강한 돌파매매가 가능하다.

6. [×] 종가 베팅은 장마감 이전 시간에 매수해 다음날 장 초반에 수익 매도를 하는 것을 목표로 하는 매매법이다.

7. [O] 전일 매수가가 좋았으나 다음 날 미증시의 악재로 시초가 약세인 경우에 오히려 매수 포인트가 나오기도 하는 것이 낙주매매이다.

8. [O] 테마는 정치, 이슈, 경제, 사회 등 다양하고 광범위한 주제로 형성될 수 있다.

9. [×] 계절별 테마주는 매년 돌아오는 경향이 있지만, 계절과 같은 자연 현상은 예측할 수 없기 때문에 미리 매수하는 것이 수익이 아닌 손실로 돌아 올 수 있다.

10. [×] 정치 테마주는 학연, 혈연, 지연 등 정치인 관련된 다양한 내용들도 테마로 형성된다. 정책에 관한 것은 정책 테마주로 별도로 형성되는 경우가 많다.

11. [×] 해당 내용은 수익형 종목을 뜻하며 안정형 종목은 급격한 성장보다 는 꾸준한 실적을 유지하는 종목의 유형을 지칭한다.
12. [○] 무료로 확인할 수 있다.
13. [×] 작성자의 주관적인 내용이 포함되기도 하기 때문에 무조건적인 팩 트로 가정하는 것은 위험하다.
14. [×] 낙주매매는 종목이 하락 구간에서 공략할 수 있는 매매 방법으로 분류한다.
15. [×] 돌파매매에서 가장 중요한 것은 저항을 뚫고 올라가는 힘이기 때 문에 거래량이 많은 주도주에서 매매를 하는 것이 중요하다. 소외 된 종목의 경우 저항을 뚫을 수 있는 힘 자체가 부족한 경우가 많다.
16. [×] 수익, 손실 모든 경우의 복기를 함으로써 매매에 대한 근거를 마련 하는 것이 중요하다.
17. [×] 주관적 의견이 있을 수 있으나, 회사 전체에 대한 진단 부분이니 만 큼 주의 깊게 보는 것이 회사의 강약점을 체크하는 데 도움이 된다.

주린이에게 보내는
주식 메시지

 꽤 긴 주식 교육이 끝났는데 어때? 이제 주식에서 어떤 걸 봐야 할지 감이 좀 와?

 물론이죠~ 팀장님이 알던 예전의 제가 아닙니다. 아침에 일어나자마자 전일 해외증시 상승, 하락 등을 확인하는 것은 물론이고 어떠한 이유로 시장이 움직였는지도 꼼꼼하게 빼먹지 않고 보고 있어요. 어제는 보니까 미국의 국채금리 인상 소식과 고용지표 소식으로 혼조세[1] 로 마감을 했더라고요.

 이야~ 많이 발전했는데! 더 이상 알려주지 않아도 스스로 공부하고 노력하고 있었네. 그럼 이제 주식투자를 어

---

1. **혼조세** 주가의 오르내림을 지속해 불안정한 상황

떤 방식으로 하겠다라는 것도 명확하게 정리가 됐어?

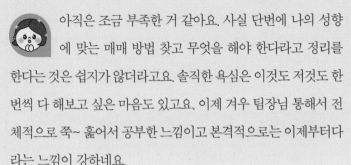

아직은 조금 부족한 거 같아요. 사실 단번에 나의 성향에 맞는 매매 방법 찾고 무엇을 해야 한다라고 정리를 한다는 것은 쉽지가 않더라고요. 솔직한 욕심은 이것도 저것도 한 번씩 다 해보고 싶은 마음도 있고요. 이제 겨우 팀장님 통해서 전체적으로 쭉~ 훑어서 공부한 느낌이고 본격적으로는 이제부터다라는 느낌이 강하네요.

괜찮아. 그래도 지금 그 과정은 올바른 과정 중의 하나라고 생각해. 흠. 그래서 말인데, 치열하게 고민하고 있을 송이 대리를 생각하면서 선물을 준비해봤어~

앗, 어떤 선물인가요? 설마 팀장님이 좋아하는 연양갱 이런 거는 아니죠?

알다시피 나는 그동안 나름 주식시장에서 열심히 공부하면서 여러 경험을 했잖아? 주식 공부 동호회, 증권 교육 사이트인 핀업 스탁까지… 그 과정에서 여러 주식 고수를 만날 수 있었어. 그래서 그 분들께 부탁을 해서 송이 대리처럼 주식을 시작하는 초보자들에게 도움이 되고 응원이 될 수 있는 한 마디를 해달라고 부탁을 했어.

나보다 몇 배는 주식 실력이 뛰어난 고수분들에게 부탁해서 받은 글이야. 이 분야에서 인정하는 주식 고수들이라서 어쩌면 송이 대리에게 더 와 닿는 이야기가 될 수 있을 거 같아. 편지 잘 읽어봐.

적은 금액, 육아, 직장인, MTS.. 그 어떤 상황도 문제가 되지 않습니다.
본인만의 평생기법으로 최대의 복리 효과를 누릴 수 있는 것이 주식투자
입니다.

– 손절 없는 매매 원칙으로 꾸준한 복리 수익을 실현하는 화니82 멘토 –

인내심을 가지고 큰 흐름에서 어떤 기업에 투자를 할까를 고민하시길 바랍니다. 말도 안 된다 생각했던 100% 수익 종목이 불가능한 이야기가 아닙니다.

－자녀에게 100%에 가까운 수익률을 만들어준 파워스탁 멘토－

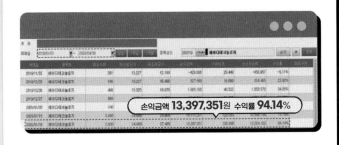

정교한 시나리오를 가지고 투자한다면 수익도 시골 우려내듯이 꾸준히 낼 수 있습니다.

－36개월째 월별 손실이 없는 주식무패 멘토－

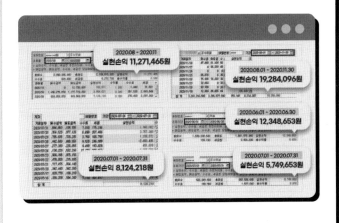

지금 얼마를 벌고 얼마 손해를 봤는지를 신경 쓰지 마세요. 정말 중요한 것은 나만의 수익 모델이 있느냐가 중요합니다.

명심하세요. 노력 없이 10년 동안 경험한 사람은 하나의 수익 모델만 가지고 1개월을 집요하게 공부한 사람보다 못할 수 있습니다.

–한 달만에 1억으로 9억을 만든 함투 카페 회원 A씨–

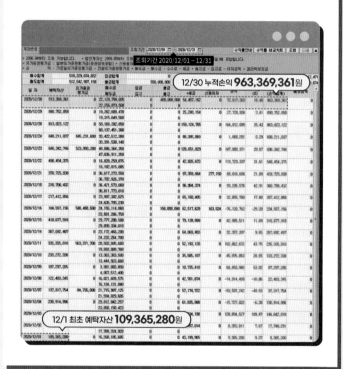

정말 이것 저것 다 해보면서 허송세월을 많이 보내봤습니다. 오랜 시간이 지나서 깨닫게 된 것은 다 같은 주식 고수라고 해도 똑같은 매매 방법으로 수익을 내지 않더군요.

그때부터 단 하나라도 제대로 열심히 해보자, 라는 생각으로 죽기살기로 열심히 했습니다. 끈기를 가지고 하니까 정말 조금씩 빛이 보였습니다. 주식투자는 올바른 방법에 올바른 경험이 쌓이면 그때부터 성공투자의 길로 가는 거 같습니다. 절대 포기하지 말고 한 걸음씩 정진하세요. 건투를 빕니다.

—직장인으로 3억의 수익을 올린 함투 카페 회원 B씨 —

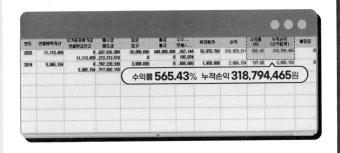

주식에서는 기본 원리 자체를 이해하지 못하면 절대 지속적으로 수익을 낼 수 없습니다.

기본 원리를 반복 공부해야 나만의 원리를 찾을 수 있는데, 이것들을 무시하고 고수들의 기술만 배운다고 하면 실패할 확률이 높습니다. 화려한 것만을 추구하기보다는 주식의 기본 원리를 꾸준히 공부하시기 바랍니다.

—평범한 직장인에서 30억 자산가가 된 주식독설가 멘토—

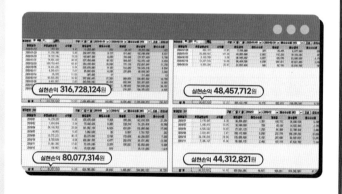

주식은 미래의 가치 즉 기대감에 투자하는 것입니다.

중요한 건 기대감의 감으로 투자하는 것이 아닌 기대감의 원리를 배우고

투자하셔야 합니다.

－심플한 원리로 잃지 않는 매매를 하는 플스포 멘토－

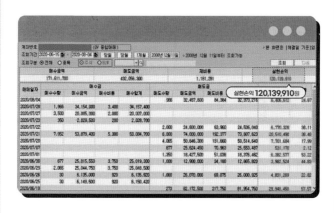

주라벨주식+라이프밸런스을 선호합니다.

방법만 제대로 알면 직장인들 오전 중 10분이면 충분히 벌 수 있습니다.
시드머니는 100만 원만 있어도 충분합니다.

방향성을 갖고 노력해야 의미 있는 주식공부입니다.

—현직 직장인으로서 오전 매매만으로도

　　제2의 월급을 버는 보노보노처럼 멘토—

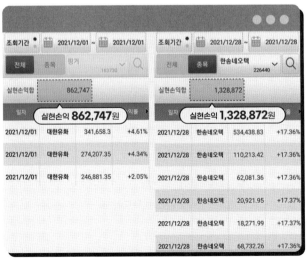

직관적이고 확실한 자리를 골라서, 확률이 높은 것만 거르다보면 본인만의 일정한 기대 수익이 나오는 매매 기법을 만들 수 있습니다.

마음 편하게 수익을 챙길 수 있는 나만의 타점이 나올 때까지는 독한 마음으로 계속 부딪혀야 합니다. 모든 투자자들을 응원합니다.

-25살에 월 900만 원대의 수익을 내는 환성 멘토-

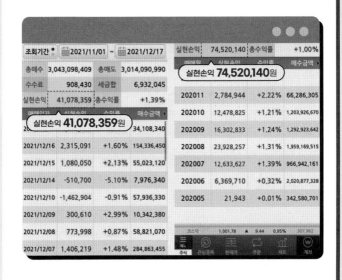

주식시장에는 늘 주도하는 섹터와 종목이 있습니다. 시장의 관심과 수급이 집중되면 결국 시세가 움직일 수밖에 없고 일정 이상 오르게 된다면 테마를 형성하게 됩니다. 이런 흐름을 감지하고 종목에 대한 이해도를 갖춘다면 높은 수익률을 거둘 수 있습니다.

-가는 종목만 홀딩하는 스탁홀더 멘토 -

초판 1쇄 인쇄 2022년 2월 21일
초판 1쇄 발행 2022년 2월 28일

지은이 핀업 스탁

펴낸이 박세현
펴낸곳 팬덤북스

기획 편집 윤수진 김상희
디자인 이새봄 이지영
마케팅 전창열

주소 (우)14557 경기도 부천시 조마루로 385번길 92 부천테크노밸리유1센터 1110호
전화 070-8821-4312 | **팩스** 02-6008-4318
이메일 fandombooks@naver.com
블로그 http://blog.naver.com/fandombooks
출판등록 2009년 7월 9일(제386-251002009000081호)
ISBN 979-11-6169-189-3 (03320)